명화로 보는

일리아스

"아무 일도 하지 않더라도

죽음을 피하기 어렵다면

어찌 죽음에 이르기까지

투쟁해 보지 않겠는가!"

−호메로스−

ILIAS HOMEROS

명화로 보는
일리아스

호메로스 지음 | 강경수 엮음

미래타임즈

《일리아스》는 고대 그리스 문학 가운데 가장 오래된 서사시이다. 그 제목은 트로이아인들의 왕성(王城)인 '일리온'에서 유래하였다.

'일리아스'란 제목은 '일리온의 노래'란 뜻이다. 《오디세이아》와 더불어 고대 그리스와 후대 서양의 문학 예술과 문화의 전범(典範)으로 여겨지고 있다.

《일리아스》의 내용은 전설적인 트로이아 전쟁을 배경으로 51일간의 사건을 노래한 것인데, 그리스 장군인 아킬레우스를 중심 삼아 원한과 복수에서 파생되는 비극을 다뤘다.

9년 동안 계속된 전쟁 상황, 전쟁에 관여하는 올림포스 신들 및 장수들의 이야기 등을 위주로 한다. 이야기 전개에 따라 총 24편으로 나뉘며, 그리스의 대표적 시운 중의 하나인 6각운(Hexameter) 운율에 따라 지어졌다.

각 편마다 그리스 알파벳 순서로 이름이 붙어 있다. 그리스 문학의 대부분이 운명론에 따른 체념이나 절망을 보여주는 것과는 달리, 정해진 운명에 굴하지 않고 영광스러운 죽음을 택하는 영웅의 모습을 그려내고 있다.

신화학자들은 《일리아스》를 "분노의 책"이라고 일컫는다.

《일리아스》는 아킬레우스와 아가멤논의 불화에서 시작한다. 아니, 아가멤논에 대한 아킬레우스의 분노에서 시작한다.

더 엄밀히 말하자면, 이 작품은 아킬레우스의 분노에서 시작하여 그의 분노로 끝난다. 오죽했으면 저자인 호메로스가 《일리아스》의 서두에서 무사 여신에게 "아킬레우스의 분노"를 노래해 달라고 간청했을까?

"분노를 노래해 다오, 시의 여신이여. 펠레우스의 아들 아킬레우스의 그 저주스러운 분노로 해서, 헤아릴 수 없는 괴로움을 아카이아 편에 끼쳐 주었고, 또한 수많은 위대한 용사들의 넋을 저승으로 보내게 되었느니라. 그리고 그들의 시체는 들개나 날짐승의 먹이가 되었도다."

크세노파네스나 플라톤은 《일리아스》가 신들을 인간과 똑같은 결점을 지닌 부도덕한 존재로 그리고 있다고 비판했다. 하지만 아리스토텔레스나 호라티우스는 그 문학성을 높이 평가하였다. 그래서 《일리아스》는 헬레니즘 시대 및 로마 시대에 중요한 교과서로 이용되었다. 또한 베르길리우스는 호메로스의 시에 영감을 얻어서 《아이네이스》를 썼는데, 이 작품은 다시 단테와 밀턴에게 깊은 영향을 미쳤다.

이 책은 독자들이 《일리아스》의 줄거리를 쉽게 이해할 수 있도록 헤시오도스의 《신들의 계보》를 참조하여 전쟁 발발의 원인부터 설명하였다. 또한 설명이 필요한 대목에는 오비디우스의 《변신 이야기》, 불핀치의 《그리스 신화》 등을 곁들여 이야기를 풍성하게 진행시켜 나갔다.

엮은이 강경수

♦ 호메로스 예찬 ♦

이 작품은 신고전주의 미술의 거장인 장 오귀스트 도미니크 앵그르의 걸작이다.
앵그르는 1826년 루브르의 천장을 장식할 〈호메로스 예찬〉을 그려달라는 주문을 받아 이
듬해인 1827년에 이 작품을 완성했다.
그림 중경의 가장 높은 곳에 앉은 호메로스는 고대와 현대의 역사적 위인들로 이루어진
군집의 정점을 이루고, 호메로스의 뒤편에서는 승리의 여신 니케가 그에게 월계관을 씌
워주고 있다. 호메로스의 발아래에 앉아 있는 두 여인은 《오디세이아》와 《일리아스》의 의
인화인데, 작품을 상징하는 노와 검이 놓여 있다. 구도는 전체적으로 대칭을 이루고, 세부
는 사진에 가까울 정도로 세밀하게 묘사되어 있다.

제 1 부

전쟁의 원인

에리스의 황금 사과

테티스는 바다의 님페(nymphe: 자연계의 여성 정령精靈)로서 굉장한 미모를 자랑하였다. 그래서 올림포스의 주신인 제우스와 바다를 관장하는 포세이돈이 그녀에게 구애하려고 했지만, "테티스가 낳은 자식은 무조건 아버지보다 위대한 존재가 된다."라는 프로테우스의 예언 때문에 포기를 하였다.

혹시라도 테티스와 관계하여 자식이라도 낳게 되면 장차 자신들의 입지가 자식으로부터 위협을 받을 수도 있기 때문이었다. 또한 다른 신이 그녀와 관계를 맺어 자식이 태어난다면 그 자식은 분명 뛰어난 능력을 발휘하여 신들의 세계에 일대 혼란을 일으킬 수도 있다.

어떻게 하면 좋을지 전전긍긍한 끝에 제우스는 테티스를 인간의 신분인 펠레우스와 짝지어 주기로 했다. 인간의 자식이 아무리 위대해도 결코 신을 뛰어넘을 수는 없기 때문이다.

펠레우스는 원래 제우스의 아들인 아이아코스의 아들이라 제우스에게는 손자인 셈이다. 독수리로 변신한 제우스가 하신(河神) 아소포스의 딸 아이기나를 납치하여 오이노네섬으로 데려가 관계를 가진 후 태어난 아들이 바로 아이아코스이다. 그런 아이아코스의 아들인 만큼 펠레우스에게는 반신반인의 피가 흐르고 있었다. 그리스 신화 세계에서는 신과 인간의 격차가 매우 엄격하게 구분되어 있다.

테티스와 펠레우스의 결혼식은 펠리온산에서 성대하게 벌어졌다. 결혼식 파티에는 신들의 음식인 넥타르와 암브로시아가 넘쳐났고, 인간 세계에서 보기 힘든 진귀한 음식들이 차려졌다.

그리고 하객으로 올림포스 열두 신을 비롯하여 님페들과 영웅들, 인간들이 모두 모여 테티스와 펠레우스의 결혼을 축하하였다. 특히 제우스와 헤라의 딸인 청춘의 여신 헤베가 내려와 신들에게 넥타르를 직접 따라주었다. 또한 신들은 테티스와 펠레우스에게 많은 선물을 했다. 포세이돈은 펠레우스에게 멋진 말을 선물하였고, 대장간의 신 헤파이스토스는 황금 갑옷을 건네주었다.

그런데 모든 신들을 비롯해 인간과 님페 그리고 반인반마인 켄타우로스까지 모두 초대를 받았는데, 불화의 여신인 에리스만은 받지 못했다. 이유는 그녀가 등장하는 곳에는 어떤 식으로든 불화가 생기기 때문이었다. 자신이 초대를

◀ 님페 테티스상
바다의 님페 테티스가 인간인 펠레우스와 결혼하기 위해 배를 타고 바다에서 나오는 모습을 형상화하였다.

못 받았다는 것에 화가 난 에리스는 '가장 아름다운 자에게'라고 쓰인 황금 사과를 결혼 파티장에 던졌다. 그러자 화려했던 파티장은 한순간에 아수라장이 되고 말았다. 황금 사과를 놓고 여신들이 서로 자기가 주인이라고 우겼기 때문이었다.

먼저 제우스의 누이이자 아내인 헤라 여신이 자신이 제일 아름답다며 황금 사과의 주인을 자처하였다. 그러자 지혜와 전쟁의 여신인 아테나도 이에 질세라 헤라 여신을 막아섰다. 헤라 여신과 아테나 여신의 각축으로 다른 여신들이 감히 나설 엄두도 못 내던 차에 미의 여신인 아프로디테가 두 여신 사이에 끼어들었다.

아프로디테는 지상의 모든 신들과 인간들에 비해 엄청나게 아름다웠다. 그리고 자신의 미모에 대해선 자존심이 대단한지라, 이 자존심에 조금이라도 손상을 입을라치면 엄청난 질투를 하여 여신이고 인간이고 그 상대를 떠나 저주를 퍼붓거나, 시련을 안겨주기 일쑤였다.

미와 사랑의 여신인 아프로디테가 끼어들자 헤라와 아테나 여신은 그녀에게 지지 않으려고 고개를 더욱 뻣뻣이 치켜들었다.

"나는 결혼과 가정의 여신이며 인간들에게 모신(母神)으로 숭배받고 있으니, 황금 사과의 주인이 될 수 있다."

황금 사과를 던지려는 에리스 ▶
불화의 여신 에리스는 테티스와 펠레우스의 결혼 파티에 초대를 받지 못하자 불화의 씨앗인 황금 사과를 파티장에 던져 분란을 일으킨다.

황금 사과를 던지는 에리스_ 아브라함 블뢰마르트의 작품

결혼식에 초대받지 못한 에리스가 황금 사과를 던져 분란을 일으키려는 모습을 묘사했다.

헤라가 자신이 최고의 여신임을 내세우자 아테나 여신도 입을 열었다.

"나는 지혜의 여신이자 전쟁의 여신이니 충분히 저 황금 사과의 주인공이 될 수 있어."

이에 아프로디테는 미소를 띠며 말했다.

"이 사과는 아름다움을 상징하는 나의 미모에 딱 어울린답니다."

에리스가 던진 황금 사과를 놓고 세 여신들은 서로 자기가 사과의 주인이라며 한 발도 물러서지 않았다.

사태가 점점 심각해지자 하객들은 테티스와 펠레우스의 결혼식은 안중에 두지 않고 세 여신의 다툼에만 흥미를 보였다. 이윽고 이를 보다 못한 제우스가 세 여신의 분쟁을 멈추게 하고는 중재에 나섰다.

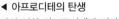

◀ **아프로디테의 탄생**
미의 여신 아프로디테가 바다에서 태어나는 모습을 형상화한 조각 작품이다.

파리스의 심판

제우스는 세 여신을 향해 말했다.

"그대들의 미모는 우열을 가리기 힘드니, 이다산에서 양을 돌보고 있는 파리스에게 가서 판정을 받도록 하시오."

파리스는 트로이아의 왕 프리아모스와 왕비 헤카베 사이에서 태어났다. 헤카베가 파리스를 낳았을 때 횃불이 트로이아를 불태우는 꿈을 꾸었는데, 파리스가 트로이아를 망하게 할 운명이라는 신탁을 듣고 아기를 산에 갖다 버리게 했다. 하지만 하늘이 트로이아를 버리기로 작정했는지 파리스는 양치기에게 구출되어서 이다산에서 양을 치고 있었다. 그는 산의 님페 오이노네와 결혼하여 아들 코리토스를 낳고 살고 있었다.

제우스는 세 여신의 중재에 어느 쪽을 선택하더라도 후환이 생길 걸 예상했기 때문에, 자신이 선택하지 않고 파리스를 심판관으로 지명했던 것이다.

이다산의 파리스와 오이노네_ 니콜라 푸셰의 작품
파리스가 자신의 신분을 알기 전 이다산의 님프 오이노네와
결혼하여 행복한 나날을 보내는 장면을 묘사하였다.

파리스는 이 사실을 알고 놀라서 도망쳤지만, 얼마 못 가 전령의 신 헤르메스에게 붙잡혀 세 여신 앞에 나서게 되었다.

세 여신은 애송이 같은 파리스를 보고는 적이 실망했으나, 어쨌든 파리스에게 잘 보여 황금 사과를 얻어야 했기에 자리를 내주고는 그의 곁에 둘러섰다.

먼저 헤라 여신이 부드러운 목소리로 말했다.

"나를 황금 사과의 주인으로 선택한다면, 그 보상으로 인간 세상의 모든 패권을 그대에게 선사할게요."

파리스는 헤라의 제안에 크게 놀랐다.

파리스가 어쩔 줄 몰라 하며 대답을 하지 않자 헤라 여신은 다시 말했다.

"그대는 양이나 돌보는 목동이 아니라오. 그대는 트로이아의 왕자로, 신탁에 의해 이곳에 버려지게 되었소. 그러니 그동안 누리지 못한 영화를 이루려면 내가 주는 패권이 필요하다오."

파리스는 생각지도 못한 자신의 신분이 밝혀지자 더욱 놀랐다. 그가 당황해서 얼굴이 홍당무가 되자 아테나 여신이 말을 걸었다.

"트로이아의 왕자 파리스여, 패권을 손에 쥐어 권력을 누린다 해도 지혜와 무용(武勇)이 없으면 곧 그 패권은 다른 이에게 빼앗기게 된답니다. 만약 그대가 나를 선택한다면, 세상에서 제일가는 지혜와 누구도 따를 수 없는 무용을 선사하겠소."

파리스도 명석한 두뇌의 소유자라, 헤라 여신의 제안보다는 아테나 여신의 제안이 귀에 들어왔다. 그는 마지막 여신인

황금 사과를 들고 있는 파리스_ 알레산드로 로시의 작품
제우스로부터 황금 사과의 주인을 가리라는 명을 받은 파리스는 세 여신으로부터 갖은 선심 공세를 받는다.

아프로디테의 제안도 궁금하였다. 더군다나 자신이 평소 흠모하던 아프로디테 여신이었기에 더욱 그랬다.

아프로디테는 그런 파리스의 마음을 꿰뚫어 본 듯 관능적 자태를 뽐내며 다가섰다.

"미소년의 용모에 뜨거운 정열로 가득 찬 파리스여, 내 그대에게 인간 세상에서 제일 아름다운 여인을 신부로 맺어줄 것이다. 그녀는 나의 미모와 견주어도 손색없을 정도의 미인이다. 그러니 나의 제안을 받아들이겠는가?"

파리스는 아프로디테 여신의 제안에 놀라면서도 갈등하였다. 이미 산의 님페 오이노네와 결혼하여 살고 있었기 때문이었다. 그러나 흠

파리스의 심판_ 아드리안 반 데르 베르프의 작품
황금 사과의 주인이 되겠다고 파리스로부터 심판을 기다리고 있는 세 여신을 묘사하였다. 후경에
미소를 보내며 그 광경을 지켜보고 있는 헤르메스의 모습이 인상적이다.

모하고 고대하던 아프로디테의 말을 듣는 순간 온몸이 달아올랐다.

파리스는 이내 정신을 차리고 냉정히 생각했다. 여신 중 지위가 가장 높은 헤라 여신을 따르는 것이 일신상의 안위에 도움이 될 것이었다. 하지만 누구를 선택하더라도 나머지 두 여신으로부터 저주를 받게 될 것도 자명하였다. 사실 그리스 신화 속 신들이 속 좁기로는 어느 신화와 견주어도 밀리지 않는 판이니, 애당초 누구를 선택하든 다른 두 여신에게 저주받을 것은 확정적이었다.

생각이 여기에 미친 파리스는 쾌락적 선택을 하였다. 즉 아프로디테의 제안을 수락한 것이었다.

이런 선택의 결과 그는 그동안 사랑했던 오이노네를 버려야 했다. 후에 오이노네는 파리스의 마음을 돌이킬 심산으로, 장성한 아들 코리토스를 트로이아로 보냈다.

하지만 코리토스는 아프로디테가 파리스에게 약속해 준 여인 헬레네를 보고 연정을 품게 되었고, 분노한 파리스는 그가 자신의 아들이라는 것을 모른 채 죽였다. 이것은 헤라와 아테나 여신의 저주 탓이었는데, 그 후로도 여신들의 저주는 계속될 것이었다.

파리스는 아프로디테의 손을 들어주었으며, 세상에서 가장 아름답다는 헬레네를 만나려고 이다산을 하산하였다.

파리스상_ 헤르만 빌헬름 비센의 작품 ▶

지상 최고의 미인 헬레네

아프로디테가 파리스에게 약속한 여인은 스파르타의 공주인 헬레네였다. 그녀는 아이톨리아 왕 테스티오스의 딸이자 스파르타 왕 틴다레오스의 아내인 레다와 제우스 사이에서 태어났다.

그리스 신화의 절대 권력자이자 누구도 따를 수 없는 바람둥이인 제우스가 어느 날 레다의 아름다움에 반했다. 그는 아름다운 여인을 보면 수단 방법을 가리지 않고 유혹하곤 했는데, 레다를 본 순간 그녀의 여린 마음을 사로잡기 위해 독수리에게 쫓기는 백조로 변신하여 레다의 품속으로 파고들었다. 레다는 안타까운 마음에 가여운 백조를 품에 안았고 결국 제우스와 관계를 맺고 말았다.

레다와 백조 ▶
백조로 변신한 제우스가 아름다운 레다와 관계를 맺는 장면의 조각상이다. 레다는 헬레네를 낳는다.

레다와 백조_ 레오나르도 다빈치의 작품
백조로 변신한 제우스가 레다에게 구애를 펼치고 있고, 그녀가 낳은 아들 카스토르와 폴리데우케
스, 그리고 헬레네가 들어 있을 것으로 보이는 커다란 알이 눈에 띈다.

레다는 같은 날 밤 남편인 틴다레오스와도 잠자리를 가졌다. 그렇게 해서 두 명의 아이와 두 개의 알을 낳았다. 이때 알에서 두 여자아이가 태어났는데, 바로 헬레네와 클리타임네스트라였다고 한다.

또 다른 설에 따르면 헬레네와 디오스쿠로이(제우스의 아들이라는 뜻으로, 쌍둥이 형제인 카스토르와 폴리데우케스)가 태어난 알은 레다가 낳은 것이 아니라, 복수의 여신 네메시스가 제우스와 관계한 후 낳은 것이라고 한다.

네메시스는 제우스가 자신을 연모하여 쫓아오자 각종 동물의 모습으로 변신하여 그를 피했는데, 그녀가 거위로 변신하였을 때 제우스가 재빨리 백조로 변신하여 기어코 욕망을 이루었다는 것이다.

얼마 뒤 네메시스는 숲에서 알을 낳았는데, 알은 목동들에게 발견되어 틴다레오스의 아내 레다에게 바쳐졌다. 레다는 알에서 아이들이 태어나자 이들을 친자식처럼 키웠다고 한다.

헬레네가 처녀로 성장하자 그녀의 미모는 미의 여신인 아프로디테와 견주어도 손색없을 정도라고 소문이 났다.

아프로디테는 인간 여인이 자신의 미모에 비견되면 결코 용서치 않고 응징을 하였다. 그 대표적인 경우가 바로 아들 에로스의 연인 프시케였다. 프시케도 헬레네처럼 사람들로부터 그녀의 미모가 아프로디테를 능가한다고 추앙받았고, 이에 화가 난 아프로디테는 그녀에게 견딜 수 없는 고통을 주었다.

그러나 아프로디테는 헬레네에게 아무런 응징도 하지 않았다. 파리스에게 한 약속을 지켜야 했기 때문이었다.

헬레네의 미모 탓에 그리스 전역에서 많은 구혼자들이 몰려왔다. 구

헬레네_ 단테 가브리엘 로세티의 작품
그리스 최고의 미인 헬레네는 제우스와 레다 사이에서
태어난 딸로, 메넬라오스와 결혼한다.

혼자들 중에는 오디세우스와 파트로클로스, 그리고 아가멤논의 동생 메넬라오스도 있었다.

스파르타의 왕이자 헬레네의 아버지인 틴다레오스에게는 근심이 많았다. 그는 딸의 많은 구혼자 중 하나를 사위로 선택하면 선택받지 못한 다른 구혼자들이 불만을 품고 폭동을 일으킬까 주저하였다. 이때 오디세우스는 틴다레오스의 심중을 알아채고는 그에게 은밀히 다가가 자신의 생각을 말했다.

"틴다레오스왕이여, 왕께서 근심하고 계시는 일을 해결할 만한 방책이 있습니다."

지혜가 넘치는 오디세우스인지라 틴다레오스는 그의 말에 반색을 하였다. 그러자 오디세우스는 헬레네의 사촌인 페넬로페를 자신의 아내로 맞이하는 대가로 이번 일을 성사시키겠다고 조건을 걸었다.

오디세우스라는 이름은 '증오받은 자'라는 뜻으로, 이는 오디세우스의 외할아버지인 아우톨리코스가 붙여준 것이다. 아우톨리코스는 귀족이었으나 도둑질과 거짓말에 능해 모두에게 미움을 받았는데, 그가 도둑질을 잘하게 된 내력은 그의 아버지 헤르메스가 전령의 신이자 도둑의 신이기도 한 탓이었다. 아우톨리코스가 시시포스의 소를 훔치다 걸려 자신의 딸을 시시포스에게 바쳤고, 그 딸이 이타케의 왕에게 시집을 가 오디세우스를 낳았다고 한다. 다른 설로는 딸이 이타케의 왕과 결혼하기 전 시시포스와 연애하는 것을 내버려 두었는데, 내버려 둔 이유는 자기보다 더 영악한 손자를 얻기 위해서였다고 한다. 시시포스는 명계(저승)의 대왕 하데스까지 직접 속여 넘긴 속임수의 명수였으니, 아우톨리코스가 탐을 낼 만도 하였다. 이렇게 오디세우스는 외할아버지의 도둑질 능력과 아버지 시시포스의 속임수 능력을 물려받아 지혜롭기가 천하 제일이었다.

오디세우스의 제안을 받은 틴다레오스는 무조건 그의 말에 따르기로 하였다. 오디세우스는 헬레네의 많은 구혼자들을 불러놓은 후, 말을 한 마리 잡아 그 고기를 사방에 뿌리고 구혼자들을 그 고기 위에 올라서도록 했다.

"누가 헬레네의 신랑이 되더라도, 그 신랑이 재난에 처하게 되면 모두 도와주겠다는 맹세를 하십시오."

그리고 오디세우스가 구혼자들에게 자세한 설명을 하자 구혼자들은 모두 오디세우스의 말에 따르기로 약속하였다. 그래서 틴다레오스는 편안한 마음으로, 헬레네의 청혼자 중에서 가장 부자이자 아가멤논의 동생인 메넬라오스를 헬레네의 신랑으로 선택하였다.

파리스와 헬레네

파리스는 자신의 신분이 트로이아의 왕자로 밝혀지자 이다산을 떠났다. 산의 님페이자 아내인 오이노네를 외면하고 돌아섰지만, 그녀는 떠나는 파리스에게 말했다.

"훗날 큰 부상을 당하면 내게 돌아와요. 오직 나만이 당신의 상처를 치료할 수 있으니까요."

트로이아의 프리아모스왕은 죽었다고 믿고 있던 아들, 즉 파리스를 기리기 위해 해마다 추모 대회를 열었다. 그는 상으로 줄 소를 고르기 위해 사람을 아겔라오스에게 보냈다. 아겔라오스는 이름난 목동으로, 파리스와도 교분이 깊었다.

트로이아 사신은 아겔라오스로부터 우람진 황소를 얻어 돌아갔다. 그런데 그 황소는 평소 파리스가 아끼던 터라 파리스는 황소를 되찾기 위해서 아겔라오스의 만류에도 불구하고 추모 대회가 열리는 트로이아로 향했다. 아겔라오스도 할 수 없이 파리스를 따라나섰다.

트로이아 추모 대회에 참석한 파리스는 복싱과 달리기에서 우승하였다. 그러자 트로이아 사람들은 새롭게 등장한 파리스에게 열광적인 환호를 보냈다.

그러나 프리아모스의 왕자들은 질투심에 불탄 나머지 낯선 청년인 파리스를 죽이기로 했다. 형제들이 출구를 모두 봉쇄하고 헥토르와 데이포보스가 칼을 휘두르자 파리스는 제우스의 제단으로 달아났다. 그때 아겔라오스가 소리쳤다.

"프리아모스 대왕이시여, 이 젊은이가 바로 오래전에 잃어버리셨던 아들입니다!"

아겔라오스의 다급한 외침에 왕비인 헤카베가 달려와 파리스를 살피며 자신의 아들임을 확인하였다. 그러자 헥토르를 비롯하여 그의 형제들은 파리스를 반겨주었다. 트로이아에는 파리스로 인해 때아닌 잔치가 벌어졌다. 그 석상에서 아폴론의 사제들은 파리스를 죽이지 않으면 트로이아가 멸망한다고 경고했다. 이에 프리아모스왕이 말했다.

프리아모스왕과 헤카베_ 파도바니노의 작품

"내 늠름한 아들을 죽이느니 차라리 트로이아가 망하는 꼴을 보겠소."

이즈음에 스파르타 왕 메넬라오스가 트로이아를 찾아왔다. 스파르타에 닥친 기근을 해소하기 위해서 트로이아에 있는, 프로메테우스의 두 아들 리코스와 키마이레우스의 무덤에 제사를 지내려고 온 것이었다.

파리스는 메넬라오스를 환대했으며, 실수로 안테노르의 아들 안테우스를 죽인 죄를 스파르타에서 정화하게 해달라고 메넬라오스에게 간청했다. 이렇게 해서 파리스는 아이네이아스와 함께 스파르타를 방문하게 되었다.

카산드라와 헬레노스는 파리스의 항해가 불러올 재앙을 경고했으나,

파리스_ 장 밥티스트 프레데릭 데마레의 작품

프리아모스왕은 자식들의 충고를 무시했다.

배가 바다로 나가자, 아프로디테가 보내준 순풍을 받으며 순조롭게 스파르타에 도착했다. 메넬라오스가 9일간의 연회를 열어 트로이아 사람들을 환대했다. 파리스는 드디어 헬레네를 만났다. 그는 아름다운 그녀를 본 순간, 자신의 선택이 옳았다는 것을 새삼 실감할 수 있었다.

파리스는 헬레네의 술잔에 사랑을 고백하는 글을 써놓았다. 헬레네도 트로이아의 청년 파리스가 싫지는 않았다. 그러나 메넬라오스가 눈치챌까 봐 안절부절못했다.

이런 영문도 모르는 메넬라오스는 마침 외할아버지 카트레우스의

헬레네와 파리스_ 자크 루이 다비드의 작품
파리스의 유혹에 빠져드는 헬레네를 묘사하였다.

헬레네 납치_ 세바스티아노 리치의 작품
헬레네를 배로 납치하여 트로이아로 향하는 장면을 묘사한 그림이다.

장례식에 참석하기 위해 크레타로 떠나야 했다. 떠나는 자리에서 그는
아내 헬레네에게 손님 접대 및 스파르타 통치를 맡겼다.

메넬라오스가 자리를 비우자 파리스는 아프로디테의 도움을 받아
헬레네를 유혹했다. 헬레네도 여신의 장난 때문인지 몰라도 파리스의
사랑을 받아들였다. 그리고 그들은 사랑의 도피를 하였다. 일설로는
파리스가 메넬라오스로 변신하여 헬레네를 납치하였으며, 헬레네가
반 강제적으로 납치되어 파리스를 따랐다고 한다.

헬레네는 스파르타의 온갖 진귀한 보물과 황금, 그리고 다섯 시녀를
함께 데려갔다. 테세우스의 어머니 아이트라도 거기에 포함되어 있었
다. 파리스는 이집트에 들러서 몇 달 후에야 트로이아에 도착해 헬레
네와 결혼식을 치렀다.

아킬레우스의 출생

테티스 님페는 펠레우스와 결혼하여 아들인 아킬레우스를 낳았다. 테티스는 인간인 펠레우스가 언젠가는 죽을 운명이었기에 아들인 아킬레우스만은 영원히 죽지 않는 불사의 몸으로 만들고 싶었다.

그래서 제우스를 찾아가, 자신의 아들을 불사의 몸으로 만들어 달라 애원했다.

"세상을 관장하는 제우스 주신이여! 한때 저를 사랑했다면 저의 간절한 마음을 들어주세요. 저는 아들에게 불사의 생명을 주고 싶습니다."

그러나 제우스는 그건 불가능한 일이라고 고개를 내저었다. 그러자 테티스는 옛날의 깐깐한 성격이 되살아난 듯 제우스의 면전에서 따지기 시작했다.

"당신 때문에 인간인 펠레우스와 결혼하여 아들을 낳았는데, 아들에 대한 이 어미의 소망을 이렇게 꺾어버려도 되는 건가요?"

제우스와 테티스_ 장 오귀스트 도미니크 앵그르의 작품

제우스는 테티스의 왈짜 같은 말싸움에 걸려들고 싶지 않았다. 그는 과거 종종 테티스와 말싸움을 벌이다 혼이 나곤 했던 터라 자못 엄숙하게 말했다.

"인간이 불사의 몸이 될 수 없다는 것을 누구보다도 그대가 잘 알고 있지 않소!"

제우스의 엄숙한 말이 테티스에게는 오히려 화를 더 욱더 돋웠다.

"그렇다면 인간의 몸인데도 불사의 생명을 준 헤라클레스는 어떻게 설명하시려나요?"

테티스가 거론한 헤라클레스의 이야기는 다음과 같다.

제우스가 알크메네를 사랑하여 헤라클레스라는 아들을 낳았다. 제우스는 헤라클레스에게 불사의 몸을 주기 위해 헤라 여신의 젖을 먹이고자 했다. 그러나 남편인 제우스의 바람기에 질색하며 그의 여인들에게 호된 고통을 주었던 헤라에게 헤라클레스를 보일 수는 없었다.

제우스는 헤라가 깊이 잠든 것을 확인한 뒤 어린 헤라클레스를 헤라의 가슴으로 데려가 젖을 물렸는데, 아기의 젖 빠는 힘이 너무 세서 그만 헤라가 잠에서 깨고 말았다. 깜짝 놀란 헤라가 아기를 떼어내자

은하수의 기원_ 틴토레토의 작품
헤라 여신이 잠든 사이에 제우스가 아기 헤라클레스에게 젖을 몰래 먹이는 장면을 묘사하였다.

가슴에서 하얀 젖이 하늘로 뿜어져 나와 은하수가 되었고, 헤라클레스는 불사의 몸을 얻었다고 한다.

테티스의 반박에 제우스는 할 말을 잃었다. 그는 테티스에게 조용히 말했다.

"헤라클레스는 불사의 운명을 타고났기에 가능했다. 어쨌거나 아킬레우스에게 무적의 몸을 주도록 하지. 무적의 몸은 어떤 활과 창으로도 상처를 입히지 못하는 금강석과 같은 몸이지."

스틱스강에서 아킬레우스를 목욕시키는 테티스_ 페테르 루벤스의 작품
테티스 님페가 자신의 아들 아킬레우스를 무적의 몸으로 만들기 위해 명부(저승) 세계를 가로지르
는 스틱스강에서 목욕시키는 모습을 묘사하였다.

테티스는 제우스의 제안에 만족하였다. 그녀는 애당초 자신의 아들에게 불사의 몸을 주는 것이 불가능함을 알고 있었기 때문이었다.

그러나 테티스의 이러한 노력에도 불구하고 "아킬레우스가 무적의 몸을 얻을지라도 전쟁 중에 죽음을 맞을 운명이다."라는 신탁의 예언을 받고 태어났기 때문에 그녀는 노심초사하였다.

테티스는 제우스의 제안대로 아기 아킬레우스를 이승과 저승 사이에 흐르는 스틱스강 물에 담갔다. 그러나 그녀가 잡고 있었던 발목 부분엔 강물이 닿지 않았기 때문에, 발목 뒤 힘줄은 아킬레우스가 상처를 입을 수 있는 치명적 약점으로 남았다. 이 전설에서 치명적인 약점을 뜻하는 '아킬레스건(아킬레스는 아킬레우스의 라틴어 발음임)'이라는 단어가 유래했다.

아킬레우스는 신탁대로 아버지 펠레우스보다 훨씬 훌륭하게 성장했다. 그러나 전쟁의 기운이 감돌자 테티스는 아들을 구하기 위해 아킬레우스를 스키로스섬의 리코메데스왕의 궁전으로 피신시켰다.

어머니 테티스는 아들이 위험한 전쟁터에서 공을 세워 영웅이 되기보다는 보잘것없어도 오래 살기를 원했던 것이다.

여자 복장을 한 아킬레우스의 조각상 ▶

리코메데스왕은 아킬레우스에게 여장을 시켜 자기 딸들과 함께 지내도록 했다. 아킬레우스는 이곳에서 9년을 머물렀는데, 금적색 머리색깔 때문에 '피라(붉은 머리)'라고 불렸다.

이곳에서 지내는 동안 아킬레우스는 리코메데스왕의 장녀 데이다메이아와 사랑에 빠지게 되었다.

데이다메이아는 아들 네오프톨레모스를 낳았다. 네오프톨레모스는 머리카락이 붉었으므로 빨간 머리를 뜻하는 피로스라고 이름 지어졌으며, 청년이 될 때까지 데이다메이아가 키웠다고 한다. 뒤에 포이닉스가 피로스에게 '젊은 용사'라는 뜻인 네오프톨레모스라는 이름을 지어주어, 그 이름이 널리 알려지게 되었다.

미친 척하는 오디세우스

오디세우스는 트로이아 전쟁의 영웅으로서 그 유명한 트로이아 목마를 고안하여 전쟁을 승리로 이끈 지략가이다. 그 당시 헬레네에게는 수많은 구혼자들이 몰려들어 값비싼 선물을 보내고 있었다. 오디세우스 역시 헬레네에게 관심을 두었으나 재력이 부족했던 터라, 어차피 눈길도 끌 수 없는 선물 공세는 일찌감치 포기하기로 했다. 그 대신 헬레네의 사촌인 페넬로페 쪽으로 관심을 돌렸다.

오디세우스와 페넬로페_
뉴웰 컨버스 와이어스의 작품

오디세우스는 지혜가 넘치는 인물이었기에 헬레네의 아버지 틴다레오스왕을 부추겨, 누가 헬레네와 결혼하든 전쟁을 일으키지 않을 것과 일치단결하여 약혼자의 권리를 지켜줄 것을 구혼자 전원에게 맹세하게 했다.

페넬로페를 데리고 고향 이타케로 돌아가는 오디세우스_ 장 자크 프랑수아 르 바르비에의 작품

    그 덕분에 헬레네의 결혼 상대가 메넬라오스로 정해졌을 때에도 사소한 분쟁조차 일어나지 않았으며, 트로이아의 파리스가 헬레네를 납치했을 때에도 그리스의 영웅들이 각지에서 모여들어 트로이아 원정에 참여하였다.

    오디세우스는 틴다레오스왕의 도움으로 페넬로페와 결혼하였다. 그러나 페넬로페의 아버지 이카리오스는 딸을 곁에 두고 싶어서 셋이 함께 스파르타에서 살기를 원했다.

    오디세우스는 가난했지만 이타케의 왕이었으므로, 이카리오스의 제안을 받아들이지 않았다. 그리고 페넬로페에게 남편과 아버지 중

한쪽을 선택하라고 했고, 베일로 얼굴을 가린 수줍은 신부 페넬로페는 오디세우스를 따라나섰다.

헬레네가 파리스에게 납치를 당하자 메넬라오스는 결혼 전에 군웅들이 맹세했던 조항을 부르짖으며 도움을 청했다. 그러자 메넬라오스의 형 아가멤논을 중심으로 거대한 그리스군이 결성되었고, 그들은 트로이아 출정을 눈앞에 두고 있었다.

그때 그리스군의 유명한 예언자 칼카스는 "이 전쟁에 아킬레우스가 참전하지 않는다면 절대 승리를 할 수 없다"고 예언하였다. 이에 그리스군의 총사령관 아가멤논은 아킬레우스를 찾으려 했지만 그의 행방을 알 수 없었다. 또한 오디세우스의 모습도 보이지 않았다. 아가멤논은 팔라메데스에게 오디세우스와 아킬레우스를 찾아 전장에 나설 것을 명령하였다.

오디세우스는 헬레네의 사촌인 페넬로페와 결혼하여, 아들 텔레마코스를 낳고 행복하게 살고 있었다. 그는 헬레네로 인해 그리스의 군웅들이 들고일어난 트로이아 출정에는 관여하고 싶지 않았다. 그는 하찮은 여자 하나 때문에 사랑하는 아내와 귀여운 아기를 두고 전장에 나가는 것이 불만이었다. 그러나 자신의 지혜를 짜내어 헬레네의 구혼자들에게 맹세를 하게 한 것에 부담을 느껴서인지, 미친 척하며 외부와의 인연을 끊으려 했다.

아가멤논의 명령을 받은 팔라메데스가 이타케의 궁전에 도착했을 때, 페넬로페는 아기를 안고 궁전 앞을 산책하고 있었으며, 오디세우스는 황소와 나귀 뒤에 쟁기를 달고 밭을 일구고 있었다.

팔라메데스를 만난 페넬로페는 "요즘 오디세우스가 이상해져 괴상

밭을 가는 오디세우스_ 태피스트리(여러 가지 색실로 짠 그림) 작품

한 소리를 내며 밭에 씨앗 대신 소금을 뿌리고 있다"고 하였다. 오디
세우스는 거짓으로 미친 사람 흉내를 내며, 전장에 나서지 않으려고
수를 쓰고 있었던 것이다.

팔라메데스는 오디세우스가 진짜 미쳤는지 시험해 보기로 하여, 페
넬로페가 안고 있는 아기를 얼른 잡아채어 오디세우스의 쟁기 앞에
내려놓았다.

아기가 울음을 터뜨리자 오디세우스는 재빠르게 아들을 피해서 쟁
기를 몰았다. 아기는 황소와 나귀의 발굽 소리에 놀라 더욱 크게 울어
댔으나, 오디세우스는 여전히 흥얼거리고 있었다.

팔라메데스는 크게 웃으며 말했다.

여장을 하고 있다가 발각되는 아킬레우스_ 페테르 루벤스의 작품

님페인 테티스는 자신의 아들 아킬레우스가 전장에서 죽을 것이라는 신탁을 믿고, 아들을 보호하고
자 여자로 변장시켜 은신시켰다. 그러나 지혜가 많은 오디세우스는 아킬레우스의 여장 소문을 듣
고 그를 전장에 내보내기 위해 지략을 발동한다. 결국 여장을 한 아킬레우스는 넘쳐 오르는 혈기를
드러내고는 오디세우스 일행과 함께하게 된다.

"이타케의 왕인 오디세우스여, 아무리 미친 척하여도 소용이 없습니다."

오디세우스도 쟁기질을 멈추고는 크게 웃으며 답하였다.

"꾀 많다는 나도 그대의 술책에 들통이 나버렸군요."

이렇게 해서 오디세우스는 사랑하는 아내 페넬로페와 어린 아기인 텔레마코스와 작별하고 팔라메데스를 따라나섰다.

오디세우스는 그리스 군영에 합류하기 전 팔라메데스로부터 한 가지 청을 들었다. 다름 아니라 아킬레우스를 찾아 함께 합류해 달라는 것이었다.

팔라메데스가 오디세우스에게 말했다.

"들리는 소문에 아킬레우스는 여장을 한 채 스키로스섬 궁정의 공주들 사이에 숨어 지낸다고 합니다."

이 말을 들은 오디세우스는 아킬레우스를 찾아낼 궁리를 하다가 문득 좋은 생각을 떠올렸다. 그리고 두 사람은 방물장수로 변장하고 리코메데스왕의 궁정을 찾아갔다. 그들은 궁정 출입에 제지를 당하자 궁정 앞을 왔다 갔다 하면서 "아름다운 반지와 예쁜 목걸이가 있다!"고 소리쳤다. 이 소리를 들었는지 궁정의 성벽 위에서 공주들이 내려다보며 물건을 청하자 궁정의 경비병들은 그들에게 성문을 열어주었다.

오디세우스와 팔라메데스는 궁정 홀의 탁자 위에 예쁜 액세서리와 명품 들을 쏟아놓고 자랑하였다. 공주들이 몰려와 귀고리며 화장품이며 머리 장식을 구경하면서 만져보기도 했다. 그런데 뒤늦게 한 공주가 다가오더니, 귀금속 등의 액세서리에는 관심을 두지 않고 물건들 중에서 멋진 칼을 집어 들었다.

오디세우스의 계책에 속아 칼을 집어 들고 만 아킬레우스_ 루이 고피에의 작품
여장을 하고 있던 아킬레우스가 칼을 집어 들자 오디세우스는 그가 아킬레우스임을 알아차린다.

"칼을 든 공주님, 그대는 아킬레우스가 맞지요?"

이렇게 해서 아킬레우스도 오디세우스와 함께 트로이아 전쟁에 참

가하게 되었다.

제 2 부

트로이아 출정

이피게네이아의 희생

　그리스에서 명성을 떨쳤던 영웅들은 2년에 걸쳐 전쟁을 준비했고, 1천여 척의 전함에 3만 명이 넘는 병사들은 보이오티아항에 모여 아가멤논을 총사령관으로 하여 출전 채비를 마쳤다.

　그리스군에는 특히 유명한 장군들이 많았다. 그리스군의 총사령관인 아가멤논은 미케네의 왕으로서 헬레네의 남편 메넬라오스의 형이었다. 스파르타의 왕으로 헬레네의 남편인 메넬라오스, 프티아의 왕자로 그리스 제일의 무장인 아킬레우스, 살라미스의 왕자로 용맹스러운 거인인 아이아스, 아르고스의 왕인 디오메데스, 필로스의 왕으로 그리스군에서 나이가 가장 많은 고문으로 존경받았던 장수 네스토르가 출전 준비를 마쳤다. 그 외에 헤라클레스의 죽음을 목도한 필록테테스는 헤라클레스로부터 활을 물려받아 전장에 나섰다. 또한 아킬레우스와 둘도 없는 친구인 파트로클로스도 있었다.

　항구에 빽빽이 들어찬 전함들은 당장이라도 트로이아를 공격하여 헬레네를 데려오기 위해 출항을 대기하였다. 항구를 지켜보던 아가멤논을 비롯한 장수들은 출항에 앞서 잠깐 사냥을 즐기기로 했다.

모두들 말을 몰아 숲으로 들어갔다가 아가멤논이 커다란 수사슴 한 마리를 발견하였다. 아가멤논이 위용을 자랑하듯 활을 힘껏 당겨 쏘아 단 한 발로 수사슴을 쓰러뜨렸다. 모두들 아가멤논의 활 솜씨를 칭송하며 사냥터에서 철수하였는데, 이 일은 사냥의 여신이자 짐승의 수호신인 아르테미스 여신을 화나게 하였다.

아르테미스 여신의 노여움은 그리스군에 무서운 전염병을 퍼뜨려 병사들이 쓰러지게 하였고, 바람을 잠재워 전함들이 출항하지 못하도록 하였다. 그러자 영문을 모르던 그리스 장수들은 크게 놀라며 아가멤논에게 몰려가 긴급회의를 열었다.

아가멤논도 어찌해야 할지 난감한 터라 예언자인 칼카스에게서 해답을 얻으려 했다. 칼카스는 테스토르의 아들로 새가 나는 모습을 보면서 점을 치는 예언자였는데, 이는 태양신 아폴론이 그에게 부여한 예언 능력 덕분이었다. 트로이아 전쟁이 시작하기 전 그는 아킬레우스와 헤라클레스의 활과 화살을 가진 필록테테스가 참전하여야만 그리스가 승리를 거둘 것이라 예언했다. 또한 그리스 함대가 출항하기 전 뱀이 참새둥지에서 여덟 마리의 새끼 참새를 잡아먹고 어미 참새를 아홉 번째로 잡아먹는 것을 보고 그리스군이 트로이아를 9년 동안 공격하다가 10년째에 함락시킨다고 예언했다.

칼카스는 아가멤논의 물음에 이렇게 예언의 답을 하였다.

"아가멤논 총사령관께서 쏘아 죽이신 수사슴 때문에 아르테미스 여신이 노했으니, 여신에게 처녀 한 사람을 제물로 바쳐야 여신의 노여움이 풀어질 것입니다. 그런데 그 처녀는 죄지은 사람의 딸이어야 합니다."

칼카스의 말을 들은 아가멤논은 가슴이 철렁했다. 자신의 사랑하는 딸 이피게네이아를 제물로 바쳐야 한다는 뜻이었기 때문이다. 그러나 수많은 장수들은 그리스의 명예를 위해서는, 그리고 가족과 병사들을 질병으로부터 보호하기 위해서는 어쩔 수 없는 일이라고 아가멤논의 결단을 촉구하였다.

이윽고 아가멤논의 딸 이피게네이아는, 그리스 전역에서 처녀들이 흠모하던 영웅 아킬레우스에게 시집보낸다는 거짓 명목으로 미케네의 궁전에서 아울리스 항구로 불려왔다. 헬레네의 쌍둥이 언니이자 이피게네이아의 어머니인 클리타임네스트라는 사랑하는 딸이 아킬레우스의 신부가 된다는 말에 딸과 함께 왔다.

아가멤논은 한동안 말없이 딸의 얼굴을 바라보다가 비장한 표정으로 사실을 밝혔다. 이 말을 들은 왕비 클리타임네스트라는 얼굴이 하얗게 질려 소리쳤다.

"우리 딸을 죽이다니요!"

아가멤논은 가슴이 찢어지는 듯했지만, 많은 병사들이 아르테미스의 노여움으로 죽어가고 있고

칼카스 조각상 ▶
그리스 신화에 나오는 유명한 예언자. 그는 그리스군의 트로이아 원정에 관련하여 "아킬레우스의 도움을 얻지 못하면 승리할 수 없다"고 예언하였다. 그는 "자기보다 현명한 예언자를 만나면 죽는다"는 신탁을 받고 있었는데, 트로이아 함락 후 몹소스라는 예언자를 만나 그와 예언 능력을 겨루다 패하자 비탄한 나머지 죽고 말았다.

제물로 바쳐지는 이피게네이아_ 프랑수아 페리에의 작품
아가멤논의 딸 이피게네이아가 희생양이 되어 제물로 바쳐지는 순간을 묘사한 작품이다.

전함들이 항구에 묶여 있어 도리가 없다고 하였다.

마침내 이피게네이아는 새로 만들어진 아르테미스 여신의 제단에 누여졌다. 그리고 사제가 단도를 든 채 그 옆에 섰다. 아가멤논은 차마 그 장면을 볼 수 없다는 듯 눈물을 흘리며 아내인 클리타임네스트라 쪽으로 얼굴을 돌렸다. 클리타임네스트라는 표독한 표정으로 아가멤논을 노려보며 소리쳤다.

"잘못은 당신이 저질렀는데, 왜 죄 없는 아이가 죽어야 해요? 당신의 오늘 처사를 결코 잊지 않겠어요!"

이피게네이아_ 허버트 구스타브 슈몰츠 작품
이피게네이아는 아르테미스 여신으로부터 구원을 받고 여신의 신전을 지키는 사제가 된다.

그때 사제가 단검을 들어 제물인 이피게네이아의 목을 내려치려는 순간, 한 무더기의 구름이 피어오르더니 재빨리 이피게네이아의 몸을 감싸는 것이었다. 그리고 이피게네이아가 있어야 할 자리에 한 마리의 암사슴이 피를 흘리고 있었다. 모두들 크게 놀라 탄성을 질렀다. 구름에 싸인 이피게네이아는 아르테미스 여신을 만났다.

"아버지의 죄 때문에 죽는 네가 가엾어서 살려주었다. 타우리스에 있는 내 신전에 데려다줄 테니, 여사제가 되어 신전을 잘 돌보도록 하여라."

필록테테스의 낙오

이피게네이아 사태가 마무리되자 아울리스 항구에 바람이 다시 불기 시작했다. 군함에 타고 있던 병사들은 일제히 소리쳤다.

"야, 바람이다! 바람이 분다! 드디어 트로이아로 출항을 할 수 있다."

그동안 부상으로 누워 있던 병사들도 언제 아팠느냐는 듯이 벌떡 일어나 밖으로 뛰쳐나왔다. 아가멤논의 딸 이피게네이아의 희생으로 바람이 다시 불자 그리스 함대는 마치 경사라도 난 것처럼 흥분되어 있었다.

"아! 정말 바람이 분다."

아가멤논은 눈물을 삼키며 뱃머리에 높이 올라 소리를 쳤다.

"트로이아로 출정한다. 돛을 높이 올려라!"

모든 전함의 병사들은 바쁘게 움직였다. 그리고 1천여 척의 전함들은 돛을 부풀리고 바다로 나아갔다. 그리스의 전함들은 순풍을 타고

북동쪽으로 미끄러지듯 파도를 헤치며 트로이아를 향했다. 그러던 어느 날 아가멤논은 렘노스섬을 발견하고 기뻐하였다.

스파르타의 왕 메넬라오스가 아가멤논에게 말했다.

"이 섬에서 신들께 승리를 기원하는 의식을 올립시다."

아가멤논은 물과 양식을 구할 겸 렘노스섬에 정박하도록 하였다. 그리고 신전을 증축한 후, 제단에 양 한 마리를 제물로 바쳐 신들께 승리를 기원하였다.

의식이 끝나고 다시 출항하기 위해 일행들이 바닷가에 이르렀을 때였다. 테살리아의 멜리보이아 왕인 필록테테스가 헤라클레스의 활을 떨어뜨리고 풀밭에 주저앉으며 비명을 질렀다. 몸집이 큰 독사 한 마리가 필록테테스의 발을 물고 풀숲으로 사라진 것이었다.

독사에게 물린 필록테테스의 발은 벌겋게 부어올랐다. 의술의 신 아스클레피오스의 아들이자 인류 최초의 군의관인 마카온이 필록테테스의 상처에 약을 발라주었다.

약을 발랐지만 상처가 낫기는커녕 더 심하게 부어오른 데다 매우 고약한 냄새까지 났다. 냄새가 너무도 지독하여 장수들과 병사들은 손으로 코를 쥐고 얼굴을 일그러뜨리면서 필록테테스를 멀리했다.

하루라도 빨리 트로이아를 공격하려는 그리스군은 필록테테스의 상처 때문에 차질이 빚어졌다. 그를 배에 태우고 가려 했으나, 냄새 때문에 병사들이 기피하는 바람에 승선을 시킬 수 없었다.

이때 마카온이 풀 줄기를 손에 들고 뛰어오면서 말하였다.

"이 풀만 있으면 상처를 치료할 수 있습니다. 그런데 상처를 깨끗이 치료하려면 아주 오랜 시간이 걸릴 것입니다."

렘노스섬의 필록테테스_ 기욤 기용 르티에르의 작품

이에 아가멤논이 말했다.

"그렇다면 치료 방법을 알았으니 여기서 혼자 치료를 하시오. 양식
과 물을 조금 두고 갈 테니, 트로이아를 쳐부수고 돌아오는 길에 데
려가겠소."

결국 그리스군은 필록테테스를 섬에 혼자 남겨두고 트로이아로 출
항하였다.

필록테테스는 헬레네의 구혼자 중 한 사람이었으며, 트로이아 전쟁이 발발하자 그리스 연합군의 일원으로 멜리보이아의 군대를 50명의 사공이 모는 배 일곱 척에 나누어 태우고 원정에 참가했다. 그러나 트로이아로 항해하던 도중에 그는 부상을 당해 다른 그리스 장군들에 의해 렘노스섬에 버려지게 되는데, 여기에는 서로 다른 이야기가 전해진다.

헤라클레스가 네소스의 겉옷을 입고 너무 괴로운 나머지 스스로 장작더미를 올리고 불에 타 죽으려고 했다. 전설에 따르면 아무도 감히 그 장작더미에 불을 놓으려 하지 않았다. 이때 필록테테스가 용감히 불을 놓아 헤라클레스가 죽을 수 있도록 도왔고, 이 때문에 그는 헤라클레스의 활과 히드라의 독이 묻은 화살을 가지게 되었다고 한다.

헤라클레스를 도와준 사실에 앙심을 품은 여신 헤라가 보낸 물뱀에 물려서 부상당해 버려졌다고도 하며, 다른 설에는 헤라클레스의 유해가 있는 장소에 갔다가 부상당했다고도 한다.

정확한 사유는 알 수 없지만 그는 렘노스섬에 10년간 홀로 남겨져 있었고, 그의 부대는 오일레우스의 서자인 메돈이 대신 지휘했다.

◀ 헤라클레스의 죽음
헤라클레스가 장작더미 위에서 스스로 목숨을 끊으려는 장면을 묘사한 도자기 그림이다. 장작더미에 불을 붙이려는 사람이 필록테테스이다.

렘노스섬의 필록테테스에게서 헤라클레스의 화살과 활을 가져가는 오디세우스와 네오프톨레모스_
프랑수아 사비에 파브르의 작품

트로이아 전쟁이 10년간 질질 끌게 되자 그리스군은 트로이아의 왕자이자 예언자인 헬레노스를 고문하여, 그리스군이 승리를 거둘 수 있는 비결을 물었다.

헬레노스는 그리스가 전쟁에서 승리하려면 헤라클레스의 화살과 활이 있어야 한다고 예언했다. 이에 오디세우스와 몇몇 그리스 장군은 렘노스섬으로 가서 활과 화살을 가져오려 했는데, 놀랍게도 필록테테스가 아직 살아 있는 것이었다.

결국 그리스군은 아스클레피오스의 두 아들 마카온과 포달레이오스를 시켜 필록테테스를 치료하게 했고, 필록테테스는 완전히 치유되어서 그리스 진영에 합류했다.

프로테실라오스의 장렬한 죽음

　그리스군이 쳐들어온다는 소식을 들은 트로이아의 용장 헥토르는 트로이아 변방의 여러 작은 나라들과 동맹을 맺고 동맹군의 총사령관이 되어 그리스군의 공격에 대항할 준비를 마쳤다.

　헥토르는 트로이아의 왕자로서 헬레네를 납치한 파리스의 형이자 트로이아 최고의 용장이었다. 트로이아에는 그 밖에도 훌륭한 장수들이 많았다.

　아이네이아스는 아프로디테와 트로이아의 왕족 안키세스 사이에서 태어난 영웅으로 트로이아의 제2인자였다. 글라우코스는 트로이아와 동맹을 맺은 리키아의 장수였고, 사르페돈은 제우스와 라오다메이아의 아들로 그 역시 리키아의 장수였다.

　마침내 그리스군 전함들이 트로이아 해안을 앞에 두고 그 모습을 나타내기 시작했다. 숫자도 헤아릴 수 없는 검은 군함들의 위용은 당장이라도 트로이아성을 덮어버릴 듯한 기세였다. 그러나 이상하게도 그리스의 장수들이나 병사들은 배에서 내려 트로이아 땅을 밟으려고 하지 않았다.

그 이유는 "제일 먼저 트로이아 땅을 밟는 자는 병사든 장수든 상관없이 죽게 된다"는 예언 때문이었다. 모두가 어쩔 줄 모르고 전전긍긍하고 있을 때, 이 모습을 참지 못했는지 아킬레우스가 말 위에 올라 뛰쳐나가려 했다. 그런데 어머니 테티스 님페가 어느새 나타나, 아킬레우스의 말고삐를 잡아당겼다.

"안 된다! 사랑하는 아들아, 왜 죽음을 스스로 맞으려 하느냐?"

그러나 아킬레우스는 어머니의 손을 뿌리치며 말했다.

"저는 이 전장에서 죽기로 운명 지어진 몸이니 아무것도 두렵지 않습니다."

아킬레우스와 테티스 님페가 잠시 실랑이를 벌이는 동안 필라카이의 왕 프로테실라오스가 용감히 배에서 뛰쳐나가며 소리를 쳤다.

"그리스의 용사들이여, 힘껏 싸워라!"

프로테실라오스의 자기희생적인 행동에 분발한 그리스군은 트로이아성을 향해 돌진하였다. 그러자 만반의 준비를 하고 있던 트로이아의 헥토르가 병사들을 이끌고 그리스군을 막아서기 시작하였다.

프로테실라오스로 추정되는 조각상_ 메트로폴리탄미술관 소장 ▶

아킬레우스에게 무구를 주는 테티스_
줄리오 로마노의 작품

헥토르는 그리스군의 선두에서 달려오는 장수를 향해 화살을 날렸다. 그 장수는 맨 먼저 트로이아 땅을 밟은 프로테실라오스였다.

헥토르의 화살은 말의 달리는 속도보다 더 빨리 날아와 프로테실라오스의 가슴을 관통했다. 맨 먼저 트로이아 땅을 밟은 프로테실라오스는 이렇게 숨을 거두고 말았다.

"내가 복수를 하리라."

아킬레우스가 헥토르를 향해 용맹스럽게 말을 달리며 소리쳤다. 아킬레우스의 반짝이는 황금빛 갑옷은 아버지 펠레우스와 어머니 테티스가 결혼할 때 대장간의 신 헤파이스토스가 특별히 만들어서 선물한 것이었다. 그리고 타고 있는 말은 포세이돈이 선물한 말이었다. 아킬레우스의 뒤를 따라 그리스군이 돌격하자 트로이아군은 그 기세에 눌려 허겁지겁 달아났다. 트로이아군은 재빨리 성안으로 들어가 문을 굳게 닫았다. 헥토르와 파리스가 성벽 위로 올라가 성문 앞까지 몰려온 그리스군을 내려다보니, 그리스군의 선봉에는 늠름한 아킬레우스가 서 있었다.

트로이아성의 유래

견고한 트로이아성은 난공불락의 위용을 자랑해 왔다.

트로이아성은 바다의 신인 포세이돈에 의해 지어졌는데, 그 전설은 다음과 같다.

라오메돈왕을 죽이려는 헤라클레스

포세이돈과 아폴론이 제우스에게 대적하여 그를 묶어버린 적이 있었다. 이때 제우스는 테미스 덕택에 풀려난 후 포세이돈과 아폴론의 죄를 물어 인간들 틈에서 종살이를 하게 하였다.

포세이돈은 트로이아의 성벽을 쌓았다. 아폴론은 이다산 아래에서 소 떼를 돌보았는데,

포세이돈과 아폴론에게 대가를 지불하기로 한 약속을 지키
지않고 거절하는 라오메돈_ 요하임 폰 산드라르트의 작품

일 년 후에 라오메돈왕에게 대
가를 청구하자 왕이 거절을 하
였을 뿐 아니라 손발을 묶어 팔
아버리겠다고 위협까지 했다.
화가 난 포세이돈은 바다 괴물
을 보냈고, 아폴론은 역병이 돌
게 만들었다.

라오메돈왕이 신관들이 받은
신탁에 따라 딸 헤시오네를 바
다 괴물에게 희생 제물로 바치
려 하자, 아마존의 여왕 히폴리
테의 허리띠를 구하러 가던 헤
라클레스가 괴물과 역병을 물

리쳐 주었다. 그러나 라오메돈왕은 헤라클레스에게 주기로 했던 천마
를 주지 않고 또다시 약속을 어겼다.

결국 히폴리테의 허리띠를 취하여 돌아오던 헤라클레스 일행은 트
로이아 성벽을 허물고 라오메돈왕을 죽였다. 이렇듯 트로이아성은 인
간이었다가 신이 된 헤라클레스만이 허물 수 있는 성이었기에 철옹
성과 같았다.

프로테실라오스와 라오다메이아

　그리스군의 총사령관 아가멤논은 진지 구축이 끝나자, 맨 먼저 용감하게 상륙하여 죽음을 맞이한 프로테실라오스의 장례를 엄숙하게 치러주었다.

　프로테실라오스에게는 고국에 두고 온 아름다운 신부가 있었는데, 그는 결혼식을 올린 다음 날에 원정을 떠났던 것이다. 신부 라오다메이아는 사랑하는 남편이 전사했다는 소식을 듣고 눈물을 흘리며 신께 기도를 했다.

　"신들이시여, 어찌 이럴 수가 있습니까? 신들이시여, 잠깐만이라도 남편을 만나서 작별 인사라도 하게 해 주십시오. 세 시간만이라도 좋으니 남편을 만나게 해 주십시오."

　올림포스에서 제우스가 라오다메이아의 간절한 기도를 듣고 그녀를 가엾게 여겨, 전령의 신 헤르메스에게 저 여자의 소원을 들어주라고 명하였다. 헤르메스는 명부로 내려가 프로테실라오스를 데리고 라오다메이아에게 갔다.

죽은 남편이 돌아온 모습을 본 라오다메이아는 놀라며 남편에게로 달려갔다. 프로테실라오스도 뛰어와, 두 사람은 서로 부둥켜안았다. 그러나 세 시간만 허락된 만남이었다. 재회의 기쁨도 나눌 새 없이 정해진 시간이 다 흘렀다. 헤르메스는 그들의 이별이 안타까웠지만 프로테실라오스를 지하세계로 다시 데려가야만 했다.

헤르메스가 프로테실라오스를 재촉하자 그의 형체가 희미해지며 멀어져 갔다. 남편의 모습이 이내 사라지자 라오다메이아는 칼을 들고 앞으로 고꾸라지면서 남편의 뒤를 따랐다.

또 다른 설에 따르면 라오다메이아는 단순하게 자살한 것이 아니다. 남편이 지하세계로 다시 돌아가자 그녀는 나무로 그의 인형을 만들어 침실에 숨겨 놓고 쓸쓸한 마음을 달랬다. 그녀는 그 인형을 살아 있는 남편으로 상상하면서 이야기도 하고, 목을 안고 키스도 했다. 어느 날 하녀 하나가 우연히 침실 밖에서 라오다메이아가 인형과 이야기를 나누는 것을 엿들었다. 하녀는 인형을 그녀의 새 애인으로 오인하여 주

라오다메이아와 프로테실라오스의 이야기가 새겨진 석관 부조

남편의 죽음 소식에 슬퍼하는 라오다메이아_ 윌리엄 조이의 작품
전설에 의하면 님페들이 라오다메이아의 무덤 주변에 느릅나무를 몇 그루 심었다고 한다. 이 나
무들은 트로이아를 내려다볼 수 있을 정도로 높이 자란 후에 말라 죽었는데, 뿌리에서 새싹이 다
시 돋아났다고 한다.

인에게 보고했다. 아버지 아카스토스가 달려와 딸의 방을 샅샅이 뒤
졌지만, 딸의 새 애인이 아니라 인형만 발견했을 뿐이다. 사태를 파악
한 그는 마당에 장작불을 피워 놓고 인형을 불 속에 던져버렸다. 프로
테실라오스의 모든 유품들도 함께 불태웠다. 딸의 병을 고치려면 그
방법밖에 없다고 생각했던 것이다. 그러자 라오다메이아는 절망하며
불 속으로 뛰어들어 산 채로 불타 죽었다.

전리품 크리세이스

그리스군과 트로이아군의 전쟁은 큰 전투 없이 작은 싸움만 이어진 채 9년이라는 길고 지루한 시간이 지났다.

트로이아의 견고한 성은 변함없었고, 그리스군에는 맹장 아킬레우스가 있는 만큼 트로이아군도 함부로 공격을 하지 못했다.

전쟁이 10년째로 접어든 어느 날 아킬레우스는 트로이아의 한 동맹국인 리르네소스를 공격하여 왕을 죽이고 많은 전리품을 획득하였다. 전리품 중에는 브리세이스라는 아름다운 왕비도 있었다.

그녀는 아킬레우스가 트로이아 원정에 참가한 이후 처음으로 얻은 전리품이자 사랑하는 여인이었다. 아킬레우스는 또한 크리세이스라는 처녀도 전리품으로 챙겼는데, 그녀 역시 아름다운 미모의 소유자였다. 아킬레우스는 두 여인 중 크리세이스를 아가멤논에게 바쳤고, 브리세이스는 자신이 취했다.

그리하여 크리세이스는 아가멤논의 막사에서 시중을 들게 되었다.

아가멤논은 자신의 딸 이피게네이아 사건으로 아내인 클리타임네스트라와 갈등이 이어졌고, 쉽게 끝날 것 같았던 전쟁도 10년이 되도록 지루하게 펼쳐지자 무력감에 휩싸여 있었다. 그러던 차에 아킬레우스로부터 크리세이스를 선물받자 이 아리따운 처녀에게 자연히 빠져들고 말았다.

　아가멤논은 그녀를 자신의 침실 밖으로 내보내지 않았으며, 아킬레우스가 브리세이스를 사랑한 것처럼 그도 그녀를 사랑했다. 그런데 어느 날 크리세이스의 아버지가 그녀를 구출하려고 아가멤논의 진중을 찾아왔다.

크리세스를 쫓아내는 아가멤논_ 야코포 알레산드로 칼비의 작품

크리세이스의 아버지 크리세스는 아폴론 신전의 사제였다. 그는 딸 크리세이스의 몸값으로 많은 선물과 황금 지팡이(아폴론의 홀)를 손에 들고 아가멤논 진영의 두 장수에게 간곡히 요청하였다. 크리세스의 간절한 청에 누구도 이의를 제기하지 않았고, 아가멤논이 사제의 뜻을 순순히 받아들이기를 바랐다. 그러나 정작 아가멤논은 사제에게 물러가기를 요구했을 뿐만 아니라, 폭언에 가까운 말을 쏟아내며 쫓아내기까지 했다.

아가멤논에게 쫓겨난 크리세스는 인적이 뜸한 곳을 찾아, 아폴론에게 정성껏 기도를 하며 자신의 억울함을 풀어달라고 애원했다. 이 기도를 들은 아폴론은 분노하여, 자신의 활을 챙기고 그리스 군영에 내려왔다.

아가멤논과 아킬레우스의 분규

아폴론은 땅거미가 어둑해지는 저녁을 이용하여 화살을 쏘아댔다. 먼저 노새와 개 들에게 쏘았고, 그다음으로 병사들에게 쏘았다. 아폴론이 그렇게 아흐레 동안 화살의 비를 아카이아 진영에 쏟아붓자 진영 전체는 역병이 나돌고 금세 시체들로 뒤덮였으며, 여기저기서 시신을 소각시키는 냄새로 숨을 쉬지도 못할 만큼 아비규환 속이었다.

이윽고 열흘째 되던 날, 이러한 광경을 지켜보던 헤라 여신은 아킬레우스의 마음을 움직여 전군을 소집하게 했다.

아킬레우스는 예언자 칼카스로 하여금 질병이 왜 시작되었는지 신탁을 밝히라고 요구하였다.

칼카스가 언급한 신탁은 "아가멤논이 크리세스의 청원을 거절하고 그의 딸을 풀어주지 않았으므로 아폴론의 재난이 그리스군에 임했다"는 것이었다. 칼카스의 말에 아가멤논은 화를 발끈 내면서 자리에서 일어났다.

"그대는 사랑하는 내 딸 이피게네이아를 제물로 바치게 하더니, 이제는 내 여자가 된 크리세이스마저 놓아주라고 하느냐!"

아가멤논은 자신이 그리스군의 총사령관인데도 직분에 맞는 대우를 못 받는다고 생각했다. 그는 사랑하는 딸을 제물로 바쳤고, 아내인 클리타임네스트라의 냉대를 받아야 했다. 그리고 이 모든 것을 잊게 해주던 크리세이스마저 잃게 될 상황에 처하자 부아가 치밀었다.

"정말 그녀를 풀어주어야 한다면 어쩔 수 없다. 이는 내가 병사들의 무사함을 바라기 때문이다. 그렇다면 나에게 당장 다른 포상을 마련해 주시오. 나는 그녀와 함께 온, 아킬레우스의 연인 브리세이스를 원한다."

아가멤논은 자신의 여인이었던 크리세이스를 보내는 대신에 아킬레우스의 연인인 브리세이스를 갖겠다고 했다. 사태가 여기에 이르자 아킬레우스는 당장이라도 아가멤논을 죽일 듯이 덤벼들려 하였으나, 아테나 여신의 보이지 않는 만류로 울분을 삭여야만 했다.

아킬레우스는 이 조치에 화가 나서 앞으로는 전투에 나가지 않을 것이라고 선언한 후, 자신의 막사에 틀어박힌 채 꼼짝하지 않았다.

◀ 아킬레우스와 브리세이스가 묘사된 도자기 그림

아킬레우스를 말리는 아테나 여신_ 마르탱 드롤랭의 작품
아가멤논이 아킬레우스의 연인 브리세이스를 자신이 취하겠다고 하자 이에 화가 난 아킬레우스가
칼을 뽑아 들려는 찰나에 아테나 여신이 그를 말리는 장면을 묘사하였다.

한편, 오디세우스를 지휘관으로 한 배가 크리세에 도착해 항구에 정
박했다. 닻줄을 단단히 맨 뒤 오디세우스는 크리세이스를 아버지 품
으로 돌려보냈다. 크리세스도 오디세우스의 일행을 반겨 맞으며 아폴
론 신에게 축원을 올렸다.

"궁술의 신인 아폴론이시여, 제 축원을 들어주시어 아카이아 사람
들이 곤욕을 겪게 하셨듯이 이제 다시 축원하옵건대 그들을 무서운 재
난으로부터 구해 주소서!"

크리세이스를 아버지에게 돌려보내는 오디세우스_ 클로드 로랭의 작품

　일행은 보릿가루를 뿌리는 예식을 마친 후, 황소를 도살해 제물로
바치고 흥겨운 잔치를 벌였다. 이리하여 젊은이들은 온종일 아폴론 신
께 송가를 읊으며 화난 신을 진정시켰다. 이에 아폴론 신도 매우 기쁘
게 받아들였다. 사방에 어둠이 내리자 젊은이들은 배 가까이에 옹기
종기 누워서 하나둘 잠을 청했다. 이윽고 새벽의 여신 에오스가 장밋
빛 손가락을 내밀자 자기들 진영으로 돌아가기 위해 항해를 시작했다.
　아폴론 신이 그들에게 순풍을 내리니, 배는 물결 위를 미끄러지듯
나아갔다. 그리고 아카이아 군영에 퍼졌던 역병은 사라졌다.

제우스에게 축원하는 테티스_ 안톤 파블로비치 로센코의 작품
테티스가 제우스에게 아들의 억울함을 호소하는 모습을 묘사한 그림이다.

한편, 분노를 삭이지 못하던 아킬레우스는 검푸른 바닷가로 나아가 두 손을 번쩍 들고 소리 높여 절규하듯 소리쳤다.

"오, 어머니! 제가 요절할 운명을 지니고 태어난 대신 명예를 주기로 제우스께서 약속하시지 않았습니까? 그런데 어찌 이 같은 모욕을 당해야 합니까? 아가멤논은 제 전리품을 빼앗아 저를 모욕했습니다!"

깊은 바닷속에 있던 님페 테티스는 아들의 절규에 귀를 기울였다. 차츰차츰 아들의 분노가 자신의 분노로 이어지자 그녀는 아침 일찍 바다에서 나와 올림포스로 향했다. 테티스는 제우스 앞에 무릎을 꿇고 앉아 왼손은 그의 무릎에 얹고, 오른손으로는 그의 턱을 만지며 축원했다.

"제우스 주신이여, 당신에게 바친 제 언행을 가엾게 여기신다면, 제 아들에게 영광을 내려주소서. 요절할 운명을 타고난 저의 아들을 아가멤논이 얼마나 모욕했는지 헤아려 주소서. 그리하여 아가멤논을 비롯한 아카이아 사람들이 아킬레우스에게 보상하고 그를 영광으로 찬미할 때까지 트로이아군에게 승리를 허락하소서!"

테티스의 간청

테티스의 간청에 제우스는 몹시 괴로워하며 입을 열었다.

"또 한 번 헤라와 말다툼을 벌이게 하는구나. 그대는 내가 트로이아군을 돕는다고 얼마나 헤라가 비난해 대는지 알기나 하느냐? 어쨌든 네가 원하는 대로 할 테니, 헤라가 눈치채기 전에 어서 바다로 돌아가거라."

테티스가 깊은 바다로 돌아가자, 테티스가 다녀간 걸 알아챈 헤라가 제우스를 추궁하기 시작했다. 헤라 여신은 제우스의 누이이자 아내로 모든 여신의 으뜸이었다. 그녀는 남편 제우스의 바람둥이 기질 때문에 늘 화가 나 있었다.

◀ 한 손에 번개를 든 제우스상
올림포스 신들 중 주신인 제우스는 절대 권력자이지만, 헤라 여신과는 애증의 관계로 개와 고양이처럼 앙숙 사이이기도 하다.

이다산의 제우스와 헤라_ 제임스 배리의 작품

　그녀는 제우스와 놀아난 여신이나 여인 들에게 응징을 하였고, 그
들의 출생 자식에게도 재앙을 안겨주곤 했다.

　"테티스가 왔었죠? 당신은 늘 나에게 한마디 말도 없이 비밀리에 모
든 일들을 결정하는군요."

　"헤라여, 내 일에 꼬치꼬치 간섭하지 마시오. 내 응당 그대가 들어
야 할 일이라면 누구보다도 먼저 그대에게 말해 주리다."

　헤라는 자신의 말을 듣는 둥 마는 둥 하는 제우스의 딴청에 부들부
들 떨며 화를 가라앉혔다. 둘 사이에 냉랭한 기운이 감돌자 제우스는
자리를 박차고 나왔다. 그러고는 올림포스 궁전 난간에 기댄 채 은하
수가 펼쳐지는 밤하늘을 바라보며, 아킬레우스 문제를 고심하였다.

아가멤논의 꿈

제우스는 무지개의 여신 이리스를 불러, 꿈의 신 모르페우스를 데려오라고 명했다. 이리스는 모르페우스를 찾아 잠의 신전에 갔다. 모든 생명체가 잠들어 있는 잠의 신전은 고요하였고, 작은 소리조차 들리지 않았다. 이리스 자신도 졸음이 쏟아졌다. 가까스로 몽롱함에서 정신을 차린 그녀는 꿈의 신 모르페우스를 깨워서 제우스에게 돌아왔다.

제우스가 모르페우스에게 명했다.

"꿈의 신이여, 아카이아 진영으로 가서 아가멤논의 막사를 찾아라. 그리고 내가 말하는 것을 정확히 그에게 전하라. 마침내 트로이아성을 함락할 기회가 이르렀으니 긴급히 아카이아 군을 무장시키라고 전해라."

제우스의 명을 받은 모르페우스는 즉시 아가멤논의 막사로 찾아갔다.

▼ 꿈의 신 모르페우스의 두상

제우스의 명을 받은 이리스가 꿈의 신 모르페우스를 깨우는 장면_ 르네 앙투안 우아스의 작품

모르페우스는 아가멤논이 신뢰하고 존경하는 넬레우스의 아들 네스토르로 변신하여 그의 머리맡에서 속삭였다.

"아가멤논이여, 잠드셨습니까? 나는 제우스께서 보내신 전령입니다. 주신께서 모든 아카이아군에게 곧 전투 준비를 하도록 분부하셨습니다. 이번이야말로 트로이아성을 함락할 절호의 기회라고 말씀하셨습니다."

모르페우스가 떠나가자 아가멤논은 제우스의 참뜻을 깨닫지 못한 채, 그날로 당장 트로이아성을 점령할 수 있으리라고 믿었다. 하지만 전쟁이 끝나려면 아직 멀었고, 제우스는 더욱 커다란 비탄과 고통을 내릴 계획이었다. 아가멤논은 꿈의 신의 목소리가 쟁쟁한 채로 잠에서 깨어났다. 그는 아직 날이 새지도 않은 밤에 왕홀을 손에 쥐고 막사를 나와 함대 쪽으로 걸어갔다.

그리스 진영의 설전

아가멤논은 전령에게 일러 사람들을 불러 모으도록 했다.

사람들이 다 모이자 아가멤논이 입을 열었다.

"간밤에 신이 나타나 내게 말했소. 신의 생김새와 목소리는 네스토르와 같았소. 그가 말하길, 지금이야말로 트로이아성을 함락할 수 있는 절호의 기회라고 했소."

아가멤논이 말을 마치자 네스토르가 일어나 말했다.

"만약 다른 사람이 이런 말을 했다면 그저 헛소리라고 생각해 흘려들었을 것입니다. 하지만 우리 군의 최고 지휘관께서 그러한 꿈을 꾸셨으니, 즉시 신의 명령대로 병사들에게 무장을 시켜야 합니다."

네스토르가 말을 마치고 나서 앞장서자 모두들 그를 뒤따랐다.

아가멤논이 상서로운 꿈을 꾸었다는 소문이 삽시간에 그리스 진영 곳곳으로 번져 나갔다. 병사들은 함대에서, 또 막사에서 무더기로 쏟아져 나와 아가멤논의 막사 주변으로 몰려들었다.

아가멤논의 진영은 말과 병사 들로 단숨에 아수라장이 되었다. 사방에서 떠들썩하니 일대 소란이 벌어졌다. 전령들은 소란을 진정시키기 위해 고함을 외치며 갖은 노력을 다했다. 이윽고 질서가 잡히면서 조용해졌지만, 병사들의 마음은 여전히 들떠 있었다.

마침내 아가멤논이 왕홀을 들고 일어섰다. 이 왕홀은 대장간의 신 헤파이스토스가 만든 것으로, 원래는 자신의 아버지 제우스에게 바친 것이다. 그러던 왕홀이 여러 신들과 사람들의 손을 거친 끝에 아가멤논의 소유물로 귀착되었다.

이 왕홀은 미케네의 전 국토와 바다의 많은 섬들을 다스리는 권위의 상징으로 부족함이 없었다.

아가멤논은 왕홀을 치켜들고 위풍당당하게 병사들을 향해 연설하였다.

"용맹한 그리스의 용사들이여, 제우스께서 이 사람을 당황하게 하셨습니다. 신께서 내게 은밀히 말씀하시기를, 이 사람이 트로이아성을 함락시키고 무사히 귀국하리라 하셨소. 그렇지만 우리 앞에 드러난 신의 진짜 뜻은 멸망과 허위였소. 제우스께서는 내게 수많은 병사들의 주검을 뒤로한 채 치욕을 안고 고국으로 돌아가라 하시오.

◀ 아가멤논의 가면
미케네성의 왕묘(王墓)에서 출토된 금제 가면. 미케네의 왕이자 트로이아 원정군의 총사령관이었던 아가멤논을 묘사한 것으로 추정된다.

아마도 고귀한 제우스께서는 이런 일을 퍽 즐기시는 듯하오. 우리는 막강한 병력임에도 어언 9년이란 세월을 흘려보냈고 어느덧 배와 돛이 상할 정도가 되었소. 이제 우리가 할 바를 말하고자 하오. 모두 함대에 올라 고국의 사랑하는 처자 곁으로 돌아갑시다. 저 트로이아성은 신이 만든 난공불락이외다."

아가멤논의 뜻하지 않은 열변은 병사들에게 충격을 주었다. 병사들은 이내 동요하기 시작했다. 그들은 함성을 내지르며, 오직 집으로 돌아간다는 사실에 한껏 흥분되었다. 그들이 내는 함성과 움직임은 가히 하늘을 찌를 정도로 소란스러웠다.

이때 헤라가 이 광경을 내려다보고 혀를 끌끌 찼다. 헤라는 아테나 여신을 불러 말했다.

"헬레네가 아직 트로이아에 있는 데도 빈손으로 돌아가려 하다니! 어서 가서 저들의 출항을 저지시켜 보시오."

헤라 여신의 말을 듣고 아테나 여신은 급히 그리스 진영으로 내려왔다. 병사들은 집으로 돌아가려는 일념에 모두 짐을 싸느라고 정신이 없었다. 그런 와중에 우두커니 선 채 생각에 잠겨 있는 오디세우스가 아테나 여신의 눈에 들어왔다.

아테나 여신상 ▶
지혜, 전쟁, 기술, 직물, 요리 등을 관장하는 여신으로 투구와 갑옷을 차림에 창과 방패를 든 여전사의 모습을 하고 있다.

오디세우스 앞에 나타난 아테나 여신_ 주세페 보타니의 작품

"이타케의 현명한 왕인 오디세우스여, 헬레네가 아직 저 성에 남아 있는데 아무런 성과도 올리지 못한 채 그냥 돌아가려는 것이오? 우두커니 서 있지만 말고, 어서 저들의 출항을 멈추도록 설득해 보시오."

여신의 목소리를 알아들은 오디세우스는 그 길로 곧장 아가멤논에게 향했다. 그러자 이타케에서 함께 온 동료 에우리바테스가 오디세우스를 호위하듯 뒤따랐다.

오디세우스는 아가멤논의 왕홀을 움켜쥐고는 병사들 속으로 들어갔다.

"용사들, 이게 어찌 된 일입니까? 아가멤논 총사령관은 여러분의 마음을 떠보았을 뿐입니다. 저는 지혜와 전쟁의 여신인 아테나로부터 출항을 멈추라는 계시를 받았습니다. 그러니 좀 더 참고 머물러 보도록 합시다."

오디세우스는 소란 피우는 무리를 보면 왕홀로 그들의 등을 내리치며 꾸짖었다. 그가 이렇게 만류하며 돌아다니자 병사들은 총사령관 아가멤논의 진의를 알아보려고 회의장에 몰려들었다.

그런데 오로지 한 사람만은 여전히 화를 내며 빈정거렸다. 테르시테스라는 하급 병사로 수다스러운 재담꾼이었다. 그는 모든 병사들이 보는 앞에서 아가멤논에게 무엄한 폭언을 퍼부었다.

"총사령관인 아가멤논이시여, 아직도 부족하시옵니까?

당신의 처소에는 보물이 산더미 같고 전리품으로 최고의 미인만 꿰찼는데도 여전히 성이 차지 않아 아킬레우스의 연인을 가로채지 않았습니까? 이것은 당신의 마지막 모욕이 될 것입니다."

오디세우스는 테르시테스가 아가멤논에게 훈계조로 꾸짖는 것을 보고 참지 못하여 그를 제지하였다.

◀ 테르시테스가 새겨진 도자기
테르시테스는 당시 추악한 외모에 입이 험하고 호전적인 것으로 유명한 그리스 병사이다. 호메로스가 《일리아스》에서 그림까지 제시하며 상세하게 묘사한 병사는 그가 유일하다.

"그 입을 다물라. 총사령관을 모욕하고 군중을 부추겨 선동하다니! 우리는 아직 형세를 점칠 수 없을 뿐만 아니라 귀국이 과연 가능한지도 모르는 상황이다. 그런데도 입을 함부로 놀려 대세를 그르친다면 이 오디세우스가 가만있지 않을 것이다."

오디세우스는 왕홀을 힘차게 휘둘러 테르시테스의 등을 내리쳤다. 그러자 테르시테스는 눈물을 흘리며 물러났다.

오디세우스가 왕홀을 잡고 일어서자, 아테나 여신이 전령의 모습으로 나타나 병사들에게 조용히 할 것을 명했다. 조금 전까지 소음으로 북적거렸던 회의장이 일순간에 조용해졌다. 그러자 오디세우스는 아가멤논에게 정중히 말했다.

"아가멤논이시여, 보시는 것처럼 병사들이 당신을 웃음거리로 만들고 있습니다. 우리가 트로이아를 정벌하고자 했을 때, 성을 점령하고 헬레네를 되찾기 전에는 돌아가지 않겠다고 했던 약속을 잊으신 겁니까? 이대로 물러난다면 고국의 처자들에게도 치욕만 안겨주는 셈입니다. 그러니 우리는 칼카스의 예언을 믿어 봅시다."

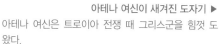

아테나 여신이 새겨진 도자기 ▶
아테나 여신은 트로이아 전쟁 때 그리스군을 힘껏 도왔다.

칼카스의 예언이란, 얼룩뱀이 신전의 성스러운 나무 위를 올라가 참새 둥지에서 여덟 마리의 새끼 참새를 잡아먹고 어미 참새를 아홉 번째로 잡아먹는 것을 보고 "트로이아는 9년 동안 공격하다가 10년째에 트로이아를 함락시킨다"라고 한 예언이었다.

오디세우스가 이렇게 칼카스의 예언을 상기시키자 그리스 병사들은 승리를 예감한 듯 전의에 불타 함성을 질렀다.

이렇듯 사태가 반전되자 아가멤논은 오디세우스의 바람대로 참전 명령을 내렸다. 그리스군은 아가멤논을 비롯하여 모든 영주들이 자신의 병사들을 배치시키기에 여념이 없었다. 아테나 여신도 염소 가죽으로 만든 목도리를 두르고 그들 사이에 섞인 채 병사들의 가슴에 불굴의 투지와 용기를 불어넣어 주었다.

그리스 연합군의 영주들은 각각 자신의 부대를 전진시키려 했다. 보이오티아인들은 페넬레오스, 레이토스, 아르케실라오스, 프로토에노르, 클로니오스 장군이 인솔했다. 또한 아스플레돈과 오르코메노스에서 온 병사들은 전쟁의 신인 아레스의 아들 아스칼라포스와 이알메노스 형제가 인솔했다. 포키스인들의 인솔자(나우볼로스의 손자들) 스케디오스와 에피스트로포스 형제, 로크리스인들의 인솔자(오일레우스왕의 날쌘 아들) 아이아스가 눈에 띄었다.

호랑이 같은 기질의 아반테스족은 아레스의 후예이며 칼코돈의 아들인 엘레페노르가 에우보이아에서 인솔해서 왔다. 특히 아테나 여신의 배려로 아테네시에 정주한 아테네인들도 출전하였다. 이들을 인솔한 사람은 페테오스의 아들인 메네스테우스로, 그들은 검은 배를 이끌고 왔다.

또한 건장한 투사 디오메데스가 아르고스와 거대한 성벽으로 유명한 티린스, 헤르미오네와 아시네, 트로이젠, 에이오네스, 포도 재배지대인 에피다우로스, 아이기나와 마세스로부터 아카이아 장정들을 인솔해 왔다. 강력한 성채를 구축하고 있는 미케네에서도 군대를 출전시켰다. 코린토스, 클레오나이, 오르네아이, 아라이티레아, 시키온에서도 출전하였다. 그리고 펠레네와 아이기온 및 아이기알로스 전역과 헬리케 평야에서도 출전하였다. 이들은 아가멤논 총사령관이 통솔했으며, 그는 왕 중의 왕인지라 여러 영웅들 중에서 제1인자요, 자기 휘하에도 내로라하는 영웅들이 많이 포진되었다.

한편, 아가멤논의 동생이자 헬레네의 남편인 메넬라오스는 라케다이몬, 파리스, 스파르타, 멧세에서 출전한 병사들을 인솔하였다. 웅변에 뛰어난 네스토르가 필로스, 아레네, 트리온, 아이피, 키파릿세에이스, 암피게네이아, 프텔레오스, 헬로스, 도리온의 병사들을 인솔하였다. 안카이오스의 아들 아가페노르왕의 통솔 아래, 킬레네 산악 지대에서도 맨주먹 싸움에 능한 병사들을 출전시켰다. 부프라시온과 엘리스에서도 군대를 파견시켰다. 이 부대에는 네 명의 선장이 각기

그리스군 출전도가 새겨진 도자기 ▶
마치 그리스군의 용맹을 나타내는 듯한 사자상의 도자기로, 매우 이채로운 형상을 띠고 있다.

10척의 쾌속선을 맡고 있었으며, 다수의 선원은 에페이오이족이었다.

둘리키온과 성지 에키나이 섬에서도 용맹한 군사들이 검은 배를 타고 왔는데, 제우스의 총애를 받던 필레우스의 아들 메게스가 이들을 진두지휘했다.

오디세우스는 용감한 케팔레니아 사람들을 지휘했다. 이들은 이타케와 네리톤, 크로킬레이아와 아이길립스 고원, 자킨토스와 사모스의 사람들이었다. 이들은 제우스와 맞먹는 지혜를 가진 오디세우스에게 충성하였다.

토아스가 아이톨리아인들을 인솔하여 왔다. 이들은 플레우론, 올레노스, 필레네, 칼키스, 칼리돈에서 검은 배 40척을 타고 왔다. 창의 명수 이도메네우스와, 전쟁신 아레스와도 같은 메리오네스가 통솔한 군대도 왔다. 이들은 검은 배 80척을 타고 왔다.

헤라클레스와 아스티오케 사이에서 태어난, 창의 명수 틀레폴레모스가 로도스인들을 거느리고 왔다. 또한 테살로스 왕의 두 아들인 페이디포스와 안티포스도 검은 배 30척을 타고 왔다.

헤라클레스의 활과 화살을 지니고 있는 필록테테스는 메토네, 타우마키에, 멜리보이아 등지의 노련한 사공들을 보냈다. 그러나 그는 렘노스섬에서 독사에 물려 치명상을 입었기 때문에 그곳에 머물러 있었다. 그래서 필록테테스를 대신하여 메돈이 사공들의 지휘를 맡았다. 이상 열거한 사람들은 그리스 연합군의 중추요, 지휘관들이다.

한편, 펠레우스와 테티스의 아들 아킬레우스가 이끄는 미르미돈족은 50척의 검은 배를 타고 트로이아 전쟁에 출전하였다. 이들은 펠라스기콘, 알로스, 알로페, 트라키스, 프티아, 미인의 고장 헬라스에서 왔다. 하지만 미녀 브리세이스를 아가멤논에게 빼앗긴 아킬레우스는 분노하여 모습을 드러내지 않았다.

어쨌든 전군이 요원의 불길처럼 진군을 하니, 대지가 그들의 발밑에서 요동을 쳤다. 아테나 여신은 전쟁의 신답게 그리스 연합군 무장들의 무기를 점검하였다.

고대 그리스의 투구

고대 그리스 투구의 모양은 다양하다. 이는 연대나 사용한 국가(또는 도시)에 따라 차이가 있기 때문이다.

가장 초기의 것으로 코린토스식(Corinthian)이 있다. 기원전 8세기에서 7세기경의 그리스 투구는 대부분 이 형식이었다. 하지만 이 투구에는 몇 가지 결점이 있었다. 명령을 알아듣기 힘들며 덥고 무거웠다.

그래서 경량화가 시도되었고, 이렇게 탄생한 것이 아테네식과 그리스 북부 반도 칼키디키(Khalkidhik)식이었다. 이들의 공통점은 귀 부분을 완전히 노출시킴으로써 명령이 잘 들리며 가볍다는 점이다.

한편, 그리스의 여러 도시국가 중에 아이도 울음을 그치게 한다는 군사국가인 스파르타에서는 일찍부터 독자적인 투구를 사용했다.

코린토스식 투구 ▶

◀ 필로스식 투구

아테네식 투구 ▶

◀ 일리리아식 투구

제 3 부

전쟁의 결전

결전의 서막

　그리스 연합군이 전의에 불타 무장을 서두르는 사이 트로이아군은 아무것도 모른 채 평소대로 방비에만 여념이 없었다.

　이런 모습을 본 제우스는 바람처럼 날랜 전령의 여신이자 무지개의 여신인 이리스를 트로이아 진영으로 보냈다.

　이리스가 프리아모스왕에게로 가서 그의 아들 폴리테스의 목소리로 말을 전했다.

　"왕이시여, 어찌 이러고 앉아만 계십니까? 지금 어마어마한 규모의 적군이 트로이아를 향해 오고 있습니다. 그들의 진군을 막으려면 헥토르 형님께서 직접 나서야 합니다. 우리 주위에도 동맹군이 많이 있으니 이들을 지휘하여 전쟁터로 이끄소서."

　전령의 말을 알아들은 헥토르는 무장을 서둘렀다. 트로이아의 성문이 열리자 병사들이 떼를 지어 쏟아져 나왔다. 헥토르는 사방을 멀리 내다볼 수 있게끔 미리네의 무덤이라고 불리는 바티에이아에 전군을 집결시켰다.

트로이아군에도 지혜와 용맹을 갖춘 지휘관들이 있었다. 총사령관 격인 헥토르는 프리아모스왕의 장남으로 대담한 전사인 동시에 평화를 사랑하는 사람이었다. 트로이아의 동맹군인 다르다니아군을 지휘하는 아이네이아스는 안키세스와 그 유명한 미의 여신 아프로디테 사이에서 태어난 아들이었다.

리카온의 아들 판다로스가 지휘하는 젤레이아 동맹군은

무지개의 여신 이리스_ 가이 헤드의 작품
전령의 여신으로, 같은 역할을 하는 남신은 헤르메스이다

가장 부유한 족속이었다. 메롭스의 두 아들 아드라스토스와 암피오스는 출중한 예언자인 아버지의 만류에도 출전하였다. 이들은 아드레스테이아와 아파이소스의 땅, 피티에이아, 산악 지대인 테레이아에서 병사들을 이끌고 왔다.

히르타코스의 아들 아시오스는 페르코테, 프락티오스, 세스토스, 아리스베의 군대를 이끌고 왔다. 아레스의 직계 자손인 힙포토오스는 펠라스기의 창기병을 지휘했고, 트로이제노스왕의 아들인 에우페모스는 키코네스 창기병을 인솔했다.

특히 제우스와 라오다메이아의 아들인 사르페돈은 글라우코스와

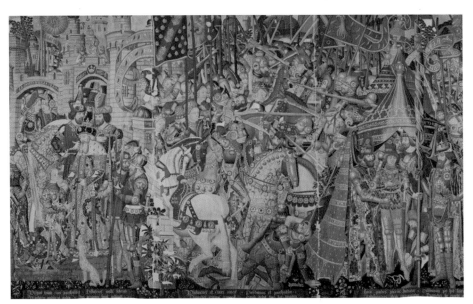
트로이아 전쟁을 정교하게 묘사한 태피스트리

함께 크산토스의 아늑한 고장에 사는 리키아인들을 거느리고 왔다. 그
밖의 트로이아 동맹군도 그리스 연합군을 대적하기 위해 몰려들었다.

파리스와 메넬라오스의 대결

　이와 같이 그리스군과 트로이아군은 각기 지휘관의 지휘 아래 전열을 가다듬었다. 트로이아군이 함성을 지르며 앞으로 나가자 그 모습은 마치 오케아노스강의 피그미족에게 죽음과 파멸을 안겨준 학의 무리를 연상케 했다. 피그미족은 헤라클레스와의 만남에서 세상에 알려졌고, 그들의 최대 적은 학의 무리로 둘 사이는 천적 관계였다.

　이른 아침에 출발한 그리스군은 결연한 모습으로 어깨와 어깨를 맞대고 진군했다. 남풍의 신 노토스가 산과 산을 짙은 안개로 휩쓸듯이 그들은 평원으로 돌진해 갔다. 그리스군과 트로이아군이 돌팔매질을 할 수 있을 정도로 가까워지자 트로이아 진영에서 한 명의 투사가 걸어나왔다.

　그는 프리아모스왕의 아들로 이 전쟁의 원흉인 파리스였는데, 양쪽 어깨에 표범 가죽을 걸치고 있었다. 그는 활을 메고 칼을 찬 뒤 두 자루의 시퍼런 창을 양손에 거머쥐고는 당당하게 섰다.

헤라클레스와 피그미족_ 루카스 크라나흐의 작품
《걸리버 여행기》의 모태가 된 피그미족 이야기는 헤라클레스가 12노역을 행할 때 우연히 피그미족
을 만나 그들과 싸움을 벌였다는 내용이다.

　파리스가 나타나자 누구보다도 헬레네의 남편인 메넬라오스가 반
겨 맞았다. 그의 모습은 마치 이날을 기다렸다는 듯, 뿔 달린 수사슴
이나 산 염소를 발견한 맹수와도 같아 보였다.

　메넬라오스가 이처럼 성큼 파리스 앞에 나서자 파리스는 그만 기가
질려 어찌할지 모르는 아이처럼 쩔쩔매더니, 자신의 대열로 돌아갔
다. 그 모습을 본 그리스군은 야유를 보내며 비웃은 반면, 트로이아군
은 풀이 죽은 듯 아무 소리도 내지 못했다.

　이에 헥토르는 파리스에게 욕을 하며 꾸짖었다.

　"이놈, 너 같은 겁쟁이가 이 세상에 왜 태어나 말썽만 일으키느냐?
지금 적들이 얼마나 비웃고 있는지 아느냐! 네놈이 헬레네를 유혹해

파리스_ 안토니 브로도프스키의 작품
헥토르의 동생으로 헬레네를 납치하여 트로이아 전쟁의 원인을 제공하였다.

파리스를 힐난하는 헥토르_ 요한 하인리히 빌헬름 티슈바인의 작품
헥토르가 파리스의 비겁함을 비난하는 장면으로, 파리스는 헥토르의 꾸짖음에 헬레네를 걸고 메넬라오스와 싸움에 나서기로 결심한다.

트로이아로 데리고 올 때에도 그렇게 비열했느냐? 너는 아버지와 백성들을 욕되게 하고 우리 병사들의 사기를 단 한 번에 떨어뜨렸다. 네 놈이 이미 헬레네를 차지했을진대, 그녀의 남편이었던 메넬라오스가 어떠한 자인지 알아볼 마음도 없단 말이냐?"

힐난하는 헥토르의 말을 듣고 파리스는 기겁하여 대답하였다.

"형님 말씀이 옳습니다. 그러나 아프로디테의 사랑스러운 선물을 들먹이며 나를 모욕하지 마시오. 애걸해도 얻을 수 없는 신의 선물을 형님은 마다할 수 있겠소? 정 그렇다면 헬레네와 그녀의 모든 보물을 걸고 메넬라오스와 일전을 겨루겠소. 승리자가 모든 보물과 여인을 차지하고, 누가 승리하든 간에 양군이 우의와 평화를 맺을 수 있도록 하시오."

파리스의 말이 끝나자 헥토르는 매우 만족한 얼굴로 만면에 미소를 띠었다. 그리고 그는 그리스군의 진영 앞에 나섰다. 그러자 그리스군 진영에서 화살을 쏘아대고 돌을 던져댔다. 이 모습을 본 아가멤논이 큰 소리로 외쳤다.

"쏘지 말아라! 헥토르가 우리에게 무슨 할 말이 있는 모양이다."

아가멤논의 일갈에 그리스군이 잠잠해졌다. 이에 헥토르는 그리스 진영에 큰 소리로 외쳤다.

"이 전쟁이 일어난 것은 우리 측의 파리스와 당신들 측의 메넬라오스 때문이오. 파리스가 청하길, 헬레네와 그녀의 모든 보물을 걸고 메넬라오스와 한판 승부하기를 제안했소. 그러니까 누구든 승리를 하는 자에게 모든 보물과 여인을 내주도록 하고, 그런 다음 양군이 우호와 평화를 맺도록 합시다."

그러자 메넬라오스가 소리쳤다.

"좋소. 나도 기꺼이 헥토르 당신의 조건을 받아들이겠소. 이 전쟁은 파리스와 내 개인의 분규로 인해 모두들 너무나 혹독한 희생을 치러야만 했소. 우리 둘 중 누가 죽든 나머지 분들은 다시 우의를 다짐하도록 하시오."

두 진영은 파리스와 메넬라오스의 결투에 앞서 흰 숫양과 검은 암양을 각각 한 마리씩 가져다가 하늘과 땅에 바쳤다. 그런 다음 제우스께 바칠 또 다른 흰 숫양을 준비하고 트로이아의 프리아모스왕이 친히 나와 선서를 하기로 했다.

제물로 바쳐진 흰 숫양_ 프란시스코 데 수르바란의 작품

헥토르는 신속히 성으로 전령을 보내 프리아모스왕을 모셔오도록 했다. 그사이 전령의 여신 이리스는 헬레네의 시누이인 라오디케의 모습으로 변신하여 헬레네에게 나타났다.

라오디케는 프리아모스왕의 딸들 중 가장 아름다운 공주로, 안테노르의 아들 헬리카온의 아내였다.

라오디케는 비단에 수를 놓고 있는 헬레네에게 말을 걸었다.

"언니, 어서 저 놀라운 광경을 보세요. 파리스와 메넬라오스가 언니를 두고 결투를 할 모양이에요. 두 사람 중 승리한 사람이 언니를 차지하기로 했대요."

헬레네는 시누이의 말을 듣고는 가슴이 철렁 내려앉았다. 그녀는 즉시 자리에서 일어나 서쪽의 스카이아 문을 향했는데, 얼굴에서는 눈물이 흘러내렸다.

스카이아 성곽에는 프리아모스왕이 자신을 따르는 원로 대신들과 함께 성 밖을 내다보고 있었다.

대신들은 헬레네가 다가오는 것을 보고 낮은 소리로 지껄였다.

"그리스와 트로이아가 철천지원수처럼 수년간 싸워온 것도 무리가 아닐 만큼 절세의 미인이구나."

프리아모스왕은 헬레네의 등장에 그녀를 가까이 불렀다.

"애야, 나는 너를 책망하지 않는다. 이것은 모두 신들의 의도 때문에 일어난 일이라 생각한다. 그러니 여기 와서 메넬라오스와 파리스의 결투를 지켜보거라."

헬레네가 성곽 위에 올라 아래에 펼쳐진 전경을 보자 그만 온몸이 돌처럼 굳고 말았다. 전남편 메넬라오스의 모습이 눈에 들어왔기 때문이었다.

그를 본 순간 헬레네는 과거의 행복했던 기억을 떠올리며, 전남편이 자신을 잊지 못해 대군을 동원한 것에 가슴이 미어지는 것 같았다.

헬레네가 혼이 나간 듯 우두커니 서 있자 프리아모스왕이 그녀에게 물었다.

"애야, 저 기골이 장대한 사나이는 누구냐? 위엄 있고 당당한 모습이 예사로운 자가 아닌가 보다."

프리아모스왕이 가리킨 인물은 아가멤논이었다. 헬레네는 정신을 차리고 왕에게 대답하였다.

"왕이시여, 제가 파리스 왕자를 따라올 때에 사랑하는 딸과 친구들을 등졌습니다. 저는 한사코 죽고자 하였으나 뜻대로 되지 못하여 눈물의 나날을 보냈습니다. 왕께서 물으시니 대답하겠습니다. 저분은 아트레우스의 아들인 아가멤논왕입니다. 그리스 연합군의 총사령관으로, 탁월한 지휘관일 뿐만 아니라 창의 명수이기도 합니다. 사사롭게는 저의 시아주버니가 되시는 분이십니다."

◀ 헬레네의 흉상
헬레네는 최고의 미인으로 파리스와 메넬라오스 사이에 갈등을 일으킨 결과 트로이아 전쟁의 원인이 되었다.

프리아모스왕이 헬레네의 대답에 내심 감탄하는 사이 잠시 침묵의 시간이 흘렀다. 그리고 노왕은 다시 헬레네에게 물었다.

"저기, 아가멤논왕보다 머리는 작지만 가슴이 벌어진 사람은 누구냐?"

프리아모스왕이 가리킨 사람은 바로 오디세우스였다.

"저분은 이타케의 왕인 오디세우스인데, 얼마나 지혜로운지 천하에 그가 알지 못하는 전략이나 묘안은 없다고 하옵니다."

이때 장로 중의 한 사람인 안테노르가 끼어들었다. 그는 현명하고 사려 깊은지라, 불필요한 전쟁을 막기 위해 헬레네를 그리스 진영으로 돌려보내라고 프리아모스왕에게 충고한 데다, 헬레네의 귀환을 위해 오디세우스와 메넬라오스가 트로이아에 사절로 왔을 때 그들을 대접하기도 했다.

"저도 오디세우스를 만난 적이 있습니다. 헬레네 부인과 관련된 사명을 띠고 메넬라오스와 함께 왔었지요. 마침 저의 집에서 대접하게 되어 그의 용모를 살펴보며 지략을 들을 기회가 있었습니다. 메넬라오스는 말을 잘하는 언변을 가졌으되 꼭 필요한 말만 했습니다. 오디세우스는 입을 열면 무게 있고 부드러운 말들을 청산유수처럼 쏟아냈습니다. 언변으로 치자면 천하의 웅변가 중 그를 따를 자가 없었지요. 우리는 그가 그렇게까지 뛰어난 인물이라고 미처 생각하지 못했었습니다."

프리아모스왕이 다시 헬레네에게 물었다.

"저기, 다른 사람보다 머리 하나가 더 큰 저 사람은 누구냐?"

헬레네가 다시 대답했다.

그리스 진영과 트로이아 진영의 대치_ 조반니 바티스타 가울리의 작품
프리아모스왕이 서약을 위해 그리스 진영을 방문하는 장면인데, 그리스군을 돕는 아테나 여신과 트로이아군을 돕는 아프로디테 여신이 그 광경을 관심 있게 지켜보고 있다.

"저분은 텔라몬의 아들인 아이아스입니다. 그는 살라미스의 왕으로 엄청나게 큰 체구와 힘을 자랑하는 장사이며, 아가멤논의 장수들 가운데서 아킬레우스 다음으로 뛰어난 무장이옵니다."

헬레네가 대답을 마칠 때 전령이 프리아모스왕에게 와서는 이렇게 전했다.

"왕이시여, 트로이아와 그리스 양군의 수장들이 왕께서 평원으로 오시어 친선을 맺기 위한 서약을 하시길 청합니다."

프리아모스 노왕은 긴장했지만, 마구를 갖추게 하고 채비를 하였다. 노왕 일행이 평원에 다다르자 아가멤논과 오디세우스가 함께 일어섰다.

주사위 뽑기

아가멤논은 서약에 앞서 신에게 빌었다.

"오, 제우스 아버지여! 굽어살피시어 이 맹세를 성스럽게 지키도록 하옵소서. 파리스가 메넬라오스를 이긴다면 헬레네와 그녀의 모든 보물을 차지하게 하소서. 우리는 아무 소리 없이 함대를 이끌고 고국으로 돌아가겠습니다. 하지만 메넬라오스가 파리스를 이긴다면, 파리스로 하여금 헬레네와 그녀의 모든 보물을 포기하게 하고 트로이아군이 알맞은 보상을 지불케 하옵소서. 만일 파리스가 쓰러졌을 때에도 프리아모스왕 부자가 보상을 지불치 않을 경우에는 보상할 때까지 싸우겠습니다."

이에 프리아모스왕이 서약을 마치고 말하였다.

"양군의 용사들이여, 나는 성으로 돌아가겠소. 귀한 자식이 메넬라오스와 싸우는 것을 차마 볼 수가 없구려. 신께서 둘 중에 누가 죽을 운명인지 아실 것이오."

프리아모스 왕이 떠나자 헥토르와 오디세우스는 결투할 장소를 먼저 정한 후, 창 던지는 차례를 정하고자 투구에 주사위를 넣고 뽑았다.

처음 나온 것은 파리스가 넣은 주사위였다. 이에 따라 파리스가 먼저 메넬라오스를 공격하게 되었다. 모두들 말과 무기 옆에 열을 지어 앉는 동안 파리스는 무장을 했다. 메넬라오스도 무장을 했다. 두 사람은 완벽한 무장을 끝내자 중앙을 향해 걸어나갔다.

이윽고 정해진 자리에 마주 보고 서자 두 용사는 서로 창을 흔들어 자신의 굳센 의지를 나타내 보였다.

먼저 파리스가 메넬라오스를 향해 힘차게 창을 던졌다. 메넬라오스는 날아오는 창을 재빠르게 방패로 막았다. 창은 방패를 뚫지 못한 채 끝이 구부러지고 말았다.

이어 메넬라오스의 차례가 왔다. 그는 창을 힘차게 잡고는 제우스에게 기원을 올렸다.

"오, 제우스여! 파리스에게 복수할 기회를 허락하소서. 그렇게 하여 남의 여인을 가로챈 죄과를 벌하게 하소서."

기원을 마친 메넬라오스는 파리스를 향해 창을 힘차게 던졌다. 창은

고대 그리스의 주사위_ 알테스 박물관 소장
주사위의 역사는 신화 시대로 거슬러 올라간다. 제우스, 포세이돈, 하데스 삼형제가 주사위를 던져 천국과 지옥 그리고 바다를 누가 다스릴 것인지 정했고, 이후 메넬라오스와 파리스의 결투처럼 운명을 가르는 도구로도 사용되었다. 특히 로마의 군인이자 정치가인 카이사르가 남긴 "주사위는 던져졌다."라는 말은 어떤 일을 단행할 수밖에 없다는 뜻으로 오늘날까지도 널리 쓰이고 있다.

파리스의 방패를 뚫고 갑옷 속까지 파고들었지만 깊숙히 박히지 않아 파리스는 죽음을 면하였다. 그러자 메넬라오스는 칼을 뽑아 들고 파리스에게 달려갔다.

파리스의 목숨이 절체절명의 순간에 이르자, 이를 지켜보던 아프로디테 여신은 짙은 안개로 파리스를 감싸서 헬레네의 방으로 피신시켰다. 그런 다음 헬레네가 매우 믿고 따랐던 늙은 부인으로 변신하여 헬

파리스 구출_ 요한 하인리히 티슈바인의 작품
파리스가 메넬라오스의 공격을 받아 위기에 처하자 아프로디테가 그를 구하는 장면을 묘사하였다.

레네를 찾았다.

헬레네는 많은 부인들과 함께 망루 위에 서 있었다. 아프로디테는 그녀의 치맛자락을 건드리며 슬쩍 말을 걸었다.

"자, 어서 궁으로 가시지요. 파리스 왕자께서 오시랍니다. 화려한 의상과 치장을 하시고 침대에서 기다리고 계시지요."

이 말을 들은 헬레네는 혼란스러웠다. 그 아름다운 목소리며 어여쁜 가슴, 빛나는 눈빛만으로도 미의 여신인 아프로디테임을 알아챘던 것이다. 헬레네는 절규하였다.

"너무하시군요. 혹시 그에게 잘해 주면 아마도 그를 남편으로 모시게 될 날이 올지 모르니, 당신이나 시중을 들으시지요. 나는 그의 잠

자리 시중을 들지 않겠어요."

그러나 인간인 헬레네는 여신의 말을 거역할 수가 없었다. 그녀는 최면에 걸린 것처럼 파리스 앞에 왔지만, 파리스를 외면하고 멸시하는 투로 대했다. 그런 냉대에도 파리스는 그녀에게 말을 걸었다.

"나를 비웃지 마시오. 다음에는 반드시 내가 이길 거요. 그러니 우리 말다툼을 하지 말고 사랑이나 나눕시다! 내가 이토록 그대를 그리워한 적은 없었다오."

헬레네는 자신의 의지와는 상관없이 파리스의 옆으로 다가가 누웠다.

파리스와 헬레네가 사랑을 나누고 있는 사이 메넬라오스는 성난 사자처럼 파리스를 찾아 헤맸다. 그러나 어디에서도 파리스의 흔적을 찾을 수가 없었다.

메넬라오스는 하늘을 향해 포효하였다.

"오, 제우스여! 무정도 하십니다. 분명 파리스가 내 칼에 무릎을 꿇어야 할 상황이었는데도 어느 신이 저의 간절한 복수의 칼을 빗나가게 했습니까?"

메넬라오스의 절규를 들은 아가멤논이 전군 앞에 서서 큰 소리로 외쳤다.

◀ 파리스와 헬레네의 조각상
아프로디테의 장난으로 헬레네가 파리스를 좋아하게 되어 그를 따랐지만, 이 둘의 사랑은 점점 갈등을 겪으며 변하기 시작하여 그 끝을 알 수 없는 지경에 이른다.

헬레네를 파리스에게 인도하는 아프로디테_ 개빈 해밀턴의 작품

"들으시오, 트로이아군과 동맹군 여러분! 방금 보았듯이 승리는 메넬라오스의 것이 되고 말았소. 이제 그대들의 임무는 헬레네와 그녀의 보물들을 우리에게 넘겨주고, 후세에 길이 남을 보상을 해주는 것이오."

아가멤논의 외침에 그리스군은 환호의 함성을 보냈다.

아테나 여신의 지원

제우스와 모든 신들은 올림포스에 모여 있었다.

제우스와 헤라 사이에서 태어난 헤베가 신들에게 넥타르를 대접하는 동안 그들은 트로이아에서 벌어지는 일들을 내려다보았다.

그때, 제우스가 헤라에게 이죽거리며 말했다.

"지금 메넬라오스 편을 들고 있는 게 당신과 아테나일 테지. 당신들은 광경을 엿보는 것으로 만족하지만, 파리스 편을 돕는 아프로디테는 적극적으로 그를 도와준단 말야. 지금도 죽을 뻔했던 파리스를 구해 주었구려. 자, 우리는 싸움에 불을 댕길 것인가? 아니면 화해를 내릴 것인가? 화해를 내린다면 이것으로 메넬라오스는 헬레네를 데리고 갈 것이고, 트로이아도 온전해지겠지."

제우스의 비아냥에 헤라는 더 이상 못 참겠는지 언성을 높였다.

"무슨 뜻입니까? 나의 수고를 헛되게 하시려는 겁니까? 프리아모스 왕과 그 자손들을 멸하고자 사람들을 모은 것 아닙니까? 당신 말에는

청춘의 여신 헤베_ 카롤루스 뒤랑의 작품
올림포스에서 접대를 담당하는 헤베는 인간에
서 신이 된 헤라클레스와 결혼한다.

찬성할 수 없어요."

제우스가 일침을 놓았다.

"그대는 나를 막아서는 안 될 것이오. 나는 트로이아 백성들도 중히 여기고 있소."

이에 질세라 헤라도 응대하였다.

"저 또한 당신과 다름없는 신입니다. 그러나 신들의 왕인 당신을 거스를 수 있겠습니까? 다만 아테나로 하여금 트로이아군이 그 맹세를 위반케 하여 그리스군을 출전시키게 만듭시다."

제우스는 기가 센 헤라와 언쟁을 이어가고 싶지 않았다. 그래서 즉각 아테나에게 말했다.

"아테나는 저 평원으로 내려가, 먼저 트로이아군으로 하여금 맹세를 거두고 출전하게 하여라."

아테나로서는 내심 원하던 명령이 떨어지자 트로이아의 용감한 창병 라오도코스로 변신하여 판다로스를 찾아가 말했다.

"판다로스, 자네의 그 뛰어난 솜씨를 발휘해 메넬라오스를 습격해 보란 말일세! 트로이아는 자네를 영웅으로 떠받들 것이네."

아테나의 꾐에 넘어간 판다로스는 '귀국하는 날 아폴론 신에게 첫배를 엄숙한 제물로 올리겠다'고 기원하며, 지체 없이 메넬라오스를 겨냥해 활을 당겼다. 화살은 메넬라오스의 가슴 한가운데를 향해 날아갔다. 그러나 아테나 여신이 화살을 빗나가게 했다. 빗나간 화살은 메넬라오스의 황금 혁대를 치고 땅으로 떨어졌다. 하지만 화살이 그의 살갗을 스쳐 붉은 피가 허벅지 사이로 흘러내렸다.

이것을 본 아가멤논은 아연실색했다. 이로써 트로이아군은 서약을 어긴 셈이 되었다. 메넬라오스가 치료를 받는 동안 트로이아군도 다시 병장기를 잡고는 아카이아군을 향해 공격해 왔다.

아가멤논은 불같은 마음으로 소리쳤다.

"그리스 병사들이여, 트로이아 녀석들이 먼저 서약을 깨고 우리를 공격해 왔다. 그 자들을 격퇴하여 독수리 밥으로 만들자!"

그리스 연합군은 용장들인 지휘관들이 앞장서서 병사들을 진두지휘하였다.

이에 비해 트로이아군은 중구난방이었다. 이들은 트로이아 이웃 동맹군으로 결성되었기에 저마다 떠들고 보니 각인각색일 수밖에 없었다. 게다가 트로이아군은 군신인 아레스가 후원하였으나, 그리스군은 지혜의 여신인 아테나가 적극적으로 개입해 훨씬 유리한 입장이었다.

비로소 양군은 창과 방패를 휘두르며 전투를 시작했다. 그러자 삽시간에 온 천지는 무기들이 부딪는 소리로 진동했다.

첫 번째로 안틸로코스가 트로이아 선두의 무장 에케폴로스를 베었다. 다음엔 아이아스가 시모에이시오스를 베었다. 이때 안티포스가 아이아스를 향해 창을 던졌지만, 엉뚱하게도 시모에이시오스의 시신을 끌어내고 있던 레우코스를 살상시켰다.

레우코스는 오디세우스의 절친한 친구였다. 친구를 눈앞에서 잃자 화가 머리끝까지 치민 오디세우스는 창을 던져 프리아모스왕의 서자인 데모코온을 죽였다. 그러자 헥토르의 선봉대가 주춤거리며 물러섰다.

이 모습을 내려다보던 아폴론은 화가 치밀어 소리쳤다.

"트로이아 병사들이여, 그들의 살갗은 돌도 철도 아니다. 그들도 맞으면 상처를 입는다. 더욱이 아킬레우스도 없는 전투가 아니냐!"

그리스군과 트로이아군의 최초의 대규모 접전은 양 진영에 엄청난 인명 피해를 가져왔다.

그때 아테나가 티데우스의 아들 디오메데스에게 용기를 불어넣어 공명을 떨치게 만들었다. 트로이아의 군중에는 대장간의 신 헤파이스토스의 사제인 다레스가 있었다. 그는 부유하고 평판이 좋았다. 그에겐 페게우스와 이다이오스라는 두 아들이 있었는데, 둘 다 뛰어난 무사였다. 이들은 전차를 몰고 나와 디오메데스를 맞았다.

먼저 페게우스가 디오메데스에게 창을 던졌으나, 창은 디오메데스의 왼쪽 어깨 너머로 빗나가 그의 털끝 하나 건드리지 못했다. 이번에는 디오메데스가 창을 던지니 페게우스의 가슴을 관통하여 절명을 시켰다.

페게우스의 동생 이다이오스가 뛰어나왔으나, 디오메데스의 위용에 눌려 형의 시신을 수습하지 못했다. 이에 헤파이스토스 신이 그의 늙은 아버지가 상심할까 봐 그를 몰래 구해 주지 않았더라면 자기 형과 운명을 같이했을 것이었다.

트로이아군은 순식간에 벌어진 참상을 보자 아연실색했다. 이때 아테나가 아레스의 손을 잡고 말했다.

아테나와 아레스_ 캐스퍼 캐슬린의 작품

"아레스여! 제우스의 노여움을 사기 전에 이제 우리는 이 전쟁에서 손을 뗍시다."

아테나는 아레스를 싸움터에서 끌고 나와 스카만드로스의 제방으로 유인하였다. 이렇게 되자 전황은 그리스군에게 유리하게 돌아가 트로이아 장수들이 마구 죽어나갔다.

디오메데스의 무용

아테나 여신의 아낌없는 지원을 받은 디오메데스는 트로이아군의 용장들을 무수히 무찔러 나갔다. 그 모습을 본 트로이아의 판다로스는 활을 쏘아 디오메데스의 오른쪽 어깨를 관통시켰다. 판다로스는 기세등등하여 소리쳤다.

"진격하라, 트로이아군이여! 아카이아군의 최대 용사가 부상을 당했다."

그러나 판다로스의 화살을 맞은 디오메데스는 어깨에 박힌 화살을 스테넬로스에게 빼어내게 했다. 화살이 뽑혀 나가자 피가 뿜어져 나왔다. 아테나 여신은 그런 디오메데스에게 힘을 더욱더 불어넣어 주었다. 용기백배한 디오메데스는 트로이아군을 거침없이

◀ 아테나와 디오메데스 조각상

아프로디테와 아이네이아스 _ 니콜라 푸생의 작품
아이네이아스는 아프로디테 여신의 아들로, 헥토르와 맞먹는 힘을 가지고 있다. 아프로디테 여신
이 아들 아이네이아스를 위해 그녀의 남편인 대장간의 신 헤파이스토스로부터 갑옷 등 무기를 얻
어 아들에게 주는 장면이다.

무찔렀다. 이 모습을 본 판다로스는 경의에 찬 표정으로 입을 다물지
못했다.

"저 사나이는 분명 어떤 신의 도움을 받는 거로다."

이 소리를 들은 아이네이아스가 판다로스에게 말했다.

"우리에게도 신의 가호가 있소. 그러니 내 전차에 올라 디오메데스
와 결전을 벌여봅시다."

아이네이아스는 트로이아 왕족 안키세스와 미의 여신 아프로디테
사이에서 태어난 아들이었기에, 어머니 아프로디테의 절대적 후원을

받고 있었다.

그리하여 아이네이아스가 전차를 몰고 판다로스가 창을 겨누며 디오메데스를 향해 돌진했다.

아이네이아스와 판다로스가 전차를 몰고 디오메데스에게 돌진해 오자 스테넬로스가 디오메데스에게 말했다.

"여보게, 한 번도 패한 적이 없는 판다로스와 아프로디테 여신의 아들 아이네이아스가 자네를 노리고 진격해 오니 어서 피하세."

그런데도 디오메데스는 말머리를 돌려, 그를 향해 달려오는 전차를 향해 맞서 나갔다. 판다로스가 아이네이아스의 전차 안에서 창을 겨누며 소리쳤다.

"티데우스의 위대한 아들이여! 내 화살은 그대를 쓰러뜨리지 못했지만, 이 창은 결코 벗어나지 못할 것이다!"

그러나 디오메데스의 손이 좀 더 빨랐다. 그의 손에서 날아간 창은 판다로스를 전차에서 떨어뜨렸다. 이에 아이네이아스는 놀란 말들을 급히 멈춰 세운 후, 방패와 창을 들고 전차에서 뛰어내려 판다로스를 보호하였다.

디오메데스의 활약 ▶
디오메데스가 창을 들어 아이네이아스를 공격하려는 모습으로, 그의 뒤에는 아테나 여신이 힘을 주고 있다. 아이네이아스는 디오메데스의 공격으로 쓰러지려 하는데, 그의 뒤에는 아프로디테가 구원의 손길을 내밀고 있다. 그리스 도자기의 그림이다.

부상당하는 아프로디테_ 아서 피거의 작품
아프로디테는 아들 아이네이아스를 구출하다 디오메데스가 던진 창에 상처를 입는다.

그러나 사기가 충천해 있는 디오메데스의 공격에 아이네이아스도 수세에 몰리고 말았다. 아이네이아스가 위기에 몰리자 그의 어머니 아프로디테가 나타나 도움의 손길을 내밀었다. 그럼에도 디오메데스는 멈추지 않고 여신을 뒤쫓았다.

한참을 추격하던 중 마침내 여신을 찾아낸 디오메데스는 창을 찔러 여신의 예쁜 손에 상처를 냈다. 영원불변인 신의 옷이 찢어지며 팔목에서 피가 흘러내렸다. 여신은 외마디 비명을 지르고는 아들인 아이네이아스를 놓아버렸다.

그러나 아폴론이 아이네이아스를 집어 올려 검은 구름으로 가리니,

아프로디테와 이리스_ 조제프 마리 비앙의 작품
디오메데스에게 상처 입은 아프로디테를 이리스가 구해낸다

마침내 그의 목숨이 위기에서 벗어났다. 그러자 디오메데스가 아프로
디테를 향해 소리쳤다.

"여신이시여, 이 전쟁에서 손을 떼시오! 그래도 정히 전쟁에 간섭
하고 싶으시다면, 앞으로 전쟁이라는 소리만 들어도 몸서리치게 만
들어 주리다."

아프로디테가 고통으로 신음하며 달려가자 이리스가 바람처럼 날
쌔게 그녀를 빼냈다. 디오메데스는 아이네이아스가 아폴론의 보호 아
래 있다는 걸 알면서도 그에게 덤벼들었다. 하지만 세 번이나 아이네

이아스를 죽이려 뛰어들었으나, 번번이 아폴론의 방패에 막혀 좌절되었다. 디오메데스의 끈질김에 참다 못한 아폴론이 고함을 질렀다.

"디오메데스여, 조심하라! 감히 신과 겨룰 생각을 하다니! 참으로 지나치구나."

그제야 정신이 든 디오메데스는 아폴론의 노여움이 두려워 한 걸음 물러섰다. 이에 아폴론은 아이네이아스를 페르가모스의 자기 신전으로 데려다 놓았다. 그곳에서 아폴론의 어머니 레토와 누이인 아르테미스가 아이네이아스를 정성껏 치료하고 보살펴 주었다.

신에게 도전하다

한편, 디오메데스의 창에 상처를 입은 아프로디테는 자신이 태어난 파포스섬으로 돌아갔다.

헤시오도스의 《신들의 계보》에 따르면, 크로노스(제우스의 아버지)가 자신의 아버지 우라노스에게 반역할 때 우라노스를 거세한 후 거세물을 바다에 던졌는데, 이것으로부터 아프로디테가 태어났다고 한다. 그녀가 태어난 곳이 바로 파포스섬이다.

파포스섬의 샘은 상처를 치유하게 할 뿐만 아니라 처녀성을 재생시키게 할 수도 있어, 미의 여신이자 사랑의 여신인 아프로디테는 이곳에서 목욕을 하여 다시 처녀로 태어난다고 한다.

아프로디테가 파포스섬에서 치유를 받을 동안 태양의 신 아폴론은 아레스를 만나, 아프로디테가 디오메데스로부터 상처를 입었다고 말했다. 이에 놀란 아레스는 신을 모독한 디오메데스를 용서할 수가 없었다. 더욱이 자신의 연인이었던 아프로디테의 아름다운 손이 부상

아프로디테와 아레스_ 루이 장 프랑수아 라그르네의 작품
아레스는 제우스와 헤라의 아들로, 체구가 장대하고 사나운 성격 때문에 무서운 군신의 역할을 하
였다. 그는 여신 아프로디테의 사랑을 받아 그녀의 애인이 되었고, 에로스를 낳았다고 한다. 트로이
아 전쟁에서는 트로이아군의 총대장인 헥토르의 편에서 그리스군과 싸웠다.

아프로디테의 탄생_ 프랑수아 부셰의 작품
아프로디테 여신은 우라노스(시간의 신)의 잘려진 성기가 파포스섬의 해안에 떨어져 그곳에서 태어났다. 그녀는 디오메데스로부터 입은 상처를 파포스섬에서 치유한다.

을 당했다니, 디오메데스뿐만 아니라 그리스군을 몰살시키기로 마음 먹게 되었다.

아레스는 발이 빠른 장군 아카마스로 변신한 후, 트로이아 전열에 들어가 그들을 독려하였다.

"오, 프리아모스의 후예들이여! 그대들은 어찌 디오메데스에게 살육을 맡기고 손을 놓은 채 바라보고만 있는가! 그대들에게 헥토르만큼 존경을 받고 있는 아이네이아스가 지금 디오메데스로부터 일격을 당해 쓰러져 있소. 아이네이아스를 데려올 수 있도록 나를 도와주시오."

그러자 제우스와 라오다메이아의 아들 사르페돈이 헥토르를 꾸짖었다.

"헥토르여, 그 옛날의 용기는 어디로 가고 이렇게 성만 지키고 있단 말이오? 지금이라도 늦지 않았으니 공격을 감행합시다."

이에 헥토르는 마음이 움직여, 병사들에게 돌격하라고 소리쳤다. 아레스는 트로이아군을 돕기 위해 병사들을 헤집고 다니며 독려하였다. 이때 아폴론의 도움으로 다시 살아난 아이네이아스도 돌아왔다.

트로이아군이 공격을 가하려고 하자 그리스 진영은 다시 긴장감이 흘렀다. 이런 분위기를 타파하고 독려하고자 두 아이아스와 오디세우스, 디오메데스가 선두에 섰다. 두 아이아스는 살라미스의 왕 텔라몬과 페리보이아 사이에서 태어난 대(大) 아이아스와, 로크리스의 왕 오일레우스와 에리오피스 사이에서 태어난 소(小) 아이아스를 말한다.

"전우들이여, 용기를 잃지 마라! 비겁한 자는 치욕을 남기고, 죽기를 각오하는 자는 반드시 살리라. 그러나 도망치는 자는 죽음을 면치 못하리라."

아가멤논은 그리스 병사들에게 크게 외친 뒤 창을 던져 아이네이아스 옆에 있던, 페르가소스의 아들 데이코온을 적중시켰다. 데이코온은 트로이아군이 프리아모스의 아들처럼 존경하는 존재였다. 아가멤논의 창이 데이코온의 방패를 뚫고 배를 찌르자, 그는 곧바로 고꾸라졌다.

이 모습을 본 아이네이아스가 공격하여 디오클레스의 쌍둥이 아들 크레톤과 오르실로코스를 죽였다.

그 참혹한 광경을 본 메넬라오스가 창을 휘두르며, 밀려오는 무리 속을 뚫고 들어갔다. 메넬라오스와 아이네이아스가 서로 팽팽하게 노려보며 한판 겨루려 하는 순간, 네스토르의 아들 안틸로코스가 메넬

에니오_ 렘브란트의 작품
유혈이 낭자한 전쟁터에 자주 모습을 드러낸 에니오 여신은 고대 그리스에서 숭배되던 전쟁과 파괴의 여신이다. 로마 신화의 벨로나와 동일시된다.

라오스 옆에 우뚝 섰다. 결국 대담한 아이네이아스도 두 사람을 상대로 싸울 수 없음을 알고 뒤로 물러섰다.

그러자 메넬라오스는 필라이메네스를 창으로 관통시켜 즉사시켰다.

또한 안틸로코스는 전차에서 말을 다루고 있던 마부 미돈을 향해 돌을 던진 뒤 칼로 찔렀다. 그가 비틀거리며 곤두박질치자, 안틸로코스는 그 말들을 채찍질하여 자기 진영으로 몰고 갔다.

트로이아 진영에서 이 모습을 본 헥토르가 고함을 지르자, 아레스와 에니오가 달려왔다. 에니오는 아레스와 짝을 이루는, 전쟁과 파괴의 여신이다. 아레스의 딸 혹은 누이 혹은 아내라고 하며, 신화에서의 역할은 불화의 여신 에리스와 거의 비슷하다. 아레스와 에니오가 거대한 창을 휘두르며 헥토르를 호위하고 나서자 이를 알아본 디오메데스는 경악하였다.

"동지들이여, 저기 헥토르를 호위하고 있는 무장들을 보라! 저들은 사람의 탈을 쓰고 있는 전장의 신들이다. 모름지기 인간은 신의 적수가 될 수 없다. 모두 각자의 진영으로 퇴각하라!"

트로이아 전투의 한 장면_ 라파엘로의 제자인 줄리오 로마노의 작품
트로이아 전쟁은 파리스와 메넬라오스 간의 일대일 싸움 이후 본격적인 전면전 양상을 띠어간다.

헥토르는 두 전쟁 신의 호위를 받으며, 뛰어난 용사 메네스테스와 안키알로스를 죽였다. 이 모습을 본, 텔라몬의 아들 아이아스는 트로이아의 암피오스를 창으로 무찔렀다. 부유했던 암피오스는 파이소스에 살고 있었는데, 프리아모스왕을 위해 전투에 참가했다가 전사를 한 것이다. 아이아스는 암피오스의 갑옷을 벗기려고 안간힘을 썼으나, 빗발치는 창들로 인해 갑옷을 벗기는 데 실패했다. 이윽고 자기 자신도 빗발치는 창에 죽임을 당할지도 모른다는 생각이 들어 허둥지둥 후퇴하였다.

이처럼 처절한 전투가 계속되었다. 이때 그리스 진영의 헤라클레스의 아들 틀레폴레모스와 트로이아 진영의 제우스의 아들 사르페돈이 서로 결투를 해야 하는 기막힌 운명에 놓이게 되었다. 틀레폴레모스는 헤라클레스와 필라스 왕의 딸 아스티오케 사이에서 태어난 아들이다.

틀레폴레모스가 사르페돈에게 일갈을 날렸다.

"제우스의 아들 사르페돈이여, 그대처럼 전사답지 못한 자가 어찌 제우스의 아들이라 할 수 있겠는가? 나는 사자의 용기를 지닌 헤라클레스의 아들이다. 지금이라도 늦지 않았으니, 백기를 들고 투항할 생각은 없는 것이냐?"

이에 사르페돈이 맞대응을 했다.

"너의 아버지 헤라클레스가 한때 트로이아를 멸할 수 있었던 것은 선왕인 라오메돈이 어리석었기 때문이다. 하지만 지금 왕이신 프리아모스께서 현명하시니 우리가 더 이상 네놈 부자 앞에 무릎을 꿇을 일은 없을 것이다."

두 사람은 언쟁을 끝마치자 창을 겨누었다. 사르페돈의 창이 틀레폴레모스의 목을 관통했고, 틀레폴레모스의 창은 사르페돈의 왼쪽 허벅지를 찔렀다. 하지만 사르페돈은 그의 아버지가 보호를 해주었으므로 부상만 당한 채 전우들에 의해 구출되었다.

그러나 싸늘한 시체로 변해 버린 틀레폴레모스는 그리스군이 운반해 갔다. 이 참혹한 광경을 목격한 오디세우스는 분개한 나머지 사르페돈을 추격할까, 아니면 그의 군대인 리키아군을 더 죽일까 고민했다.

그러자 제우스의 아들을 죽일 운명이 못 되는 것을 감지한 아테나 여신은 오디세우스의 마음을 리키아군에게 쏠리도록 만들었다.

오디세우스는 전쟁의 화신이라도 된 것처럼 트로이아군 리키아 부대의 수장인 코이라노스, 알라스토르, 크로미오스, 알칸드로스, 할리오스, 노에몬, 프리타니스를 절멸시켰다. 하지만 헥토르가 이를 발견하고 번개처럼 달려와 오디세우스를 저지하였다. 만약 헥토르가 저지하지 않았더라면, 오디세우스는 더 많은 리키아 병사들을 죽음으로 몰았을 것이었다.

부상을 당한 사르페돈은 헥토르의 등장에 매우 기뻐하며 소리쳤다.

"오, 헥토르여, 나를 구하여 그대의 성에서 죽게 해주어 고맙구려."

그러나 헥토르는 그의 말에 아랑곳하지 않고 노도처럼 달려가, 그리스군의 많은 적장들을 죽였다. 그제야 펠라곤이 사르페돈의 상처를 살피며, 그의 넓적다리에서 창을 빼냈다.

이처럼 아레스의 후원을 받는 헥토르가 종횡무진하자 전세는 그리스군에 매우 불리하게 반전되었다. 이 모습을 내려다본 헤라 여신이 아테나 여신을 불러 말하였다.

"아테나여, 그대는 무장을 한 채 제우스의 머리를 깨고 태어난 전쟁의 여신이오. 그대는 일찍이 기간테스족과의 전쟁에서 큰 승리를 거두었고, 전쟁의 여신으로 추앙을 받고 있소. 그런데 지금 다른 전쟁의 신인 아레스로부터 우리의 그리스군이 괴멸을 당할 처지에 놓였소. 우리는 이미 메넬라오스에게 트로이아를 멸망시키겠다고 약속했는데, 어떻게 해야 전세를 반전시킬 수 있는지 고심해 봐야 할 것 같소."

헤라의 제안에 아테나는 기꺼이 따랐다. 이에 헤라는 무쇠보다도 더 강력하게 만들어진 마차와 말들을 선사하였다.

아테나는 제우스의 갑옷을 입고 어깨에는 술이 달린 염소 가죽의

무장을 한 채 제우스의 머리를 깨고 태어나는 아테나_ 르네 앙투안 우아스의 작품
제우스의 첫 아내인 메티스는 지혜의 여신으로, 이를 두려워한 그는 그녀를 삼켰다. 이때 메티스
는 아테나를 임신하고 있었는데, 아테나는 제우스의 몸속에서 자라 무장을 한 채 그의 머리를 깨
고 탄생하였다.

망토를 두른 다음, 전쟁터로 나갈 준비를 마쳤다. 무장을 갖춘 그녀의
모습은 위엄이 넘쳤다.

왜냐하면 전쟁, 지혜, 공포, 투쟁, 용기, 충격, 의심, 경이와 상징의
신이 그녀를 감싸고 있었기 때문이다. 그녀는 번쩍거리는 수술이 듬뿍
달린 투구를 썼는데, 투구 위에는 밤의 제왕인 올빼미가 우뚝 서 있었
다. 아테나가 거대한 창과 메두사의 머리가 박힌 방패를 들고 전차에
발을 들여놓으니, 그 위용이 온 대지에 뻗쳤다.

이윽고 헤라 여신이 채찍을 휘두르자 하늘 문이 저절로 열렸다. 헤

무장을 한 아테나_ 렘브란트의 작품
빛의 미술가 렘브란트만의 독특한 명암이 두드러진 작품이다.

라와 아테나는 제우스가 올림포스의 상상봉에 홀로 앉아서 자신들을 지켜보고 있는 것을 발견했다.

헤라는 말을 잠시 세우고 제우스를 향해 외쳤다.

"올림포스의 주신 제우스여! 아레스의 무법한 행동을 더 이상 지켜 볼 수 없습니다. 그는 그리스군의 병사들을 죽음의 바다로 내몰고 있습니다. 게다가 아폴론은 아레스를 움직여 마음 편히 재미를 보고 있습니다. 제우스시여, 이제 제가 나설 것입니다. 그래도 역정을 내시 겠습니까?"

제우스는 헤라의 비장한 말에 감동이 되었는지, 그동안의 깐죽거리 던 태도를 돌변하여 승낙을 하였다.

"좋소. 아테나를 전장에 보내시오. 아테나는 아레스를 따끔하게 혼 내 줄 수 있는 방법을 알고 있으니까!"

제우스의 말이 끝나자 헤라는 더 이상 지체하지 않고 말들에게 채 찍을 가하였다. 말은 전속력을 내어, 마치 한밤중에 떨어지는 별똥별 처럼 지상으로 내려왔다.

이윽고 두 여신이 그리스군을 구하기 위해 총총걸음으로 나아갔다. 두 여신은 분주히 움직이는 병사들 속에서 부상당한 디오메데스를 보 았다. 헤라 여신은 용사 스텐토르의 모습으로 변신하여, 병사들의 한 가운데에 서서 독려를 하였다.

군신 아레스의 패배

　한편, 아테나는 판다로스에게서 입은 상처를 치료하고 있는 디오
메데스의 곁으로 갔다. 디오메데스는 방패의 널찍한 끈을 잡아 올려
피와 땀을 한참 닦아내던 중이었다.

　아테나 여신은 디오메데스를 책망하였다.

　"그대는 선친인 티데우스만 못하오. 선친은 비록 체구가 자그마하
셨는데도 투사였소. 그는 테바이를 공격한 일곱 장군의 하나로 카드
메이아족을 무찔렀소. 하지만 그대는 내가 당신을 보호하면서 전심전
력으로 싸우길 바랐는데도 이미 기진한 모양이오. 이러고서야 어찌 티
데우스의 자제라 하겠소?"

　아테나 여신의 원성 어린 물음에 디오메데스가 답을 하였다.

　"아테네를 수호하는 아테나 여신이여, 내 마음속 깊은 얘기를 아뢰
리다. 내가 이렇게 있는 것은 두려움 탓도 아니요, 주저함 탓도 아닙니
다. 여신께서 저에게 아프로디테 이외에는 다른 어떤 신들과도 싸우지

말라고 하신 당부를 잊으셨습니까? 바로 그 때문에 저는 물러서 있는 것입니다. 보십시오. 전쟁의 신인 아레스가 전면에 나섰지 않습니까."

"디오메데스여, 이제 내 그대와 함께하겠느니라. 그러니 아레스나 다른 어떤 신도 두려워하지 말라. 그대는 지금 당장 진정한 용사의 참다운 모습을 보이도록 하라."

아테나의 독려로 디오메데스는 자리에서 벌떡 일어섰다. 아테나는 디오메데스를 전차에 태우고 직접 말을 몰아 아레스를 찾아 나섰다.

한편, 아레스는 그리스 연합군의 아이톨리아 부대에서 최고로 꼽히는 페리파스를 쓰러뜨린 뒤 갑옷을 벗기는 중이었다. 아테나는 아레스를 피하기 위해, 눈에 보이지 않게 하는 투구를 썼다.

아레스는 아프로디테의 손을 다치게 한 디오메데스가 달려오자 페리파스를 제쳐두고 디오메데스를 향해 창을 던졌다. 그러나 아테나가 그 창을 받아 전차 위로 넘겨 버렸다. 이 순간 디오메데스가 아레스를 향해 창을 던졌다. 아테나는 디오메데스가 던진 창이 아레스의 배를 향하도록 조종을 하였다.

디오메데스의 창은 아레스의 배를 적중시켰다. 그러자 배를 찔린 아레스는 만여 명의 병사들이 울부짖는 듯한 큰 소리를 질렀다. 그 소리를 들은 양군의 병사들이 모두 벌벌 떨었다. 아레스는 디오메데스에게 깊은 상처를 입고는 크고 검은 회오리 기둥을 일으켜

◀ 디오메데스의 조각상
디오메데스는 80척의 선단을 이끌고 트로이아 전쟁에 참여하였다. 그는 아테나 여신의 가호를 받으며 아프로디테는 물론 무서운 군신인 아레스까지 무찌른 유일한 인간으로서 그리스군으로부터 영웅으로 추앙받는다.

아레스와 아테나_ 자크 루이 다비드의 작품
아레스는 연인이던 아프로디테가 디오메데스에게 상처를 입자 이를 복수하려고 트로이아군에 서
서 그리스군을 처참하게 응징하였다. 이에 맞선 디오메데스는 비록 인간이었지만 아테나와 헤라
의 도움을 받아 전쟁의 신인 아레스를 공격하여 승리를 거둔다. 그림은 전쟁터를 배경으로 왼쪽
에 부상당한 아레스 신이 땅에 주저앉아 있고 오른쪽에는 아테나 여신이 그를 굽어보며 서 있는
모습을 담았다.

몸을 피했다. 올림포스로 돌아온 아레스는 아버지 제우스에게 불만
을 토로하였다.

　그러자 제우스는 그의 말을 막았다.

　"너는 전쟁의 신이면서도 두 번이나 인간에게 당했다. 그런 네가 내
게 불만을 말할 수 있느냐!"

　제우스는 혀를 끌끌 차며 아레스를 꾸짖은 뒤 자리를 떴다.

아레스의 또 다른 패배

아레스는 제우스와 헤라 사이에서 태어난 아들이며, 헤파이스토스와는 형제지간이다. 같은 전쟁 신인 아테나가 전략과 방어를 중시하는 것에 비해, 학살과 파괴를 추구하는 광란적이고 파괴적인 성향을 보여 다른 신들의 미움을 받았다. 전투가 벌어지는 곳마다 네 마리의 군마가 끄는 전차를 타고 나타나 무시무시한 소리를 질러댐으로써 적군을 두려움에 떨게 하였다.

그러나 성격이 사납고 힘이 센 알로아다이 형제(오토스와 에피알테스)가 올림포스 여신들을 차지하기 위해 신들을 공격하기로 했다. 이때 오토스는 아르테미스를, 에피알테스는 헤라를 욕심 냈다고 한다. 그들은 올림포스 산 위에 오사산과 펠리온산을 쌓아 하늘로 올라가는 길을 내려고 했다.

그리고 산으로 바다를 메워서 바닷물을 말리고, 또 육지는 바닷물로 채우려고도 했다. 아레스는 이를 막으려다 그들에게 붙잡혀, 헤르메스가 다시 풀어줄 때까지 13개월 동안이나 청동 항아리 속에 갇히는 치욕을 당했다.

모든 신들은 그를 좋아하지 않았으며, 심지어 부모인 제우스와 헤라, 영웅 헤라클레스 역시 그를 싫어했다고 한다. 하지만 그의 애인이었던 아프로디테와 불화의 여신인 에리스, 그의 숙부이자 지하세계의 왕인 하데스는 그를 좋아했다고 한다.

아레스는 아프로디테와의 사이에서 공포를 뜻하는 포보스와 두려움을 뜻하는 데이모스, 그리고 에로스와 하르모니아를 낳았다.

아레스상 ▶

제 4 부

헥토르의 출전

영웅 벨레로폰테스

　그리스군과 트로이아군은 시모에이스강 및 크산토스강 유역에서 혈전을 벌이고 있었다. 그리스군의 아이아스가 트로이아 진영에 뛰어들어, 트라키아 군을 이끌고 있던 아카마스를 죽임으로써 처음으로 그리스군에게 서광을 보여주었다.

　다음은 디오메데스가 아리스베의 부자이자 만인에게 사랑받는 자였던 (테우트라스의 아들) 악실로스를 죽였다. 인덕이 높았던 악실로스였지만 어느 누구도 선뜻 구하겠다고 나서지 않았다. 또 에우리알로스는 드레소스와 오펠티오스를 무찌른 뒤 곧장 아이세포스와 페다소스를 뒤쫓았다. 이들은 옛날 아바르바레아의 샘에 살던 님페가 영예도 드높은 부콜리온에게 낳아준 자식들이었다. 이들 또한 에우리알로스의 손에 죽임을 당해 갑옷과 투구까지 벗겨진 채 나뒹굴어야만 했다.

　오디세우스는 페르코테의 피디테스를, 테우크로스는 고귀한 아레타온을 베었다. 그리고 네스토르의 아들 안틸로코스는 아블레로스를 쓰러뜨렸고, 아가멤논은 엘라토스를 찔러 죽였다. 레이토스는 달아나는 필라코스를 잡았고, 에우리필로스는 다시 멜란티오스를 처치했다.

목소리도 용맹스러운 메넬라오스가 아드라스토스를 사로잡았다. 아드라스토스의 전차가 평원을 이리저리 달아나다가 능수버들 가지에 걸리는 바람에 그는 전차에서 굴러떨어져 메넬라오스의 포로가 되었다.

"제발 사로잡아 주시오, 아트레우스의 아들이여. 그리고 내 몸값을 넉넉하게 받으시오. 나의 아버지는 부유하며 많은 재물이 집 안 가득 있소. 내가 이곳에 살아 있다는 말을 들으면 아버지는 기꺼이 거액의 몸값을 드릴 것입니다."

메넬라오스는 아드라스토스의 제안을 수용하였다. 이때 아가멤논이 그들의 모습을 보고 큰 소리로 외쳤다.

"아우여, 어찌 그리 심약한가? 트로이아인들이 우리에게 그토록 선한 짓을 하던가? 트로이아 놈들이라면 그들이 슬퍼할 새도 없이 전멸시켜라!"

아가멤논의 말이 일리 있었으므로 메넬라오스가 자기 몸에서 아드라스토스를 밀쳐 버리자 아가멤논이 지체 없이 칼을

◀ 포로가 된 아드라스토스
메넬라오스가 아드라스토스를 포로로 잡아 그의 목숨을 많은 재물과 교환하고자 했으나 아가멤논이 이를 막아선다. 이후 아드라스토스는 아가멤논에게 죽임을 당한다.

뽑아 그를 죽였다. 네스토르는 이때를 기다렸다는 듯 큰 소리로 병사들에게 외쳤다.

"동지들이여! 어느 누구도 전리품에 급급해 시체에 얼씬거리지 말지어다. 우리의 목적은 전리품을 잔뜩 싣고 막사로 돌아가는 것이 아니라, 눈앞의 적을 죽이는 것이다. 그리고 전투에 승리한 후 그때 전리품을 챙겨도 늦지 않으리라."

한편, 트로이아 진영에서는 프리아모스의 아들이며 카산드라와 이란성 쌍둥이(쌍둥이이나 생김새가 다름)로 태어난 헬레노스가 아이네이아스와 헥토르를 독려했다.

"아이네이아스와 헥토르여, 트로이아군과 리키아군은 전투나 전략 면에서 최고인 그대들을 전적으로 믿고 있노라. 그러니 더 이상 지체하지 말고 싸우시오. 헥토르여, 당신은 성에 들어갔다 오시오. 그리고

희생 제물을 바치는 헬레노스와 아이네이아스
헬레노스는 트로이아왕 프리아모스와 왕비 헤카베 사이에서 태어난 아들로, 카산드라 공주와 쌍둥이이다. 카산드라와 마찬가지로 헬레노스에게도 아폴론이 예언의 능력을 주었다고 한다. 카산드라가 아폴론의 동침 요구를 거부하는 바람에 예언은 하되 사람들이 그녀의 말을 믿지 않게 되었지만, 헬레노스의 예언은 그렇지 않았다. 헬레노스는 예언자일 뿐만 아니라 형 헥토르, 파리스, 데이포보스 등과 함께 그리스군을 맞아 싸우는 무장이기도 했다. 그는 트로이아가 멸망하려면 다음과 같은 세 가지 조건이 있다고 예언했다.

1. 트로이아의 수호상인 아테나 여신상을 훔칠 것.
2. 헤라클레스의 활과 화살을 가져올 것.
3. 아킬레우스의 아들이 전쟁에 참가할 것.

어머님께 말씀하시오. 나이 많은 여자들을 불러 모아 성채의 언덕 위에 있는 아테나의 신전에 모이라고 하시오. 어머니가 가장 소중하게 아끼는 옷과 아직 채찍을 맞아본 적이 없는 1년 된 어린 암소 열두 마리를 아테나 신전에 바치도록 하시오. 그래서 여신이 우리를 동정하시어, 디오메데스를 트로이아에서 쫓아낼 수 있도록 하시오."

헥토르는 헬레노스의 말을 듣고 병사들을 독려하며 전투 의지를 고취시켰다. 마침내 트로이아군이 다시 전열을 가다듬고 대항하자 그리스군은 한 발 물러서게 되었다. 이때 헥토르가 크게 외쳤다.

"용맹스러운 트로이아의 전사들이여, 죽음을 두려워하지 말고 싸우라! 내 성 안에 들어가 우리의 여인들에게 천상에 계신 신들께 축원을 올리고, 엄숙한 제물을 올리라고 말하리라."

이렇게 말한 뒤 헥토르는 성으로 들어갔다.

헥토르가 떠나가자 트로이아군의 글라우코스와 그리스군의 디오메데스가 맹렬한 기세로 서로를 향해 달려들었다.

서로 얼굴을 마주 볼 때쯤 디오메데스가 먼저 입을 열었다.

"대체 그대는 어느 가문의 사람인가? 머지않아 목숨을 잃을 인간 중에서 비길 데 없이 뛰어난 용사이면서도, 무사에게 영광을 주는 싸움에서 여태까지는 한 번도 본 적이 없구나. 그러나 지금 보건대, 그대가 감히 나와 겨루고자 하다니 참으로 불행할지어다. 그대가 하늘에서 온 신이라면 나는 싸우지 않겠노라. 그러나 그대가 인간이라면 순식간에 멸망의 구렁텅이에 빠지게 해주리라."

이에 글라우코스가 대답했다.

"교만한 디오메데스여, 그대는 어째서 나의 가문을 따져 묻는가? 인간 세상은 한갓 낙엽과도 같은 것, 봄에 피어났다가 가을에 쓸쓸하게 지는 게 바로 인간 세상이 아니냐? 한때 융성하면 언젠가는 소멸하는 게 사람 사는 이치이거늘. 좋다, 내 가문을 말해 주마.

말을 기르는 아르고스의 한구석, 에피라란 도시에는 일찍이 인간으로서는 최고로 총명하다던, 아이올로스의 아들 시시포스라는 사람이 있었소. 그는 슬하에 글라우코스라는 아들을 두었고, 글라우코스는 천상의 미모와 고상한 인품을 지닌 벨레로폰테스를 낳았소. 그러나 제우스의 비호 아래 그 고장을 정복한 프로이토스는 벨레로폰테스를 모함하여 아르고스 땅에서 축출했소. 왜냐하면 프로이토스의 아내 안테이아가 그를 흠모했는데, 벨레로폰테스가 마음을 허락하지 않았기 때문이오. 부인은 프로이토스에게 벨레로폰테스를 모함하면서 그를 죽이라고 부추겼소. 프로이토스는 벨레로폰테스를 직접 죽이고 싶지 않은지라, 벨레로폰테스에게 봉한 편지 한 통을 주어 리키아에 있는 장인 이오바테스한테로 보냈소. 벨레로폰테스는 리키아에 도착하여, 왕비의 아버지로부터 환대를 받았소.

그는 관습에 따라 9일 동안 벨레로폰테스를 잘 대접한 뒤, 10일째 되는 날 사위가 보낸 편지를 뜯어 보았소. 거기에는 이 편지를 가져가는 자를 죽이라는 내용이 씌어 있었지요. 이에 이오바테스왕은 벨레로폰테스에게 '리키아를 어지럽히고 있는 키마이라라는 괴물을 퇴치해 달라'고 부탁했소. 키마이라는 불을 뿜는 무서운 괴물로 신체의 전면은 사자와 염소의 모습을 하고 있고, 뒤쪽은 용인 괴물이었소. 왕은 벨레로폰테스가 키마이라에게 죽게 될 것이라고 생각했던 것이지요. 그러나 벨레로폰테스는 페가수스(하늘을 나는 말)의 도움을 받아 괴물

벨레로폰테스가 페가수스를 타고 키마이라를 죽이는 모습을 묘사한 모자이크

을 처치하여 죽였소. 벨레로폰테스가 키마이라를 퇴치하자 이오바테스왕은 강력한 힘을 가진 솔리모이족과 싸우고 오라고 명령했소. 이 싸움이야말로 벨레로폰테스가 치른 전투 중에 가장 격렬한 무사들의 전투였소. 세 번째는 남자도 못 당하는 아마존의 여걸들을 무찔렀소.

그런데 그가 돌아오자 또다시 간계를 꾸며, 광대한 리키아 땅에서 골라낸 용사들을 그가 오는 길목에 매복시켜 그를 급습하려고 했소. 그러나 그들도 벨레로폰테스의 손에 하루살이처럼 죽어가야 했지요. 마침내 왕은 그가 정말 신의 후손임을 깨닫고는 자신의 딸 필로노에와 결혼시켜 사위로 삼았소. 그리고 왕은 자기가 간직하고 있는 모든 위엄과 권리의 절반을 그에게 나누어주었소. 또한 신부가 된 필로노에는 벨레로폰테스에게 세 아이를 낳아주었으니, 바로 이산드로스와 히폴로코스, 라오다메이아가 그들이오. 그리고 제우스가 라오다메이아와 관계를 맺어 쇠비늘 갑옷의 사르페돈 왕자를 낳았소. 그러나 벨레로폰테스는 결국 신들의 증오를 사게 되어 알레이온 평야를 떠도는 외로운 방랑자가 되었소.

그의 아들 이산드로스는 솔리모이족과 싸우다 군신인 아레스에게 살해되었고, 딸 라오다메이아는 아르테미스 여신에게 죽고 말았소. 다만 히폴로코스만이 살아남았는데, 바로 내가 그의 아들인 글라우코스요."

글라우코스의 신분을 알자 목소리도 우렁찬 디오메데스는 매우 기뻐하며 손에 쥐고 있던 창을 땅에 찍어 세우고, 마음을 녹이는 부드러운 말투로 글라우코스에게 말했다.

"그렇다면 그대와 나는 오랜 옛날부터 조상 대대로 매우 친근한 집안의 자손들이 되는 셈이오. 나의 할아버지이신 오이네우스께서는 용감무쌍한 벨레로폰테스를 환대하여 20일 동안이나 자신의 집에 머물게 한 적이 있었소. 그분들은 헤어질 때 우정의 선물까지 교환하셨지. 오이네우스께서는 진홍빛으로 빛나는 띠를 주셨고, 벨레로폰테스께서는 양쪽에 금으로 된 손잡이가 달린 잔을 주셨소. 내가 떠나올 때까지 그 잔은 집에 있었소! 그러니 지금부터 나는 당신의 좋은 친구가 될 거요. 내가 또 리키아에 가면 당신 역시 마찬가지로 대접하리라 생각하오. 자, 우리 마주치게 된다면 서로 피합시다. 내가 벨 사람은 트로이아군이든 그 동맹군이든 얼마든지 많소. 또한 그대가 칠 아카이아군도 수없이 많이 있을 거요. 자, 그럼 우리 서로 갑옷을 교환하여 우의를 다진 뒤, 사람들에게도 그것을 널리 알립시다."

무구를 서로 교환하는 글라우코스와 디오메데스가 새겨진 도자기 그림

  두 사람은 전차에서 내려와 악수를 하고 오래 우의를 나누기로 약
속하며 서로의 갑옷을 바꾸어 입었다. 그런데 제우스가 분별을 흐리
게하는 바람에 글라우코스는 황소 백 마리 값어치가 있는 자신의 황
금 무구를 황소 아홉 마리 값어치밖에 안 되는 디오메데스의 청동 무
구와 맞바꾸고 말았다.

헥토르의 귀성

헥토르가 성안으로 들어가자 부인들이 우르르 몰려와 그들의 형제와 남편 등 가족의 소식을 물었다. 헥토르는 묵묵히 그들에게 신들께 축원을 올리도록 권한 다음, 프리아모스의 화려한 궁전에 이르렀다. 반드르르한 주랑을 갖춘 궁전 안에는 잘 다듬은 돌로 꾸민 방이 50개나 있었는데, 프리아모스의 아들들은 여기서 그들의 부인과 더불어 기거했다. 정원 맞은편에 열을 지어 지어진 석조 방들은 딸과 사위 들이 기거하는 공간이었다.

헥토르의 어머니 헤카베가 아름다운 딸 라오디케를 데리고 나오다가 그와 마주쳤다.

"얘야, 어찌하여 싸움터를 떠나 이곳에 왔느냐? 오호라, 제우스께 축원을 올리기 위해 왔나 보구나. 그렇다면 내가 곧 포도주를 가지고 올 테니, 그것으로 먼저 제우스께 신주를 드린 다음에 너도 마시면 힘이 솟아날 것이다."

이에 번쩍이는 투구를 쓴 헥토르가 말했다.

"어머니, 제게 술을 권하지 마십시오. 그러면 소심해질 뿐만 아니라 정신도 흐트러질 것입니다. 또한 부정한 손으로 감히 제우스께 신주를 바칠 수는 없습니다. 진흙과 피투성이 속에서 이처럼 혼이 났는데도 제우스께 축원을 올린다니, 저도 어떻게 되었나 봅니다. 어머니, 친히 노부인들을 모아 아테나 신전으로 가서서 구운 제물을 올리소서. 그리고 간직하신 옷 중에서 가장 좋은 것을 아테나의 무릎에 올리소서! 그래야만 여신께서 저 잔인무도한, 티데우스의 아들 디오메데스를 우리의 성스러운 도시 밖으로 쫓아낼 수 있습니다. 먼저 아직 채찍 맛을 모르는 암소 열두 마리를 제물로 올리겠다고 약속하소서.

저는 파리스를 찾아 할 말이 있습니다. 오, 대지가 그놈을 삼켜버리기만 한다면! 그놈 때문에 위대한 프리아모스와 자식들에게 크나큰 재앙이 내린 걸 생각하면, 그놈이 하데스에게 간다 해도 여한이 없겠습니다."

헥토르의 어머니는 노부인들을 모으라고 하인들을 성으로 보낸 뒤, 옷을 보관해 둔 옷방으로 갔다. 거기에는 온갖 기교를 부려서 만든 피륙과 옷이 간직되어 있었다. 시돈 도시의 여자들이 만든 것으로, 신으로 착각할 만큼 출중한 파리스가

◀ 헥토르 흉상
헥토르는 트로이아왕 프리아모스와 헤카베 사이에서 태어난 아들로 파리스, 데이포보스, 헬레노스, 카산드라 등과 동기간이다. 테바이 왕 에에티온의 딸 안드로마케와 결혼하여 아들 아스티아낙스를 낳았다.

미국 테네시주 내슈빌 파르테논에 복원된 아테나 여신상
아테나 여신을 위해 지어진 파르테논 신전은 그리스 수도 아테네의 상징이다. 아테나 여신상은 새롭게 재현된 파르테논 신전에 세워졌으며, 날개 달린 승리의 여신 니케를 오른손에 올려두고 있다. 트로이아의 헤카베는 아들 헥토르의 요청에 따라 아테나 신전에 축원을 하는데, 당시의 아테나 여신상을 유추해 볼 수 있는 자료이다.

넓은 바다 위를 항해하여 손수 시돈까지 직접 가서 가지고 온 것이었다. 헥토르의 어머니는 아테나에게 바치려고 옷장에서 아주 화려한 장식이 달린 긴 의상을 꺼내 신전으로 향했다. 그러자 많은 노부인들이 그녀의 뒤를 따랐다. 그들이 아테나 신전에 도착하자 뺨이 아름다운 무녀 테아노가 그들을 위해 신전의 문을 열어주었다. 테아노는 키세우스의 딸로 말을 길들이는 안테노르의 아내인데, 트로이아 사람들이 그녀를 아테나의 여사제로 삼고 있었다.

"천상의 아테나이시여, 디오메데스가 스카이아 문 앞에서 쓰러지게 하옵소서! 그리고 우리를 동정하신다면 이 신전에 어린 암소 열두 마리를 제물로 바치겠습니다."

그러나 아테나는 테아노의 축원을 외면하고 말았다.

한편, 헥토르는 파리스의 저택으로 발길을 옮겼다. 파리스의 저택은 트로이아 최고의 건축가들이 지은 거대한 누각이었다. 파리스는 침실에서 갑옷과 방패와 활을 손질하고 있었으며, 헬레네는 시녀들에게 일감을 지시하고 있었다.

헥토르는 파리스를 보자 꾸짖었다.

"아우여, 어찌 이곳에 있는가? 이 전쟁은 모두 그대 때문에 일어난 일이거늘, 누구보다도 먼저 앞장서야 할 그대가 게으름을 피우고 있다니 말이 되는가? 어서 일어나 전장 속으로 몸을 던져라."

헥토르의 말에 파리스가 대답했다.

"형님의 비난은 당연한 것이고, 부당하다고 할 수 없습니다. 그러나 제가 이곳에 있는 까닭은 나약해서가 아니라 가슴이 아프기 때문입니다. 조금 전 헬레네가 저를 설득하여 싸움터로 돌려보내려고 애썼습니다. 물론 저도 그것이 현명한 일이라는 걸 압니다. 무장을 갖출 테니, 형님께서 먼저 가시지요. 저도 곧 뒤따라가겠습니다."

헥토르가 아무런 대꾸도 하지 않자 헬레네가 헥토르에게 말을 걸어왔다.

"시아주버님, 부끄럽사옵니다. 저는 재앙을 가져오는 무서운 여자랍니다. 정말, 어머니께서 처음으로 저를 낳으셨을 때, 회오리바람이 몰아쳐 이 몸을 산꼭대기로 데려가거나 아니면 날뛰는 바닷속으로 휩쓸어 갔으면 좋았을 텐데. 하지만 이런 운명을 타고난 이상 저는 더욱 뛰어난 사람과 연을 맺기를 바랍니다. 어떠한 일이 있더라도 굴하지 않는 사람을 원했습니다만 이 양반은 줏대가 없습니다. 그래도 언젠가는 오늘의 실수를 깨우칠 날이 있겠지요. 시아주버님, 들어오셔서 앉으세요. 우리 때문에 일어난 전쟁으로 너무나 심한 고초에 괴로워하고 계시네요. 하지만 우리들은 제우스께서 내리신 비운을 받았으므로 후세 사람들의 입에 두고두고 오르내리며 비난을 바게 될 거예요."

이에 헥토르가 대답했다.

"나를 앉히려고 하지 마오, 헬레네여. 그러고 있을 여가도 없으니. 벌써부터 나의 마음은 트로이아 사람들을 수호하여 싸우라고 재촉하고 있기 때문이오. 병사들은 어서 내가 돌아오기를 고대하고 있다오. 아무튼 내가 아직 이 도성 안에 머무는 동안에 따라나설 수 있도록 그대의 남편을 일어서게 해주오."

헥토르는 작별 인사를 한 뒤 자기 집으로 갔지만, 아내 안드로마케가 보이지 않았다. 그녀는 아이와 시종 하나를 데리고 성벽 위로 가서 슬퍼 울고 있었다.

헥토르는 하녀들에게 물었다.

"마님께서 어디로 가셨는지 아느냐?"

"마님께서는 높은 성벽에 올라가셨습니다. 우리 군대가 위기에 처해 있다는 소리를 들었기 때문이지요."

이 말을 들은 헥토르는 스카이아 문으로 가서 사랑하는 아내를 만났다. 안드로마케는 테바이의 플라코스 숲에 위치한 킬리키아의 왕 에에티온의 딸이었다. 그녀는 헥토르를 보자마자 달려왔고, 어린애를

안드로마케_ 질 드마르토의 작품
하얀 팔로 이름난 안드로마케는 테바이의 왕 에
에티온의 딸로서 헥토르와 결혼하였다.

품에 안은 유모가 그 뒤를 따라왔다. 헥토르는 아들을 스카만드리오스라고 불렀지만, 다른 사람들은 아스티아낙스(도성의 군주라는 뜻)라고 불렀다. 왜냐하면 헥토르가 트로이아의 유일한 구원자이고 그의 아들이 뒤를 이어 도성을 다스려 주기를 바랐기 때문이다.

헥토르는 아들을 보고 조용히 웃었다. 그러나 안드로마케는 눈가에 눈물을 보이며 남편에게 기대었다.

"여보, 어쩌면 좋아요? 당신의 용기는 당신에게 파멸을 가져오겠지요! 곧 원수들이 몰려들어 당신을 벨 테니까요! 오, 저는 당신이 없다면 차라리 죽는 게 나아요. 우리 아버님은 저 잔악한 아킬레우스의 손에 돌아가셨어요. 그리고 저의 일곱 형제들도 한날에 아킬레우스에게 죽임을 당했어요. 그렇기에 당신은 나의 아버지이자 어머니며, 형제이자 그리운 남편이라는 걸 잊지 마세요! 그러니 제발 전쟁터로 가지 마세요. 당신 자식을 고아로 만들거나, 아내를 과부로 만들지 말아 주세요."

번쩍이는 투구를 쓴 위대한 헥토르가 말했다.

"나도 그러한 것을 잘 알고 있다오. 하지만 어떡하겠소? 나는 트로이아의 백성들에게 얼굴을 들지 못할 짓은 하지 못하오. 지금까지 내가 배워온 것은 진두에서 용감히 행동하는 것과 아버지나 나의 명예를 살리는 거였소. 그러나 야속하게도 성스러운 트로이아가 멸망할

안드로마케와 헥토르_ 가스파레 란디의 작품
헥토르가 그리스군과 전쟁 중 잠시 트로이아성에 들러 사랑하는 아내 안드로마케와 만나는 장면을
묘사하였다. 안드로마케는 헥토르의 어깨에 기대고 있으며, 하녀가 그들의 아이를 보이자 무거운
투구를 벗고 자세히 보려는 헥토르의 모습에서 애잔함이 묻어난다.

운명인가 보오. 오, 가여운 당신! 내가 무엇보다도 슬퍼하는 것은 당
신이 어느 아카이아 군사의 노예가 되는 일이오. 그것은 어머니 헤카
베나 아버지 프리아모스왕, 진실한 나의 용사들이 적의 면전에서 죽
임을 당하는 것보다 나에게 더한 고통이라오."

　이렇게 말을 마친 헥토르는 양팔을 벌려 어린아이를 안았다. 하지
만 아이는 청동 투구와 그 위의 깃털 장식이 심하게 흔들리는 것을 보
고 놀라 울음을 터뜨렸다. 헥토르는 재빨리 투구를 벗어 내려놓고는

헥토르를 떠나보내는 안드로마케_ 세르게이 포스트니코프의 작품

아들에게 입을 맞추고 두 손으로 안아 올리며, 제우스와 그 밖의 신들에게 기원했다. 그러고는 아이를 아내의 품에 넘겨주었다. 그녀는 아이를 안으며 눈물의 미소를 지었다. 남편은 마음이 무너지듯 아팠지만 용기를 내어 말했다.

"여보, 너무 서러워하지 마시오. 운명이 아니라면 나를 하데스에게 보낼 자는 없소. 그러니 이제 집으로 돌아가 집안일을 돌보고, 시녀들에게 일을 시키시오. 전쟁은 남자가 할 일, 트로이아 남자 중에서도 특히 내가 해야 할 일이오."

헥토르가 투구를 들자, 그의 아내는 그를 계속 뒤돌아보며 집으로 향했다. 그녀의 눈에서는 눈물이 비 오듯 흘러내렸다. 안드로마케와 시녀들은 헥토르가 아직 살아 있는데도 한탄을 했다. 그녀들은 헥토르가 그리스병사들의 손아귀에서 벗어나 살아 돌아오리라고는 기대하지 못했기 때문이다.

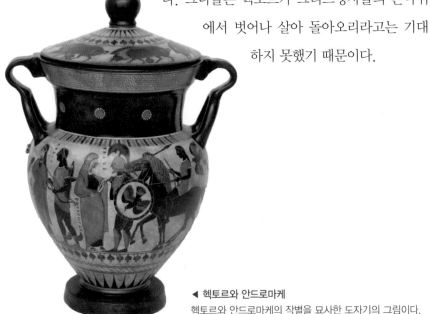

◀ 헥토르와 안드로마케
헥토르와 안드로마케의 작별을 묘사한 도자기의 그림이다.

헥토르와 아이아스의 결투

파리스는 대들보 높은 그의 집 안에서 정교하게 만들어진 청동제 갑옷을 차려입은 후, 최대의 속력을 내어 성을 나섰다. 그는 서둘러 전쟁터로 향하던 도중에 헥토르를 만나게 되었다.

"형님, 바쁘실 텐데 제가 너무 시간을 지체했습니다. 죄송합니다."

이에 헥토르가 말했다.

"아우여, 올바른 마음을 가진 사람이라면 네가 전쟁터에서 한 일을 가지고 너를 얕잡아 보지는 않을 것이다. 너는 잘 싸웠으니까. 그런데 자꾸만 뒤로 빼는 걸 보면 진심으로 싸우고 싶은 마음이 없어 보이는 것 같구나. 형은 그것이 안타깝고 부끄러울 뿐이다. 자, 가자. 제우스께서 일찍이 우리들에게 집안의 홀에서 주연을 벌일 수 있도록 허락하신다면, 또한 트로이아에서 불사의 신들께 감사하는 제전을 펼칠 수 있게 해주신다면, 이보다 우리를 기쁘게 하는 일은 없을 것이다."

헥토르와 파리스는 전의를 불태우며 트로이아 진영에 도착했다. 이들을 본 트로이아군은 마치 험난한 파도와 싸우던 사공이 순풍을 만난 것처럼 반가워했다.

파리스는 그동안의 부진을 씻어내려는 듯, 출전하자마자 철퇴의 명수라 불리는 아레이토오스왕의 아들 메네스티오스를 죽였다. 그리고 헥토르는 에이오네우스의 목을 창으로 찔러 죽였다. 또한 리키아의 대장인 글라우코스도 전차에 오르는, 덱시오스의 아들 이피노오스를 절명시켰다.

이 광경을 올림포스에서 지켜보던 아테나는 서둘러 트로이아로 내려왔다. 트로이아군의 승리를 바라고 있던 아폴론도 여신이 오는 것을 보고 페르가모스에서 출발했다.

두 신은 떡갈나무 옆에서 마주쳤다. 먼저 태양의 신인 아폴론이 입을 열었다.

"무엇을 하러 제우스의 따님이 올림포스를 내려오셨는지요? 혹시 그리스군에게 승리를 돌리기 위해서입니까? 트로이아군이 지더라도 그대는 동정하지 않으시겠죠. 자, 우리 이렇게 하는 게 어떻겠습니까? 오늘은 일단 휴전하고 나중에 싸우는 겁니다. 트로이아를 완전히 멸망시키는 것이 그대 불사의 여신들의 염원이라면, 트로이아의 최후를 확인할 때까지는 나중에 얼마든지 싸울 기회가 있을 테니까."

이번에는 아테나가 응수했다.

"궁술의 신이여, 그렇게 하십시다. 나도 그런 생각으로 올림포스에서 내려와 트로이아군과 아카이아군 사이로 온 것입니다. 그런데 무사들의 싸움을 어떻게 중지시킬 생각이시지요?"

아폴론은 아테나 여신의 말을 기다렸다는 듯 대답을 하였다.

아테나와 아폴론 판화 작품_ 암스테르담 국립미술관 소장

"그리스 연합군에서 한 명을 추천해 트로이아의 헥토르와 결투를 하게 합시다. 그러면 참혹한 전쟁은 막을 수 있을 것이오."

아테나도 아폴론의 의견에 동의했다.

한편, 이들의 약속이 트로이아의 예언자인 헬레노스의 마음속에 예감으로 나타났다.

그는 헥토르에게 말했다.

"트로이아의 영광인 헥토르 형님, 형님께서는 아카이아군 중 가장 힘센 자에게 도전하여 양군에게 우리의 위용을 보여주는 것이 어떻습니까?"

이 말을 들은 헥토르는 기뻐하며, 양군 사이로 나아가 병사들을 모두 자리에 앉혔다. 아가멤논 역시 아카이아군을 똑같이 자리에 정렬시켰다.

두 마리의 독수리로 변신한 아폴론과 아테나는 큰 떡갈나무에 올라앉아 이 장면을 내려다보았다. 그때 헥토르가 양군 사이로 나아가서 말했다.

"트로이아와 아카이아 양쪽의 군사들이여, 잠시 내 말을 들으시오. 천상에 계시는 제우스께서는 우리에게 전쟁의 무거운 짐을 지워 서로 살육을 하도록 하셨소. 결국에는 트로이아성이 점령당하거나, 아니면 그대들이 굴복하여 두 번 다시 트로이아 땅을 밟지 못할 것이오. 그러니 우선 그대들 진영에서 가장 힘센 장수를 내보내시오. 자, 제우스를 증인으로 해서 그 장수와 겨루고 싶소. 다만 내 청을 들어주었으면 좋겠소. 만일 내가 이 자리에서 패할 경우 내 갑옷을 전리품으로 가져가되, 몸은 트로이아 동포들이 화장할 수 있도록 해주시오. 대신 아폴론이 내게 성공을 허락하신다면, 나 역시 상대의 갑옷만 벗기어 궁술의 신 아폴론의 신전 앞에 걸어놓고 몸은 돌려주어 넓은 헬레스폰토스 해안에 장례를 치를 수 있도록 하겠소. 그러면 먼 후대에 사람들은 이렇게 말할 것이오. '저기 오래전 헥토르에게 당한 자의 무덤이 있구려.' 이리하여 내 명성은 길이 전해질 것이 아니겠소?"

헥토르_ 세레브랴코프의 작품
헥토르가 트로이아를 대표하여 그리스 진영의 수장과 결투를 제안하자 그리스 진영은 한때 혼란에 빠진다.

헥토르의 말을 들은 아카이아 병사들이 조용해졌다. 헥토르의 제안을 거절하기에는 부끄러웠고, 수락하기에는 겁이 났던 것이다. 더 이상 이 모습을 지켜보지 못하겠다는 듯 메넬라오스가 일어섰다.

"그리스군 중에서 헥토르를 상대할 자가 한 명도 없다면 이것이야말로 수치요, 불명예로다. 체면도 명예도 없는 그대들이여, 앉은자리에서 진흙과 함께 썩어 문드러질지어다! 내 몸소 저자와 결판을 내리라."

이때 아가멤논이 메넬라오스를 제지하였다. 메넬라오스가 헥토르를 상대하기에는 모든 면에서 부족했기 때문이다.

"메넬라오스, 미쳤느냐? 아무리 네가 힘이 세다고 해도 자기보다 강한 자와 싸우는 건 미련한 법! 헥토르는 아킬레우스조차 두려워하는 인물인지를 몰랐단 말이냐?"

아가멤논의 일갈에 메넬라오스는 주저앉아야 했다. 왜냐하면 그의 말이 모두 사실이었기 때문이다. 그러자 네스토르가 일어나 말했다.

네스토르_ 조제프 데지레 쿠르의 작품

트로이아 전쟁이 일어났을 때는 60세가 넘은 노인이었으나, 90척의 배를 이끌고 트로이아 원정군에 참가했다. 노년임에도 불구하고 전술에 뛰어나, 아가멤논도 그의 작전을 신뢰하였다. 때로는 과거의 무공담(武功談)을 이야기해 줌으로써 병사들을 고무하였고, 현명하게 판단하고 성격 또한 친절하여 사람들로부터 존경과 사랑을 받았다.

"병사들이여! 오늘 이 모습을 미르미돈군의 지휘자요, 뛰어난 웅변가인 펠레우스가 보면 뭐라 하겠는가? 영웅호걸의 사적을 즐겨 말하던 그가 만일 헥토르 앞에서 전전긍긍하는 우리의 모습을 보았더라면 아마 통곡했을 것이오. 제우스와 아테나와 아폴론 그리고 여러 신들이여, 그 옛날 물결도 빠른 켈라돈의 강변에서 필로스의 군대와 창을 잘 쓰는 아르카디아 군사들이 만나 결전을 벌였을 때와 같이 내가 다시 젊어질 수만 있다면 좋으련만! 당시 내 상대는 기골이 장대한 투사 에레우탈리온이었는데, 그는 아레이토오스왕의 갑옷을 입고 있었다오. 아레이토오스는 누구인가? 사람들은 그가 철퇴로 적군들을 무찌른다 하여 철퇴 장사라 불렀소. 그런데 리쿠르고스의 계략에 휘말려 죽게 되었고, 그의 갑옷은 리쿠르고스의 차지가 되었소. 그 후 리쿠르고스는 그 갑옷을 충복 에레우탈리온에게 준 것이오. 에레우탈리온은 이 갑옷을 입고 정예의 장사들에게 도전했고, 사람들은 모두 몸서리를 치며 덤비지 못했다오. 그러던 중 내가 그를 상대로 나서게 되었던 것이오. 비록 가장 나이가 어렸지만 과감하게 맞서니, 아테나 여신께서 나에게 승리를 돌리셨소. 그는 내가 벤 자 중에서 가장 강했고 최대의 장사였소. 지금 내게 그때와 같은 젊음만 있다면, 헥토르와 당장이라도 싸울 수 있을 텐데. 아카이아 최고의 무사들이여, 정녕 그대들 중에 헥토르와 대항할 자가 한 명도 없단 말이오?"

네스토르의 야멸찬 비난에 마침내 아홉 사람이 일어섰다. 먼저 아가멤논 총사령관이 걸어나왔고, 그 뒤를 디오메데스가 따랐다. 그리고 두 아이아스가 뒤를 이었다.

그 뒤를 이도메네우스, 군신에 비견될 만한 그의 부하 메리오네스, 명문 태생의 에우리필로스, 토아스, 오디세우스가 나섰다.

이때 게레니아의 기사 네스토르가 말했다.

"그러면 제비를 뽑아 헥토르와 대적할 사람을 결정하도록 합시다. 여기서 뽑히는 용사야말로 아카이아군의 영광이며, 헥토르를 이긴다면 영웅이 탄생하는 것이오."

네스토르의 말에 고무된 아홉 용사들은 모두 자기 제비에 표식을 하여, 아트레우스의 아들 아가멤논의 투구 안에 던져 넣었다. 그리고 병사들은 신들을 향해 두 손을 높이 들어 빌었다.

"오, 제우스 아버지시여, 텔라몬의 아들 아이아스나 티데우스의 아들 디오메데스가 뽑히도록 하소서."

네스토르가 투구를 흔들자, 여러 사람들이 바라던 제비가 툭 튀어나왔다. 바로 아이아스의 것이었다.

그것을 전령들이 들고 다니면서 차례로 장군들에게 보여주었다. 그러나 아무도 누구의 것인가 분별을 할 수 없었으며, 오직 자기 것이 아니라는 것만을 알았다.

아이아스는 전령의 표식이 자신의 것임을 알아보고는 기쁜 마음으로 표식을 자기 발 옆 땅바닥에 내던지고 소리 높여 말했다.

"동지들이여, 이것은 틀림없는 나의 제비요. 나는 마음속 깊이 기쁘게 생각하오. 반드시 저 용감한 헥토르에게 이기리라 믿고 있소. 그러므로 자, 그대들도 지금부터 내가 갑옷을 몸에 걸치는 동안, 모두들 제우스 신께 축원을 올리시오."

아이아스_ 피에트로 폰타나의 작품

아이아스의 말에 모두들 제우스 신께 기도를 올렸다.

"제우스 아버지시여, 이다의 산에서 다스리는 가장 위대하신 신이여, 부디 아이아스에게 승리를 안겨주시어 빛나는 영예를 차지하게 해주소서. 만약에 신께서 헥토르를 특별히 좋아하시고 그 몸을 걱정하신다면, 두 사람에게 똑같은 힘과 영광을 돌리소서!"

아이아스는 번쩍이는 청동 갑옷으로 무장을 한 뒤 앞으로 나섰다. 마치 전쟁의 신 아레스가 싸움터 앞에 서 있는 듯한 모습이었다. 아카이아 군대의 방어벽이라고도 일컬어지는 아이아스는 하늘을 찌를 듯이 우뚝 몸을 곧추세우고, 무서운 얼굴에 웃음을 띠면서 길게 그림자를 끄는 큰 창을 손에 쥐고 흔들며 성큼성큼 걸음을 옮겨나갔다.

그 모습을 본 그리스 진영의 군사들은 함성을 올리며 기뻐하였지만, 트로이아 진영은 너 나 할 것 없이 모두 숨을 죽이고 있었다. 헥토르 자신도 심장이 두근거렸다.

아이아스는 탑 같은 큰 방패를 든 채 일정한 간격을 두고 헥토르 앞에 섰다.

"헥토르여, 결투를 하게 되면 그때야 그대도 깨달을 것이오. 그리스군 중에 아킬레우스 이외에도 용기있는 무장들이 수두룩하다는 것을 말이오! 비록 아킬레우스가 아가멤논과의 불화로 이곳에 참석하지 않았지만, 그가 있었더라면 이미 그대는 시신이 되어 땅의 제물이 되었을 것이오. 비단 아킬레우스만 있는 게 아니오. 우리 진영에는 그대와 맞서 싸울 만한 무장이 넘쳐나오. 자, 그대가 먼저 공격을 하라!"

이에 키가 크고 번쩍이는 투구의 헥토르가 대답하였다.

"제우스의 후예인 텔라몬의 아들 아이아스여, 전투에 무지몽매한 부녀자처럼 나를 놀리지 마시오. 나도 싸우고 죽이는 법쯤은 충분히 알고 있소! 방패를 어떻게 다루는지, 전차들 틈으로 어떻게 돌진해 들어가는지, 가까이에서 하는 싸움에는 아레스 춤의 스텝이 필요하다는 사실 또한 알고 있소. 하지만 당신 같은 무장에겐 교활한 방법을 쓰고 싶지는 않소. 그대가 보는 앞에서 정정당당히 맞서 보고 싶을 뿐이오."

헥토르는 말을 마치자 아이아스에게 창을 던졌다. 창은 방패의 여섯 겹을 뚫은 다음 일곱 겹에서 멈췄다. 다음에는 아이아스가 긴 창을 던지자 그것은 헥토르의 방패를 뚫고 들어가 갑옷까지 뚫어버렸다. 그러나 다행히도 옆구리를 아슬아슬하게 비켜 나가, 헥토르는 목숨을 건질 수 있었다.

두 사람은 각각 창을 뽑아 마치 야생의 사자처럼, 거친 멧돼지처럼 사납게 덤벼들었다. 헥토르는 방패 한가운데를 창으로 찍었으나, 청동 외피는 찢지 못하고 창끝이 휘고 말았다. 이것을 본 아이아스는 재빨리 덤벼들어 헥토르의 방패를 찍으니, 창끝이 쿡 꿰뚫고 들어갔다. 헥토르는 피를 흘리며 물러났다.

그러나 그는 지지 않고 땅에서 큰 돌덩이를 집어 던졌다. 그러자 아이아스는 더 큰 돌을 들어 머리 위에서 빙빙 돌리다가 온 힘을 다해 던졌다. 이 거대한 돌은 둥근 방패를 산산조각으로 부서뜨리며 헥토르를 쓰러뜨렸다. 하지만 아폴론이 그를 다시 일으켜 세워 혈전은 계속되었다.

이때 양군에서 두 명의 전령이 나타났다. 한 명은 아카이아 진영에서 온 탈티비오스요, 또 한 명은 트로이아

◀ 헥토르와 아이아스의 결투 장면을 묘사한 그리스 도자기

전령들의 충고로 결투를 멈추는 헥토르와 아이아스_ 존 플랙스먼의 삽화 작품

진영에서 온 이다이오스였다. 먼저 이다이오스가 말했다.

"이제 그만들 두십시오. 싸움도 다툼도 이제 멈추십시오. 올림포스의 제우스께서는 쌍방이 비길 데 없는 용사들이므로 두 분 모두 아끼고 계시오. 그것은 우리도 이미 잘 알고 있는 일이오. 게다가 날이 완전히 어두워졌소. 이제 밤이 닥쳤으니, 밤의 여신에게 복종함이 타당하오."

이에 아이아스가 대꾸했다.

"이다이오스여, 그러면 헥토르에게 약속을 받으시오! 싸움을 걸어온 자가 헥토르이기 때문이오. 그러니 그가 하는 대로 나는 따를 작정이오."

이에 대해서 헥토르가 말했다.

"아이아스여, 그대야말로 아카이아 진영에서 창의 최고 고수로다.

오늘은 이 정도에서 끝내고, 후일 다시 또 겨루도록 하는 게 어떻겠소? 자, 밤이 다가오니 밤의 여신께 복종하는 게 좋을 것이오. 나는 성으로 돌아가, 나를 위해 신들께 축원을 올리고자 모인 트로이아의 병사들과 부인들을 위로하리다. 또 하나 부탁할 것은 우리 서로 선물을 교환하여, 비록 혈전을 벌였지만 친구로서 헤어졌다고 온 세상에 알립시다."

이렇게 해서 두 사람은 싸움을 멈췄다. 헥토르는 은장식이 있는 칼과 칼집, 잘 만든 식대를 아이아스에게 주었고, 아이아스는 반짝이는 자줏빛 허리띠를 내놓았다.

이리하여 두 사람은 자신의 진영으로 돌아갔다. 헥토르가 무적 장군 아이아스의 손에서 무사히 살아 돌아오는 것을 보자 그의 아내인 안드로마케는 물론 온 트로이아 사람들이 기뻐해 마지않았다.

한편, 아카이아군에서도 아이아스가 무사히 돌아오는 것을 보자 환호성이 터졌다. 아가멤논은 자신의 막사에서 아이아스를 위해 향연을 베풀었다. 제우스의 신전에 황소 제물을 올린 뒤, 황소 고기를 잘게 썰어서는 꼬챙이에 꿰어 정성껏 불에 구워 내놓았다. 모두들 성찬을 즐겼으며, 특히 아이아스에게는 아가멤논이 손수 등심을 잘라 주었다.

향연이 무르익자 고문관인 네스토르가 자리에서 일어서서 입을 열었다.

"그리스 연합군의 용맹한 투사들이여, 이 벌판에는 많은 동지들이 잠들어 누워 있습니다. 스카만드로스강 변에서 동지들이 죽자 아레스 군신이 그 영혼들을 하데스궁에 머무르게 한 것처럼, 우리도 내일은 잠시 휴전을 한 뒤 전사자들을 실어다 함대 가까운 곳에서 화장합시다. 그래서 우리가 귀국할 때 그 유골들을 자식들에게 안겨주는 것이 우리가 응당 해야 할 도리일 거요. 또한 우리 함대와 막사를 보호하도록 방벽을 쌓읍시다. 그리고 밖으로는 방벽 가까이 참호를 파서 트로이아군이 넘지 못하도록 합시다."

네스토르의 말에 모두들 찬성하였다.

한편, 트로이아군 역시 프리아모스궁에서 모임을 가졌다. 지혜와 분별이 누구보다 뛰어난 안테노르가 일어서 열변을 토하였다.

"여러분, 트로이아 사람들도, 기타 동맹군 사람들도 제 말을 들어주시오. 자, 지금부터 아르고스 태생의 헬레네를 보물과 함께 아가멤논에게 넘겨줍시다. 지금 우리는 굳은 약속을 어겨서 그들과 싸우고 있는 것입니다. 그러니 이렇게 하지 않고서는 조그만 덕도 우리가 얻으리라고는 도저히 기대할 수 없습니다."

그가 이렇게 말하고 자리에 앉자, 이어 일어선 파리스가 위세 있는 말로 안테노르에게 항의했다.

"안테노르여, 그대가 지금 주장한 말에는 전혀 찬성할 수 없습니다. 이 자리의 트로이아 용사들이여, 나는 내 아내를 버릴 수가 없습니다. 대신 아르고스에서 가져온 재물과 내 재물을 내놓겠소."

이 말을 들은 프리아모스왕이 친히 일어나 말했다.

"트로이아의 용감한 무장과 동맹군 여러분, 내 말을 들으시오. 오늘은 예전과 같이 지내되, 날이 밝는 대로 이다이오스를 보내 이 모든 싸움의 장본인인 파리스의 제안을 전하게 합시다. 또한 그들이 이에 동의한다면, 전사자들의 시신을 화장할 때까지 잠시 휴전토록 하는 것도 제안합시다."

프리아모스왕의 말에 그들은 모두 승복하였으며, 트로이아군은 잠시 휴식을 즐기며 만찬을 마쳤다.

　이윽고 날이 새자마자 이다이오스는 그리스 함대 앞으로 가서 큰 소리로 말했다.

　"아트레우스 가문의 군주님과 그 밖의 온 아카이아 군대의 장수들이여, 프리아모스왕과 그 밖의 영예도 드높은 트로이아의 여러분들께서 파리스의 말씀을 전하라는 명령을 받고 찾아왔습니다. 파리스가 전에 가져왔던 재산은 물론이거니와 자신의 재산을 내주겠답니다. 하지만 헬레네만은 절대로 포기할 수 없다고 하셨습니다. 또한 이의가 없으시다면, 전사자를 화장할 때까지 일시 휴전을 할 것을 프리아모스왕께서 제안하셨습니다."

헬레네와 파리스가 그려진 도자기_ 루브르 박물관 소장

그리스 진영의 사람들이 모두 트로이아의 전령 이다이오스의 말을 듣고 있다가, 디오메데스가 먼저 입을 열었다.

"자, 보물이든 헬레네든 파리스의 제의를 거부합시다. 멸망의 굴레가 이미 트로이아 백성들에게 단단히 씌워져 있다는 것은 바보 천치도 다 아는 터이오!"

이 말에 모두 환성을 올리며 찬동했다. 아가멤논은 전령에게 말했다.

"이다이오스여, 그대의 메시지에 대한 아카이아군의 반응이 바로 회신의 답이오. 그러나 전사자에 대한 프리아모스왕의 제안만은 받아들이겠소. 쓰러진 자의 몸이 불의 위안을 받는 것조차 반대할 사람은 아무도 없을 것이오."

아가멤논은 왕홀을 신들에게 받들어 보였다.

왕홀을 들고 바위에 앉아 있는 아가멤논이 그려진 도자기 조각_ 타란토 국립 고고학 박물관 소장

그리하여 이다이오스는 트로이아 진영으로 돌아갔다. 전령 이다이오스가 아가멤논의 회신을 전하자 프리아모스왕은 병사들에게 화장 준비를 시켰다.

어느덧 해는 뉘엿뉘엇 오케아노스강 쪽으로 지기 시작했다. 누가 누구인지 분간할 수 없을 만큼 훼손된 시신들을 수습하던 병사들은 뜨거운 눈물을 흘리며 시신의 피를 씻어 낸 뒤 전차에 실었다. 양군은 슬픔에 싸여 전우의 시체를 장작더미 위에 쌓고 화장을 한 다음 각기 진영으로 돌아갔다. 이튿날 새벽 무렵, 아카이아군에서 선발된 자들이 화장할 장작더미 주위에 모였다. 그런 다음 그곳에 커다란 무덤을 만들었다. 그리고 무덤을 잇대어 높은 방벽을 쌓아 함대와 막사를 보호하도록 했다. 밖으로는 방벽 가까이 깊고 넓은 참호를 파고 그 안에다 뾰족한 막대기를 꽂아놓았다.

올림포스의 제우스 앞에 모여 있던 신들은 이 거대한 과업을 주시했다. 이윽고 바다와 지진의 신 포세이돈이 먼저 말했다.

"제우스 주신이여, 아직도 지구상에 불사의 신들에게 소원을 말하는 인간이 있습니까? 자, 저기를 보십시오. 아카이아군이 저토록 커다란 방벽을 쌓고 깊고 넓은 참호를 파는데도 신들에게는 아무런 제물도 바치지 않았습니다. 아마 이 방벽에 대한 소문은 해가 뜨는 곳이라면 어디든지 퍼져 나갈 텐데도 말이죠. 그러면 아폴론과 내가 라오메돈을 위해 쌓았던 트로이아 성벽은 안중에도 없겠지요."

이 말을 들은 제우스는 매우 화를 냈다.

"나 이외에는 가장 위력적인 힘을 가진 그대가 저들의 과업을 질투하다니. 자, 아카이아군이 고국으로 돌아갈 때가 되면 저 방벽을 부숴 바닷속에 처넣을 것이오. 그러면 아카이아군의 저 방벽도 끝장날 테지!"

해가 지자 아카이아 진영에서는 소를 잡고, 렘노스에서 에우네오스가 보낸 술을 마시며 저녁을 즐겼다. 트로이아군 역시 환락에 지칠 줄 몰랐다. 그러자 제우스는 이들에게 천둥을 보내 무서워 떨게 만들었다.

두 명의 동명이인 아이아스

대(大) 아이아스

대 아이아스는 헤라클레스의 절친한 친구였던 텔라몬과 페리보이아 사이에서 태어난 아들이다. 그는 엄청나게 큰 체구와 힘을 자랑하는 장사였고, 아가멤논의 장수들 가운데서 아킬레우스 다음으로 뛰어난 무장이었다. 그러나 체구와 힘에 비해 지략이 모자란다는 평을 들었다. 아이아스는 헤파이스토스가 만들어 준 커다란 망치를 들고 싸운 것으로 묘사된다. 트로이아 전쟁에서 아이아스는 적장 헥토르와 여러 차례 대결을 펼쳤다.

특히 아이아스는 제비뽑기로 헥토르와 상대할 전사로 뽑혔다. 아이아스와 헥토르는 일대일로 하루 종일 해가 질 때까지 싸웠는데도 결국 승부를 보지 못했다.

소(小) 아이아스

소 아이아스는 오일레우스와 에리오피스의 사이에서 태어난 아들이다. 텔라몬의 아들 아이아스보다는 체구가 작았으나, 창술에 매우 능했다고 한다. 그는 아마포로 된 갑옷을 입고 싸웠으며, 달리기가 아킬레우스 다음이었다.

파트로클로스의 장례 경기에서 벌어진 달리기 시합에서 그는 오디세우스, 안틸로코스와 겨뤄 1등으로 달리고 있었는데, 마지막에 아테나 여신이 오디세우스를 도와주고 자신을 넘어뜨림으로써 우승을 놓쳤다. 이 때문에 아이아스는 아테나에게 반감을 품게 되었다.

아이아스는 트로이아 목마에 타고 있던 용사 중 하나였다고 한다.

대(大) 아이아스_
피에트로 델라 베치아의 작품

소(小) 아이아스_
프란체스코 사바텔리의 작품

제 5 부

신들의 대립

밀고 밀리는 전황

새벽의 여신 에오스가 장밋빛 손가락을 펼칠 무렵, 제우스는 올림포스 정상에서 신들의 회의를 소집했다.

"신들이여, 모두 내 말을 들으시오. 내 가슴속에서 일렁이는 생각을 지금 이야기하겠소. 이제 어느 신이든 자신의 이익을 위해 트로이아군이나 그리스군 중 어느 한쪽을 돕는다면, 벼락을 맞아 매우 험한 꼴을 당하리라. 아니면 타르타로스의 깊고 깊은 감옥에 집어넣어, 하늘이 높은 만큼 하데스의 감옥도 얼마나 깊은지를 깨닫게 하리라. 자, 존경하는

새벽의 여신 에오스_ 윌리앙 아돌프 부그로의 작품
《일리아스》의 저자 호메로스는 에오스를 "이른 아침에 태어난" "장밋빛 손가락을 지닌" "사프란빛 옷을 입은" 등의 수식어로 묘사하고 있다.

신들이여! 그대들이 날 시험해 보고 싶으면 마음껏 시험해 보라. 그러면 내가 증명해 보일 테니. 모든 신들은 힘을 합쳐 하늘에다 황금 사슬을 달아 힘껏 당겨보라. 그래도 나를 땅에 떨어뜨리지는 못할 것이다. 하지만 나는 그대들 모두를 올림포스 상상봉에 매어놓을 수 있다. 나는 신들 중에서도 가장 전능한 신이기 때문이다."

올림포스에 모인 신들은 제우스의 무시무시한 말에 감히 입을 열지 못했다. 이윽고 지혜의 여신 아테나가 용기를 내어 말했다.

"왕 중의 왕이시고 신 중의 신이신 제우스 아버지여, 아버지의 능력이 무소불위라는 걸 익히 아옵니다. 그러나 어찌 그리스 병사들이 파멸되고 불행한 운명을 당하는 걸 외면할 수가 있겠습니까? 그런데도 아버지의 명령을 어기지 않을 것입니다. 하지만 적어도 그리스 병사들에게 적절한 조언을 주어, 그들이 모두 멸망하는 걸 막아주십시오."

제우스는 딸의 말을 듣자 빙그레 웃었다.

"내 몸속에서 자라고 태어난 사랑스러운 딸아, 용기를 내거라. 내 본뜻은 그게 아니니라!"

말을 마친 제우스는 황금빛으로 빛나는 갈기와 날랜 청동색 다리를 가진 한 쌍의 말을 수레에 맸다. 그리고 황금 갑옷을 입고는 세공이 훌륭한 황금 채찍을 쥐고 마차에 올라 채찍을 후려치며 말들을 몰아나갔다. 수레는 하늘과 땅 사이를 전광석화와도 같이 날아 그의 신전이 있는 이다산의 봉우리 가르가론에 다다랐다. 이어 제우스는 상상봉에 홀로 앉아, 트로이아 도시와 아카이아 함선들을 내려다보았다.

아카이아군과 트로이아군은 전투할 준비를 하고 있었다. 이윽고 양군이 서로 맞부딪치자 전장의 요란한 소리들이 들려왔다.

신들의 회의_ 아브라함 얀선스의 작품
올림포스 신들의 회의 장면을 묘사한 그림으로, 아프로디테가 제우스에게 무언가를 질책하는 가운데 이를 귀찮아하는 제우스의 표정이 이채롭다. 왼쪽 상경에 투구를 쓴 아테나가 있다.

    이와 더불어 죽이는 자의 기합 소리, 죽어가는 자들의 신음 소리, 혹은 자랑스러운 승리의 함성 등이 동시에 울렸으며 대지에는 붉은 피가 가득히 흘렀다. 아침이 지나고 낮이 되자, 양군에서 서로 쏘아대고 던지는 화살과 창이 비 오듯 쏟아져 병사들이 잇따라 쓰러져 갔다.

    이윽고 태양이 창공 한가운데에 다다르자 제우스 신은 황금으로 만든 평형 저울을 꺼내 놓고, 양쪽의 접시 위에 트로이아 측과 아카이아 측의 죽음의 운명을 각각 올려놓았다. 그리고 저울의 한가운데를 쥐고

저울을 재고 있는 제우스_ 니콜라이 아브라함 아빌드가드의
작품
제우스가 이다산의 상상봉에서 인간 세상의 일들을 저울로
재고 있는 장면이다. 아카이아군과 트로이아군의 전세를 재
던 제우스는 아카이아군의 운명이 아래로 처지자 과감하게 그
들을 응징한다.

들어 올리니 아카이아 측의 운명이 아래로 처졌다. 아카이아군의 죽음의 운명이 대지를 향해 기울어지고, 트로이아 측은 드높은 천공을 향해 올라간 것이다.

제우스는 손수 심한 천둥을 일으켜, 훨훨 타오르는 번개를 아카이아 군대를 향해 내리 쳤다. 이것을 본 자들은 모두 혼비백산할 만큼 놀랐고, 너 나 할 것 없이 다 새파랗게 질려서 공포에 휩싸였다.

이때 이도메네우스도 아가멤논도 더 이상 버틸 수가 없었다. 군신 아레스의 수행병이라 일컬어지는 두 아이아스도 땅을 부여잡았다.

그러나 오직 한 사람, 게레니아의 기사 네스토르만이 혼자 버티고 있었다. 그도 그러고 싶어서 버티는 것이 아니라 말이 부상당했기 때문이었다. 트로이아의 파리스가 활로 그의 아끼던 말의 급소를 쏘았던 것이다. 그리하여 말은 괴로움에 뛰어올라 몸부림치면서, 전차 끄는 다른 말들을 당황시키고 있었다.

그래서 네스토르는 뛰어나가, 말에 매어둔 가죽끈을 단검으로 자르려 했다. 그사이에 벌써 헥토르의 준마들이 비호같이 쫓아왔다. 만일 디오메데스가 고함을 쳐서 이 사실을 알리지 않았더라면 네스토르는 헥토르의 창에 목숨을 잃었을 것이다. 디오메데스는 또 멀리 달아나는 오디세우스에게도 고함을 쳤다.

"지략이 넘치는 오디세우스여, 겁쟁이처럼 어디로 도망가시오? 그런다고 그대의 어깨가 적군의 창에 꿰뚫리지 않으리라 어찌 보장할 수 있겠소? 그러니 나와 함께 힘을 합쳐 노인에게서 저 사나이를 쫓아냅시다."

그러나 오디세우스는 듣지 못하고 아카이아 병사들 속으로 사라졌다. 그래서 디오메데스는 혼자 네스토르의 전차 앞으로 다가가 그에게 말을 건넸다.

"노병이시여, 나의 전차에 올라타시어 트로스의 말이 어떤가 느껴 보시오. 이 말들은 내가 아이네이아스에게서 빼앗은 것으로, 아주 잘 달릴 뿐만 아니라 전쟁터에서 어떻게 해야 하는지 요령도 알고 있지요. 노장께서 마차를 몰아주시면, 내가 창을 잡고 저 헥토르를 전차에서 떨어뜨려 보겠소."

디오메데스는 헥토르를 향해 전차를 돌진시킨 후 창을 던졌다. 그러나 마부 에니오페우스의 심장을 관통했을 뿐 헥토르는 비켜 갔다.

헥토르는 마부의 죽음을 보고 격노했으나, 다른 마부를 찾아 나설 수밖에 없었다. 이렇게 헥토르가 잠시 지체하는 동안 트로이아군은 치명타를 입게 되었다.

이 모든 일을 지켜보던 제우스는 무시무시한 번갯불을 디오메데스

디오메데스의 전차에 탄 네스토르_ 루이스 모리츠의 작품
디오메데스가 네스토르를 구출한 후 힘을 합쳐 헥토르를 공격하기 위해 전차를 달리는 모습이다.

의 말 앞에 던졌다. 그러자 말은 놀라 미끄러지듯 땅바닥에 나뒹굴었
고, 네스토르는 고삐를 놓쳤다. 이에 겁을 먹은 네스토르가 디오메데
스에게 말했다.

"디오메데스여, 말을 돌려 이곳을 벗어납시다. 아무래도 트로이아
를 돕는 제우스의 입김이 작용된 것으로 보이오."

디오메데스는 주저하였다.

"노장이시여, 옳으신 말씀입니다. 하지만 우리가 말의 꽁무니를 보

디오메데스의 전투_ 자크 루이 다비드의 작품

인 것을 헥토르가 공식 석상에서 자랑할 것을 생각해 보시오. '티데우
스의 아들이 나를 보자 자기 부대로 줄행랑을 쳤다.' 생각만으로도 차
라리 죽는 게 더 나을 듯하오."

네스토르가 다시 정중하게 타일렀다.

"그대는 참으로 용사 중의 용사이구려. 하지만 걱정하지 마시오. 아
무도 그대를 겁쟁이라고 생각지 않을 테니."

이렇게 하여 디오메데스는 네스토르의 제안을 따르기로 했다. 그
가 말을 돌려 싸움터를 빠져나가자 헥토르와 트로이아군은 환성을 올
리며 창을 빗발치듯 던져댔다. 디오메데스를 쫓던 헥토르는 목소리
를 높였다.

"디오메데스여, 너는 항상 최대의 성찬을 받으며 영광스러운 자리

를 차지했겠지. 하지만 앞으로는 그대를 경멸하게 될 것이다. 그대는 두 번 다시 우리의 성벽을 기어오르지 못할 것이다. 그 이전에 그대를 죽음의 신에게 인도하게 될 테니까."

헥토르의 비아냥을 들은 디오메데스는 망설였다. 전차를 돌려 싸우느냐, 아니면 이대로 돌아가느냐. 그는 세 번이나 전차를 돌리려 했으나, 그때마다 제우스의 천둥번개야말로 트로이아 측이 승리할 전조라는 결론을 얻었다.

이러한 전조는 헥토르도 느꼈다. 그는 용기백배하여 트로이아군에게 소리쳤다.

"트로이아와 리키아, 다르다니아와 나의 동지들이여, 그대들은 장부답게 싸워 이겨라! 제우스께서 나에게 승리와 영광을 내리시고, 적에게는 번개와 같은 불길을 내리심이 명백하도다. 저 원수의 방어벽을 보라. 그것은 우리를 막는 데 전혀 도움이 되지 않을 것이다. 말들은 그까짓 참호쯤은 가뿐히 뛰어넘을 것이다. 적의 함대를 불살라 그리스 병사들을 몰살시켜라!"

헥토르는 트로이아 병사들에게 용기를 심어주면서 자기의 말들을 불러 모았다. 그는 심복과 같았던 말들을 향해 마치 사람에게 말하듯이 입을 열었다.

"크산토스와 포다르고스, 아이톤과 고귀한 람포스여, 이제야말로 그동안 돌봐 준 보답을 해다오. 저 기상이 높은 에에티온의 딸이자 나의 아내 안드로마케가 남편인 나를 제쳐놓고 가장 먼저 너희들에게 밀을 먹이로 주었지! 그러니 어서 달려 네스토르의 둥근 방패를 빼앗자! 그리고 헤파이스토스가 직접 만든, 디오메데스의 갑옷을 빼앗자!"

한편, 그리스 진영의 함대와 방어벽은 날뛰는 전차들과 병사들로 가득 차 있었다. 제우스는 그 가운데를 파죽지세로 헤집고 다니는 헥토르에게 앞길을 열어주었다. 헤라가 아가멤논의 마음을 움직이지 않았더라면 헥토르는 아카이아 함대를 궤멸시켰을 것이다.

아가멤논은 자줏빛 의상을 질질 끌며 모든 함대의 한복판에 있는, 오디세우스 함대의 높은 함선에 올라섰다. 그러고는 텔라몬의 아들 아이아스의 진지를 향해, 혹은 아킬레우스의 진지를 향해 소리 높여 외쳤다.

"그리스 병사들이여, 부끄러움을 알자. 겉보기에는 훌륭하지만 속은 형편없는 졸장부들이구나. 우리가 했던 호언장담은 어디로 가버렸는가. 렘노스섬에서 허세를 부리며 그대들이 떠들어 댄 그 장담을 말이다. 그런데 지금은 우리 모두가 단 한 사람을 당해 내지 못하다니, 말이 되는가? 헥토르가 삽시간에 우리의 함대를 궤멸시키다니! 오, 제우스 아버지시여! 저희는 이 땅으로 오는 도중에 제우스 신전을 그냥 지나쳐 본 적이 없었습니다. 오로지 트로이아성을 멸하겠다는 일념으로 소의 향기로운 살점과 허벅지를 구워 바쳤습니다. 하오니 이제 한 가지 은총만이라도 베풀어 주소서. 오, 제우스시여! 우리가 트로이아군에게 이토록 무참하게 패하지 않도록 여유를 주소서!"

아가멤논의 축원을 들은 제우스는 감동했다. 제우스는 즉시 한 마리의 독수리를 날려 보냈다. 새들 가운데서도 제우스의 조짐을 전달하는 가장 확실한 전령인 독수리는 암사슴이 낳은 새끼 사슴을 날카로운 발톱으로 차고 있었는데, 제우스의 신성한 제단 위에 이르러 그 새끼 사슴을 떨어뜨렸다.

제우스가 그려진 그리스 도자기_ 루브르 박물관 소장
제우스가 오른손에는 천둥번개를 쥐고, 다른 손에는 독수리를 들고 있다. 그리스 신화에서 독수리
는 제우스 그 자체이기도 하고, 제우스의 명령을 전달하는 메신저이기도 하다.

새끼 사슴이 떨어진 제단은 아카이아 사람들이 제우스의 신탁을 받
는 곳이었다. 이리하여 아카이아 병사들은 독수리가 제우스한테서 직
접 왔다는 것을 깨닫고 힘을 내어 트로이아군을 막아냈다.

그리스 병사들 중 가장 앞장서서 트로이아군을 공격하는 자는 바로
디오메데스였다. 그는 트로이아군의 무사, 프라드몬의 아들 아겔라오
스를 쓰러뜨렸다. 디오메데스가 선전하여 트로이아군을 공격하자 그
의 뒤를 이어 아트레우스 가문의 군주들, 아가멤논과 메넬라오스, 그
리고 두 사람의 아이아스 등 늠름하고 용기를 갖춘 자들이 모여들었
다. 이어 이도메네우스와 그 수행 무사이며 군신 에니알리오스에 비
견되는 무사인 메리오네스, 그 뒤에 다시 에우아이몬의 아들 에우리

필로스가 달려왔고, 그다음은 테우크로스가 활을 들고 아이아스의 큰 방패 뒤로 달라붙었다.

이때 아이아스가 큼직한 방패를 살짝 옆으로 치워 주면 이 무사는 틈을 노려 적의 군사 한 사람에게 활을 쏘아 적중시키고는 어린애가 어머니 치마폭 뒤로 숨듯이 얼른 방패 뒤로 몸을 숨겼다.

테우크로스가 이렇게 해서 쓰러뜨린 트로이아 무장은 오르실로코스, 오르메노스, 오펠레스테스, 다이토르, 크로미오스, 신과 같은 리코폰테스, 폴리아이몬의 아들 아모파온, 멜라니포스였다. 이들이 모두 테우크로스의 화살에 맞아 쓰러지는 것을 목격한 아가멤논은 매우 기뻐하며 격려해 주었다.

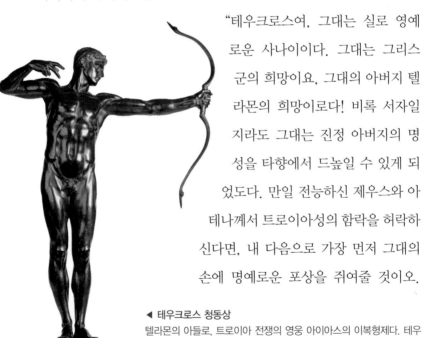

"테우크로스여, 그대는 실로 영예로운 사나이이다. 그대는 그리스 군의 희망이요, 그대의 아버지 텔라몬의 희망이로다! 비록 서자일지라도 그대는 진정 아버지의 명성을 타향에서 드높일 수 있게 되었도다. 만일 전능하신 제우스와 아테나께서 트로이아성의 함락을 허락하신다면, 내 다음으로 가장 먼저 그대의 손에 명예로운 포상을 쥐여줄 것이오.

◀ 테우크로스 청동상
텔라몬의 아들로, 트로이아 전쟁의 영웅 아이아스의 이복형제다. 테우크로스는 트로이아 전쟁에 참전하여 용맹을 떨쳤고, 전쟁이 끝난 뒤 키프로스섬으로 가서 그곳에 제2의 살라미스를 건설하고 왕이 되었다.

세발솥이나 두 필의 준마, 거기에 마차까지 딸려서 함께 주거나 그대
와 한 잠자리에 오를 만한 여자를 그대에게 주겠소."

이에 영예를 드높인 테우크로스가 대답하였다.

"최고의 영광을 가지신 아트레우스의 아들이시여, 저를 격려할 필
요는 없습니다. 저는 항상 있는 힘을 다해 싸워 왔으니까요. 하지만 여
덟 개의 날카로운 활을 날리어 용감한 젊은이들의 몸을 모두 관통시켰
지만, 저 미쳐 날뛰는 개만은 맞힐 수가 없습니다."

테우크로스는 말을 마치자 또다시 헥토르를 향해 화살을 날렸지만
이번에도 빗나갔다. 그러나 그 화살은 여신과 같이 아름다운 카스티
아네이라의 아들인 고르기티온의 가슴을 적중시켰다.

무거운 투구를 쓴 고르기티온의 머리가 어깨로 축 늘어진 것은 마
치 화원에 있는 양귀비 열매가 씨를 잔뜩 품고 봄비에 축축이 젖어 묵
직하게 고개를 숙이는 것 같았다. 그는 투구의 무게를 못 이겨 고개
를 꺾었다.

다시 테우크로스는 또 한 개의 화살을 메겨 활시위를 놓았다. 그러
나 헥토르를 맞히지 못하고 그의 전차를 모는 마부 아르케프톨레모스
의 가슴의 갑옷을 뚫었다. 헥토르는 마부의 죽음을 보고 매우 슬퍼하
면서, 이복동생 케브리오네스를 불러 말고삐를 잡게 했다.

헥토르는 분노의 고함을 지르며 번쩍이는 전차에서 뛰어내려 돌덩
이를 손에 쥐더니, 테우크로스를 향해 사나운 기세로 다가갔다. 테우
크로스도 화살통에서 날카로운 화살을 한 개 뽑아 시위에 메기고 어
깨까지 끌어당겼다.

그러나 헥토르가 던진 돌덩이가 그의 쇄골에 적중되어 그 자리에서

고꾸라졌다. 그러자 자기 동생을 지키고 있던 아이아스가 방패로 그를 가렸다. 동시에 메키스테우스와 알라스토르가 심하게 신음하는 테우크로스를 일으켜 세워 함대로 옮겼다.

변덕이 심한 제우스는 다시 트로이아군에게 용기를 주었다. 트로이아군은 깊은 참호 앞에까지 아카이아 군대를 곧장 밀어붙였다. 그 선두에서 헥토르가 용맹하게 달려나갔다. 그 모습은 마치 사냥개가 멧돼지나 사자 따위를 잽싸게 뒤쫓아 가 옆구리나 엉덩이를 물어뜯고는 짐승의 몸이 뒤틀리기를 기다리는 듯했다.

헥토르는 뒤에 처진 자들을 줄곧 무찔러 나갔는데, 그들은 그저 달아나기만 할 뿐이었다. 그리하여 정신없이 패주하여 간신히 말뚝과 참호 사이에 이르렀을 때 많은 사람들이 트로이아군의 손에 죽기는 했으나, 그래도 그들은 배 안에서 버티며 서로 격려하면서 모든 신들에게 두 손을 치켜들고 저마다 소리 높여 기도를 올렸다.

한편, 흰 팔의 여신 헤라는 아카이아 군사들이 처참히 죽어나가자 아테나 여신을 불러 말했다.

"제우스의 사랑받는 딸이여, 아카이아군의 패배를 이대로 지켜보고만 있을 것이오? 저 프리아모스왕의 아들인 헥토르가 사나울 대로 사나워져 이미 많은 해악을 끼치고 있는데도 말이오."

그러자 빛나는 눈의 여신 아테나가 대답하였다.

"정말 저 헥토르가 그리스 군사의 손에 최후를 맞이하여 목숨도 혼도 잃어버리면 좋겠어요. 그런데 아버지 제우스께서도 저자처럼 실성하셔서 화만 내고 밤낮없이 방해만 하시니 말이지요. 아버지는 에우리스테우스로 인해 고통을 받고 있던 헤라클레스를 제가 구해 주었다는 걸 잊고 계신가 봐요. 아버지 제우스가 가장 아끼던 아들 헤라클레스가 에우리스테우스로부터 12가지 노역을 받을 때 일이지요. 그는 과업을 행하면서도 늘 하늘에 대고 징징거렸어요. 제우스께서는 그런 그를 위해 저를 땅으로 내려 보내 도우라 하셨지요. 만일 오늘의 일들을 예견했더라면, 그때 헤라클레스가 지하세계의 수문장인 그 천한 개 케르베로스를 데려오라는 명령을 받고 갔을 때 스틱스강을 벗어나지 못하게 했을 거예요. 그런데도 이제 와서 저를 미워하시고 테티스의 음모를 이루어 주시려 하다니.

그 여자가 제우스의 무릎에 입 맞추고 손을 뻗어 수염을 어루만지면서, 도성을 공략하는 아킬레우스에게 영광을 내려주십사고 애원을 했거든요. 아무튼 지금 당장 외발굽의 말들을 준비하라고 분부해 주세요. 그동안 저는 산양 가죽의 방패를 가지신 제우스의 궁에 들어가서 싸움 준비를 위한 갑옷을 걸치고 나올 테니까요.

만일 우리 둘이서 전투가 한창인 소란 속에 나타난다면, 저 프리아모스의 아들인 헥토르 표정이 볼만하겠네요. 틀림없이 이번에는 트로이아 편의 몇 명쯤은 아카이아 군대의 함선 옆에 수도 없이 엎어져서 개와 독수리 들의 밥이 될 거예요."

▶ 헤라클레스 조각상
헤라클레스가 12노역의 고행을 할 때 지하세계인 하데스궁의 문지기인 머리 셋 달린 개, 케르베로스를 제압하는 장면이다.

호라이 여신_ 에드워드 존 포인터의 작품
율법의 여신 테미스와 제우스 사이에서 태어난 세 자매로, 정의의 여신 디케, 질서의 여신 에우노
미아, 그리고 평화의 여신 에이레네를 말한다.
《일리아스》에 의하면 호라이 여신들은 하늘의 문을 지키는 역할을 했다. 또한 《호메로스 찬가》에
의하면, 호라이 여신들은 미의 여신 아프로디테의 시중을 들며 그 여신을 아름답게 꾸며주는 일
도 했다고 한다.

　이에 반대할 이유가 없는 헤라는 황금 가리개를 걸친 마차를 준비
시켰다. 그리고 아테나 여신은 손수 만든 찬란하게 수놓은 옷을 벗고,
아버지가 전쟁 때 입는 튜닉을 입었다. 또한 무시무시한 여신들이 인
간의 군대를 멸할 때 쓰는 굉장히 무거운 창을 들고는 노기등등한 모
습으로 전차에 올랐다.

　이윽고 헤라가 채찍을 들어 말을 재촉하니, 하늘의 문이 큰 소리를
내며 저절로 열렸다. 이 문을 지키는 여신은 호라이 여신들로, 거대한
하늘과 올림포스가 이들에게 맡겨져 있어서 짙은 구름을 여닫는 일도
그녀들의 소관이었다.

헤라와 아테나 두 여신들이 마차를 타고 나타나자 호라이 여신들이 물러서서 여신들의 마차가 문을 통과할 수 있었다. 그런데 제우스가 이다산에서 이 광경을 바라보고 크게 노하여, 곧장 황금 날개를 가진 무지개의 여신 이리스에게 명령했다.

　"이리스여, 어서 가서 저들을 돌려보내라. 결코 내 앞에 나타나지 못하게 하여라. 우리가 말다툼하는 것은 좋지 않으니까. 그러나 만일 내 지시를 듣지 않을 때는 이렇게만 분명히 말해 두어라. 이것은 반드시 이루어질 것인즉, 저 둘의 마차를 끌고 있는 말들의 다리를 부러뜨려 놓겠다. 그들은 그 옛날 아폴론의 아들 파에톤이 태양마차를 몰아

파에톤의 추락_ 루벤스의 작품
제우스의 아들 에파포스가 자신이 신의 자손이라고 자랑하자, 파에톤도 아폴론의 아들임을 증명하려고 아버지의 태양마차를 몰았는데, 대지에 너무 가까이 왔기 때문에 인류의 소실을 무서워한 제우스에 의하여 번개로 격살당했다.

헤라와 아테나에게 다가가는 이리스_ 루이 장 프랑수아 라그르네의 작품

세상을 어지럽히자 내가 번개를 내려 태양마차를 부수고 파에톤을 땅
에 떨어뜨려 죽였다는 사실을 익히 알고 있을 것이다. 그들이 내 말을
듣지 않으면 이 일을 상기시켜라. 그러면 빛나는 눈의 딸도 제 아비와
의 싸움이 무엇을 의미하는지 깨달을 것이다. 항상 내가 하는 말이라
면 무엇이든 반항하는 헤라에게는 화낼 것도 없다. 그녀의 버릇에는
이미 이골이 났으니까!"

　무지개의 여신 이리스는 질풍같이 달려 바로 문 앞에서 그들을 제지
하고, 제우스의 전갈을 알렸다.

　"어디로 그렇게 급히 가세요? 두 분이 무엇을 그렇게 기를 쓰고 꾸
미고 계십니까? 크로노스의 아들 제우스 님이 그리스 측을 돕지 말라
고 하셨어요. 제우스께서는 지금 화를 내고 계십니다. 그대들이 모는

말들의 다리는 부러뜨리고, 그대들을 파에톤처럼 전차에서 떨어뜨린 뒤 전차는 박살내 버리겠답니다. 10년이 흘러도 그대들의 벼락맞은 상처가 낫지 않을 거랍니다. 그러면 자기한테 대적한 것에 대해 그 의미를 깨닫게 될 거라고 말씀하셨습니다."

이리스의 전갈에 긴장을 한 헤라가 아테나에게 말했다.

"제우스의 따님이여, 인간들을 위해 우리가 제우스와 다투는 것은 삼가기로 하지요. 살고 죽는 것은 그들의 운명이니까. 어련히 제우스께서 참작하여 판단을 내리시겠지."

그들은 실로 불만스러웠지만, 전차를 돌려 올림포스의 신들 사이에 있는 황금 의자로 돌아갔다.

이다산에 있던 제우스도 신들이 모여 있는 올림포스로 돌아왔다.

올림포스산_ 윌리엄 찰스 피게니트의 작품
그리스에서 가장 높은 산이다. '올림포스'가 그리스어로 단순히 '높은 산'을 뜻하기 때문이라고 풀이하는 학자도 있다. 그리스인들은 최고의 신 제우스가 하늘에 가장 가까운 높은 산 위에 지어진 황금 궁전에 산다고 생각했다.

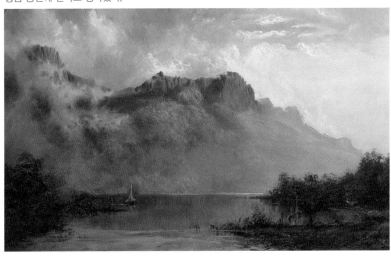

제우스가 황금 옥좌에 앉으니, 거대한 올림포스 하늘 궁전이 그의 발밑에서 지축을 흔드는 것 같아 보였다. 아테나와 헤라는 제우스로부터 멀찍이 떨어져 앉아, 한 마디도 하지 않은 채 토라져 있었다.

제우스가 이를 눈치채고 먼저 말을 건넸다.

"그대들은 무슨 불만이 그리 많소! 설마 그대들은 트로이아군을 격멸하느라 피로한 것이 아니오? 아무튼 나의 위세, 나의 팔이 무적인 이상, 나에게 이기지는 못하리라. 이것은 그대들도 마찬가지요."

제우스의 말을 들은 헤라와 아테나는 화가 머리끝까지 치밀어 올랐다. 아테나는 감히 아버지의 면전에서 대들 수 없어 참고 있었는데, 헤라는 복받치는 감정을 억제하지 못하고 폭발시켰다.

"올림포스의 무시무시한 제왕이시여! 지금 무슨 말씀을 하고 계십

올림포스의 신_ 라파엘로 산치오의 작품
그리스 신화의 주 무대인 올림포스 궁전에는 제우스를 비롯하여 12신이 모여 세상을 지배했는데, 제우스와 그 아내 헤라, 아테나, 아프로디테, 아폴론, 아르테미스, 아레스, 디오니소스, 데메테르, 헤파이스토스, 헤르메스, 포세이돈 등이 있다. 그 밖에도 다양한 일을 하는 여신 남신들이 주신인 제우스를 모시고 있다.

니까? 이 세상 어느 천지에 당신을 당해 낼 자가 있겠습니까? 하지만 이렇게 일방적으로 나가다가는 천신만고 끝에 온 그리스군이 전멸하고 말 것입니다."

이 말을 들은 제우스는 모든 신들이 들을 수 있도록 엄숙하고 우렁차게 답변했다.

"헤라여, 날이 밝기 전에 그대의 눈으로 그리스군의 참사를 보게 될 거요. 이 전쟁은 탐욕으로 가득 찬 전쟁이오. 아킬레우스가 뱃전에서 분기해 일어서기 전까지 헥토르로 하여금 전투를 멈추지 않게 하리다. 이것이 나의 요지부동한 뜻이오. 나는 그대를 조금도 개의치 않소. 설사 그대가 태양신 히페리온의 광명이나 부드러운 바람결에 전혀 위안을 받지 못하는, 타르타로스의 심옥에 던져진다 해도 나는 눈곱만큼도 개의치 않을 참이오. 그대보다 더 뻔뻔스러운 신도 없으니까."

모든 신들 앞에서 면박을 당한 헤라는 아무 대꾸도 하지 못하고 분을 삭이고 있었다. 신들 사이에 날카로운 신경전이 오가는 동안 오케아노스 바다에 빛나던 태양의 빛도 가라앉고, 곡식을 영글게 하는 대지 위로 어두운 밤이 내려덮였다.

이 일몰은 한창 승승장구하고 있는 트로이아 측에는 달갑지 않은 일이었다. 그러나 아카이아 측에는 세 번이라도 신께 기원해서 얻었음직한, 고맙기 이를 데 없는 기회이기도 했다. 그동안 지친 몸을 추스르고 다시 군열을 재정비할 수 있으니 말이다.

한편, 헥토르는 트로이아군의 회의를 주관하고 있었다. 그가 사람들을 모이게 한 장소는 소용돌이치는 강가로, 시체 따위는 보이지 않는 넓은 장소였다. 헥토르는 긴 창을 손에 쥐고 있었다. 그 창은 청동

끝이 번쩍번쩍 빛나고 있었으며, 황금 고리가 잘록한 창대에 둘려 있었다. 이 창에 기대어 그는 트로이아 사람들을 향해 말했다.

"트로이아와 동맹군 여러분, 내가 트로이아로 돌아가기 전에 그리스 함대와 병사들을 전멸시키리라 생각했었소. 그런데 그러기 전에 밤의 여신 닉스가 어둠을 드리웠소. 이 밤이 그리스군을 구했소. 자, 이제 우리는 닉스의 명령을 받들어 저녁 식사를 준비하도록 합시다. 서둘러 성으로 가서 향기로운 술과 빵, 소와 살진 양을 끌고 오시오. 그리고 장작을 듬뿍 모아 새벽의 여신 에오스가 빛을 드리울 때까지 훤히 횃불을 밝히어, 아카이아 병사들이 도망가는지 감시합시다. 그들

밤의 여신 닉스_ 오귀스트 레이노의 작품
밤을 의인화한 여신 닉스가 어둠의 커튼을 창공에 치려는 장면을 묘사하였다. 닉스는 태초에 가이아 등과 함께 카오스로부터 생겨났다.

이 출항하는 것을 내버려 두어선 안 되오. 다시는 이 땅에서 전쟁을 일으키면 안 된다는 것을 확실히 가르쳐 줍시다. 나는 내일 디오메데스가 과연 나를 후퇴시킬 수 있는지 시험해 보리다. 그는 나의 첫 희생자가 될 것이오. 이제 날이 밝으면 그리스 군대에게 재앙을 가져다 줄 것이 확실하오."

이렇게 헥토르가 말하자 트로이아 사람들은 기뻐하여 갈채를 보냈다. 그들은 성에서 소와 팔팔한 양 들을 끌어내 왔으며, 포도주와 곡식도 내오게 하고 장작도 쌓아 올렸다. 이렇게 하여 불사의 신들에게 훌륭한 제물을 바쳤던 것이다.

그러면서 그들은 사기도 드높게 대낮처럼 불을 피워대면서 밤새도록 진을 쳤다. 평원에 활활 타오르는 휘황한 모닥불의 수는 일천 개였으며, 그 둘레에는 50명씩이나 되는 병사들이 둘러앉아 있었다. 그리고 말들은 흰 보리와 여물로 배를 채우며 새벽의 여신을 기다리고 있었다.

아가멤논의 사절단

아카이아 진영은 사기 저하로 위축된 상태에서 엄청난 공포를 겪고 있었다. 북풍 보레아스와 서풍 제피로스 등 트라키아에서 불어오는 바람에 들썩이는 바다처럼 아카이아 병사들은 고통스러웠다.

이때 아트레우스의 아들 아가멤논은 솟구치는 한탄을 가슴속에 억누른 채 자리에 앉아 있지 못했다. 그는 은밀하게 전령을 시켜서 장수들을 회의에 참석하도록 했다. 이윽고 모두 회의장에 시무룩한 표정으로 앉았을 때, 침통한 얼굴의 아가멤논이 눈물을 흘리며 일어섰다.

"오, 친애하는 그리스군의 장군과 영주 들이여, 무정한 신 제우스께서 트로이아를 공략시킨 뒤 귀국시켜 주겠다고 약속하셨는데 이제 와서 변심을 하시는 바람에 무수한 동포들의 생명을 버린 채 수치스럽게 빈손으로 돌아가려고 하는군요. 자, 이제 우리는 마음을 가다듬고 고국으로 탈주할 길을 찾읍시다."

아가멤논의 말에 회의장은 숙연한 분위기가 감돌았다. 이때 디오메데스가 침묵을 깨뜨리고 열변을 토해 놓았다.

"아가멤논이여, 그렇게 사려 분별이 모자라는 말씀을 하신다면, 이 회의 석상에서 토론을 하지 않을 수 없습니다. 제우스께서 당신에게 부와 영예의 왕홀을 주셨습니다. 그러나 용기는 주시지 않은 것 같습니다. 아직도 우리 용사들이 겁쟁이로 보입니까? 그렇게 보인다면 혼자 귀국하십시오. 우리는 저 트로이아성을 함락시키지 못하면 돌아가지 않을 것이오."

디오메데스의 비장한 말에 모든 장수들이 감탄하여 그에게 갈채를 보냈다.

그러자 기사 네스토르가 자리에서 일어섰다.

"티데우스의 아들 디오메데스여, 그대는 전장에서도 뛰어나지만 토론장에서도 어느 무사보다 으뜸이로다. 이곳의 어떤 사람도 그대의 말을 반박하지 못하리다. 하지만 그대는 아직 젊소. 그런데도 그대는 우리 장군들에게 고귀한 충언을 하셨소. 자, 여러분보다는 한 살이라도 더 먹은 내가 한마디 하겠소. 아가멤논 역시 내 말에는 거부를 하지 못할 것이오. 우선 우리는 현실을 바로 보아야 하오. 먼저 젊은 장수들에게 배불리 먹을 수 있는 음식을 제공하고 참호와 방벽을 경계하도록 합시다.

아카이아 장수들이 새겨진 그리스 도자기 ▶

그리고 아가멤논께서 연로한 장군들을 불러 연회를 베푸는 게 좋겠소. 그들에게서 현명한 충언을 들을 수 있을 거요."

회의에 참석한 장수들은 네스토르의 조언을 따르기로 했다. 그리고 완전 무장을 한 젊은 장수들이 여기저기에 배치되었다. 모두 일곱 경비대를 세웠는데, 하나의 경비대에 100명의 무사를 두어 긴 창으로 무장하게 했다.

또한 아가멤논은 연로한 장군들을 소집하여 연회를 가졌다. 그 자리에서 네스토르가 노장들에게 말했다.

"더없이 높은 영예를 받으시는 아트레우스의 아들인 아가멤논이시여, 제 생각을 남김없이 솔직하게 말씀드리겠습니다. 당신께서 아킬레우스한테서 브리세이스를 빼앗아 그를 노하게 한 이후, 저보다 더 좋은 대책을 생각한 사람은 아마도 없었을 것입니다. 그때 제가 단념을 하시라고 강력히 권했지만, 자신의 오만한 마음에 굴복한 당신께서는 불사의 신들조차 존경하는 아킬레우스를 모욕했던 것이오. 하지만 때는 늦었을망정 아킬레우스를 달랠 도리를 강구하여, 겸손한 사과와 화해의 선물로써 그를 돌아오게 합시다."

이에 대해 아가멤논이 말했다.

"노장이여, 그대는 나의 어리석음을 꾸짖어 주었소. 내가 그때는 무엇에 씌인 것처럼 정신이 나갔나 보오. 제우스께서 수천수만의 인간보다 더 사랑하시는 아킬레우스를 욕보이다니, 그 대가로 헤아릴 수 없는 보상금을 기꺼이 치르겠소. 그 보상금은 다음과 같소. 아직 불에 얹어보지도 않은 큰 솥 7개, 황금 추 10개, 번쩍이는 작은 솥 20개 그리고 준마 12필이오. 이 말들은 모두 경주에서 우승한 날렵한 말들이오.

아킬레우스의 분노_ 조반니 바티스타 티에폴로의 작품
브리세이스를 빼앗긴 아킬레우스는 분노하여 아가멤논을 죽이기 위해 칼을 뽑아 달려들고 아테
나 여신이 아킬레우스의 머리채를 잡고 폭력 행위를 막고 있다. 아가멤논은 왼쪽에 서서 망토로
몸을 가리고 있다

이 말들이 가져다줄 많은 영광들, 그리고 이토록 많은 선물에 만족하
지 않을 사나이는 없을 것이오. 또한 내가 레스보스를 점령했을 때 전
리품으로 챙긴, 세상에서 제일가는 미녀들 7명도 보내리라. 이 여인
들과 함께 내가 데려왔던 브리세이스도 돌려보내리라. 하늘에 대고 맹
세컨대, 난 그녀와 동침한 적이 없을 뿐만 아니라 손을 잡아 본 적도
없소이다. 이런 물건들을 지금 당장 전달해 주리다. 그리고 만약에 신
들이 우리에게 프리아모스의 위대한 도성 트로이아를 함락하도록 허
락해 주신다면, 전리품 분배에 그를 참여시켜 황금과 청동으로 함대

를 채우게 하고, 헬레네 다음가는 미인 20명을 고르도록 하겠소. 그리고 우리가 고국으로 돌아가면 그를 내 사위로 삼아, 내 사랑하는 아들 오레스테스와 동등하게 대우를 하리다. 훌륭하게 지어진 내 궁전에는 크리소테미스와 라오디케, 이피아나사라는 세 딸이 있소. 그중 한 명을 선택하여 가장 많은 지참금과 함께 아킬레우스에게 주리다. 그리고 일곱 군데의 부유한 도시를 그에게 주리다. 카르다밀레, 에노페, 히레 초원 지대, 성스러운 페라이, 전원의 안테이아, 아름다운 아이페이아, 포도가 무르익은 페다소스 등이오. 이들은 모두 바다에 가깝고 모래 언덕이 많은 필로스의 경계 가까이에 자리 잡고 있으며, 주민들은 많은 새끼 양과 암소를 기르고 있소. 그리고 그들은 아킬레우스를 신처럼 섬길 것이오. 만일 아킬레우스가 분노를 거둔다면 나는 이상의 약속을 지켜주려고 하오. 그러니 이제는 아킬레우스도 고집을 그만 피우는 것이 좋을 것이오."

그러자 장로인 네스토르가 아가멤논의 말에 대답하였다.

"위대하신 아가멤논이시여, 참으로 잘 생각하셨습니다. 그 정도의 선물이라면 감히 외면할 사람이 없을 것입니다. 그러면 내가 아킬레우스에게 보낼 사람을 고를 테니, 그 사람들을 승낙해 주시오. 먼저 선두로 제우스의 사랑을 받는 포이닉스를 앞장세우고, 다음에는 아이아스와 오디세우스를 따르게 합시다."

네스토르의 말에 모두가 찬성하였다. 하인들은 곧 물을 부어 손들을 씻게 하고, 사절들은 예의 바른 태도로 돌아다니며 술을 따랐다. 그들은 제주를 올리고 잔을 채워 마신 다음 아가멤논의 막사를 떠났다.

미르미돈의 막사와 함대에 다다른 그들은 하프를 뜯고 있는 아킬레우스를 발견했다. 이 하프는 아킬레우스가 에에티온시를 함락시켰을 때 전리품으로 얻은 것이었다. 아킬레우스 곁에는 그의 절친한 친구인 파트로클로스가 앉아 있었다. 오디세우스를 선두로 세 사자가 다가가자, 아킬레우스가 깜짝 놀라 하프를 든 채로 자리에서 일어났다.

"어서들 오시오! 당신들을 뵈오니 참으로 반갑습니다. 비록 나야 화가 나 있지만, 그대들은 나의 친한 벗들이 아니오?"

사절단의 일행을 맞이한 아킬레우스는 옆에 있던 파트로클로스에게 말했다.

아가멤논의 사절단을 맞이하는 아킬레우스_ 장 오귀스트 도미니크 앵그르의 작품
아가멤논은 위기에 처한 그리스 진영을 위해 아킬레우스에게 사절단을 보낸다. 그러나 아가멤논의 회유에도 불구하고 아킬레우스는 자신의 뜻을 굽히지 않는다.

"어서 향긋한 포도주와 잔을 가져오게. 막역한 친구들이 내 집에 찾아오셨어."

파트로클로스는 고기 써는 도마를 내오게 하여 그 위에다 양고기와 산양의 등심, 살진 돼지의 기름진 뒷다리를 올려놓았다. 그러고는 불을 지피는 동안 고기를 꼬챙이에 꿰어 불에 굽고는 접시에 꺼내 놓았다. 아킬레우스는 파트로클로스에게 일러 신에게 제물을 올리라고 했다. 파트로클로스가 불 속에 제물을 던져 넣자 이윽고 일동은 눈앞에 차려진 요리를 먹었다. 그 뒤 아이아스가 포이닉스에게 고개를 끄덕였다.

오디세우스가 이를 알아차리고, 잔에 술을 가득 부어 아킬레우스를 향해 축배를 제안했다.

파트로클로스 ▶
메노이티오스의 아들인 파트로클로스는 아킬레우스에겐 둘도 없는 친구이자 연인과도 같았다. 그림은 아킬레우스가 파트로클로스의 상처를 돌보는 장면으로, 그리스 도자기의 그림이다.

아가멤논의 사절단과 만나는 아킬레우스_ 기욤 데캉의 작품
오디세우스가 아킬레우스를 설득하는 장면이다. 아킬레우스는 그리스 연합군의 총사령관 아가멤
논이 자신의 여인 브리세이스를 빼앗자 전쟁에 참여하지 않는다. 그가 빠짐으로써 전세는 그리스
연합군에 매우 불리하게 돌아간다. 이에 아가멤논이 후회하여 아킬레우스와 화해하려고 오디세우
스를 비롯한 사절단을 보낸다.

"아킬레우스여, 그대의 건강을 비오! 정말 그대가 영광스러운 향연
을 베풀어주어 감사하오. 하지만 향연을 대접받는 것이 우리의 용무
는 아닙니다. 펠레우스의 위대한 아들이시여, 지금 우리 군대가 매우
중대한 위기에 빠져 있습니다. 그래서 우리는 가슴 아파하고 있는 것
이오. 만일 당신께서 나서 주지 않으면 배들이 무사히 남을 것인지, 아
니면 궤멸하고 말 것인지 알 수 없는 일이오. 지금 트로이아군은 우리

함대를 둘러싸고 야영하고 있는 중이오. 적군의 횃불이 대낮처럼 불야성을 이루었고, 그들은 우리가 그리스로 도망칠 것이라고 믿고 있소. 게다가 제우스 신마저 그들에게 유리한 징조를 보여 오른쪽에 천둥을 울리기 때문에, 헥토르는 이것을 기회로 기세도 무섭게 신의 뜻을 빌려 맹렬한 기승을 부리고 있소. 그러면서 그는 한시바삐 새벽이 오기를 기다리고 있소. 그는 배들의 뱃머리 장식을 잘라버리고 배를 불태우겠다는 기세로 덤벼들 것이오. 그러니 이제 우리는 죽을 운명이 아닌가 크게 염려하고 있는 것이오."

오디세우스는 아가멤논이 아킬레우스에게 주겠다는 물품 목록과 언약에 관해 장황하게 설명해 주었다. 그리고 덧붙여 말했다.

"그대의 화가 아직도 풀리지 않는다면, 무엇보다 바람 앞의 촛불과도 같은 처지의 동포들을 살펴주시오. 그러면 그들은 그대를 신과도 같이 찬양할 것이오. 이제 그대가 나설 차례요. 그대야말로 헥토르를 제압할 수 있으며, 트로이아를 함락시킬 수 있는 유일한 영웅이기 때문이오."

오디세우스가 말을 더 이어나가려고 하자 아킬레우스가 제지를 하며 대답했다.

"계략에 능한 오디세우스여, 내 속마음을 솔직히 말하겠습니다. 사실 나는 마음속으로 헥토르 그 친구를 미워하오. 그러나 아가멤논이 나를 더 이상 설득하지 못하리다. 나는 언제나 내 목숨을 내놓고 싸워 왔지만, 오히려 마음에 고통만 받았을 뿐 아무런 보답을 받지 못했소. 때로는 몇 날 몇 밤이나 한숨도 자지 못한 채 아침부터 밤까지 피비린내 나게 싸웠소. 하지만 그것은 결국 아가멤논의 무사들과 그 부

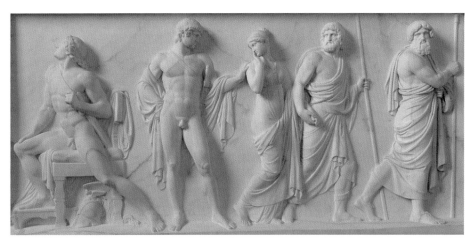

브리세이스를 아가멤논에게 보내는 아킬레우스 부조상_ 베르텔 토르발센의 작품
아가멤논에게 브리세이스를 빼앗긴 일로 분노한 아킬레우스가 전장에서 빠지자 아가멤논은 오디세우스를 사절로 보내 그를 회유하려 했으나, 아킬레우스는 이를 단호하게 거절한다.

인들을 위한 싸움이었을 뿐이오. 실제로 내가 배를 이끌고 공략한 도시는 열둘이나 되오. 그 모든 점령지에서 나는 많은 전리품들을 가져다가 아가멤논에게 넘겨주었소. 그런데 그는 그것도 모자라 내 마음에 든 여인마저 빼앗아 가 버렸소. 그 여자와 실컷 놀아나 보라지. 그러니 더 이상 나와 그리스군이 트로이아군과 싸워봤자 무슨 소용이 있겠소? 아가멤논과 그의 동생 메넬라오스는 아름다운 헬레네를 되찾기 위해 이곳에 왔소. 그러나 용감하고 분별있는 무장이라면 모두 자기 아내는 귀엽고 사랑스러운 법이오. 당신 오디세우스도 고향에 두고 온 아내 페넬로페가 그립지 않소? 그것은 내 경우에도 마찬가지요. 비록 창으로 빼앗은 여자이기는 하나 그녀를 진정으로 사랑하고 있는 것은 마찬가지란 말이오.

  또한 아가멤논의 딸 따위를 아내로 맞이할 생각은 추호도 없소. 설혹 그 인물이 황금의 아프로디테에 못할 바 없고, 그 수예 솜씨가 빛나는 눈의 아테나와 비견된다 하더라도 결코 아내로 삼지 않겠소. 만일 신들이 나를 무사히 고향으로 돌아가게 해주신다면 틀림없이 아버지 펠레우스가 직접 좋은 아내를 구해 주실 테니까. 온 헬라스에, 온 프티아에 아카이아의 딸들은 많소. 도성이며 보루를 갖고 있는 훌륭한 군주들의 딸도 많고, 누구든 마음에 드는 여자를 정실로 맞을 것이오. 그러니 나는 그대의 제안을 거절하겠소. 그리고 나는 이제 헥토르와 싸울 생각은 조금도 없소. 내일이라도 제우스와 모든 신에게 제물을 바친 다음, 배에 올라 이곳을 떠나리다. 만약에 그대의 생각도 나와 같다면 내일 함께 배에 올라 그리운 고향으로 돌아갑시다."

아킬레우스의 장황한 말에 모두들 질려 버려서 한결같이 입을 다물고 말았다. 그토록 그는 단호하게 거절하고 만 것이었다.

잠시 뒤 겨우 늙은 기수 포이닉스가 눈물을 흘리며 입을 열었다.

"영광에 빛나는 아킬레우스여, 그대의 가슴이 아직도 분노로 들끓어 진정 귀향하고자 한다면, 내 어찌 혼자 여기에 남아 있겠소? 그대는 내가 책임지고 이곳에 데리고 왔소. 그대의 늙으신 부친께서 그대를 아가멤논에게 보낼 때 나를 함께 보내셨소. 당시 그대는 어린애에 지나지 않아 전쟁이나 전술에 전혀 경험이 없었소. 그래서 부친인 펠레우스께서 우수한 웅변가나 용사가 되는 길 등을 가르치라고 나를 보내셨소. 그러니 그대가 이곳을 떠난다면 내 어찌 이곳에 남아 있으리오? 나는 나의 아버지 아민토르와의 불화로 펠레우스왕에게로 간 것이오. 왕께서는 나에게 기름진 토양의 프티아 변경에서 살게 하였소. 그리하여 오늘의 그대를 이렇게 키워 놓았소."

포이닉스가 잠시 말을 멈추고 좌중을 둘러보았다. 숨을 돌린 그는 말을 이었다.

"자랑스러운 아킬레우스여, 내가 진정으로 그대를 아낀다는 걸 잘 알 거요. 그대는 연회에도 잘 나가려 하지 않았고, 집 안에서 음식을 차렸을 때도 내가 그대를 무릎에 안아 올려서 고기 요리를 잘게 썰어 먹이고 잔을 채워 들려 줄 때까지는 자기 손으로 먹으려 하지 않는 성미였소. 그런 형편이었으니, 성가신 어린이가 으레 그러하듯이 포도주를 입에서 흘려 내 속옷 가슴팍을 적셔 놓은 적이 몇 번인지 모르오. 신들이 나에게 자식을 점지하지 않은 것은 그대를 자식처럼 키우라는 당부였을 것이오. 실제로 나는 그대를 친자식처럼 여기고, 언젠가는 나를 무서운 재난으로부터 구해 주리라고 생각하고 싶었소. 자랑스러운 아킬레우스여, 오만스러운 분노는 억제해 주오. 위엄과 지

◀ 포이닉스와 브리세이스
포이닉스는 아민토르의 아들이었다. 아민토르가 첩을 들이자 화가 난 포이닉스의 어머니는 아들에게 아버지의 첩과 동침하라고 청했다. 그는 어머니의 간청에 따라 아버지의 첩과 정을 통했으며, 그로 인해 아버지의 저주를 받고 그리스 땅을 떠나 펠레우스에게 도망쳐서 그곳에서 돌로페스족을 다스렸다. 그는 아킬레우스를 데리고 트로이아 원정에 참가했다.

위, 힘이 인간보다 훨씬 뛰어난 신들조차도 굽히고 참는 일이 있는 법이오. 기도의 여신 리타이는 제우스의 따님으로 절음발이에 주름살투성이인데, 그녀에게 죄의 여신이 따라다닌다오. 죄의 여신은 강하고 걸음이 빠르기 때문에, 인간 세상 어디든지 돌아다니며 인간을 악의 재앙 속에 떨어뜨린다 하오. 그럴 때 인간이 기도의 여신에게 다가가 존경을 표하면 여신은 그 간청을 들어주지만, 그러지 않고 여신을 모욕한다면 제우스께 죄의 여신이 자신을 따라다니도록 청하여 벌을 받게 한다오. 그러니 그대도 이 제우스의 따님들에게 무례한 짓을 하지 말도록 해야 하오. 누구든 훌륭한 사람은 마음을 누르고 참는 법이오. 만일 아가멤논이 선물을 보낼 생각이 없거나 보낸다고 하더라도 언제 보낼지 기약이 없다면, 그래서 그대가 여전히 화를 내고 있는 것이라면, 아무리 여러 사람들이 바라고 있더라도 나는 결코 그대에게 분노를 버리고 그리스 군사를 도우라는 소리를 하지 않겠소. 그러나 지금 당장이라도 많은 선물을 보내겠다고 했을 뿐 아니라 나중 일도 여러 가지로 약속하면서, 그대와 가장 친한 사람들을 간청의 사절로 보내지 않았소? 그러니 그 사람들의 말이나 노고를 모욕해서는 안 된단 말이오. 옛 영웅들의 무훈에 관한 이야기에 전해 오는 바에 따르면, 제아무리 무섭게 화가 났더라도 그들은 선물을 받으면 마음을 누그러뜨렸고, 달래는 말에 귀를 기울였다고 하오. 나는 그러한 일들을 하나하나 잘 알고 있소. 결코 새로운 이야기는 아니나 여러분께 들려드리겠소."

포이닉스는 잠시 말을 멈췄다. 좌중의 사람들은 물론 아킬레우스도 포이닉스가 어떤 이야기를 하려는지 궁금해졌다. 잠시 후 입을 연 포이닉스는 자신이 알고 있는 이야기를 시작하였다.

"쿠레테스족과 용맹스러운 아이톨리아인들이 칼리돈이란 도시를 사이에 두고 서로 개와 고양이처럼 원수지간이 되어 살육을 멈추지 않았소. 아이톨리아인들은 아름다운 칼리돈을 지키려 하였고, 쿠레테스족은 이 도시를 공격해서 황폐하게 만들려고 했소. 그것은 황금의 아르테미스 여신을 화나게 하는 일이었기 때문에 여신은 그들의 머리 위에 재앙을 내렸소. 결정적인 이유는 오이네우스가 신에게 올리는 추수 제물을 바칠 때 다른 신들에게는 큰 제물들을 올렸지만, 잊었던지 아니면 깨닫지 못했던지 오직 한 분 숲의 수호신인 아르테미스 여신에게는 바치지 않은 데 있었소. 그리하여 큰 실수를 저지르고 말았던 거요. 활을 쏘는 여신은 이 일에 화가 나서 야생의 거칠고 무서운 멧돼지 한 마리를 보내셨소. 그 멧돼지가 오이네우스의 밭을 엉망으로 만들어 버렸소. 그 멧돼지는 큰 거목들을 뿌리째 뽑아 밭에 쓰러뜨렸으며, 능금밭에 가서는 아직 꽃이 달려 있는 나무들을 마구 뽑아버리곤 했다오. 이때 오이네우스가 그리스 전역에서 수많은 영웅들을 불러 모아 멧돼지 사냥에 나섰소. 그리고 마침내 아이톨리아의 멜레아그로스가 그 난폭한 멧돼지를 죽이는 영광을 차지했지요. 그러자 아르테미스 여신은 멧돼지의 머리와 거센 털가죽을 놓고 쿠레테스와 의기왕성한 아이톨리아 사이에 대단한 소동과 싸움을 일으켜 버렸소.

군신 아레스의 사랑을 받는 멜레아그로스가 싸움터에 나가 쿠레테스군을 칼리톤 성벽에 얼씬도 못하게 하였소. 이때 그는 외삼촌들까지 죽이게 되면서 어머니 알타이아와의 불화가 생겼소. 멜레아그로스의 어머니는 땅을 치며 명부의 대왕 하데스와 그의 무서운 아내 페르세포네를 부르짖었으며, 자식이 죽음의 벌을 받기를 간청했지요.

칼리돈의 멧돼지 사냥_ 루벤스의 작품

칼리돈의 오이네우스는 아르테미스 여신이 보낸 멧돼지가 횡포를 부리자 막을 방법이 없었다. 그래서 그리스 전역의 영웅들을 사냥대회에 참여시켜 멧돼지를 소탕하려 했다. 여기에 참가한 영웅들은 멜레아그로스, 아탈란테, 테세우스, 페이리토스, 에우리토스, 크레아토스, 라에르테스, 네스토르, 펠레우스, 텔라몬, 이아손, 에우리티온, 아드메토스, 안카이오스, 플렉시포스, 톡세우스, 아게노르, 테르스테스, 카스토르, 폴리데우케스, 이다스, 린케우스, 멜라니온, 암피아라오스, 몹소스, 아카스토스, 카이네우스, 드리아스, 이피클레스, 에우리필로스 등으로 이아손이 이끄는 황금 양모 원정대의 참가자들이 대부분 이 사냥에도 참가하였다.

멜레아그로스가 자신의 외삼촌을 죽이게 된 것은 한 여인 때문이지요. 그 여인은 칼리돈의 멧돼지 사냥에 참가한 영웅들 중에 유일한 여성 아탈란테였지요. 그녀의 아버지는 보이오티아의 왕 스코이네우스, 혹은 아르카디아의 왕 이아소스이며, 어머니는 미니아스의 딸 클리메네였소. 자신의 뒤를 이을 수 있는 아들을 원했던 아버지는 딸이 태어나자 깊은 숲속에 버렸지요. 버려진 아탈란테는 여신 아르테미스가 보낸 곰의 젖을 먹으며 살다가, 사냥꾼들에게 발견되어 그들 사이에서 키워졌소. 후에 아탈란테는 아름다운 처녀 사냥꾼으로 성장하였고, 사냥에 능하며 어떤 영웅들보다 뛰어난 달리기 실력을 가지고 있었지요. 그런 그녀를 본 멜레아그로스는 첫눈에 반하고 말았지요. 영웅들이 멧돼지를 사냥하는 것에 고전하는 가운데 아탈란테가 처음으로 멧돼지에게 화살을 명중시켰고, 이어서 멜레아그로스가 멧돼지를 창으로 찔러 죽이는 것에 성공하였지요. 멜레아그로스가 전리품인 멧돼지의 가죽과 머리를 아탈란테에게 주자, 플렉시포스와 톡세우스가 이에 반대하여 아탈란테가 받은 전리품을 빼앗았지요. 이에 격분한 멜레아그로스는 그들이 자신의 외삼촌임을 잊고 죽이고 말았지요. 멜레아그로스의 어머니 알타이아는 자신의 형제를 죽인 아들에게 죽음의 저주를 내뱉었고 냉혹한 복수의 신이 어둠 속에서 그녀의 간청 소리를 들었소. 어머니와의 불화로 멜레아그로스는 아내와 함께 집에 머물며 나오지 않았소. 바로 그때 성벽이 습격을 받아 성문 근처에서 야

칼리돈의 멧돼지 사냥의 부조상_
멧돼지 사냥에 나선 멜레아그로스는 많은 영웅들 속에 유일한 여성 사냥꾼인 아탈란테를 보고 그녀의 씩씩함에 반하고 만다.

아탈란테에게 멧돼지 머리를 주는 멜레아그로스_ 루벤스의 작품

단법석이 일었소. 아이톨리아의 노장들은 사제들을 멜레아그로스에게 보내어, 많은 기증품을 약속하고 자기들을 도와주기를 간청했소. 그들은 칼리돈의 평야에서 반은 포도원이고 반은 경작지인 가장 기름진 땅 50에이커를 멜레아그로스에게 준다고 말했소. 그리고 나이 든 오이네우스는 거대한 방문 앞에서 문을 두드리며 열심히 간청했소. 멜레아그로스의 누이들과 어머니도 간곡히 부탁했지만 그를 움직이지 못했다오. 그러나 결국 그의 방이 쿠레테스족들에게 습격을 받자 망설였지요. 이 모습을 본 그의 아내 클레오파트라는 더 이상 쿠레테스족에게 사람들이 죽어가는 모습을 지켜볼 수가 없었지요. 그래서 그녀는 남편에게 애원했고, 멜레아그로스는 갑옷으로 무장하고 쿠레테스족을 물리쳐 아이톨리아 사람들을 구해 냈지요. 하지만 이미 너무도 많은 희생을 치르고 말았소. 그리고 약속했던 기증품도 받지 못하였소.

자, 바라건대 그대는 그런 과오를 범하지 말길 바라오. 아킬레우스여! 그대가 돕기 전에 함대가 다 타버린다면 원통하지 않겠소? 아가멤논의 선물을 받으시고 전투에 참가해주시오. 아카이아 사람들은

아탈란테 조각상_ 바티칸 박물관 소장 ▶
그리스 신화에 등장하는 처녀 사냥꾼이다. 남성을 능가하는 힘과 용맹으로 여러 사건에서 이름을 떨쳤다. 나중에 제우스(혹은 키벨레)의 신전에서 멜라니온(혹은 히포메네스)과 사랑을 나누다가 신의 분노를 사서 사자로 변하였다.

그대를 신처럼 우러러볼 것입니다. 하지만 선물도 못 받고 전투에 참가한다면, 그대가 승리를 거둘지라도 영광을 얻지 못하리다."

포이닉스의 장황한 이야기가 끝나자 좌중의 사람들은 감탄을 하였다. 그러나 아킬레우스는 냉정함을 잃지 않고 답변하였다.

"제우스의 비호를 받고 있는 포이닉스여, 나는 그러한 영광은 갖고 싶지도 않소이다. 제우스가 주신 운명으로 이미 충분히 영광을 받았다고 생각하니까. 아가멤논의 비위를 맞추기 위해 더 이상 애통과 신음으로써 내 마음을 어지럽히지 마시오. 게다가 내가 드리고 싶은 말씀

멜레아그로스를 독려하는 클레오파트라_ 에밀 시뇰의 작품
남편인 멜레아그로스에게 쿠레테스족을 물리치라고 애원하는 클레오파트라.

은 고귀하신 당신이 그에게 친절을 베풀 필요가 없다는 것이오. 내가 당신을 얼마나 존경하는지 알 것입니다. 그러니 나와 함께 지내면서, 나를 괴롭히는 자를 괴롭혀 주시지요. 그리고 나와 함께 영광을 나눕시다. 소식은 다른 사람들이 전할 테니, 당신은 여기 계시면서 편안히 쉬셨다가 날이 밝으면 귀향 여부를 생각하시지요."

이렇게 말하고 아킬레우스는 파트로클로스에게 포이닉스의 잠자리를 보살피도록 무언의 눈길을 보냈다. 이는 또 다른 사람들에게 돌아가라는 암시이기도 했다. 이를 느낀 텔라몬의 아들 아이아스가 오디세우스에게 말했다.

"지혜로운 오디세우스여, 돌아갑시다. 아무래도 오늘의 이 방문은 목적을 이룰 수 없을 것 같소. 아킬레우스의 마음은 증오심으로 채워져 생각을 돌리려고 하지 않는구려. 비록 반가운 소식은 아니지만, 우리를 기다리는 사람들에게 어쨌든 전해야지요. 우리가 아킬레우스를 얼마나 숭배하는지조차 모르는 것 같소. 무정한 사람이구려! 세상에는 형제를 죽인 사람조차, 또 자기 아들을 죽인 사람조차 보상금을 받고 용서해 준 예가 얼마든지 있소. 그 살인자가 많은 보상금을 지불하면, 비록 살해당한 측이라도 분한 마음을 가라앉히고 물러앉아 감정을 억제하는 법이라오. 그런데도 단 한 사람의 여자 때문에 그대는 용서를 모르는 증오심을 보이고 있소. 아마도 신들이 그대의 가슴속에 그런 증오를 불어넣었나 보오. 우리라고 그 마음을 모르겠소. 하지만 부디 우리가 제안한 보상인 7명의 아름다운 여자들과 많은 선물들을 받으시고, 그대도 마음을 누그러뜨려 그대 막사를 찾아온 손님의 청을 들어주시오. 우리는 지금 이 지붕 밑에 그대 곁에 와 있을 뿐 아니라,

누구보다도 그대를 마음속으로 소중하고 친근하게 생각하고 있소. 모든 아카이아 사람들 중에서도 특별히 말이오."

이에 아킬레우스가 대답했다.

"텔라몬의 아들인 아이아스여, 그대는 모든 것을 내 생각대로 이야기해 준 것 같소이다. 하지만 모든 것을 돌이켜 봐도 아직도 화가 가라앉지 않는다오. 아가멤논은 마치 내가 경우도 의리도 없는 형편없는 사람이라도 되는 듯이 동지들 앞에서 나를 멸시했소! 가서 소식을 전하시오. 헥토르가 미르미돈 진영과 배 근처에까지 그리스 군사를 무찌르며 쳐들어와서 배를 불로 새까맣게 그을려 놓기 전까지는 결코 전쟁에 관여하지 않을 것이오. 그러나 내로라하는 헥토르도 제아무리 전쟁에 갈증이 났더라도, 나의 이 막사와 검은 빛깔의 배 옆에서는 물러날 것이오."

이렇게 말하니, 사절들은 두 귀가 달린 잔을 들어 신들에게 올리고는 돌아갔다. 파트로클로스는 포이닉스의 잠자리를 위해 푹신한 양털로 짠 침상을 마련하게 했다. 노인은 여기에 누워 날이 밝기를 기다렸다.

◀ 아킬레우스와 아이아스
아킬레우스와 아이아스가 보드 게임을 하고 있는 장면을 묘사한 그리스 도자기 그림이다.

한편 아킬레우스는 견고하게 꾸민 막사 안쪽에서 잠자리에 들었다. 그 옆에는 그가 전에 레스보스에서 데리고 온 여자, 두 볼이 아름다운 디오메데가 같이 누웠다.

　그 건너편에는 파트로클로스가 자리에 누웠는데, 그 곁에는 아름다운 허리띠를 맨 이피스가 잤다. 용감한 아킬레우스가 에니에우스의 도시인 험난한 스키로스를 함락시킨 뒤 전리품으로 챙겨 파트로클로스에게 준 여자였다.

아킬레우스의 용맹한 전사 미르미돈족

미르미돈족의 시조는 제우스가 개미로 변신하여 클레토르의 딸 에우리메두사에게 접근한 뒤 관계를 맺어 태어난 아들 미르미돈이다. 미르미돈이라는 이름은 그리스어로 '개미'를 뜻하는 '미르멕스(myrmex)'에서 유래하였다.

한편, 미르미돈은 종족의 이름으로도 사용된다. 오비디우스의 《변신 이야기》에 따르면, 아이아코스가 다스리던 아이기나섬에 전염병이 돌아 많은 사람이 죽었다. 이는 제우스와 아이기나의 아들인 아이아코스가 원래 오이노네라고 부르던 섬에 어머니의 이름을 붙여 아이기나섬이라고 부르게 함으로써 제우스의 본처인 헤라의 분노를 샀기 때문이다.

아이아코스는 제우스에게 백성들을 다시 살려주지 않으려거든 자신의 목숨도 거두어가라고 빌면서, 나무 밑에 떼 지어 있는 개미들이 눈에 띄자 텅 빈 섬을 그 수만큼 백성들로 채워달라고 기원하였다. 그날 밤, 아이아코스는 낮에 보았던 나무 밑의 개미 떼가 사람으로 변하는 꿈을 꾸었는데, 다음 날 잠에서 깨어나자 꿈이 현실로 이루어졌다. 이들은 개미에서 나왔다는 뜻에서 미르미돈족이라고 불렸다. 미르미돈족은 개미의 성질 그대로 힘든 일에 잘 견디고 근검 소박한 종족이었다고 한다. 아이아코스의 손자인 아킬레우스는 미르미돈족을 이끌고 트로이아 전쟁에 참가했는데, 이들은 아킬레우스에게 헌신적인 충성을 바쳤다.

사람으로 변하는 개미들_ 비르길 졸리스의 판화 작품

제 6 부

적진에 잠입하다

디오메데스와 오디세우스의 잠행

　오디세우스를 비롯한 사절단은 아가멤논의 막사로 돌아왔다. 그들이 돌아오자 모두들 일어서서 금잔을 들어 맞이하였다. 그런 다음 아가멤논이 말을 꺼냈다.

　"수고하셨소. 오디세우스여, 어찌 되었소? 아킬레우스가 내 부탁을 들어주겠는가, 아니면 아직도 그의 분노가 커서 거절을 했는가?"

　이에 참을성 많고 지혜로운 오디세우스가 대답했다.

　"최고의 영예를 가지신 아가멤논이시여, 아킬레우스는 아직 화가 풀리지 않아 당신의 제안과 선물을 물리쳤습니다. 그리고 우리 스스로 동지들과 더불어 어떻게 하면 아카이아 군사를 무사히 방어할 수 있는가 궁리하라고 했습니다. 또한 날이 밝는 대로 자기는 돌아가겠다고 하면서, 우리에게도 귀향하기를 권했습니다. 트로이아는 제우스께서 보살피시므로 종말을 보지 못하리라는 것이지요."

　오디세우스의 말에 그 자리에 있던 사람들 모두 아연실색한 표정을

아가멤논의 사절단
아킬레우스를 회유하러 간 사절단이 아킬레우스를 만나는 장면이다. 왼쪽부터 포이닉스, 오디세우스, 찡그린 채 앉아 있는 아킬레우스, 파트로클로스다.

지었다. 그들은 한참 동안 말을 잃고 있었다. 이때 디오메데스가 침묵을 깨고 언성을 높였다.

"아가멤논이여, 도대체 펠레우스의 아들에게 많은 선물을 준다고 하면서까지 간청하지 말았어야 할 것을 그랬습니다. 아킬레우스는 그렇잖아도 거만한데, 이제 사령관께서 더한층 거만하게 만들어 버리셨습니다. 아무튼 이제 그자에게는 개의치 말고, 떠나든 머무르든 내버려 두도록 합시다. 신께서 그의 마음을 돌리시면 결국 그도 싸움터에 나타나겠지요. 대신 우리 모두 성찬을 즐기고 단잠이나 잡시다. 그리하여 새벽이 오면 군마를 정비하여 친히 솔선하여 지휘하소서!"

디오메데스의 말에 모두들 만족하여 진심으로 갈채를 보냈다. 그래서 모두 각각의 막사로 돌아가 잠자리에 들었다.

아카이아군의 모든 수장들이 정신없이 자고 있었지만 오직 한 사람, 그리스 연합군의 우두머리인 아가멤논만은 잠을 이룰 수가 없었다.

아가멤논_ 자크 루이 다비드의 작품
그리스 연합군의 총사령관인 아가멤논은 아
킬레우스를 회유하지 못하자, 닥쳐올 위기를
고민하며 잠을 이루지 못한다.

그의 마음속에는 제우스가 번갯불을 보
내고 비와 우박의 격류를 쏟을 때처럼
격랑이 일었다.

때마침 멀리 트로이아의 평원을 바라
보니 무수한 모닥불이 타오르고 있고,
퉁소와 생황 소리 그리고 군사들이 떠
드는 소리가 들려오고 있었다. 그리고
눈을 돌려 아카이아 진영을 바라보면서
그는 몇 번이나 머리를 쥐어뜯으며, 높
은 하늘에 있는 제우스를 원망하고 괴롭
게 신음했다. 고심 끝에 그는 네스토르
를 찾아가 난국을 헤쳐나갈 계책을 찾아
보기로 마음먹었다. 그는 서둘러 무장

을 한 뒤 막사를 나왔다.

마침 아가멤논과 마찬가지로 메넬라오스도 그리스군에게 닥쳐올
일을 생각하니 좀처럼 잠을 이룰 수가 없었다. 생각하면 할수록 이 모
든 것이 자신 때문에 일어난 사태였기에 안절부절못했다. 그는 얼룩
표범 가죽을 등에 걸치고 청동 투구를 머리에 쓴 다음 창을 잡았다.
그리고 답답한 마음에 형인 아가멤논을 만나러 나갔다. 그런데 바로
뱃머리 근처에서 아가멤논과 딱 마주쳤다. 아가멤논은 어깨에 갑옷을
걸쳐 입고 있었다.

"형님, 무슨 일로 이 밤에 무장을 하고 계십니까? 혹시 트로이아 측을
정찰시키려고 누군가를 내보내실 작정이십니까? 하지만 걱정입니다.

그러한 일을 떠맡으려는 이가 있을는지요."

이에 아가멤논이 대답했다.

"제우스의 생각이 바뀌었으니 이를 이겨낼 좋은 책략이 필요하네. 그리스 군사와 함대를 무사히 방어해 줄 만한 슬기로운 방법이 필요하지. 아마도 제우스께서는 헥토르가 바치는 제물에 더 마음이 끌리신 모양이야. 헥토르 한 사나이가 하루 동안에 이토록 끔찍한 일을 대담무쌍하게 해치운 것은 여태까지 본 일도 없으며, 들은 기억도 없기 때문이야. 헥토르는 여신의 아들도 남신의 자식도 아닌 신분인데도 우리 진영의 군대를 절망 직전에까지 몰아넣었네. 자, 어서 달려가 아이아스와 이도메네우스를 불러오너라. 나는 네스토르를 찾아가, 파수병들을 잘 단속시키라고 해야겠다. 지금 네스토르의 아들이 파수병들 지휘를 맡았으니 말이야."

아가멤논의 말에 메넬라오스가 반문했다.

"그럼 내가 거기로 가서 그들과 함께 형님이 오시기를 기다리고 있을까요? 아니면 명령을 전한 다음 이곳으로 다시 올까요?"

이에 아가멤논이 다시 말했다.

"이곳에 오지 말고 그냥 거기서 기다려라. 진중에는 길이 여러 갈래여서 서로 못 만나

메넬라오스의 흉상 ▶
아가멤논의 친동생이자 스파르타의 왕인 메넬라오스는 그리스 진영이 위기에 처하자, 트로이아 전쟁이 자기 때문에 일어났다는 죄책감이 일어 어떠한 일도 마다하지 않고 수행하려 하였다.

엇갈리면 안 되니까. 그러나 어디든지 가는 곳마다 큰 소리로 이름을 불러 잠에서 깨어나도록 명령해 주게. 모든 무사들을 그들의 혈통에 따라 격려해 주어 남김없이 영예를 주고, 결코 흥분하는 일이 없도록 우리 스스로 애쓰도록 하자. 태어날 때부터 제우스께서는 이 무거운 짐을 우리에게 지워 주셨으니 말일세!"

아가멤논은 아우를 떠나보낸 뒤 그리스 연합군의 장로인 네스토르를 만나러 갔다. 그는 함대 옆의 막사에서 잠을 자고 있었다. 그 옆에는 방패와 투구, 두 자루의 창 등 무기가 놓여 있었다. 또한 부하들을 지휘할 때 늘 두르고 있던 빛나는 띠도 있었다. 잠결에 인기척을 느낀 네스토르는 팔꿈치로 상체를 괴고 머리를 들고서 입을 열었다

"누구요? 이 밤중에 무엇을 찾아 온 것이오? 당나귀 때문이오? 아니면 전우를 찾아온 것이오?"

이에 아가멤논이 대답을 했다.

"네스토르여, 아가멤논이오. 동이 트면 전쟁에 병사들이 겪게 될 고통 때문에 잠이 오지 않는구려. 이 궁리 저 궁리 골똘히 생각에 빠져들어 심장마저 가슴 밖으로 튀어나올 것 같으며, 튼튼한 두 다리도 와들와들 떨릴 지경이오. 당신도 역시 잠이 깨셨으니, 우리 함께 파수대에 내려가 보면 어떻겠소? 적은 바로 앞까지 접근해 있소이다. 혹시 밤을 틈타 기습해 올지도 모르니, 우리 파수대의 경계를 시찰하도록 하시지요."

게레니아의 기사 네스토르가 말했다.

"최고의 영예를 지니신 아트레우스의 아들, 아가멤논이여, 설마 전지전능한 제우스 신께서 헥토르의 생각대로 모두 이루어 주시지야 않

을 테지요. 만일 아킬레우스가 고집을 버리고 당신께서 제안한 뜻을 받아들였다면 헥토르는 이보다 더 큰 근심으로 괴로워할 것입니다. 아무튼 이 몸도 일어나 당신을 따라나서겠습니다만, 다른 사람들도 깨우도록 하지요. 아킬레우스 못지않게 용감한 디오메데스와 오디세우스, 걸음이 빠른 작은 아이아스, 그리고 건장한 메게스도 깨우지요. 또한 텔라몬의 아들 아이아스와 이도메네우스 군주도 불러오는 것이 좋겠소. 이 두 사람의 배는 가장 먼 곳에 자리하고 있으니 말이외다. 그러나 난 메넬라오스를 사랑하고 존경하는 만큼 그를 책망 좀 해야겠나이다. 그는 어이 이 모든 고난을 당신에게만 맡기고 잠만 자고 있습니까? 그도 이러한 수고를 마땅히 함께해야 하지요."

그리스 함대_ 프랑수아루이 슈미드의 작품
그리스 함대는 온갖 영웅들이 참여한 원정대였지만, 트로이아군의 용맹한 반격에 방어용 함선으로 전락하였다.

아가멤논이 대답하였다.

"노장이시여, 언젠가 또 다른 기회에 그 책망을 듣기로 하지요. 그는 때로 게으름을 피워 힘든 일을 등한시하는 경우도 많으나, 그것은 귀찮게 생각해서가 아니라 나를 생각해서 내가 일어서기를 기다리고 있는 것이오. 그러나 이번에는 나보다 훨씬 전에 깨어나서 나를 찾아왔소. 그래서 방금 노장께서 지명한 분들을 부르러 그를 보냈지요. 그들이 성문 밖 초소에서 기다리고 있을 거요. 그러니 가서 만나 봅시다."

그러자 네스토르는 말했다.

"그렇다면 그리스 군사도 그를 원망하지 않고, 지시를 받았을 때나 분부를 들었을 때나 명령을 어기지 않을 것입니다."

이렇게 말하고 네스토르는 겉옷을 두르고 화려한 샌들을 신었다. 그리고 심홍색으로 물들인 외투를 두 어깨에 고리를 걸어 걸쳤다. 그 외투는 두 겹으로 되어 폭도 넓고 겉은 털로 가득 덮여 있었다. 그는 날카로운 청동 날을 끝에 단 굵직한 창을 쥐고 청동 갑옷들을 입은 아카이아군 선단 앞을 지나갔다. 그리하여 먼저 지혜의 사나이 오디세우스를 잠에서 깨웠다. 오디세우스는 대충 옷을 걸치고 나와 네스토르에게 말했다.

"무슨 급한 일이라도 생겼습니까?"

그러자 네스토르가 대답했다.

"지략이 풍부한 오디세우스여, 전쟁을 계속할 것인가 아니면 철수할 것인가를 결정하기 위한 의논 상대가 될 만한 장수들을 깨워야 하니 나를 따라와 주시오."

이렇게 말하자 오디세우스는 막사 안에 들어가 복장을 갖춘 후 큰 방패를 짊어지고 그들을 따라나섰다.

전투 장면이 묘사된 그리스 도자기_
월터스미술관 소장

먼저 그들은 무장을 풀지 않은 채 동료들과 함께 잠자고 있는 디오메데스를 보았다. 그의 양쪽에는 부하들이 자고 있었고, 머리맡에는 방패들이 놓여 있었다. 그 옆에는 창이 손잡이 쪽을 아래로 하여 세워져 있었는데, 청동 창끝이 마치 제우스의 번개처럼 번쩍이고 있었다. 네스토르는 그를 발로 흔들어 깨우고 꾸짖듯 말을 하였다.

"일어나라, 어쩌자고 밤새도록 잠을 자는가! 그대는 모르는가? 적군이 평야 한가운데로 진격하여 우리 편 선단 가까운 언덕에 진을 치고 있는 것을 말이오."

이렇게 말하니 그는 자리에서 벌떡 일어나, 위풍당당한 모습으로 네스토르에게 말했다.

"노익장의 장군이시여, 그렇게 고된 중에도 쉬지 않고 손수 저를 깨우시다니, 그리스군에는 사람을 깨울 젊은이가 없단 말입니까?"

이에 네스토르가 말했다.

"내게는 훌륭한 사람들이 몇 사람이나 있고 또 병사들도 많아서 그중 누구든 달려와서 깨워 줄 수 있지. 그러나 지금 우리 아카이아군이 무참한 파멸의 길에 들어서느냐, 아니면 살아남느냐 하는 갈림길에 서 있는 위태한 상황이오. 자, 어서 가서 걸음이 빠른 작은 아이아스와 펠레우스의 아들 메게스를 깨우시오."

이렇게 말하니 디오메데스는 두 어깨에 발등까지 내려오는 적갈색 사자 가죽을 걸치고 창을 집어 들었다. 그리고 이내 그 사람들을 깨워 네스토르에게 데려왔다.

이렇게 모인 사람들이 파수대에 도착해 보니, 경계를 지휘하는 사람들이 눈을 뜬 채 갑옷을 차려입고 앉아 있는 모습이 보였다. 그 모습은 마치 개들이 안마당에서 양 떼를 둘러싸고 감시하고 있는 것과 같았다. 이런 모습을 본 네스토르는 흐뭇해하며 격려를 하였다.

"동지들, 경계를 게을리하지 마시오! 우리 적이 기뻐하지 않도록 결코 잠에 사로잡히지 마시오."

이렇게 말하고 참호를 빠져나가니, 의논 상대로 소집된 그리스군의 대장들도 그 뒤를 따라갔다. 메리오네스 및 네스토르의 훌륭한 아들 안틸로코스도 그들과 함께했다. 그들은 시체가 치워진 빈터에 앉아 토론을 하기 시작했다. 먼저 네스토르가 서두를 꺼냈다.

"동지 여러분, 우리 중에 적진으로 잠입을 감행할 이는 없는가? 그들이 어떤 모의를 하고 있는지 정탐하고자 합니다."

잠시 동안 모두 침묵을 지키고 있었다. 그러다가 디오메데스가 입을 열었다.

"제가 그 임무를 해 보겠습니다. 그런데 누군가 저와 동반한다면 자신감이 더할 것이며, 마음도 놓이게 될 것입니다. 두 사람이 함께하면 한 사람이 미처 못 보는 것을 알아낼 수 있으니까요."

디오메데스가 용기있게 말하자 많은 사람들이 그를 따라가겠다고 나섰다. 그들 중에 두 사람의 아이아스도 끼어 있었다. 게다가 메리오네스도 지원하였고, 네스토르의 아들 안틸로코스도 꼭 보내달라고 부탁하며 자원하였다. 아가멤논의 아우 메넬라오스도 참가를 희망했고, 참을성 있는 오디세우스도 언제나 모험을 갈구하고 있었기 때문에 트로이아군 진영 속을 잠행하고 싶다고 말했다.

비상 회의에 모인 용장들이 서로 나서겠다고 하자 이에 감격한 아가멤논은 말했다.

"그리스 연합군의 최고 용장인 디오메데스여, 그대는 정말 내 마음을 훔쳐가는 사나이이오. 그대를 따르겠다는 지원자가 많으니 그대께서 직접 골라 동행으로 선택하시오. 그대가 더 높은 명예를 얻기 위해 적임자를 두고 가거나, 데려가려는 사람의 지위가 높다고 하여 삼가는 일이 없도록 하시오."

아가멤논이 이렇게 말한 것은 바로 금발의 메넬라오스를 걱정해서 였다. 지원자들을 향해서 디오메데스가 말했다.

"나에게 동행을 선택하라고 하신다면 신성한 오디세우스를 선택하지 않을 수 있겠습니까? 그는 아무리 힘든 일이 닥쳐도 침착하고 신중하며, 거기에 늠름한 기상을 가졌습니다. 또한 그는 아테나 여신으로부터 총애를 받고 있습니다. 이분이 저와 함께 가주신다면, 활활 불타 오르는 불 속이라도 우리 두 사람이 모두 무사히 돌아올 수 있을 겁니다."

이에 오디세우스가 일어나 말했다.

"디오메데스 장군이여, 너무 그렇게 나를 칭찬하지 마시오. 그대가 굳이 그런 말을 하지 않더라도 내 마음은 이미 적의 진영에 가 있소이다. 그보다는 밤도 어느덧 많이 흘러 새벽이 가깝소. 그러니 어서 출발하도록 합시다."

두 사람은 갑옷을 몸에 둘렀다.

트라시메데스는 디오메데스에게 양날이 있는 칼과 방패를 주었다. 그리고 머리에는 깃털과 꼭지가 없는, 황소 가죽의 투구를 씌워 주었다.

메리오네스는 오디세우스에게 활과 함께 화살통과 칼을 주었다.

▲ 오디세우스의 투구
오디세우스 특유의 투구인데, 이마 위로
둘러진 둥근 돌기는 멧돼지의 이빨이다.

그리고 머리에는 가죽으로 된 투구를 씌워 주었다. 그 투구의 안쪽에는 많은 가죽끈이 튼튼하게 얽혀 있었으며, 겉에는 빛나는 멧돼지의 이빨이 빈틈없이 빼곡히 박혀 있는데다 한가운데에 모피가 입혀져 있었다. 이것은 전에 아우톨리코스가 엘레온에 있는, 경비가 삼엄한 아민토르의 성에 들어가서 훔쳐 온 것이다. 그 후 이 투구는 몇 사람의 손을 거친 끝에 메리오네스가 손에 넣었고, 마침내 오디세우스가 이를 쓰게 되었다.

이윽고 디오메데스와 오디세우스, 두 사람은 그리스 진영을 떠났다. 그 두 사람의 출정에 아테나 여신은 길 바로 옆 오른쪽에 푸른 왜가리 한 마리를 내려보냈다. 밤의 어둠 속에서 왜가리 우는 소리가 들려오자 오디세우스는 그 새가 나타내는 길조에 기뻐하며 아테나 여신에게 축원을 드렸다.

"제우스 신의 위대한 따님이시여, 언제나 힘든 일이 있을 때마다 저를 도와주시고, 저의 일거수일투족을 뚜렷이 아시는 아테나 여신이시여, 지금이야말로 은혜를 베풀어 주십시오."

이어 목소리도 씩씩한 디오메데스도 아테나 여신을 향해 축원하였다.

"제우스의 따님이시여, 저희 아버지 티데우스가 아카이아의 사절로서 테바이에 갈 때처럼 저를 이끌어 주소서. 그때 그분은 당신의 은혜 덕택에 커다란 공적을 이루었나이다. 원하옵건대 이번에도 함께하여 저를 지켜주소서. 저는 여신께 이제까지 멍에를 지어본 일도 없는 한 살배기 암송아지를 제물로 바치겠습니다."

아테나는 그들의 축원을 들었다. 이리하여 두 사람은 마치 두 마리의 사자처럼 어둠을 타고, 살육된 시체와 검은 피가 응고된 길을 누비며 나아갔다.

한편, 트로이아의 헥토르도 군사들에게 모두 깨어 있으라고 명령하고, 주요 대장들을 불러 모아 회의를 열고 있었다.

"누가 그리스 함대에 잠입하여 그들의 동태를 살피고 올 텐가? 나는 그에게 크게 보상을 내릴 것이오. 보상은 전차 한 대와 아카이아 진영에서 최고의 말 두 필을 줄 것이오."

헥토르의 말에 모두들 침묵을 지켰다. 이때 유명한 전령인 에우메데스의 아들 돌론이 나섰다. 그는 몰골이 흉측하였지만 금과 청동을 많이 가진 부자로, 발이 매우 민첩한 자였다.

"헥토르여, 제가 적의 진영으로 잠입하여 그들의 동정을 염탐해 오겠습니다. 그러니 우선 당신의 왕홀을 들어, 아킬레우스가 타는 훌륭한 전차와 말들을 주겠다고 맹세하소서. 그러면 나는 당신의 훌륭한

◀ 정탐에 나선 디오메데스와 오디세우스
디오메데스와 오디세우스가 트로이아군의 진영으로 정탐을 나갈 때, 트라시메데스 등 여러 장수들이 그들을 위해 진귀한 무기를 선사하였다.

염탐꾼이 되어, 실망시키는 일이 없도록 하겠습니다."

돌론의 요구에 헥토르는 왕홀을 들어 맹세했다.

"제우스시여, 트로이아의 돌론을 굽어살펴 주소서. 다른 어느 누구도 아킬레우스의 말들을 끌게 하지 못하리다. 오로지 그대만이 그 말들을 소유하는 기쁨을 누리게 될 것이다."

헥토르의 이 맹세는 기대할 것이 못 되었으나, 돌론을 아카이아 진영으로 가도록 부추기긴 했다. 돌론은 어깨에 굽은 활을 걸고 잿빛 이리 털가죽을 걸쳤다. 그리고 담비 가죽으로 만든 투구를 머리에 쓰더니 시퍼런 창을 들고 아카이아 함대를 향해 떠났다. 그는 트로이아 편 병사들과 말들을 뒤로하고 열심히 질주해 나갔다.

그러나 그는 자신의 진영으로 돌아와 헥토르에게 보고하지는 못할 운명이었다. 오디세우스와 디오메데스가 트로이아 진영에 잠입하려던 중 그를 먼저 발견한 것이다.

"디오메데스여, 누군가 적진 쪽에서 이쪽으로 오는 사나이가 있소. 우리 함선의 상황을 염탐하려는 자인지, 아니면 시신에서 무엇을 벗기러 온 자인지 모르지만, 잠시 살펴보고 생포하기로 합시다."

이리하여 두 사람이 옆으로 살짝 비켜 시신 사이에 엎드려 있으니, 얼마 안 있어 돌론이 조심성

◀ 이리 가죽을 둘러쓴 돌론_ 루브르박물관 소장
돌론은 유명한 전령인 에우메데스의 외아들이었다. 그는 헥토르에게 그리스 진영의 동태를 알아오겠다며 잿빛 이리 가죽을 입고 숨어들어 갔으나 오디세우스와 디오메데스에게 발각되어 붙잡혔다. 목숨이 아까웠던 돌론은 오히려 자신들의 상황을 알려주며 배신한다.

없이 허둥지둥 달려 지나갔다. 이때 오디세우스와 디오메데스가 그를 뒤쫓았다. 돌론은 뒤에서 인기척이 나자, 헥토르가 명령을 취소하여 트로이아의 전령이 자신을 부르러 온 줄 알고 걸음을 멈췄다. 그러나 두 사람이 가까이 왔을 때 적의 무사임을 깨닫고, 걸음아 날 살려라 달아나기 시작했다. 그러나 언제 왔는지 그 무서운 디오메데스가 앞을 가로막아서 그를 잡았다.

그는 울음을 터뜨리며 애원했다.

"살려주십시오! 몸값을 바치리다. 저희 집에는 청동과 황금뿐 아니라 연철도 많이 있습니다. 아버지는 만일 제가 죽지 않고 포로로 살아있다고 들으면 막대한 보상금을 두 분에게 드릴 것입니다."

이 말을 들은 오디세우스가 말했다.

"겁내지 마라. 이 밤에 혼자서 어디를 가는지 숨김없이 이실직고하라."

돌론은 두 사람이 무서운 디오메데스와 오디세우스라는 걸 알고는 사지를 부들부들 떨며 실토했다.

"헥토르가 저를 현혹시켰습니다. 헥토르는 아킬레우스의 말들과 전차를 저에게 주겠다고 약속한 다음, 걸음이 빠른 저에게 아카이아 진영을 염탐해 오라고 명령했습니다."

그리스 진영을 정탐하러 가는 돌론의 부조상 ▶
뮌헨 국립 고미술박물관 소장

오디세우스가 만면에 미소를 지으며 부드럽게 말했다.

"아킬레우스의 말이라면 진정 탐낼 만하지! 그보다도 먼저 나에게 분명히 말하라. 여기에 올 때 어디서 헥토르와 헤어졌는가? 그의 전쟁 무구들은 어디에 놓여 있는가? 또 말들은 어디 있는가? 또한 감시는 어떠하며, 야영지는 정비가 되었는가?"

이에 에우메데스의 아들 돌론은 대답했다.

"사실대로 말씀드리겠습니다. 헥토르는 모든 참모들과 더불어 성스러운 일로스의 무덤 근처에서 회의를 열고 있습니다. 불이 있는 곳마다 경비병이 파수를 보고 있으나, 동맹군으로 온 병사들은 잠을 자고 있지요. 트로이아 병사들이 돌아가며 경계를 서고 있습니다."

오디세우스는 이에 만족하지 않고 계속해서 캐물었다.

"동맹군은 말을 길들이는 트로이아 군사와 섞여서 자고 있는가? 아니면 따로 자고 있는가? 상세하게 말하라."

돌론이 대답했다.

"사실대로 말씀드리겠습니다. 먼저 바다에 가까운 곳에는 카리아의 군사와 굽은 활을 가진 파이오니아, 그다음에는 렐레게스와 카우코네스의 펠라스고이의 군사들이 있습니다. 만일 당신이 트로이아 진영으로 들어가고자 하신다면, 맨 가장자리에 주둔한 트라키아 병사들과 그들의 왕인 에이오네우스의 아들 레소스가 주둔한 곳이 가장 취약하지요. 또한 레소스의 말들은 제가 일찍이 본 것 중 가장 훌륭하고 힘이 센 것들입니다. 눈보다도 더 희고 바람보다 더 빠르며, 전차는 금과 은으로 훌륭하게 장식되어 있어 신들에게나 어울리는 것입니다. 자, 제가 한 말이 사실인지 아닌지를 알아보시지요."

돌론을 죽이는 디오메데스_ 그리스 도자기의 그림
돌론은 살아남기 위해 두 그리스 장수가 요구한 대로 트로이아 진영의 동태에 관한 모든 정보를 털어놓았다. 하지만 디오메데스는 적을 살려줄 수 없다며 돌론의 목을 베었다.

디오메데스가 돌론을 뚫어져라 바라보다가 말했다.

"돌론, 너를 놔줄 수는 없다. 정보는 고맙지만 후환을 없애기 위해 널 베어야겠다."

돌론은 애걸하며 살려달라고 빌었으나, 디오메데스는 여유를 주지 않고 그를 한 칼에 베었다. 그런 다음 그의 머리에서 담비 가죽으로 만든 모자를 벗기고 이리 가죽과 구부러진 활, 긴 창을 벗겨 높이 들어 올린 후 아테나 여신에게 감사의 축원을 올렸다.

"올림포스에 계시는 모든 불사의 신 중에서 가장 먼저 도와주십사고 청을 드린 아테나 여신이여, 이 물건들을 받아주소서. 그리고 이번에는 부디 트라키아 군사의 침소와 말들이 있는 곳으로 인도해 주소서."

축원을 마친 두 사람은 전리품들을 나뭇가지에 매어놓았다. 이것은 밤의 어둠을 타고 되돌아올 때 길을 찾기 위한 표시였다.

레소스 막사 안의 오디세우스와 디오메데스_
코라도 지아갱토의 작품
오디세우스와 디오메데스가 트라키아 군의 레소스 막사에 침
입하여 적장을 죽이고 말과 전차를 탈취한다.

두 사람은 갑옷과 피로 가득한 장소를 지나, 이윽고 트라키아 군대가 주둔한 곳에 도착했다. 적의 군사들은 피로에 지쳐 세상 모르고 잠들어 있었다.

그들은 훌륭한 갑옷을 자기 곁에 가지런히 줄을 세우듯 늘어놓았으며, 각자 옆에는 한 쌍의 말들이 서 있었다. 그 가운데 왕으로 보이는 레소스가 자고 있었다. 그들은 잠의 신 힙노스의 미약에 취했는지, 파수꾼도 정신없이 잠에 취해 있었다.

오디세우스가 디오메데스에게 속삭였다.

"돌론이 말하던 자가 저기에 잠들어 있소. 그의 곁에는 매우 훌륭해 보이는 말들이 있군요. 자, 말들을 풀든지, 아니면 저자를 죽이시오."

이때 아테나가 디오메데스에게 힘을 불어넣었다. 그리하여 그는 적들을 가차없이 죽였다. 그 짧은 시간에 무려 열두 명이나 죽였다. 오디세우스는 디오메데스의 뒤를 따르면서, 돌아갈 통로를 만들기 위해 시신들을 길 밖으로 밀어냈다. 마침내 디오메데스가 레소스왕을 베자 그는 신음도 지르지 못하고 죽었다. 오디세우스는 전차에서 발을 구르는 말들을 풀어 가죽끈으로 한데 묶고는 활로 후려치며 진중으로 끌고 나갔다. 그리고 휘파람을 불어 디오메데스에게 신호를 보냈다. 디오메데스는 무언가 대담한 일을 궁리하고 있었다. 이때 아테나 여신이 나타나 말했다.

"디오메데스여, 어서 함대로 돌아가시오. 그러지 않으면 다른 신이 그대를 추격할지 모르오!"

여신의 목소리를 들은 디오메데스는 오디세우스가 모는 전차 위로 뛰어올라 아카이아 진영으로 달려나갔다.

그러나 궁술의 신인 아폴론은 아테나가 디오메데스를 돌보고 있는 것을 보고 더 이상 방관하지 않았다. 그는 레소스의 친척이며 트라키아 수장의 한 사람인 히포코온을 깨웠다.

히포코온이 깜짝 놀라 일어나 보니, 눈앞에 끔찍한 광경이 벌어져 있었다. 그는 공포의 외마디 비명을 지르고는 전우들의 이름을 불러대며 돌아다녔다. 이 소리에 놀란 트로이아 군사들이 달려와 레소스의 진영은 아수라장이 되었다.

오디세우스와 디오메데스는 탈취한 전차를 몰고, 헥토르의 첩자인 돌론을 죽인 바로 그 자리에 이르렀다. 오디세우스는 고삐를 잡아당기며 말들을 멈추게 했다. 디오메데스는 전차에서 내려 돌론에게서 탈취한 전리품들을 챙긴 후 다시 전차에 올랐다.

한편, 오디세우스와 디오메데스가 오는 소리를 네스토르가 가장 먼저 듣고 소리쳤다.

"전우들이여, 매우 빠른 말들의 발굽 소리가 귀에 들리오. 오디세우스와 디오메데스가 트로이아군의 진지에서 탈취한 말을 몰고 오는 소리라면 좋으련만! 그들에게 무슨 일이 벌어지지나 않았는지 염려스럽소."

네스토르가 말을 마치기도 전에 두 사람의 전차가 들이닥쳤다. 아카이아 진영의 사람들은 기뻐서 어쩔 줄 몰라 하며 두 사람을 맞았다. 네스토르가 먼저 축하의 인사를 했다.

"이렇게 훌륭한 말과 전차를 끌고 오다니, 참으로 자랑스럽구려! 내 비록 늙었을망정 지금까지도 전선에서 살고 있는데, 이렇게 훌륭한 말은 본 적이 없소. 아마 신께서 이 말들을 주신 것이 틀림없소. 오디세우스여, 그간의 무용담을 말해 주겠소?"

오디세우스는 트로이아군에 잠입해 들어간 과정을 상세히 설명하였다. 트로이아의 염탐꾼 돌론의 일과 트라키아 진영을 쑥대밭으로 만들고 명마들을 탈취한 일을 이야기하자 아카이아 진영에는 오랜만에 웃음꽃을 피었다.

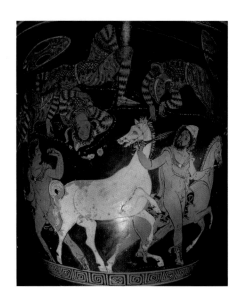

오디세우스는 아테나 여신에게 제물을 바쳤다. 그리고 두 사람은 목욕을 하여 몸을 깨끗하게 씻고 온몸에 올리브기름을 바른 후 식탁에 마주앉았다. 그러고는 술이 가득한 술통을 가져와, 포도주의 첫잔을 아테나 여신에게 바쳤다.

◀ 레소스를 살해하고 말을 훔치는 오디세우스와 디오메데스가 그려진 그리스 도자기
_ 나폴리 국립 고고학 박물관 소장

아가멤논의 부상

　새벽의 여신 에오스는 자신의 연인 티토노스 곁에서 밤을 지낸 후, 불사의 신들과 인간들에게 빛을 보내주려고 일어났다.

　그때 제우스는 불화와 갈등의 여신인 에리스를 아카이아 진영으로 보냈다. 준엄한 여신은 오디세우스의 배에 가서 걸음을 멈추었다. 그 배는 중앙에 위치하고 있어서 한쪽은 텔라몬의 아들 아이아스의 막사에까지, 또 한쪽은 아킬레우스의 막사에까지 목소리가 모두 들리기 때문이었다. 그곳에서 갈등의 여신은 큰 소리로 아카이아 군대 한 사람 한 사람에게 끊임없이 싸움을 계속하도록 사나운 기세를 불어넣었다. 그 순간 그들에게는 전투를 하는 것이 고향으로 돌아가는 것보다 더 달콤하게 느껴졌다.

　아트레우스의 아들 아가멤논도 이런 분위기에 동조하여 그리스 군사들에게 무기를 들라고 명령했으며, 자신도 번쩍이는 청동 갑옷으로 무장을 시작했다. 먼저 정강이에 백은으로 만든 훌륭한 정강이받이를 대고 나서 가슴 둘레에 가슴받이를 입었다. 이것은 아카이아 군대가 트로이아를 원정한다는 소문이 돌자 키프로스 왕 키니라스가 아가멤논왕에게 우호의 표시로 보내준 선물이었다.

이 갑옷은 검푸른 에나멜이 열 줄, 금이 열두 줄, 주석이 스무 줄이나 박혀 있었으며, 푸른 뱀의 형상인 고르곤이 양쪽에서 목을 향해 고개를 쳐들고 있는 모양은 제우스가 구름 사이에서 인간들에게 전조로 보여주는 무지개와 같았다. 그리고 두 어깨에 칼을 걸쳤는데, 거기에는 여러 개의 황금 징이 눈부시게 반짝였고, 황금 고리가 달려 있었다.

이어 아가멤논은 몸을 충분히 가릴 정도의 방패를 들었다. 그 방패의 표면에는 청동으로 만들어진 열 개의 둥근 원이 새겨져 있었다. 그리고 그 원 안에는 주석으로 만든 하얀 돌기가 스무 개나 박혀 있고, 한가운데는 검고 큰 돌기가 박혀 있었다. 아가멤논은 두 개의 뿔과 네 개의 깃털 장식이 달린 투구를 썼다. 마침내 그가 청동 날이 번쩍거리는 두 자루의 창을 들었다. 하늘에서는 아테나와 헤라 여신이 아가멤논의 훌륭한 무장을 보고 축하하는 의미의 천둥을 보냈다.

아카이아의 수장들은 저마다 자기 전차의 마부들에게 순서대로 참호 앞에 말과 전차를 대기하도록 조치하였다. 그리고 무장을 끝낸 수장들이 전차를 향해 달려 나오니, 새벽 일찍부터 어마어마한 함성이 솟아올랐다. 그러자 제우스는 이들에게 갑자기 소나기를 퍼부어 수많은 용장들을 하데스의 궁으로 보내겠다는 전조를 보였다.

한편, 트로이아군 진영은 평원 언덕 기슭 반대편에 진을 치고 있었다. 키가 큰 헥토르와 인품이 훌륭한 폴리다마스, 트로이아인 모두에게서 신처럼 추앙받는 아이네이아스, 게다가 안테노르의 세 아들인

트로이아군과 그리스군의 전투_ 안토니오 템페스타의 판화 작품

폴리보스와 아게노르, 아카마스 등이 집결해 있었다.

그 선두 대열 속에 헥토르가 균형 잡힌 둥근 방패를 들고 서 있는 모습은 마치 인간에게 해악을 가져다주는 시리우스 별이 구름 사이에서 번쩍번쩍 빛을 내기도 하고, 어둑어둑한 구름 뒤로 숨어버리기도 하는 모습과도 같았다. 이렇게 그는 선두 대열 부대 사이로 나타났다가는 뒤에 처진 부대를 독려하기 위해 모습을 감추기도 했다.

이윽고 아카이아군과 트로이아군은 평원 위에서 전투를 벌이게 되었다. 양군은 마치 보리를 베는 사람들이 양쪽으로 나뉘어 서로 마주보고 보리 이랑을 베어 나가듯, 서로를 향해 추격하고 베고 하여 어느 쪽도 무서워 도망치려고 하는 병사가 없었다. 싸움은 양쪽이 서로

백중지세여서 병사들은 모두 이리처럼 사납게 덤벼들었다.

그 모습을 바라보던, 불화의 여신 에리스가 매우 기뻐했다. 이 전투에 자기 혼자만이 참여했기 때문이다. 다른 신들은 올림포스의 은하수 계곡에 있는 자기들 궁전에서 조용히 머물러 있었다. 그들은 트로이아군에게 승리를 안겨주려 하는 제우스에게 불만이었다.

그러나 제우스는 그런 비난을 조금도 개의치 않았다. 그는 다른 신들과 떨어진 곳에 앉아, 트로이아군과 아카이아군이 서로 죽고 죽이는 모습을 즐기고 있었다.

이윽고 해가 떠오르는 아침이 되었다. 그럼에도 양군은 서로의 진영에 투창을 비 퍼붓듯 쏟아 적군의 목숨을 앗았다. 멈출 줄 모르는 싸움은 정오까지 계속되었다.

아가멤논이 선봉이 되어 비에노르와 그의 마부인 오일레우스를 함께 쓰러뜨렸다. 이번에는 이소스와 안티포스를 죽여서 갑옷을 벗길 참으로 덤볐다. 이 두 사람은 모두 프리아모스왕의 아들로 본처의 자식과 후처의 자식이었지만, 한 전차를 타고 달려나왔다. 또한 그들이 이다산 기슭에서 양을 치고 있었을 때 아킬레우스가 이들을 붙잡았다가 몸값을 받고 놓아준 적이 있었다. 후처 소생의 이소스가 고삐를 잡고, 본처 소생의 안티포스가 창을 겨누었다. 그런데 이때 아가멤논이 창으로 이소스의 가슴을 찌르고, 안티포스의 귀밑을 칼로 쳐서 죽였다. 아가멤논은 그들의 갑옷을 벗기고 나서야 그들이 프리아모스왕의 아들들이라는 것을 알게 되었다. 이때 트로이아군은 수세에 몰려 있어 그들을 구해 낼 수가 없었다.

다음으로 아가멤논은 안티마코스의 아들인 페이산드로스와 히폴로

트로이아군을 죽이는 아가멤논

코스를 사로잡았다. 그들의 아버지 안티마코스는 파리스한테서 선물로 황금을 받고, 헬레네를 메넬라오스에게 돌려주는 데 반대한 사람이었다. 이 사나이의 두 아들이 한 전차에 타고 달려오는 것을 아가멤논이 붙잡은 것이다. 그러자 두 사람의 손에서 빛나는 고삐가 떨어지고 말들이 놀라 날뛰었다. 아가멤논이 눈앞에서 사자처럼 우뚝 막아서자, 두 사람은 전차 위에서 애원하였다.

"제발 죽이지 말아 주십시오. 그러면 몸값을 많이 받게 해드리겠습니다. 아버지 안티마코스의 집에는 청동과 금뿐 아니라 연철 등 수많은 보화들이 가득 쌓여 있습니다."

아가멤논은 울부짖는 그들에게 말했다.

"전에 우리 측의 메넬라오스와 오디세우스가 사절로 교섭하러 갔을 때, 그 자리에서 죽여 아카이아에 돌려보내지 말라고 주장한 것이 네

놈들 아비인 안티마코스였다. 그런데도 감히 살려 달라는 소리가 나오는가? 너희 아비가 우리에게 한 모욕의 대가로 너희들의 목숨을 거두리라.”

이렇게 말하자마자 페이산드로스의 가슴을 창으로 꿰찌르니, 페이산드로스가 마차에서 굴러떨어져 땅바닥에 엎어졌다. 이어 히폴로코스가 달아나는 것을 땅에 쓰러뜨렸다. 그리고 두 팔을 칼로 베고 목을 쳐서는 통나무 던지듯 병사들 사이로 굴려 보냈다. 그러고는 전열이 가장 혼잡한 곳에 뛰어드니, 아카이아 군사들도 함성을 지르며 뒤따라 돌진했다. 그리하여 평원 일대에는 심하게 울려 대는 말발굽이 차올린 흙먼지가 하늘 높이 솟구쳤다.

아가멤논은 청동 칼을 휘두르며 적을 무찌르는 한편, 그리스 군사를 격려하며 적군을 추격했다. 그 광경은 마치 사납게 타들어 가는 불길이 울창한 숲을 습격하는 것 같았다. 소용돌이치는 바람은 팔방으로 불꽃을 날리고, 세차게 들이닥친 불길은 나무들을 집어삼킬 듯했다.

헥토르는 제우스의 보호를 받아 빗발치는 유혈의 난투에서 벗어나

트로이아 전쟁 부조상

있었다. 그러나 아가멤논은 무섭게 부하들을 책려하며 헥토르를 추격했다. 트로이아 군사들은 다르다노스의 아들 일로스의 무덤 옆을 지나 도성을 향해 평야 한가운데를 가로질러 달아났다. 그러자 아가멤논이 함성을 지르면서 적들이 쉴 틈을 주지 않고 뒤쫓아갔다. 그가 지나가는 곳마다 핏방울이 튀었다. 그러나 스카이아 문 근처 떡갈나무가 있는 곳까지 이르자 잠시 걸음을 멈추고, 다른 부대가 오기를 기다렸다.

이때 제우스는 이다산 상상봉에 앉아, 손에 벼락을 쥐고 전령인 이리스를 불렀다.

"무지개의 여신 이리스여, 가서 헥토르에게 전하고 오너라. 아가멤논이 선두 대열에서 전투에 가담할 때에는 뒤로 물러서서 다른 무사들에게 대적하게 하라. 그러나 아가멤논이 창에 찔리거나 화살에 맞거나 하여 전차에 몸을 피하거든, 그때는 내가 적군을 섬멸할 수 있는 힘을 내려주겠다. 그러니 해가 기울 때까지 참살을 계속하라고 일러라."

이렇게 말하니 바람처럼 빠른 이리스가 즉각 이다산에서 내려와, 헥토르에게 제우스의 의중을 전했다.

트로이아 전쟁 부조상

이리스 여신의 말을 들은 헥토르는 갑옷을 걸친 채 수레에서 뛰어내렸다. 그러고는 날카로운 창을 휘두르며 진중을 구석구석 돌아다니면서 병사들을 몰아붙여 결전을 벌이도록 독려했다.

군사들이 뒤돌아서서 아카이아군과 대치하며 버티고 서니, 아카이아군도 전열을 가다듬고 멈췄다. 서로 바라보며 대치하는 가운데 아가멤논이 뛰쳐나와 앞장서서 싸운 것은 기선을 잡으려는 생각에서였다.

이때 트라키아의 안테노르의 아들인 이피다마스가 대적해 왔다. 그는 양 떼의 어머니라 일컬어지는 트라키아 땅의 기름진 고장에서 태어나, 어린 시절을 외조부 키세우스의 성에서 자랐다. 키세우스는 이피다마스를 붙들어 두기 위해 자기 의붓딸인, 볼이 아름다운 테아노를 그의 아내로 주었다. 그리하여 이피다마스가 결혼한 지 얼마 되지 않았을 때, 아카이아군이 트로이아를 공격한다는 소문을 들었다. 그는 이내 신방을 나와, 뱃머리가 굽은 배 열두 척을 이끌고 트로이아 동맹군으로 참여하여 아가멤논에게 도전을 한 것이다.

드디어 두 사람이 서로 다가가 맞섰다. 먼저 아가멤논이 창을 던졌으나 빗나가고 말았다. 그 다음엔 이피다마스가 아가멤논의 가슴받이 아래 허리띠 근처를 찌르고 힘찬 손으로 기운차게 밀어붙였다. 그러나 화려한 허리띠를 꿰뚫지 못하고 은으로 만든 제구에 부딪혀 창끝이 구부러져 버렸다. 아가멤논이 순발력을 발휘해 이피다마스의 창을 움켜쥐고, 끌어당겨 비틀어 뺏으면서 칼로 목을 후려치자 이피다마스가 피를 쏟아내면서 쓰러져 버렸다.

이리하여 이피다마스는 가엾게도 아름다운 아내 곁을 멀리 떠나와 트로이아를 구하려다 참변을 당했다. 이피다마스를 죽인 아가멤논은 그의 갑옷을 벗기고 그 화려한 병기를 들고 아카이아군으로 돌아가려 하였다.

그때 안테노르의 맏아들인 코온이 아우 이피다마스가 죽음에 이르러 갑옷이 벗겨지는 모습을 보았다. 그는 아우가 살해되는 것을 보니 심한 슬픔으로 눈앞이 캄캄해졌다. 그래서 창을 쥐고 곧 대오에서 빠져나가, 아가멤논이 눈치채지 못하게 옆으로 가서 팔꿈치 아래쪽을 찔렀다. 창에 찔린 아가멤논은 몸을 부들부들 떨면서도 기세등등하게 코온에게 달려들었다. 이때 코온은 아우의 시신을 수습하여 가려고 서둘러 동료 장수들을 부르고 있었다. 그리하여 그가 시신을 무리 속으로 끌고 가는 중에 아가멤논이 큰 방패 뒤에서 창을 겨누어 찌르니, 코온의 사지가 축 늘어졌다. 이렇게 안테노르의 두 아들은 아가멤논의 손에 의하여 저승으로 보내졌다.

에일레이티이아_ 그리스 도자기 그림 에일레이티이아는 그리스 신화에서 분만의 여신으로 등장하며, 제우스와 헤라의 딸이다. 아가멤논의 통증은 마치 에일레이티이아가 보내는 출산의 아픔과도 같았다.

뒤에도 아가멤논은 군사들 사이에서 창과 칼을 휘두르고 때로는 거대한 돌덩이를 들어 던졌는데, 코온에게 당한 상처에서는 검붉은 피가 흘러내리고 있었다. 그러다가 서서히 아물어 피가 멈추니, 욱신거리는 통증이 아가멤논을 괴롭히기 시작했다. 그 통증의 아픔은 출산의 여신 에일레이티이아가 보내는 진통처럼, 여인들이 산통을 느낄 때처럼 날카롭기 그지없었다.

아가멤논은 감당할 수 없는 고통을 느껴 전차에 올라타서 마부에게 "함선이 있는 곳으로 가라"고 명령했다. 그러면서 사방에 울리는 커다란 소리로 그리스군에게 말했다.

"전우들이여, 그리스 군사의 수장들과 영주들이여, 제우스께서는 지금 나에게 트로이아군과 온종일 싸우는 것을 허락하시지 않는군요!"

아가멤논을 태운 전차는 함선으로 향해 출발했다. 아가멤논의 퇴각을 본 헥토르는 전군을 향해 크게 소리쳤다.

"트로이아와 리키아, 그리고 다르다니아 전사들이여! 용기를 내시오. 적의 우두머리가 퇴각을 하였소. 제우스께서 이리스를 제게 보내 대승을 약속하셨소. 자, 드높은 영광을 차지하기 위해서 곧장 앞으로 돌진합시다!"

이렇게 말하며 모든 병사들에게 사기와 용기를 불어넣어 주었다. 그 광경은 마치 사냥꾼이 흰 이빨을 드러내는 개들을 야생의 멧돼지나 사자에게 덤벼들도록 마구 부추기는 것과 같았다. 헥토르는 전쟁의 군신인 아레스와도 같이, 의기왕성한 트로이아 군대를 아카이아 군사들을 향해 몰아세웠다. 그도 사기가 충천하여 대지를 뒤흔드는 바람처럼 선두에서 싸움터에 뛰어드니, 그 모습이 마치 휘몰아치는

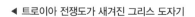
◀ 트로이아 전쟁도가 새겨진 그리스 도자기

질풍과도 같았다. 이때 헥토르가 참살한 자는 아사이오스, 아우토노오스, 오피테스, 클리티오스의 아들 돌롭스, 오펠티오스 등 많은 아카이아 수장들이었다.

제우스의 의도대로 헥토르에 의해 아카이아군이 절멸당하는 위기의 순간까지 이르렀다. 다급한 상황에서 오디세우스가 디오메데스에게 소리치지 않았더라면 아카이아군은 궤멸하여 재기 불능의 상태로 빠졌을 것이다.

"티데우스의 아들 디오메데스여, 어찌하여 그대는 기세도 용기도 잊고 말았는가! 자, 내 옆에 와서 나를 도우시오. 헥토르가 우리 함대를 궤멸한다면 영원한 치욕을 면치 못할 것이오."

이에 용맹스러운 디오메데스가 대답하였다.

"제우스께서 트로이아 편을 드시는 이상 버티는 것도 잠시 동안일 거요."

이렇게 말하기가 무섭게 팀브라이오스의 왼쪽 가슴을 창으로 찔러 전차에서 떨어뜨리자, 오디세우스 역시 그의 마부 몰리온을 처치했다.

두 영웅은 난전 속으로 치고 들어가 마구 날뛰기 시작했다. 그것은 두 마리의 야생 멧돼지가 기세도 거센 사냥개의 무리 속으로 뛰어드는 것과도 같았다. 그들의 분전으로 아카이아 군사들은 용맹한 헥토르의 공격에서 간신히 피하여 한숨을 돌릴 수 있었다.

디오메데스와 오디세우스는 계속해서 트로이아 군사들을 막아냈고, 트로이아의 뛰어난 예언자인 메롭스의 두 아들도 죽였다. 메롭스는 아들들에게 전쟁에 나가 목숨을 버리지 말라고 일렀지만, 그들은 이를 듣지 않고 참전해 변을 당했다. 디오메데스가 그들의 훌륭한 갑옷을 벗기는 동안 오디세우스는 히포다모스와 히페로코스를 죽였다.

한편, 이다산에서 전장을 내려다보던 제우스는 전쟁의 불길이 양군에 동등하게 펼쳐지도록 조정했다.

디오메데스가 파이온의 아들 아가스트로포스의 관절을 창으로 찌르자 아가스트로포스는 말을 타고 달아나려 했으나, 덜미를 잡혀 죽고 말았다. 이 모습을 헥토르가 발견하고는 군사들을 이끌고 고함을 지르며 역습해 왔다.

그러자 디오메데스가 당황한 나머지 옆에 있던 오디세우스에게 소리쳤다.

"저기 헥토르가 우리에게로 돌격해 오고 있소! 그러니 마음을 굳게 먹고 한 치의 물러남도 없이 버텨봅시다."

디오메데스는 말을 마치자 헥토르를 향해 긴 창을 힘차게 던졌다. 잘 겨냥된 창은 빗나가지 않고 헥토르의 투구 앞을 맞혔으나, 헥토르의 투구가 아폴론 신의 선물답게 견고했기에 튕겨 나가고 말았다. 그러나 그 충격이 꽤 컸기 때문에 헥토르는 식은땀을 흘리며 무리 속으로 주춤 물러서 무릎을 꿇고 앉았다. 이 모습을 본 디오메데스는 다시 창을 던졌다. 그러나 헥토르는 재빨리 전차에 올라타고는 필사적으로 달아났다. 이에 디오메데스가 헥토르를 추격하며 소리쳤다.

"이번에도 용케 죽음을 모면했지만, 어느 신이 나를 도와주신다면 그때는 너의 목숨을 거두리라."

디오메데스는 말을 마치고, 파이온의 아들 아가스트로포스의 갑옷을 벗기기 시작했다. 그런데 이때 트로이아의 옛날 통치자였던 일로스의 무덤 기둥 뒤에 숨어 있던 파리스가 디오메데스를 겨냥해 활을 쏘았다. 파리스의 화살은 디오메데스의 발에 꽂혔다. 파리스는 신이 나 웃으면서, 숨어 있던 곳에서 뛰쳐나와 우쭐대며 조롱했다.

"내 화살이 헛되이 날아가지는 않았구나. 다음엔 네 배때기를 뚫어 주마. 그러면 트로이아군이 이 악몽으로부터 고난을 겪지 않으련만."

발에 화살을 맞은 디오메데스는 침착하게 대꾸했다.

"활을 쏘는 더러운 험담가야, 뿔 활 따위나 자랑하고 계집이나 탐내는 자야. 만일 나와 일대일로 싸운다면 네 활은 아무 소용이 없겠지. 게다가 겨우 내 발을 스쳤을 뿐인데도 잘난 체하니, 정말 못 보아 주겠구나."

이렇게 말하고 있는 동안 오디세우스가 얼른 달려와서 앞을 막아서자, 디오메데스는 그의 뒤에 앉아 재빨리 화살을 발등에서 뽑았다. 그러자 심한 고통이 온몸을 꿰뚫으며 욱신거리기 시작했다. 디오메데스는 전차에 뛰어올라, 함대 있는 곳으로 말을 몰아가게 했다. 디오메데스가 후퇴하자 그리스 군사들은 모두 도망치고 말았다. 그리고 그곳에는 오디세우스만 혼자 남아 완전히 사면초가인 상태가 되었다.

활을 쏘는 파리스 ▶
아파이아 신전에서 발견된 기원전500년 경의 페디먼트 조각상이다. 헬레네를 유혹한 파리스는 유약한 모습으로 그려지고 있지만, 활쏘기 실력은 정평이 나 있다.

오디세우스는 불안한 나머지 자기 자신을 달랬다.

'만일 적의 군사가 많다고 겁을 먹고 달아나면 대단한 치욕이다. 그러나 혼자서 적군에게 둘러싸이면 더 심한 재난이 되겠지. 제우스께서 그리스 병사들을 도망치게 하셨다 하더라도 영웅은 꿋꿋이 자기 위치를 지켜야 한다.'

이러한 생각을 하는 동안 어느새 트로이아군이 그를 사방으로 에워쌌다. 그 모습은 마치 칼리돈의 멧돼지를 사냥하는 모습처럼 보였는데, 오디세우스는 멧돼지가 되는 형상이었다. 이윽고 트로이아군이 오디세우스를 향해 달려들었다. 그러나 오디세우스는 창의 고수답게 데이오피테스의 어깨를 찌른 뒤, 토온과 엔노모스, 케르시다마스를 창으로 찔러 죽였다. 그리고 이어 히파소스의 아들인 카롭스를 쓰러뜨렸다.

그러자 신과 같은 전사인 소코스는 친형 카롭스를 돕기 위해 달려와 소리쳤다.

"오디세우스여, 그대는 오늘 히파소스의 두 아들을 쓰러뜨리든지, 아니면 그의 아들 창에 찔려 목숨이 다하든지 둘 중 하나가 될 것이다."

소코스는 말을 마치자마자 오디세우스를 향해 창을 찔렀다. 그리고 육중한 창은 방패와 갑옷을 뚫고 들어가 오디세우스 옆구리의 살갗을 스쳤다. 아테나 여신이 창을 비켜나게 한 것이다.

치명적인 상처가 아님을 느낀 오디세우스는 소코스에게 말했다.

"불행한 젊은이여, 죽음의 그림자가 너에게 드리워졌구나."

소코스는 도망치려 했으나 이미 오디세우스가 던진 창은 그의 발걸음보다 빨랐다. 가슴을 관통당한 소코스가 그 자리에서 고꾸라지자 오디세우스는 자랑스럽게 말했다.

"오, 히파소스의 아들 소코스여! 죽음이 너무 빨리 찾아왔구나. 곧 있으면 독수리들이 너를 산산조각 낼 테지. 그러나 내가 죽으면 훌륭한 아카이아 사람들이 장례를 치러줄 것이다."

오디세우스는 말을 마치고 자신의 몸에 박힌, 소코스의 창을 뽑아냈다. 그러자 피가 솟구쳐 나와 그의 기력을 금방 약화시켜 갔다.

트로이아군은 오디세우스의 피를 보고 모두 한꺼번에 밀어닥쳐 그를 향해 다가갔다. 오디세우스는 뒤로 주춤거리며 동료들에게 세 번이나 구원의 소리를 높이 외쳤다.

이 외침을 들은 메넬라오스가 옆에 있는, 텔라몬의 아들 아이아스에게 말했다.

트로이아 전투 부조상
오디세우스는 디오메데스가 부상당한 후 혼자 남게 되어 커다란 위기에 빠진다. 그럼에도 그는 트로이아의 무장들을 쓰러뜨렸으나, 히파소스의 아들 소코스로부터 부상을 입는다.

"아이아스여, 어딘가 가까이에서 오디세우스의 위기의 부르짖음이 들리오. 우리가 어서 가서 구해야 하겠소."

두 사람은 오디세우스의 목소리가 들렸던 곳을 향해 말을 몰았다.

얼마 못 가 오디세우스가 트로이아군에 둘러싸여 고군분투를 하고 있는 모습이 두 사람의 시야에 들어왔다. 트로이아 병사들이 오디세우스를 둘러싸고 욱시글거리는 모양은 마치 산골짜기에서 적갈색 이리 떼가 상처 입은 수사슴을 습격하는 것과 같았다.

이때 텔라몬의 아들 아이아스가 큰 방패를 들고 달려와 오디세우스 옆에 우뚝 섰다. 그러자 트로이아 병사들은 나타난 자가 아이아스라는 사실을 알고는 사방으로 달아났다. 이와 동시에 메넬라오스가 오디세우스의 손을 잡고 전차에 태웠다. 아이아스는 프리아모스의 서자 도리클로스를 죽인 뒤, 판도코스와 리산드로스, 피라소스, 필라르테스에게 상처를 입혔다. 아이아스의 위세는 마치 산골의 개울이 홍수로 인해 나무며 흙덩이들을 휩쓸어 가는 형세와도 같았다.

헥토르는 이 소식을 전혀 모른 채 스카만드로스강 가에서 싸우고 있었다. 그 강가에서는 다른 전선에서보다 더 많은 전사자가 발생되었다. 누를 수 없는 고함 소리와 부르짖음이 위대한 네스토르와 용맹스러운 이도메네우스를 에워싸고 있었다.

헥토르도 그들과 교전하며 창과 전차를 조종하여 무섭게 활약하면서, 젊은 무사들의 전열을 휘저어 나아갔다.

그래도 용감한 아카이아 병사들은 결코 그들이 나아가는 길 앞에서 물러서려 하질 않았다.

이때 머리채가 아름다운 헬레네의 남편 파리스가 세 개의 갈고리가

마카온

의술의 신인 아스클레피오스의 아들로, 그의 형제 포달레이리오스와 함께 트로이아 전쟁에 참전하였다. 특히 그들의 의술은 그리스군에게 많은 도움을 주었다. 그러나 트로이아 전쟁을 일으킨 장본인인 파리스로가 쏜 화살을 맞아 부상을 당한다.

달린 화살을 아카이아의 군의관인 마카온의 오른쪽 어깨에 꽂아 아카이아군의 위세를 꺾었다.

이윽고 이도메네우스가 네스토르에게 말했다.

"영광스러운 네스토르이시여, 즉시 부상당한 마카온을 데리고 함대로 돌아가소서. 군의관은 병사 여러 명보다 더 소중한 법, 그는 화살을 뽑고 자신의 상처를 고칠 것입니다."

네스토르는 이도메네우스의 말에 따라 마카온을 자신의 전차에 태웠다. 그리고 말에게 채찍을 치니, 한 쌍의 말은 함대로 달려나갔다.

한편 헥토르의 옆에 있던 케브리오네스는 트로이아군이 뒤로 밀리는 것을 보고 이렇게 말했다.

"헥토르시여, 우리 두 사람은 후방에서 싸우고 있습니다. 그런데 전방의 트로이아 군사는 말도 병사도 한 덩어리가 되어 아우성치고 있습

그리스군과 싸우는 헥토르_ 하인리히 알데그레버의 작품

니다. 텔라몬의 아들 아이아스가 이들을 몰아붙였기 때문입니다. 넓은 방패를 보면 그가 분명해 보입니다. 그러니 전차를 돌려 아이아스에게 대항하러 가시지요."

이렇게 말하고 갈기 고운 말들에게 소리도 요란하게 채찍을 후려치니, 말들은 전속력으로 달려나가기 시작하여 많은 시체와 방패를 짓밟으며 돌진해 갔다. 전차의 바퀴대 아래쪽은 온통 피가 튀기는 피보라에 젖어 피투성이가 되어 있었다.

헥토르는 병사들이 욱시글거리는 속으로 뚫고 들어가려 애쓰면서, 가까이에 있는 아카이아 병사들을 향해 쉴 새 없이 창을 휘둘러 댔다. 그러면서 다른 부대의 대오에도 창과 칼과 큼직한 돌을 던져 연거푸 몰아세웠는데, 텔라몬의 아들 아이아스와 대결하는 것만은 삼가고 있었다. 헥토르가 자기보다 뛰어난 자와 싸우는 것을 제우스가 좋아하지 않았기 때문이다.

이때 이다산에 앉아 전장을 내려다보던 제우스는 아이아스의 마음속에 공포심을 불어넣었다. 그러자 그는 기가 꺾인 채로 적의 무리를 훑어본 뒤, 조금씩 무릎을 번갈아 끌어대며 뒷걸음질 쳤다. 그러면서도 너구리가 개에게 쫓기어 물러서는 것처럼 두리번거렸다.

아이아스는 자신의 의지와 상관없이 트로이아군의 바로 앞에서 퇴각을 하자니 울화가 치밀어 올랐다. 하지만 자신의 모습은 마치 밭을 가는 게으른 당나귀가 아이들을 얕잡아보고, 그들이 쫓아도 끄떡도 하지 않는 것과 같았다. 그 당나귀를 때리느라 벌써 막대기가 몇 개나 부러졌어도, 당나귀는 끄떡도 하지 않는 것처럼 아이아스의 고집도 그러했다.

아이아스가 슬슬 물러나자 낌새를 느낀 트로이아 병사들은 각처에서 몰려들어 공격하였다. 아이아스는 큰 방패로 그들의 공격을 막아내고 몇 번이나 사나운 방어전을 펼쳤지만, 다시 등을 돌리곤 하였다. 때마침 이 광경을 바라본, 에우아이몬의 아들 에우리필로스가 잇따라 날아오는 창들을 막아내면서 아이아스에게 달려와 나란히 붙어 섰다.

그리고 창을 던져 트로이아 병사들의 수장인 파우시오스의 아들 아피사온을 찔러 쓰러뜨린 다음 갑옷을 벗겼다. 그러나 이 모습을 본 파리스가

제우스 조각상 ▶
호메로스 시대에는 제우스를 상징하는 독수리가 성스러운 짐승이고 떡갈나무가 성목일 정도로 제우스를 최고의 신으로 받드는 신앙적 정서가 그리스 전역에 퍼져 있었다. 그리스 연합군과 트로이아군 역시 제우스를 최고의 신으로 추앙했으나, 제우스는 중립을 지키지 않고 트로이아 편을 들곤 했다. 그는 종종 이다산에서 전장을 관전하며 트로이아군에게 힘을 실어 주었다.

재빨리 화살을 겨누어 그의 오른쪽 허벅지를 명중시켰다.

에우리필로스는 절룩거리며 소리쳤다.

"전우들이여, 발걸음을 돌리어 대항하라! 여기 아이아스가 트로이아군과 맞서 싸우고 있으니 그를 지키시오."

그의 말에 그리스군은 큰 방패를 어깨에 걸치고 창을 준비했다. 또한 아이아스도 전우들 앞에 이르러 적을 마주 보고 우뚝 섰다.

이렇게 하여 양군은 한창 타오르는 불꽃처럼 혈전을 벌였다.

한편, 넬레우스 집안의 말들이 땀을 흘리며 네스토르를 싸움터에서 실어 날랐다. 네스토르는 부상당한 군의관 마카온을 함대로 운반하고 있었다. 거대한 함선에 서서 싸움을 지켜보던 아킬레우스가 그 모습을 무심코 발견했다. 그는 그때 널찍한 중간 선실을 가진 배의 고물 옆에 서서 아카이아군의 패주 광경을 바라보고 있었기 때문이다.

아킬레우스는 곧 뱃전에서 친구 파트로클로스를 불렀다. 파트로클로스는 막사 안에 있다가 아킬레우스의 소리를 듣고 밖으로 나왔다. 이것이야말로 그가 겪는 불행의 시작이었다. 먼저 무용이 빼어난 파트로클로스가 물었다.

"친구여, 무슨 일이라도 있나?"

이에 걸음이 빠른 아킬레우스가 대답했다.

"내 마음의 즐거움인 파트로클로스여, 이제야말로 아카이아 사람들이 못 참을 만큼 위기가 목전에 다다르게 되었나 보오. 어서 가서 지금 부상당해 온 자가 누구인지 네스토르에게 물어보시오. 뒷모습이 꼭 아스클레피오스의 아들 마카온 같은데, 말이 빨리 지나가기에 얼굴을 확인하지 못했소."

한편 네스토르는 부상당한 마카온을 데리고 자신의 막사에 도착하자 자리를 잡고 앉았다. 헤카메데가 그들을 위해 술을 걸러 올렸다. 그녀는 아킬레우스가 테네도스를 점령했을 때 노인에게 선사한 여인으로, 도량이 넓은 아르시노오스의 딸이었다.

헤카메데는 그들을 위해 먼저 상을 들고 왔다. 보기 좋은 감청색 다리를 지닌 채 반드르르하게 광을 낸 상이었다. 그 위에 그릇을 얹었는데, 그 안에는 양파, 술에 딸려 내는 꼬치 음식, 달콤한 꿀 그리고 거룩한 보리를 빻은 가루도 곁들여 있었다. 그리고 그녀는 한층 높다란 술잔을 옆에 늘어놓았다. 이것은 네스토르가 고향에서 가지고 온 것으로 둥근 황금 못이 몇 개나 박혀 있고 네 개의 손잡이가 붙어 있었으며, 그 손잡이에는 각각 양쪽에 황금 비둘기가 한 마리씩 앉아 있고

네스토르로 추정되는 2세기경 로마의 모자이크
네스토르는 트로이아 전쟁이 끝난 뒤 무사히 귀향한, 몇 안 되는 그리스 장수들 중 한 명이다. 트로이아 원정에 참가한 그리스군의 최고령 장수로, 노련하고 현명한 조언자 역할을 하였다.

밑에는 바닥이 두 개나 붙어 있었다.

이 잔에 술을 가득 채우면 잘 들어올리지 못할 정도로 무거웠다. 그러나 노인 네스토르만은 거뜬하게 들었다. 이 잔에 헤카메데가 프람니안 포도주로 끓인 죽과 치즈 가루와 흰 보릿가루를 뿌린 죽을 담아 내놓았다.

이때 신과도 같은 파트로클로스가 나타났다. 그 모습을 보자 노인은 자리에서 일어나 그를 맞이하여 자리를 권했다.

"노장군이시여, 앉을 시간이 없습니다. 아킬레우스께서 당신이 데리고 온 부상자가 누구인지 알아오라 하셨는데, 이미 마카온이라는 것을 알았습니다."

파트로클로스가 막사 밖으로 몸을 돌리려고 하자 네스토르가 언성을 높여 말했다.

"어째서 아킬레우스가 이토록 아카이아인의 아들에 관한 일을 걱정하고 있는지 정말 이해할 수 없소이다. 그는 우리 편의 진영이 얼마나 타격을 받고 있는지 조금도 모르고 있는 것 같소. 내로라하는 사나이는 모두 화살이나 창으로 부상을 당해 배에 누워 있소. 디오메데스뿐만 아니라 오디세우스와 아가멤논도 다쳐 누워 있단 말이오. 그리고 군의관인 이 사람은 활에 맞아 내가 방금 싸움터에서 데리고 나왔소. 그러나 아킬레우스는 용기있는 인물이라면서도 우리 군사들을 염려하지도 않고, 가엾게 여기지도 않소. 혹시 우리 함대가 화염에 뒤덮여 모두 몰살될 때를 바라고 있는 것은 아니오?

나도 이제 전과 같지 않아 힘도 기력도 쇠퇴하였소. 내가 엘리스 사람들과 싸울 때처럼 젊고 강하다면 얼마나 좋겠습니까! 그때 나는 엘리스의 용사 이티모네우스를 죽였소. 자기 소를 보호하고자 선두에서 싸우던 그를 내가 투창을 던져 죽인 거요. 그래서 주위에 몰려 있던 사람들이 동요했고, 우리는 50마리의 소와 수많은 양을 포함해서 많은 가축을 노획품으로 끌고 왔다오. 내가 첫 번째 전쟁에 참가해 그토록 많은 전리품을 가져왔기에 나의 아버지 넬레우스는 여간 기뻐하지 않았소. 그 후 필로스의 지도자들이 회의를 열어 전리품을 분배했소. 실은 필로스에 있는 우리는 어려운 고비에 놓여 있었소. 이미 옛날에 헤라클레스가 와서 우리 정예의 용사들을 쓰러뜨렸기 때문이오. 그래서 넬레우스의 열두 아들 중 나 하나만 살고 모두 몰살되었소. 상황이

파트로클로스_ 자크 루이 다비드의 작품
파트로클로스는 어린 시절 고향 오포스에서 친구들과 주사위 놀이를 하다가 암피다마스의 아들 클레이토니오스를 실수로 죽인다. 복수를 우려한 아버지 메노이티오스는 아들을 친척인 펠레우스에게 피신시키고, 파트로클로스는 그곳에서 펠레우스의 아들 아킬레우스와 깊은 우정을 맺는다. 이후 두 사람은 둘도 없는 친구가 되어 트로이아 전쟁에도 함께 참가한다.

이러하니 에페이오이족은 우리를 무시하고 기고만장했던 것이오. 우리는 일을 수습한 다음 온 도시에 걸쳐 신께 제전을 베풀었소. 그런데 사흘 후 에페이오이족이 충분한 병력을 갖추고 다시 공격해 왔소.

그 당시 어리고 전쟁 경험도 없는, 몰리오네의 쌍둥이 아들이 함께 온 거요. 그들은 트리오엣사라는 곳에 모여 정복을 꾀하고 있었소. 이때 아테나 여신이 밤에 우리에게 와서 전투 준비를 하라고 한 거요. 그러나 내가 참가하는 것을 원치 않았던 넬레우스는 내가 타던 말을 감추어 버리셨소.

그래도 나는 아테나 여신이 조종하는 대로 걸어가서 우리 기병들보다도 오히려 잘해 냈소. 우리는 전속력으로 달려, 정오가 될 무렵 신

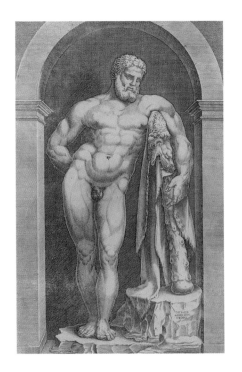

헤라클레스_ 마리오 카르타로의 작품
헤라클레스는 필로스 왕 넬레우스를 찾아가 자신이 이피토스를 살해한 죄를 정화해 줄 것을 원했으나 넬레우스가 들어주지 않자, 원한을 품고 공격하였다. 이때는 올림포스의 몇몇 신들도 헤라클레스 편과 넬레우스 편으로 나뉘어 싸웠다. 헤라, 포세이돈, 아레스는 넬레우스 편을 들었다. 아프로디테와 아테나는 헤라클레스의 편을 들었다. 헤라클레스는 아테나의 도움을 받아 아레스에게 상처를 입히고 포세이돈을 물리쳤으며, 헤라의 왼쪽 가슴에 독화살을 맞혔다. 그리고 넬레우스와 열한 명의 아들들도 죽였다. 다만 네스토르만은 타 지역에 가 있어서 살아남았고, 그 후 트로이아 전쟁에 참여한다.

신들의 전쟁_ 프란시스코 바이유 이 수비아스의 작품
올림포스 신들은 신의 영역 주도권을 놓고 티탄족과 기간테스와 두 차례의 전쟁을 벌여 승리하였다. 이로 인해 인간들을 다스리는 신들이 되었고, 그리스군과 트로이아군의 전쟁에서 저마다 나뉘어 각자 편을 들었다.

성한 알페이오스강에 이르렀소. 우리는 그곳에서 제우스께 훌륭한 제물을 바치고 알페이오스 하신과 포세이돈에게 황소 한 마리씩을, 다시 소 떼에서 골라낸 암송아지 한 마리를 아테나 여신에게 바쳤소. 그런 뒤 우리는 식사도 하고 무장을 한 채로 잠을 잤소. 그사이에 의기왕성한 에페이오이족이 도시를 함락할 작정이었으나 전쟁의 신이 막았던 거요! 다시 말해서 빛나는 태양이 하늘에 솟아오르기가 무섭게 우리는 일제히 제우스와 아테나 여신에게 기도를 드린 다음 전투를 시작했소.

이윽고 필로스 군과 에페이오이족이 대적했소. 먼저 내가 아우게이아스의 사위인 물리오스를 무찔러 말을 빼앗았소. 그들은 수장이 쓰러지는 것을 보자 뿔뿔이 흩어졌소. 나는 이때를 놓치지 않고 돌풍처럼 몰아쳐 50대의 전차를 빼앗았소. 그리고 바다의 신인 포세이돈이 그들을 구름으로 가려 데려가지만 않았더라면, 두 쌍둥이도 죽일 수 있었을 것이오. 이때 우리가 승리한다는 제우스의 조짐을 받아 거침 없이 그들을 추격해, 부프라시온의 밀밭이며 올레니아 바위 지대와 알레이시온 언덕까지 몰고 갔소. 아마 아테나 여신이 우리를 돌아가 게 하지 않았더라면 더욱 추격했을 거요. 우리는 필로스로 돌아와서 제우스에게 제물을 올렸고, 인간 중에서 바로 나 네스토르에게 감사 를 올렸소. 나도 한때는 그랬었소. 그런데 아킬레우스는 자신의 용맹 을 혼자서 즐길 참인가? 언젠가 반드시 그도 군대가 전멸하고 나면 무 척 후회하게 될 것이오.

파트로클로스여, 그대의 부친 메노이티오스가 아가멤논에게로 그 대를 보낼 때 뭐라고 말했소? 나는 아직 그대의 아버지가 한 말이 생 생하오. 그때 나는 오디세우스와 함께 전국에서 보충병을 모으기 위 해 펠레우스의 궁전에 도착했던 것인데, 아킬레우스의 부친인 펠레우 스왕은 암소의 살진 허벅지를 제우스 신께 바치느라 넓은 뜰에서 굽 고 있었소. 마침 그때 황금 잔을 손에 들고 연기가 솟아 오르는 거룩 한 제물에 찬란한 포도주를 붓고 있었는데, 그대들 두 사람은 쇠고기 를 장만하느라 바빴소. 그때 우리가 넓은 방 입구에 나타난 것이오.

아킬레우스는 우리를 보고 깜짝 놀라면서, 우리를 안내하여 자리 를 내주고 훌륭한 음식을 차려 주었지요. 우리가 충분한 만찬을 마 친 후, 내가 먼저 입을 열어 그대들에게 트로이아 원정에 동참하라고 권했었소. 그대들 두 사람은 곧장 마음이 움직였으며, 부친들은 여러 가지로 주의를 주었지. 먼저 펠레우스 노왕이 자기 아들 아킬레우스에게 끝까지 용맹하게 싸워서 뛰어난 공훈을 세우라고 말씀하셨소. 또한 그대의 아버지 메노이티오스도 이렇게 말했소.

'내 아들이여, 집안이나 혈통은 틀림없이 아킬레우스가 위이다. 그러나 나이로 보면 그대가 더 위이다. 또 힘으로는 그에게 뒤지지만 그대에게는 지혜가 있다. 이치에 맞는 말을 하고 부드럽게 충고하며 잘 이끌어 보좌하여라.'

아킬레우스와 파트로클로스_ 제라드 드 래레스의 작품
파트로클로스는 아킬레우스보다 나이가 많았지만, 어렸을 때부터 함께 자라고 현자 케이론에게 교육도 같이 받은 절친한 친구 사이로, 트로이아 전쟁에도 함께 나가 싸웠다.

그대도 부친이 한 말을 잊지는 않았겠지. 혹시 지금이라도 아킬레우스에게 조언을 하면 들을지도 모르오. 그러나 만일 아킬레우스가 그대의 조언에도 망설인다면 그대라도 출전할 수 있도록 말해 보구려.

그리고 그대가 그의 갑옷을 빌려 입고 싸움터에 나가게 해달라고 해보시오. 그럼 트로이아군이 그대를 아킬레우스로 착각하고 머뭇거릴 거요. 그리하여 우리 군사들은 잠시 숨이라도 돌리게 되리다."

네스토르의 말에 파트로클로스는 가슴이 벅차올라 얼른 그곳을 빠져나왔다. 그는 오디세우스의 함대 근처를 지나다가, 허벅지에 화살을 맞은 에우리필로스가 절룩거리며 나오는 것을 보았다. 그는 온몸이

에우리필로스가 새겨져 있는 그리스 도자기
에우리필로스는 텔레포스의 아들이며 헤라클레스의 손자이다. 그의 어머니는 아스티오케로, 아들에게 황금 포도가지를 주어서 트로이아 전쟁에서 트로이아 편에 싸우게 만들었다. 그는 전쟁의 마지막 국면에 미시아 사람들을 지휘하여 용감히 싸웠고, 마카온과 니레우스와 같은 그리스 장수들을 죽였다. 나중에 그는 아킬레우스의 아들 네오프톨레모스의 손에 죽었다. 도자기의 그림은 네오프톨레모스가 에우리필로스를 죽이는 장면이다.

땀과 피로 범벅이었지만 두려운 표정은 어디에도 찾을 수 없었다.

이를 본 파트로클로스가 자신의 마음을 솔직히 토로하였다.

"오, 존경하는 에우리필로스여! 우리는 과연 악마 같은 헥토르를 저지할 수 없단 말이오? 정말 트로이아군의 개밥이 되어야 한단 말입니까?"

에우리필로스가 대답했다.

"파트로클로스여, 이제 우리를 구할 자는 없소. 우리 정예의 용사들은 이미 화살이나 창에 맞아 쓰러졌거나 누워 있소. 그러나 그대는 나를 살릴 수 있을 거요. 함대로 나를 데려가 아킬레우스가 케이론에게 배웠다는 고약을 발라주시오. 그대도 알다시피 군의관인 마카온도 부상을 당해 움직이지를 못하오."

파트로클로스가 말했다.

"애우리필로스여, 어떻게 하면 좋겠소? 나는 지금 아킬레우스한테 가야 하지만, 그러나 고통을 겪고 있는 그대를 모르는 척 버려둘 수도 없는 일입니다."

이렇게 말하고 그를 부축하여 자신의 막사로 데려가 자리에 뉘었다. 파트로클로스는 그의 허벅지에서 화살을 뽑은 다음, 검은 피를 뽑아내고 따뜻한 물로 씻어냈다. 그리고 약초 뿌리를 손으로 잘게 부수어 상처에 뿌렸다. 그리하여 에우리필로스의 상처도 아물고 피도 멈추었다.

고대 그리스 세계의 동성애

고대 그리스에서는 성인과 소년 간의 동성애, 즉 '그리스식 사랑'(Greek love)이 일반적인 사회 현상이었다. 이는 예술품이나 저작 활동, 신화에도 많은 영향을 끼쳤고, 성관계 대상의 동성·이성 여부보다는 성관계에서의 나이, 사회적 지위에 따른 적극성 여부를 중요하게 여겼다. 그리스 신화에서 제우스와 가니메데스의 유명한 일화는 고대 그리스·로마의 전형적인 동성애 관계에 가까웠고, 후대에 일종의 문화적 상징으로 자리 잡았다. 기원전 5세기경 플라톤의 저서 《향연》은 소크라테스의 동성애에 대해 언급하고 있다.

기원전 8세기경 호메로스의 작품으로 알려진 서사시 《일리아스》에 등장하는 아킬레우스와 파트로클로스는 현재까지도 동성애 논란이 지속되는 인물들 중 하나이다. 이 두 인물의 관계는 시의 내용 자체로 보았을 때는 유추하기 어렵지만, 고대의 작가들은 두 성인 남성의 동성애 관계로 생각하고 글을 쓰기도 했다.

"가장 사랑하는 친구 파트로클로스가 비명에 죽었는데, 이 세상의 무엇이 제게 기쁨을 주겠습니까? 제 모든 백성 중에 그를, 그 친구를, 저는 가장 존경했으며, 제 몸처럼 사랑했습니다. 그런 친구를 잃었습니다!"

◀ 파트로클로스를 치료해 주는 아킬레우스

제 7 부

그리스군의 보루가 무너지다

파트로클로스가 에우리필로스를 치료하고 있는 동안에도 아카이아 군은 트로이아군의 위세에 밀려 함선쪽으로 철수하며 방벽을 사이에 두고 치열한 접전을 벌이고 있었다. 이 방벽은 그리스 연합군의 함선을 지키기 위해 구축한 것으로, 주위에는 넓고 깊은 참호가 파여 있었다. 방어를 위해 빠른 배와 수많은 전리품을 안에 넣고 둘러쳐 만든 방벽이었지만, 방벽을 쌓으면서 신들께 제사를 지내지 않아 결코 오래도록 튼튼하게 서 있을 수가 없었다.

신들 중 포세이돈과 아폴론은 그리스의 살아남은 자가 트로이아성을 함락시키고 고향으로 돌아갈 때에 여러 강물을 이용하여 이 방벽을 파괴하기로 마음먹었다.

그리하여 이다의 산기슭에서 시작되어 바다로 흘러 들어가는 모든 강줄기를 끌어들인다. 레소스와 헵타포로스, 카레소스와 로디오스, 그라니코스와 아이세포스, 거룩한 스카만드로스와 시모에이스. 아폴론은 이렇게 강줄기의 입구를 모두 한군데로 모아놓고, 아흐레 동안 방벽을 향해 강물을 흘려 보낸다. 제우스는 조금이라도 빨리 이 방벽을 바다로 떠내려가게 할 생각으로 쉴 새 없이 비를 쏟아붓는다.

지진과 해일을 일으키는 바다의 신 포세이돈은 삼지창을 들고 앞장서서, 아카이아 군대가 나무와 돌로 애써 쌓아 올린 방벽과 토대를 온통 파도에 넘겨주어서 물결도 세찬 헬레스폰토스 일대를 평평하게 만든다. 그렇게 방벽을 치워 버린 뒤, 그는 넓은 해변을 다시 모래로 덮고 여러 강줄기들을 본래의 옛 물길로 되돌려 놓는다.

훗날에는 포세이돈과 아폴론이 이렇게 처리할 것이다.

하지만 이 무렵에는 튼튼하게 쌓아 올린 방벽 양쪽에서 치열한 전투가 벌어지며 고함 소리와 함성이 아수라장을 이루었고, 방벽 망루의 대들보는 날아오는 돌에 맞아 귀가 따가울 정도로 쩡쩡 울려 퍼졌다. 트로이아 측에서도, 그리스 연합군 측에서도 수많은 용사들이 죽어나갔다.

제우스의 채찍에 쫓긴 아카이아군은 헥토르를 피해, 가운데가 깊숙한 배 옆에 틀어박혀 웅크리고 있었다.

포세이돈 조각상 ▶
바다, 지진, 돌풍의 신인 포세이돈은 '세 개의 이빨'이라는 삼지창을 무기로 사용했는데, 이 무기는 원래 어부가 물고기를 잡기 위해 쓰였다. 그는 아폴론과 더불어 트로이아 군을 도왔다. 이는 아폴론과 함께 트로이아 성벽을 지은 인연 때문이기도 하다.

트로이아의 헥토르는 마치
성난 태풍과도 같이 아카이
아군을 마음껏 몰아붙였다.
마치 많은 개와 사냥꾼 들에
게 둘러싸인 야생 멧돼지나
사자가 거친 기세로 맹렬히
설치면서 몸을 놀려 대는 모
습과도 같았다.

아카이아군은 밀집한 대열
을 이룬 채 서로 몸을 얽어,
트로이아군에 창을 던졌다.

트로이아 전쟁_ 베르길리우스 로마누스의 삽화 작품

헥토르는 자기 편 군중 속을 돌아다니면서, 기병들에게 참호를 건너
진격하라고 격려하였다. 그러나 헥토르의 명마들조차도 참호를 감히
건너가지 못하고, 그 앞에 이르러서는 걸음을 멈추고 요란스레 울어댔
다. 폭넓은 참호가 말에게 겁을 주었기 때문이다. 참호는 양쪽 모두 깎
아지른 낭떠러지처럼 깊은 데다, 날카로운 말뚝이 가득 박혀 있었다.

이 말뚝들은 트로이아군에게 엄청난 장애물이었다. 훌륭한 바퀴를
단 전차도 쉽게 들어가지 못했고, 트로이아 군사들이 건너보려고 기
를 쓰고 있었지만 태반이 날카로운 말뚝에 찔려 죽어나갔다. 이때 폴
리다마스가 헥토르의 옆에 와서 입을 열었다.

"헥토르시여, 우리가 참호를 넘으려고 하는 것은 미친 짓이오. 이
참호는 말을 이끌고 절대로 건널 수 없습니다. 무리하게 참호를 건너
려 하다가는 우리의 기동성이 떨어질 것인데, 이때 아카이아군이 역

습을 해온다면 우리는 참호에 갇혀 몰살을 당할 것입니다. 이 참호를 건너려면 말과 전차를 참호 옆에 두고 걸어서 진격해야 합니다."

폴리다마스의 조언을 받아들인 헥토르는 갑옷을 입은 채 전차에서 땅으로 뛰어내렸다.

그러자 트로이아 기병 대장들도 전차에서 뛰어내렸다. 그리고 저마다 자기 전차를 돌보는 부하에게 일러, 전차를 잘 정비하여 참호 옆에 가지런히 세워 두게 했다. 또한 제각기 무장하고 다섯 개 부대로 정렬하여, 수장의 지시 아래 앞으로 나아갔다.

먼저 헥토르와 폴리다마스를 따르는 자들이 인원수도 가장 많고 전투 장비도 갖추어 모여 있었으므로, 그들이 특히 방벽을 돌파하여 배 옆에서 싸우겠노라고 기세가 대단했다. 이 부대에는 또 세 번째 지휘자로 케브리오네스가 끼여 있었기 때문에 헥토르는 자기 전차에 케브리오네스보다 못한 다른 무사를 딸려 놓을 수밖에 없었다. 둘째 부대는 파리스와 알카토오스와 아게노르가 지휘했고, 셋째 부대는 헬레노스와 신으로도 착각할 데이포보스, 프리아모스의 두 아들이 수장이

◀ 폴리다마스

헥토르의 부관이자 충실한 친구인 폴리다마스는 판토오스의 아들로 헥토르와 같은 날 태어났는데, 뛰어난 언변을 가졌다. 그는 항상 헥토르의 옆에서 싸우면서 좋은 충고를 아끼지 않았다. 그리스군이 방벽을 설치하자, 전차를 버리고 보병전을 해야 한다고 조언하였다. 한편 아킬레우스가 전투에 복귀하자 트로이아군은 수세에 몰렸는데 이때도 폴리다마스는 일단 후퇴할 것을 신중하게 조언하지만 헥토르는 그의 말을 따르지 않았다.

아이네이아스에게 갑옷을 주는 아프로디테_ 루카 지오르다노의 작품
아이네이아스가 트로이아 제4군단의 지휘자로 전투에 임하자, 그의 어머니 아프로디테가 대장간의
신 헤파이스토스에게 부탁하여 만든 갑옷을 주는 장면이다.

되고, 세 번째 수장으로 아시오스가 참가했다. 아시오스는 적갈색의
윤기가 흐르는 말들을 셀레에이스강 변의 아리스베에서 데려온 것이
다. 넷째 부대는 안키세스의 아들 아이네이아스가 지휘했고, 싸움의
명장인 안테노르의 두 아들 아르켈로코스와 아카마스가 그를 따랐다.

그리고 사르페돈은 영예로운 동맹군을 인솔했으며, 보좌로서 누구보다도 출중한 글라우코스와 아스테로파이오스를 택했다. 그에게는 이 두 사람이 여러 사람 중에서도 두드러지게 뛰어난 용사로 보였기 때문이다. 물론 그 자신도 전군에서 빼어나게 용맹한 용사였다. 그리하여 그들이 가죽을 정교하게 바른 방패를 바짝 붙여서 앞을 가리고 곧장 적의 진영을 향해 밀고 들어가니, 이젠 적들도 더 지탱하지 못하리라 생각하였다.

이때 다른 트로이아 편의 사람들이나 멀리 그 명성을 떨친 동맹군들은 나무랄 데 없는 폴리다마스의 의견을 듣고 따랐다.

하지만 무사들의 우두머리인 아시오스는 마부와 말을 남겨 놓지 않고 적진을 향했다. 실로 어리석기 짝이 없었던 것이다. 그는 아카이아 군 함대 왼편을 향해 진격했다. 그 방향은 아카이아 군사가 으레 말과 전차를 이끌고 돌아오는 장소였기에 문지기들이 빗장을 채우지 않고 피난해 오는 동지들을 위해 문을 열어놓는 곳이다.

아시오스가 이곳을 향해 돌격하자 그의 부하들도 귀청이 찢어질 듯한 함성을 올리며 뒤를 따랐다.

그러나 그 문을 지키는 무사 중 가장 뛰어난 무사 둘이 버티고 있었다. 호전적인 라피타이족의 후손임을 자랑하는 두 용장, 페이리토오스의 아들 폴리포이테스와 아레스처럼 잔인한 레온테우스였다. 이 두 사람은 우뚝 솟은 문 앞에 꿋꿋이 버티고 서 있었다. 그 모습은 마치 산골짜기에서 가지를 높이 치켜든 떡갈나무가 큼직한 뿌리를 주변에 널찍이 뻗어 내리고, 부는 바람에도 내리는 비에도 일 년 열두 달 끄떡없이 서 있는 것 같았다. 이처럼 두 사람은 자기 솜씨와 힘을 믿고 달려드는 거구의 사나이 아시오스를 기다리며, 피하려고 하지도 않고 버티고 서 있었다.

한편 쇠가죽으로 만든 방패를 높이 쳐들고 우렁찬 함성을 지르면서 아시오스왕과 이아메노스, 오레스테스, 아시오스의 아들 아카마스, 토온, 오이노마오스 등은 세찬 공격을 늦추지 않았다. 그러자 두 용사는 아카이아 군대가 방벽 안에서 배를 지켜 분전하도록 격려하였다.

하지만 트로이아 군사가 방벽을 향해 돌진해 오는 것을 본 병사들이 비명을 지르며 달아나자 두 사람은 참다 못해 앞으로 달려나가 문 앞에서 싸움을 계속했다. 그 모습은 마치 야생의 멧돼지가 산간에서 사냥꾼과 개들이 요란스레 몰려오는 것을 기다리는 듯했다. 그 멧돼지들이 이쪽저쪽으로 뛰어가고 뛰어오면서 주변의 나무들을 마구 부러뜨리고 뿌리째 그루터기를 받아넘기고 하여 낮은 산골짜기에 으르렁 소리가 울렸다. 누군가가 창으로 멧돼지를 찔러 목숨을 빼앗을 때까지 그러했던 것이다. 두 사람의 가슴팍에서 번쩍이는 청동 갑옷이 요란스레 덜거덕거렸다. 두 사람은 방벽 위에 있는 병사들과 자신의 체력을 믿고 너무나도 맹렬하게 싸움을 계속했다. 병사들이 진영과 속력 빠른 배를 지키기 위해 잘 쌓아 올린 방벽 위에서 큰 돌덩이를 집어 던지자 마치 우박이 소나기로 쏟아지는 것처럼 우수수 떨어졌다.

이때 아시오스는 절망하여 두 넓적다리를 치며 초조하게 외쳤다.

"오, 제우스시여, 신께서는 또 거짓말을 하셨군요. 아카이아군에는 우리의 분노에 찬 공격을 막을 만한 힘이 없지 않나요? 그들은 마치 기슭 바위 틈에 집을 짓고 사는 말벌 떼처럼 굴에서 나오지 않은 채 사냥꾼이 지나가기를 기다리는 모양입니다. 단지 두 사람뿐인데, 이들은 보루의 문에서 상대를 죽이든가 제가 죽든가 하기 전에는 도무지 물러서려 하지 않습니다."

이렇게 외쳤으나 이런 말로는 제우스의 마음을 움직일 수 없었다.

한편, 일부 트로이아 병사들은 아카이아 진영의 다른 쪽 문을 공격하고 있었다. 불길이 돌벽을 휘감아 타오르자 그리스 연합군은 죽을 힘을 다해 함대를 방어했다. 처절한 그들의 모습에, 호의를 베풀던 모든 신들은 수심에 잠겼다.

반면 두 라피타이족은 여전히 문을 굳건히 지키고 있었다. 마침내 폴리포이테스가 다마소스의 투구를 찔러서 피를 흩뿌리니, 전투의 운명도 끝나고 말았다. 그런 다음 그는 필론과 오르메노스를 죽였다. 아레스의 벗인 레온테우스는 창으로 안티마코스의 아들 히포마코스를 찌른 후 안티파테스를 죽였다. 그다음에는 메논과 이아메노스, 오레스테스를 잇따라 쓰러뜨려 놓았다.

한편 헥토르와 폴리다마스가 이끄는 정예 병사들은 아직도 참호 주위에 집결한 채 망설이고 있었다. 그들은 트로이아군 중에서도 최강의 전력을 갖춘 부대였는데, 이들이 참호를 넘으려 할 때 새가 한 마리 날아들었다. 높은 하늘을 날아다니는 독수리가 병사들의 앞길을

◀ 뱀과 싸우는 독수리 조각상

가로막는데, 발톱에는 시뻘건 빛깔의 커다란 뱀 한 마리가 아직 살아서 몸을 비틀고 있었다. 뱀은 아직도 싸울 뜻을 버리지 않고 독수리의 가슴 언저리를 힘차게 물었다. 그러자 독수리는 아픔에 몸부림 치더니 병사들 한가운데로 뱀을 떨어뜨렸다. 그리고 한바탕 크게 울부짖다가 하늘로 사라져 갔다.

이 모습을 본 트로이아군은 제우스께서 보내신 나쁜 전조라고 생각하였다.

폴리다마스가 헥토르에게 말했다.

"헥토르여, 어찌 된 일인지 그대는 회의 석상에서 내가 슬기로운 의견을 발표하면 언제나 무시를 했소. 물론 보잘것없는 자들이 그대와 다른 주장을 한다는 것은 사실 마땅치 않소. 회의에서나 전투에 임할 때, 그대의 권위를 높이는 것은 당연하니까. 그런데 현재의 상황을 두루두루 살펴보건대, 지금의 전투를 중지하는 것이 어떻겠소? 그 까닭은 조금 전 일어난 조짐처럼 될지 모른다고 염려하기 때문이오. 독수리가 살아서 피를 흘리는 큰 뱀을 잡았지만 결국 놓치고 만 것처럼, 우리가 바로 그럴 모양이기 때문이오. 우린 방벽을 허물고 적을 물리칠지라도 결국엔 혼란 속에 되돌아가게 될지도 모르오. 조금 전의 독수리는 수많은 전우만 잃게 됨을 암시하는 징조요. 제발 내 의견을 가볍게 듣지 마시오."

아니나 다를까 헥토르는 눈살을 찌푸리며 그를 핀잔했다.

"폴리다마스여, 그대가 지금 한 말은 도저히 내 마음에 들지 않는 이야기요. 그대는 이보다 더 그럴듯한 다른 의견을 찾아낼 수 있었을 것이오. 그러나 정말 진심으로 그런 건의를 한다면, 그것은 참으로 여러 신들이 일부러 그대의 머리를 돌게 한 것이 분명하오. 새가 오른쪽으로 향하든 왼쪽으로 날든 내 상관할 바 아니오. 우리는 제우스의 조언을 따르십시다. 그분이야말로 죽음을 피할 수 없는 모든 인간들과 죽음을 모르는 신들을 모두 통치하는 분이니까요. 어째서 그대는 결전을 앞에 두고 두려워하는 것이오? 비록 우리가 저 침입자들과 싸우다 죽어간다 하더라도, 그대가 죽을 걱정은 조금도 없소. 그대는 전투에 뛰어들 용기도 없고, 전투도 좋아하지 않기 때문이오. 그러나 그대가 다른 사람까지 싸움에서 물러서게 한다면, 당장 내 창이 그대의 목숨을 거둘 것이오.”

헥토르가 폴리다마스를 단호하게 몰아세우며 선두에 서니, 모두 일제히 함성을 지르며 그의 뒤를 따랐다. 번개를 휘두르는 제우스도 이다의 산봉우리에서 일진광풍을 불어 보냈다. 그 바람이 모래 먼지를 몰아 함선들을 향해 가면 아카이아 진영은 혼란에 빠질 것이고 이는 곧 트로이아군과 헥토르의 영광으로 돌아올 것이다. 제우스의 이런 의도를 눈치챈 헥토르는 더욱 자신만만하여, 아카이아 방벽을 무너뜨리려고 갖은 짓을 다했다. 돌을 잡아 빼거나 벽을 받치고 있는 버팀목들 그리고 땅속에 묻어놓은 돌들을 마구 쑤셔 올려 끌어낸 다음 침입을 감행하고자 했다.

그러나 그리스 연합군의 저항도 만만치 않았다. 방벽을 기어오르는 트로이아 병사들을 방패로 막아 떨어뜨렸다.

이때 그리스 연합군의 큰 아이아스와 작은 아이아스는 방벽 위를 이리저리 바쁘게 왔다 갔다 하며 병사들을 독려하고 있었다.

“아카이아 동지들이여! 우리 중 가장 뛰어난 자든, 중간쯤 가는 자든, 혹은 그보다 못한 자든 간에 지금이야말로 모두들 할 일들이 있소. 그것은 그대들이 먼저 잘 알고 있을 것이오. 이렇게 격려하는 자의 말을 들은 이상은 결코 누구든 뒤쪽을, 배 쪽을 보고 있어서는 안 되오. 그보다 앞으로, 서로 격려하면서 나아가도록 하시오. 올림포스에 계시며 번개를 던지시는 제우스 신이 이 공격을 물리치시고 적군을 성벽까지 쫓아보내 주실지도 모를 일이니."

이와 같이 두 아이아스는 부르짖으며 아카이아 군대의 사기를 높이기 위해 고취했다.

만약 제우스가 사자와 같은 아들 사르페돈을 보내지 않았더라면, 방벽을 놓고 처절한 공세와 방어만이 끝없이 이어졌을 것이다. 사르페돈이 방패와 함께 두 개의 창을 들고 움직이는 모습은 마치 오랫동안 굶주렸던 사자가 양을 덮치듯 방벽을 공격하여 칸막이를 무너뜨렸다. 그리고 그는 사촌동생인 글라우코스에게 말했다.

리키아 전사가 그려진 프레스코화
사르페돈과 글라우코스는 사촌 관계인 혈연으로, 트로이아 전쟁이 벌어지자 리키아 병사들을 이끌고 트로이아 편에 가담했다.

"글라우코스여, 우리가 어찌하여 리키아에서 최고의 영예를 누렸던가? 왜 우리를 보통 사람보다 위대한 인간으로 취급하는가? 어디 그뿐인가. 크산토스 유역에 있는 최고의 과수원이며 밀밭도 우리가 차지하고 있으니, 그것을 지

키기 위해서라도 우리가 리키아 군대의 맨 앞에 서지 않으면 안 된다. 꿋꿋이 서서 전투에 뛰어들어야 한다. 자, 나가서 알아보자. 우리가 적의 명예를 올려 주게 될 것인지, 아니면 적이 우리의 명예를 올려 줄 것인지!"

글라우코스 역시 사르페돈에 못지않았다.

그들은 부대를 이끌고 전진했다. 마침 보루에서 분전 중이던 메네스테우스는 사르페돈과 글라우코스가 맹렬한 기세로 돌진하는 모습을 보고는 도움을 청할 우군을 찾았다. 마침 두 아이아스와 막사로부터 금방 도착한 테우크로스가 그들 가까이 서 있는 것을 보았다.

그러나 사방 전장이 아우성으로 덮혀 있는지라 아무리 큰 소리로 불러보아도 그들은 돌아보지 않았다. 그래서 메네스테우스는 전령 토오테스를 텔라몬의 아들 아이아스에게 보냈다.

"토오테스여, 속히 달려가 아이아스 님을 모셔 오너라. 되도록이면 두 분 다 모셔 오너라. 그러지 않으면 이곳은 모두 전멸되리라. 그러나 만일 그곳도 빠져나올 수 없는 상황이라면 큰 아이아스 님이라도 오도록 할 것이며, 유능한 궁수인 테우크로스도 함께 오도록 전하라."

대(大)아이아스_ 피에트로 델라 베치아의 작품
대(大)아이아스는 텔라몬의 아들로 소(小) 아이아스와 함께 트로이아군의 거센 공격에도 굴하지 않고 병사들을 독려하며 대항을 하였다.

전령 토오테스는 아카이아 방벽을 따라 그들에게 이르러 말했다.

"두 아이아스 님이시여, 저희 사령관인 메네스테우스께서 도움을 요청했습니다. 지금 도와주지 않으면 우리는 전멸한답니다. 그러나 만일 여기 또한 긴박한 상황이라면, 텔라몬의 아드님이신 아이아스 장군님과 궁술에 뛰어난 테우크로스 님이라도 모셔 오라고 했습니다."

텔라몬의 아들 큰 아이아스는 이를 승낙하고, 곧 오일레우스의 아들 작은 아이아스에게 말했다.

"아이아스여, 리코메데스와 함께 이곳을 지휘하시오. 나는 메네스테우스의 군영을 돕고 곧 돌아오겠소."

그들은 방벽 안쪽을 따라 메네스테우스가 있는 망루에 이르렀다. 그리고 곧 사태의 긴박함을 깨달았다. 리키아의 맹수 같은 병사들이 시커먼 폭풍우처럼 함성을 지르며 흉벽을 향해 다가오고 있었다. 리키아군은 당장이라도 메네스테우스가 지키고 있는 망루를 쓸어버릴 기세였다.

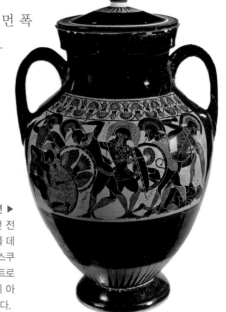

◀ **글라우코스(정면, 중앙)와 메네스테우스의 전투 장면** ▶
메네스테우스는 트로이아 전쟁 당시 아테네를 다스렸던 전설적인 왕이다. 그는 아테네 왕 테세우스가 페르세포네를 데려오기 위해 하계로 내려간 사이 아테네를 점령한 디오스쿠로이 형제에 의해 아테네의 왕으로 옹립되었다. 하지만 트로이아 전쟁이 끝난 뒤 테세우스의 아들 데모폰에게 다시 아테네의 왕좌를 빼앗기고, 멜로스 섬으로 가서 왕이 되었다.

아이아스는 흉벽 옆에 솟아난 집채만 한 바위를 집어 던져 사르페돈의 동료인 에피클레스의 투구와 머리를 산산조각 냈다. 혈기 왕성한 젊은이도 들기 어려운 바위를 공깃돌처럼 다루는 아이아스에게 찬사가 쏟아졌다.

한편, 방벽을 올라가는 글라우코스를 발견한 궁수 테우크로스는 화살을 날려 그의 어깨를 관통시켰다. 그러자 글라우코스는 아카이아 병사들이 눈치채지 못하도록 조용히 방벽에서 물러났다.

사르페돈은 사촌인 글라우코스가 물러서는 것을 보자 몹시 서글펐지만, 이대로 멈출 수는 없었다. 그는 힘을 내어 전투를 계속해, 테스토르의 아들 알크마온을 창으로 찔렀다. 그런 다음 그 강한 팔로 흉벽을 잡고 와락 잡아채어 구멍을 뚫어놓았고, 이 구멍을 통해 많은 병사들이 방벽 너머로 들어갔다.

그때 아이아스와 테우크로스가 함께 그를 공격했다. 그러나 제우스가 자신의 아들을 보호했으므로, 사르페돈은 아이아스와 테우크로스의 창을 맞았지만 창끝이 살점을 뚫지 못해 살아남을 수 있었다. 그는 그 와중에 자신을 따르는 리키아 병사들에게 큰 소리로 말했다.

"리키아의 병사들이여, 전진하라! 내 아무리 강할지라도 나 혼자서는 길을 열기가 어렵다. 그러니 날 따라 적의 방어진을 무찌르자."

이 위대한 지휘관의 고함에 리키아군은 사기가 충천하여 모두가 앞장서듯 함께 밀고 나갔다. 그러나 그리스 연합군도 필사적으로 방어하였다. 따라서 리키아군이 함대까지 도달하기에는 힘이 충분치 못했고, 아카이아군 역시 방벽에서 이들을 밀어내는 데에 힘이 부쳤다. 어느 한쪽이 밀리지 않은 채 치열한 공방전이 벌어졌다.

방벽 위의 전투도_ 주석 부조
그리스 연합군의 진영은 함선들을 정박해 놓았을 뿐만 아니라 많은
보물을 보관한 곳으로, 튼튼한 방벽과 더불어 깊은 해자를 파놓아
트로이아성보다 더 난공불락의 성채를 만들었다. 그러나 트로이아
의 수장 헥토르에 의해 문이 열리고 위기를 맞는다.

전투가 벌어진 방벽의 망루는 양군의 피로 범벅이 되었다. 마침내 제우스가 헥토르의 손을 들어주었다.

헥토르는 아카이아 방벽에 선두로 들어가게 되었다. 그는 방벽의 문에 우뚝 서서, 뒤를 따르는 부하들에게 고함을 치며 말했다.

"자, 오르라! 트로이아군이여! 이 방벽을 부수고 저들의 함선에 불을 지르라!"

이 소리는 천둥번개처럼 트로이아군에게 엄청난 사기를 끌어올렸다. 트로이아 병사들은 창을 들고 마치 개미 떼처럼 방벽 위로 기어오르기 시작했다.

헥토르는 방벽의 문 앞에 놓인 돌을 한 개 집었다. 그 돌은 두 사람이 들어도 끄떡도 하지 않을 만큼 크고 무거웠다. 그러나 제우스가 가볍게 해주었으므로 손쉽게 들어 올릴 수 있었다.

헥토르는 돌을 방벽 문짝 바로 앞으로 들고 갔다. 방벽의 문은 이가 꼭 맞게 닫혀 있는 두 짝의 문인데 안쪽으로는 두 개의 빗장이 서로 어긋나게 질려 있었다. 절대 열리지 않을 것 같던 문은 헥토르가 던진 돌에 맞아 삐걱거리며 빗장이 부러졌다. 견고한 문이 드디어 활짝 열리자 헥토르는 빨리 지나가는 밤과 같이 문으로 달려 들어갔다. 그러고는 몰려드는 트로이아군을 돌아보고 군대를 격려하며, 방벽을 넘어 진격하라고 독려하였다. 그러자 모두 즉각 방벽을 타 넘고 구조도 견고한 대문을 지나 물밀듯이 쏟아져 들어가니, 그리스 연합군의 군사들은 그들의 마지막 보루인 함대로 향해 줄달음쳐 도망쳤다.

그리스 함대의 위기

제우스가 트로이아의 헥토르로 하여금 아카이아 진영의 함대까지 진격하게 한 이상 격전과 참화는 계속되었다. 제우스는 말을 잘 조련하는 트라키아인들이라든가 백병전에 능한 미시아인들, 말젖을 마시는 힙페몰기족, 인간 가운데 가장 의리가 강하고 준법정신이 투철한 아비오이족 등의 고장도 살펴보기 위해 잠시 시선을 돌렸다.

그리고 이제 한동안 트로이아에 대해서는 신경 쓰지 않기로 했다. 이미 어느 누구도 감히 트로이아군이나 그리스군을 돕고자 발길을 돌리지는 못할 것이라고 생각했기 때문이다.

그런데 대지를 뒤흔드는 포세이돈 신은 결코 감시를 늦추고 있지 않았다. 그는 바다에서 나와 숲으로 덮인 사모스의 제일 높은 산정에 좌정하고 앉아, 결전의 광경에 매혹되어 있었다. 그리고 아카이아군이 트로이아군에게 형편없이 당하고 있는 모습에서 갑자기 제우스에 대해 화가 치밀어 올랐다. 그래서 깎아지른 험준한 산에서 당장 황급히 걸음을 옮겨 내려오니, 높은 산봉우리도 숲도 포세이돈의 발 밑에서 떨리고 흔들렸다. 그는 세 번 걸음을 옮겨서 네 번째 걸음으로 목적지인 아이가이에 도착했다.

바다 깊숙한 그곳에는 영원히 썩지 않는 찬란한 황금 궁전이 있었다. 그곳에서 청동 발을 가진 말 네 필에 마구를 달았다. 또한 자신도 황금 의상을 걸치고 잘 다듬어 만든 황금 채찍을 쥔 다음 전차에 올라 말들에게 내리쳤다. 그러자 깊은 바다는 양쪽으로 갈라졌고, 바닷속의 크고 작은 물고기들은 주인인 포세이돈을 위해 사방에서 춤을 추었다.

말들은 거친 물보라를 일으키며 쏜살같이 달려갔다. 그 속도가 얼마나 빨랐던지 수레바퀴의 굴대조차 전혀 젖지 않았다. 포세이돈은 아카이아 함대를 향해 달렸다. 그런데 테네도스섬과 험한 바위로 유명한 임브로스섬의 중간쯤 되는 곳, 깊은 바다 밑바닥에 크고 넓은 동굴이 있었는데, 대지를 뒤흔들던 포세이돈은 그곳에서 수레를 멈추었다. 그리고 수레에서 말들을 풀어 향기로운 먹이를 주고는 말의 발에 결코 부서지지도 풀어지지도 않는 황금 족쇄를 채웠다. 말들은 주인 포세이돈이 돌아올 때까지 얌전히 기다릴 것이다.

포세이돈의 좌상 ▶
프랑스 베르사유 궁전 정원에 설치된 기념상이다.

포세이돈의 말_ 월터 크레인의 작품

포세이돈은 바다와 지진의 신이며 말의 신이기도 하다. 말은 고대 그리스 사람들에게 없어서는 안 될 운송 수단이었기에, 제우스 다음으로 서열이 높은 포세이돈이 말을 다스렸다.

모든 준비를 마친 듯 포세이돈은 접전이 벌어지는 아카이아 진영으로 발걸음을 옮겼다.

그동안 트로이아군은 한 덩어리가 되어 불꽃처럼, 또는 태풍처럼 프리아모스의 아들 헥토르의 뒤를 따라서 드높은 고성을 지르며 아카이아군을 향해 돌진하였다. 그런데 대지를 흔드는 포세이돈이 깊은 바다에서 나와서는 몸집도 우람한 칼카스의 모습을 빌려 우렁찬 목소

리로 그리스 군사들을 격려했다. 그리고 두 아이아스를 향해 말했다.

"아이아스들이여, 그대들 둘이서 아카이아 군대를 지켜다오. 잠시라도 용기를 잃지 말고, 두려움에 몸을 떨게 하는 패배 따위도 마음에 두지 말아라."

이렇게 말을 마친 포세이돈이 삼지창으로 그들을 툭툭 쳐서 불굴의 용기를 불어넣어 주자 그들은 온몸이 가벼워지며 몸놀림이 더욱 예리해졌다. 그러자 포세이돈은 그곳을 썰물처럼 빠져나갔다. 그때 오일레우스의 아들 작은 아이아스가 먼저 큰 아이아스에게 말했다.

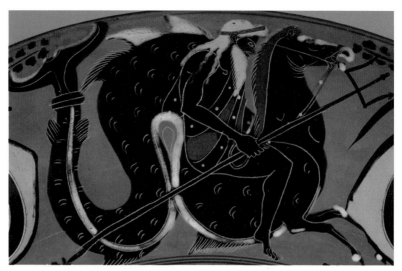

그리스 도자기에 새겨진 포세이돈과 그의 말

"아이아스여, 이는 올림포스에 계시는 신의 계시가 분명하오. 그 신은 우리를 격려하고자 예언자인 칼카스의 모습으로 변신하여 우리에게로 오신 것이오. 발꿈치와 무릎을 보니 금방 알겠소. 신께서 우리를 잊지 않고 저렇게 말씀하시니, 더욱 용기가 생기는구려."

이에 텔라몬의 아들 큰 아이아스가 말했다.

"나 역시 그대와 생각이 같소. 몸이 가뿐하고 무겁던 창이 가벼운 것을 봐서 신의 보살핌이 분명하오. 지금 같다면 다시 한번 헥토르와 겨뤄도 결코 패할 것 같지가 않소."

한편 두 아이아스 곁을 떠난 포세이돈은 아카이아 패주병들이 잠시 숨을 돌리는 후방으로 갔다. 그들은 기진맥진하여 함대 옆에 널브러져 누워 있었다. 이미 패전에서 벗어날 가망이 없어 보여서 그런지, 모두 기가 죽어 있었다.

페스툼의 포세이돈 신전
이탈리아 페스툼에 있는 도리스식 건축물로, 포세이돈을 모신 신전으로 알려져 있다.

포세이돈은 우선 테우크로스와 레이토스, 페넬레오스, 토아스, 데이피로스, 메리오네스, 안틸로코스 등을 격려하면서 다음과 같이 소리쳤다.

"그리스 병사들이여, 부끄럽지 않은가? 그대들이야말로 우리 함대를 지켜야 할 최후의 보루가 아닌가! 그런데도 패색에 겁을 먹고 이렇게 누워만 있다니, 정말 한심하기 짝이 없다. 나는 이 두 눈으로 꿈에도 본 적이 없는 조짐을 보았다. 트로이아군이 우리 함대로 진격해 오다니! 여태껏 그들은 달아나는 사슴 같은 무리들이었지. 숲속에서 늑대에게 먹이가 되는 존재, 아무런 힘도 없고 공연히 달아나기만 할 뿐 싸울 생각은 아예 없던 그러한 트로이아 군사 따위들이 전에는 아카이아군의 위세에 감히 정면으로 맞서서 대항하리라고는 조금도 생각지 못했었단 말이다.

그런데 지금은 그들의 성안에서 이렇게 멀리까지 나와 그대들의 함대를 무너뜨리려 하니, 이것은 모두 지휘하는 자의 비겁함과 병사들의 태만에서 온 결과다.

아킬레우스와 다투고부터 아가멤논과 그 휘하들은 함선을 지킨다는 의욕조차 잃고, 이제는 함대 안에서 잇따라 죽어가고 있는 판이다. 저 아트레우스의 아들이자 그리스 연합군의 총사령관인 아가멤논이

아카이아군에게 용기를 불어주는 포세이돈
포세이돈이 풍전등화 같은 위기에 놓인 그리스 연합군을 격려하는 삽화 장면으로, 그는 아카이아의 유명한 예언자 칼카스의 모습으로 변신하여 힘을 불어넣는다.

펠레우스의 아들 아킬레우스에게 심한 모욕을 주어 이 모든 불행을 초래한 것이 틀림없는 사실이라 해도, 결코 우리는 전쟁을 포기하지 말아야 한다. 어쩌면 지금 당장 유화의 방도를 강구하는 것이 좋을지도 모른다. 그러나 그대들이 이제 여기서 과감한 의기를 내던지고 만다면 결코 비난을 면치 못할 것이다. 왜냐하면 그대들은 전군 중에서도 가장 강한 용사들이기 때문이다. 나도 하찮은 인간이 싸움을 건성건성 한다면야 이렇게 넋두리를 늘어놓지는 않을 것이다. 그러나 그대들의 태만에 대해서는 도저히 용납할 수 없다. 그대들은 마음 연약한 사람들이 이 태만 때문에 금방이라도 더 엄청난 재난을 빚어낸다는 것을 잘 알고 있을 것이다. 그러니 각자가 가슴속에 염치를 아는 마음과 정의에 대한 분노를 잘 간직해 두라. 저기를 보라! 광기에 휩싸인 헥토르가 방벽의 문도 두들겨 부수고 쳐들어왔구나."

포세이돈은 아카이아군에게 간절한 격려를 하였다. 그리하여 두 아이아스를 주축으로 많은 병사들이 모여들었고, 아레스 군신이나 아테나 여신조차도 감히 경시하지 못할 강력한 힘을 갖춘 부대로 새롭게 거듭나면서 병사들의 눈에는 전의가 넘쳐흘렀다.

한편, 한 덩어리가 된 트로이아군은 헥토르를 선두로 거침없이 쳐들어왔다. 마치 소낙비가 내려 갑자기 불어난 물에 밀려 쏟아져 내려온 둥근 돌덩이와 같았다. 하지만 평원에 다다르면 속도를 내지 못하듯이, 헥토르가 막사와 함대를 덮치려고 했으나 아카이아 군대의 집요한 저항에 막혀 여의치 않았다. 트로이아군은 예상과 달리 강력한 저항에 부딪히자 머뭇머뭇 물러섰다. 그런 낌새를 느낀 헥토르는 찢어지는 듯한 목소리로 트로이아군을 독려했다.

"트로이아와 리키아, 그리고 다르다니아의 용사들이여, 적의 방벽을 뚫고 들어왔으니 이제 저들의 목숨이 경각에 달려 있다."

헥토르의 말이 끝나기가 무섭게 프리아모스의 아들 데이포보스가 자신만만한 걸음으로 방패를 세운 채 진격했다. 이때 아카이아의 메리오네스가 그에게 창을 던졌다. 하지만 창은 황소 가죽 방패를 뚫지 못했고, 데이포보스는 자연스럽게 방패를 돌려대며 무위로 돌아간 상대의 공격을 조롱했다. 메리오네스는 화가 치밀었지만 물러설 수밖에 없었다.

쌍방의 혈전은 계속되었다. 가장 먼저 테우크로스가 멘토르의 아들 임브리오스를 죽였다. 페다이온에 살고 있던 그는 프리아모스의 총애를 받고 있었는데, 프리아모스의 서녀인 메데시카스테를 아내로 삼을 예정이었다. 그런데 테우크로스의 창에 의해 죽임을 당한 것이다.

테우크로스가 그의 갑옷을 벗기기 위해 달려들자 헥토르가 창을 던졌다. 그러나 테우크로스가 재빨리 고개를 숙이는 바람에 창은 크테아토스의 아들인 암피마코스의 가슴에 맞았다. 헥토르는 암피마코스의 투구를 벗기기 위해 뛰어나왔다. 그때 아이아스가 헥토르를 향해 창을 던졌지만, 둥근 방패에 맞고 튕겨져 나왔다. 그러나 이 타격으로 인해 헥토르가 움찔 한 발 물러서자, 아카이아군이 그때를 놓치지 않고 반격했다. 암피마코스의 시신은 스티키오스와 메네스테우스가 데려갔고, 임브리오스의 시신은 두 아이아스가 들고 갔다.

두 아이아스는 시신을 끌어다 갑옷을 벗긴 다음, 암피마코스의 전사에 대한 보복으로 임브리오스의 목을 참수하여 허공에서 흔든 뒤 적진으로 날렸다. 임브리오스의 잘려진 머리는 헥토르의 발밑에 떨어져 흙투성이가 된 채 뒹굴었다.

포세이돈은 자신의 손자인 암피마코스의 죽음을 목격하고는 분개하여, 아카이아군의 막사와 함선들 옆으로 달려가서 병사들을 격려하였고 트로이아 편에는 슬픔을 갖다주려고 궁리했다. 먼저 포세이돈은 이도메네우스를 만났다. 이도메네우스는 막 부하를 위문하고 돌아가는 길이었다. 부하는 오금을 다쳐 전장에서 방금 후송되었던 것이다. 전우들이 그를 전차에 싣고 오자 이도메네우스는 의사들에게 그의 치료를 지시하고 자기 막사로 돌아가는 중이었다. 아직도 전투에 참가하려는 기세가 등등했기 때문에, 포세이돈은 안드라이몬의 아들 토아스의 모습으로 변신하여 말을 건넸다. 토아스라는 무장은 펠레우론부터 칼리돈 지역까지 아이톨리아인을 다스리며 백성들로부터 신처럼 존경받던 존재였다.

"크레타의 영주인 이도메네우스여, 아카이아의 아들들이 트로이아 군에게 퍼붓던 그 호언은 어디로 간 거요?"

이에 이도메네우스는 대답했다.

"토아스여, 책망할 필요 없소이다. 우리는 싸울 테니까요. 우리 중 겁을 내거나 비겁한 짓을 하는 자는 없소이다. 생각건대, 전능하신 제우스께서 우리가 이역만리 타국에서 멸하기를 바라시는 모양입니다. 그러나 토아스여, 그대는 항상 다른 사람들이 실의에 빠지는 것을 보면 용기를 북돋아 주었소. 계속 굽히지 말고 충고를 잊지 말아 주시기 바랍니다."

이에 대지를 뒤흔드는 신 포세이돈이 말했다.

"이도메네우스여, 이러한 날에 고의적으로 전투에서 우물쭈물하는 자는 결코 고향으로 돌아가지도 못할 것이거니와, 이 땅에서 죽어 들개의 밥이 될 것이오. 아무튼 갑옷을 이리로 가져오시오. 우리는 두 사람뿐이지만, 혹시 무슨 도움이 될지 누가 알겠소? 비록 나약한 자들이라도 뭉치면 용감해지는 법이거늘, 하물며 우리 두 사람이라면 제아무리 강한 상대라도 충분히 싸울 수 있을 것이오."

이렇게 말하고 포세이돈은 다시 무사들이 싸우는 사이를 지나갔다. 그리고 이도메네우스가 막사에 이르러 훌륭한 갑옷을 두르고 두 자루의 창을 쥐고 나가는 모습은 제우스가 올림포스에서 내던지는, 찬란하게 번쩍이는 번개에 비길 만했다.

올림포스에서 인간 세계에 전조로 보여주는 번개처럼 이도메네우스의 질풍 같은 섬광이 똑똑하게 보였다. 그처럼 달려나가는 이도메네우스의 가슴팍에서 청동이 번쩍거렸다. 그 도중에 막사 가까운 곳에서 용감한 수행 무장 메리오네스와 만났는데, 그도 청동을 끼운 창을 가지러 가는 길이었다. 이도메네우스는 메리오네스에게 반갑게 말을 건넸다.

"몰로스의 아들인 메리오네스여, 걸음도 빠르고 나의 전우 중에서도 가장 두드러지게 다정한 이여. 어째서 전투와 결전을 그만두고 돌아오는가? 아니면 전갈을 가지고 나를 찾아왔는가?"

이에 지혜로운 메리오네스가 대답했다.

"청동 갑옷을 입은 크레타 영주인 이도메네우스여, 혹시 막사에 창이 남아 있으면 얻으려고 왔습니다. 내가 전에 가지고 있던 것은 거만한 데이포보스의 방패에 부딪혀서 부러지고 말았거든요."

이에 크레타의 영주 이도메네우스가 말했다.

"창이 필요하다면 내 막사 입구에 반짝반짝 빛나는 창이 있는데 스무 개는 될 걸세. 트로이아군 전사자들에게서 빼앗은 것들이지."

이에 메리오네스가 대답했다.

"저도 그렇습니다. 제 검은 배 안에는 트로이아 군사들에게 빼앗은 전리품이 많이 있습니다. 그러나 지금 당장 쓸 것이 없을 뿐입니다. 그리고 저 역시 장군 못지않게 본분을 잊지 않고 살아왔습니다. 아마 장군께서도 아실 테지만 항상 전투에서 선봉에 나섰었지요."

이번에는 크레타군의 수장인 이도메네우스가 말했다.

"물론 그대의 활약상을 잘 알고 있소. 그런 것은 새삼 말할 필요도 없소. 만약 지금 선두 대열 옆에 있는 우리 아카이아 군대의 용사들

중에서 진격대를 고른다고 한다면, 누가 용기 있고 누가 겁쟁이인지 알 수 있지! 겁쟁이는 시시때때로 얼굴색이 변하며 몸을 제대로 가누지 못할 뿐만 아니라, 죽는 것이 두려워 가슴이 두근거리고 이가 덜덜 떨리지. 그러나 용감한 사나이라면 안색이 변하기는커녕 겁내거나 두려워하지 않으며, 오로지 싸우기만을 바라네. 그대도 그러할 테지. 아무도 감히 그대의 용기나 기량을 무시하지 못할 것일세. 만일 그대가 싸우다가 칼이나 화살에 맞는다면, 뒤통수나 등이 아니라 가슴이나 배일 것이네. 자, 이제 얘기는 그만 하고 내 막사로 가서 마음에 드는 창을 가져오게나."

메리오네스는 이도메네우스의 말이 끝나기 무섭게 청동 창을 가지고 와 당당하게 그의 뒤를 따랐다.

두 사람은 마치 군신 아레스가 싸움터로 돌진할 때처럼 청동으로 무장하고 나섰다. 메리오네스가 먼저 말을 하였다.

"크레타의 영주시여, 어디로 가는 편이 유리하겠습니까?"

이도메네우스가 대답했다.

"중앙에는 두 아이아스와 뛰어난 궁수인 테우크로스가 있소. 이들은 헥토르가 아무리 힘이 세다 하여도 함부로 대적할 수 없을 정도의 위력을 갖추고 있소. 아마도 인간으로서 일대일로 싸운다면 저 텔라몬의 아들 큰 아이아스는 결코 아무에게도 지지 않을 것이오. 아무리 아킬레우스라 하더라도 그와 일대일 결투를 벌인다면 누가 이길지 모르는 일이오. 그러니 그곳은 그들에게 맡겨두고, 우리는 진영 왼쪽으로 가봅시다. 우리가 적에게 영예를 넘겨줄지, 아니면 적이 우리에게 영예를 넘겨줄지 조금이라도 빠르고 분명하게 알고 싶소."

이렇게 말하니 메리오네스는 걸음이 빠른 아레스 못지않은 속력으로 선두에 나서서, 격전이 벌어지는 진영의 왼편 전장으로 나아갔다.

트로이아군은 용맹스러운 이도메네우스와 그를 수행하는 메리오네스가 훌륭한 갑옷을 두르고 나타나자, 하이에나처럼 무리를 지어 달려들었다. 이리하여 양쪽 부대의 전투가 함대의 뱃머리 부근에서 시작되었다. 전장에서 부딪치는 병장기의 소리와 격동적으로 움직이는 양군의 행동에서 사나운 바람이 소용돌이쳤다. 길가에 모래 먼지가 가장 많이 쌓이는 계절이라 온통 한데 휘몰아쳐 먼지구름을 온 천지에 끼게 하는 상태와 같이, 양군의 병사들이 한데 뒤죽박죽이 되어 치열한 결전이 벌어졌다.

인간을 파멸시키는 전투에서 살을 뚫는 긴 창의 파도가 울렁거렸고, 번쩍번쩍 빛나는 많은 투구와 새로 광을 낸 가슴받이, 혹은 찬연히 빛나는 큰 방패, 밀어닥치는 무장들의 청동 갑옷에서 눈부신 광채가 번쩍거렸다. 이렇게 격렬한 전투를 보고도 고통과 두려움을 느끼기는커녕 기뻐하는 인간이 있다면, 그는 분명 신이라 하겠다.

그런데 접전이 치열하게 고조되어 갈 때에 크로노스의 두 아들 제우스와 포세이돈은 서로 다른 생각을 하고 있었다. 제우스 쪽은 트로이아군과 헥토르에게 승리를 주고 싶어 했다. 그러나 아직은 아카이아군이 트로이아 평원에서 전멸되기를 원하지 않았으며, 다만 테티스 님페와 그 용맹스러운 아들 아킬레우스에게 영광을 주기 위해 때를 기다리고 있었다.

이에 반해서 대지를 흔드는 포세이돈 신은 허옇게 파도가 이는 바다에서 슬며시 솟아나와, 그리스인들 사이를 돌아다니며 격려했다. 그는 그들이 트로이아군에게 패퇴하여 고통을 받는 것을 참을 수 없었다. 또한 사태를 이런 지경으로 몰아가는 제우스를 원망하기도 했다. 두 신은 혈통도 부모도 다 같았지만, 권력 서열은 제우스가 더 높았다. 그럼에도 포세이돈은 제우스보다 항렬에서 형이 되는 존재였다.

헤시오도스의 《신들의 계보》에 따르면 제우스의 형제자매는 제우스를 비롯하여 헤라, 포세이돈, 하데스, 데메테르, 헤스티아 등이 있었다.

자식을 삼키는 크로노스_ 루벤스의 작품
크로노스는 자식들이 장차 자신의 자리를 탐할 것을 염려하여, 태어나는 족족 삼켜버린다.

제우스의 아버지 크로노스는 자신이 아들에 의해 권좌에서 쫓겨날 것이라는 예언 때문에 아내인 레아에게서 낳은 자식들을 모두 삼켜버렸다.

자식을 잃을 때마다 고통스러웠던 레아는 한 명이라도 구하고자 여섯 번째 아이를 출산할 때 아이 대신 돌덩이를 강보에 싸서 남편에게 건넸다. 그 돌덩이의 이름이 바로 옴팔로스이다. 그리고 진짜 제우스는 아말테이아에게 맡겼다. 그렇게 제우스는 남매 중 유일하게 살아남았다. 레아는 제우스를 숨기기 위해, 가이아의 조언에 따라 아

크로노스와 레아_ 메트로폴리탄 미술관 소장
레아는 제우스를 살리기 위해 아이 대신 돌덩이를 강보에
싸서 남편 크로노스에게 건넨다.

무도 찾을 수 없는 아이가이온 산의 깊은 숲속으로 데리고 갔다. 그리고 쿠레테스라는 정령들로 하여금 아기를 안전하게 지키게 했다. 정령들은 칼을 부딪치고 청동 방패들을 요란하게 두드리면서 아기의 울음소리를 감추었다. 이런 식으로 레아는 제우스가 성장해 어른이 될 때까지 무사히 지켜낼 수 있었다. 그리고 제우스는 아말테이아라는 암염소의 젖을 먹고 자랐는데, 나중에 아말테이아가 죽자 고마움을 표하기 위해 그녀를 하늘로 올려보내 염소자리로 만들어 주었다.

어른이 된 제우스는 신탁의 예언대로 아버지 크로노스를 폐위하고 신들의 왕이 되기로 결심했다. 우선 동료를 모으기 위해 아버지가 삼킨 형제들과 누이들을 되찾고자 그는 오케아노스의 딸 메티스로부터 구토제를 구해 어머니 레아에게 건네주었다. 레아는 제우스로부터 구토제를 받고, 남편인 크로노스에게 자신이 직접 담근 술이라며 속였다. 레아에게서 받은 구토제를 마신 크로노스는 예전에 삼킨 모든 자식과 돌을 토해 냈다. 헤스티아, 데메테르, 헤라, 하데스, 포세이돈이 그들이었다.

그렇기 때문에 제우스는 형제 중 가장 나이가 어린 막내였지만 몸은 벌써 어른이 된 상태였고, 크로노스 배 속에서 토해져 나온 형제들은 크로노스가 삼킬 때의 모습 그대로 갓난아기의 형상이었다. 그런 이유로 제우스가 올림포스의 일인자가 되었으며, 포세이돈과 나머지 형제들은 각각 영역을 나눠 세상을 다스리게 되었다.

이런 이유로 포세이돈은 제우스 모르게 사람의 모습을 하고 아카이아 진영에 뛰어들어 은밀히 격려하였다.

이와 같이 두 신이 각기 양쪽 편에 서서 준엄한 투쟁과 처참한 전투의 줄을 끊어지지도 풀리지도 않도록 하며 마구 끌어당기니, 많은 병사들만 피를 뿌리며 쓰러져 갔다.

이 무렵, 이도메네우스는 이미 머리가 반백으로 희어진 노장의 나이임에도 불구하고 그리스군을 격려하며 트로이아군 진영을 허물어뜨렸다. 먼저 쓰러뜨린 장수는 카베소스의 성에서 온 오트리오네우스라는 자로, 그는 멀리서 전쟁의 소문을 듣고 트로이아군에 참여하였다. 그는 프리아모스의 딸들 가운데 가장 아름다운 카산드라와 약혼 선물 없이 결혼할 수 있다는 약속을 받았다. 이후 트로이아가 위기에 처하자 이를 두고 볼 수가 없어서 참전하였다.

그러나 그는 아름다운 아내 카산드라를 품지도 못한 채 이도메네우스의 번쩍이는 창에 가슴을 내주어 그 자리에서 쓰러졌다.

이도메네우스는 그가 장렬히 죽음을 택하자 자랑스러운 목소리로 말했다.

"오트리오네우스여, 프리아모스가 딸을 그대에게 주기로 했다니, 천하의 행운아가 아닌가! 그러나 우리도 그 정도는 약속할 수 있고, 또 실행할 수가 있네. 만일 그대가 우리와 힘을 합쳐 이 트로이아의 홀륭한 도성을 공략해 준다면, 아트레우스의 딸들 중에서도 가장 아름다운 딸을 골라서 그대의 아내로 삼게 했을 것이네. 그러니 자, 따라오라. 대양을 건너는 배 위에서 혼례 의논이나 하자꾸나. 우리도 인연을 맺을 상대로서 그다지 부족함이 없을 테니까."

이렇게 말한 이도메네우스는 그의 다리를 잡고 질질 끌고 갔다. 이때 오트리오네우스를 구하려고 아시오스가 전차를 몰고 달려왔다.

아시오스가 단번에 이도메네우스를 무찌를 생각으로 덤벼들었으나, 이도메네우스의 창이 먼저 그의 목을 찔렀다. 그러자 아시오스는 마치 나무 기둥이 쓰러지듯 전차 앞에 온몸을 뻗고는 피를 뿌리며 땅으로 쓰러졌다. 마부가 순식간에 일어난 상황에 얼이 빠진 채 전차를 돌릴 생각

카산드라_ 에블린 드 모건의 작품
카산드라는 알렉산드라라고도 불린다. 그녀는 트로이아의 프리아모스왕과 헤카베의 딸로, 트로이아의 영웅 헥토르와 남매지간이다. 아폴론에게 예언의 능력을 받았지만 그의 사랑을 거절한 대가로 설득력을 빼앗긴, 불행한 예언자이다.

조차 하지 못하고 주춤거리자, 네스토르의 아들 안틸로코스가 마부마저 찌른 뒤 전차를 가로챘다.

그때 데이포보스는 아시오스의 복수를 하려고 이도메네우스를 향해 창을 던졌다. 이도메네우스는 방패 뒤로 몸을 숨겨 창을 피했으나, 빗나간 창은 히파소스의 아들 힙세노르의 횡격막을 관통했다.

이에 데이포보스가 기세등등하여 큰 소리로 고함을 질렀다.

"비록 아시오스가 여기 쓰러져 죽었지만, 그가 저승의 하데스에게 가는 길에 동행을 붙여주었으니 외롭지는 않을 것이다."

그리스 군대는 이 호언을 듣고 분개했다. 그중에서도 특히 용맹이 뛰어난 안틸로코스는 분을 삭이지 못했으며, 방패를 들어 힙세노르를 감싸고 가려주었다. 죽음으로 내몰린 힙세노르가 가쁜 숨을 쉬는 가운데 그의 신실한 전우인, 에키오스의 아들 메키스테우스와 용감한 알라스토르가 그를 구출하여 함선으로 후송하였다.

그런 가운데 이도메네우스는 조금도 굴하지 않고 오로지 트로이아 군의 병사들을 죽음의 어둠 속으로 밀어넣거나, 아니면 자기 자신이 쓰러질 때까지 아카이아군을 패전의 파멸에서 구하려고 기세가 등등했다. 이때 그는 아이시에테스의 아들이자 안키세스의 사위인 알카토오스를 죽였다. 안키세스의 맏딸 히포다메이아는 미모뿐 아니라 머리 또한 총명하여 트로이아에서 최고의 남자만이 그녀를 아내로 삼을 수 있다는 이야기가 있었다. 그 남자가 바로 알카토오스였다.

전투에서 부상을 입은 자를 묘사한 고대 조각상 ▶

하지만 이런 그도 포세이돈의 도움을 받은 이도메네우스 앞에서는 운명을 달리할 수밖에 없었다. 이도메네우스는 기세 좋게 소리를 쳤다.

"데이포보스여, 그대가 한 사람 대신 셋을 죽였으니 우리는 일단 동격이라 할 수 있겠구나. 그렇다면 그대가 나에게 정면으로 덤벼봐라. 그러면 제우스의 후예인 내가 어떤 인간인지 알려주마! 제우스의 아들 미노스가 데우칼리온을 낳았고, 데우칼리온이 나를 낳았지. 그래서 내가 크레타 왕국의 왕이 되었느니라."

이도메네우스가 말을 마치자 데이포보스는 어떻게 해야 할지 망설였다. 일단 뒤로 물러섰다가 트로이아 군사 중 힘이 강한 무장에게 도움을 청할까, 아니면 혼자 싸울 것인가, 고심하던 찰나에 그와 가까이에서 분전하고 있는 아이네이아스의 모습을 보았다. 결국 데이포보스는 아이네이아스에게 도움을 청하기로 했다.

아이네이아스는 평소 자신이 뛰어난 활약을 하는데도 프리아모스가 자기를 조금도 중히 여겨주지 않는다고 늘 불만을 품고 있었다. 데이포보스는 아이네이아스를 향해 말을 건넸다.

"아이네이아스여, 트로이아 군대의 조언자여, 지금이야말로 그대가 의리의 형제를 지켜주어야 할 때요. 조금이라도 원통하게 생각한다면 말이오. 자, 나와 함께 그대의 매부 알카토오스를 도웁시다. 그는 지금 이도메네우스에게 죽임을 당했다오."

데이포보스의 전언에 아이네이아스는 거친 분노를 일으켰으며, 전의에 넘쳐 이도메네우스를 향해 거침없이 나아갔다.

이도메네우스는 여신의 아들 아이네이아스를 알아보고 마치 야생의 멧돼지가 빳빳한 털을 곤두세우며 번쩍거리는 눈과 하얀 송곳니를 드러내듯이 자세를 잡은 후, 아이네이아스가 공격해 오기를 기다렸다. 그러면서도 그는 아스칼라포스, 아파레우스, 데이피로스, 메리오네스 그리고 안틸로코스에게 솔직한 마음을 전했다.

"전우들이여, 이제 나를 도와주어야겠소. 세상에 드문 명수인 데다 젊고 강한 아이네이아스가 이리로 달려오고 있소. 내가 저처럼 젊기만 하다면 혼자 결전을 치러볼 텐데!"

이렇게 말하니 전우들은 모두 한마음으로 의기를 모아, 큰 방패를 어깨에 걸치고 서로 나란히 몸의 간격을 좁히며 결전 태세를 갖췄다.

한편 아이네이아스도 데이포보스와 파리스, 아게노르 등 트로이아군의 장군들을 불렀다. 그러자 부하들도 함께 가세하여 마치 양 떼가 우두머리 숫양을 따라 움직이는 것처럼 보였다. 이 모습을 보자 아이네이아스는 뜨거운 용기가 불타올랐다.

그리하여 알카토오스의 시신을 놓고 양군 군사가 서로 눈앞까지 다가가 잘 다듬은 긴 자루의 창으로 찌르고 다투니, 접전 속에 무서운 파열음이 울려 퍼졌다. 그 가운데서도 한결 두드러지게 눈에 띄는 훌륭한 무장 두 사람, 아이네이아스와 이도메네우스는 군신 아레스의 용맹함처럼 인정사정없이 서로를 베기 위해 접전을 벌였다. 먼저 아이네이아스가 이도메네우스를 향하여 창을 던지자, 이도메네우스는 이를 알아차려 청동 창끝을 피하니, 아이네이아스의 창끝은 부르르 떨면서 땅으로 꽂혔다. 이번엔 이도메네우스가 상대편 오이노마오스의 배를 관통시켜 쓰러뜨렸다. 청동 창끝이 그의 창자를 휘젓자 그는 단말마의 비명 소리와 함께 먼지 속으로 쓰러졌다. 이도메네우스는 그 시신에서 그림자가 길게 드리워진 창을 뽑기는 했지만, 날아오는 화살 세례에 갑옷을 벗기지는 못했다. 그리고 체력의 한계도 느꼈다. 그는 다리가 후들거려 앞으로 돌진할 수도, 다른 사람의 공격을 피할 수도 없는 지경에 이르렀다.

그래서 그가 천천히 물러서는데, 데이포보스가 그를 향해 창을 던졌다. 그러나 그것은 빗나가 아스칼라포스의 어깨에 꽂혔다.

아레스의 아들인 아스칼라포스는 흙을 손아귀에 움켜쥐고 쓰러졌다. 이때 아레스는 제우스에 의해 올림포스산에 감금되어 있었기 때문에 아들이 쓰러진 사실을 알 수 없었다. 이제 양군은 아스칼라포스의 시신을 놓고 결전을 벌였다. 먼저 데이포보스가 아스칼라포스의 번쩍이는 투구를 벗겼다. 그러자 메리오네스가 민첩한 아레스처럼 덤벼들어 데이포보스의 팔 위쪽을 찔렀으므로 투구가 땅에 떨어졌다. 이에 데이포보스의 동생 폴리테스가 뛰쳐나와, 데이포보스의 허리를 안고 전차로 재빨리 후송시켰다.

한편 아이네이아스는 칼레토르의 아들 아파레우스의 목을 창으로 찔렀다. 아파레우스는 머리가 한편으로 축 처지면서 나동그라지더니 숨을 거뒀다.

이때 네스토르의 아들 안틸로코스는 트로이아의 무장 토온이 뒤돌아서는 것을 발견하고 재빨리 덤벼들어 칼로 내리쳐, 등줄기를 이어 목덜미까지 올라가는 혈관을 베어버렸다. 토온의 몸은 피가 솟아오르며 먼지가 이는 땅으로 나뒹굴고 말았다.

안틸로코스는 주위를 살피며 토온의 두 어깨에서 갑옷을 벗겼다. 그 사이에 트로이아 군사들은 사방에서 그를 포위하여 공격했다. 그러나 안틸로코스는 티끌 하나 다치지 않았다. 무수한 창이 즐비한 가운데에서도 대지를 뒤흔드는 포세이돈이 네스토르의 아들 안틸로코스를 지켜주었기 때문이다. 안틸로코스는 물러서지 않고, 오히려 적의 군사들 사이를 돌아다니며 쉴 새 없이 창을 휘두르면서 용감하게 싸웠다.

그는 창을 힘껏 들고는 누구를 향해 던질 것인가 살펴보았다. 이때 아시오스의 아들 아다마스가 안틸로코스의 행동을 제지하려고 달려들었다. 아다마스의 공격은 일단 이뤄졌지만, 포세이돈이 안틸로코스를 보호하였기 때문에 아다마스의 힘을 빼버렸다.

아다마스는 자신의 공격이 실패로 돌아가자 뒷걸음치며 달아나다가, 메리오네스의 창에 아랫배를 찔려 절명했다.

한쪽에서는 헬레노스가 접전 끝에 데이피로스의 관자놀이를 트라키아 칼로 베어 투구를 떨어뜨렸다. 이를 본 메넬라오스가 몹시 격분하여 헬레노스에게 창을 겨누었다. 하지만 헬레노스도 메넬라오스를 향해 활시위를 겨눴다. 두 사람은 동시에 창과 화살을 날렸다. 헬레노스의 화살은 메넬라오스의 갑옷 심장부를 명중시켰으나 갑옷을 뚫지는 못했다. 그러나 메넬라오스가 던진 창은 헬레노스의 손을 맞혔고 헬레노스가 잡고 있었던 활이 튕겨져 나갔다. 그가 팔을 축 늘어뜨린 채 쓰러져 있자 동료들이 와서 구출해 갔다.

이번에는 페이산드로스가 메넬라오스에게 덤벼들었다. 먼저 메넬라오스가 창을 던졌으나 빗나갔고, 페이산드로스도 메넬라오스에게 공격했으나 굳건한 방패를 뚫을 수가 없었다. 그런데도 페이산드로스는 자신의 승리를 확신하고 있었다. 그는 번쩍이는 도끼를 꺼내어 메넬라오스에게 덤벼들었다. 메넬라오스도 이에 지지 않고 창을 겨누어 달려들었다. 다시 맞붙은 결전에서 페이산드로스의 도끼는 말총을 단 투구의 별 장식 위를 찍었으나, 메넬라오스는 달려드는 페이산드로스의 이마와 콧마루 위쪽 끝 언저리를 후려쳤다. 이에 페이산드로스는 이마뼈가 빠개지고 두 눈이 피투성이가 되어 땅바닥 모래 속에 떨어져 파묻혔다.

메넬라오스가 그의 가슴을 발로 짓밟고 무구를 벗기며 승리를 외쳤다.

"버릇없는 트로이아군이여! 그대들은 무섭도록 천둥을 울리는 제우스 신의 격노를 전혀 두려워하지 않고, 나를 몹시 모욕했다. 너희는 손님으로 왔다가 나의 아내를 강탈해 갔다. 참으로 무례하고 뻔뻔하구나. 아무리 그대들이 더러운 개처럼 날뛰어도 언젠가는 전쟁도 끝날 것이다. 오, 제우스 아버지시여! 인간은 물론이고 모든 신들보다 위에 계신 이여! 어찌 이처럼 무도한 인간들에게 은혜를 내리시나요? 트로이아군은 오로지 전쟁에 싫증을 낼 줄 모르는 인간들입니다."

이렇게 말하며 메넬라오스는 피에 젖은 갑옷을 페이산드로스의 몸에서 벗겨내 부하들에게 넘겨주고, 자신은 다시 달려가 선두 부대 속에 합류하였다. 이때 메넬라오스는 필라이메네스의 아들 하르팔리온의 공격을 받았다. 하르팔리온은 자신의 아버지와 함께 파리스의 요청으로 트로이아를 돕기 위해 참전하였다.

메넬라오스의 가까이에 접근한 하르팔리온은 메넬라오스의 방패 한가운데를 힘껏 찔렀으나 꿰뚫지 못하고, 오히려 메넬라오스가 쏜 화살에 오른쪽 엉덩이가 관통당하고 말았다. 그는 자신의 부족인 파플라고니아의 전우에 의해 후송되었으나 숨을 거두고 말았다. 그의 죽음에 트로이아성에 있던 아버지 필라이메네스는 피눈물을 흘리며 복수를 원했지만, 결국은 복수를 하지 못했다.

이 소식을 접한 파리스는 몹시 격분했다. 왜냐하면 파플라고니아족은 그가 초청한 부족이었기 때문이다. 그래서 그는 그의 손님에 대한 복수의 화살을 겨누었다. 파리스의 화살은 예언자 폴리이도스의 아들 에우케노르를 절명시켰다. 에우케노르는 트로이아로 출항하기 전에 아버지 폴리이도스의 예언을 통해 이미 자기 운명을 알고 있었다.

이처럼 양군은 서로 한치의 양보도 없이 치열한 접전을 벌였으나, 아카이아군이 우세를 점했다. 그러나 헥토르는 배 왼쪽에서 트로이아 병사들이 쓰러지고 있는 걸 전혀 모른 채 싸우고 있었다. 그는 아직도 방벽을 밟고 들어간 그 자리에 머물러 있었다. 그곳은 아이아스와 프로테실라오스의 함선들이 기슭을 따라 정박해 있는 곳으로, 방벽 중에서 제일 낮았다. 그래서 트로이아군이 거세게 몰아칠 수 있었고 헥토르도 힘을 얻어 용맹을 떨칠 수 있었다.

밀려드는 트로이아군을 막기 위해 아테네의 정예 용사들이 분전했다. 여기서 보이오티아 부대, 옷자락을 끄는 이오니아 부대, 로크리스 부대와 프티아 부대, 또 세상에 이름을 떨친 에페이오이족 등이 간신히 헥토르의 군대를 막고 있었다. 이들의 선봉장은 메네스테우스로, 페이다스와 스티키오스, 굳건한 비아스를 부하로 거느리고 있었다. 에페이오이족의 지휘관은 필레우스의 아들 메게스와 암피온, 그리고 드라키오스였다.

프티아인들은 오일레우스왕의 서자이자 작은 아이아스와는 형제지간인 메돈과 포다르케스가 지휘했다. 이 두 사람은 선봉에 서서 보이오티아 병사들과 함께 방어했다.

한편 오일레우스의 아들 작은 아이아스는 텔라몬의 아들 큰 아이아스 곁에서 조금도 떨어지지 않았다. 마치 소 두 마리가 튼튼하게 만든 커다란 쟁기를 한마음 한뜻으로 끌고 가듯이, 어깨를 나란히 한 채서 있었다.

특히 작은 아이아스가 지휘하는 로크리스 부대는 백병전을 잘하는 부대가 아니라 활을 잘 다루는 궁수 요원들이었다. 그들은 화살을 쏘아 대는 한편 양모를 꼬아 만든 팔매로 트로이아군을 끊임없이 괴롭혔다. 이에 헥토르와 트로이아군은 빗발치는 화살 속에 분전을 하며 혼란스러워했다. 이때 만일 폴리다마스가 헥토르에게 조언을 하지 않았더라면, 트로이아군은 비 오듯 날아오는 화살을 못 이겨 물러섰을 것이다.

"헥토르여, 그대는 아무래도 남의 충고를 받아들이기가 힘이 드는 모양이오. 그대는 싸움에서라면 신께서 주신 뛰어난 재능을 받았소. 그러나 아무리 그대라도 모든 일을 혼자서 다 해낼 수는 없다오. 신께서 한 사람에게 전쟁 일을 통달시키면 다른 사람에게는 춤추는 재주를, 또 어떤 사람에게는

 폴리다마스
트로이아 전쟁에서 트로이아군의 원로이자 아폴론의 신관(神官)인 판토오스의 아들이다. 헥토르의 부관인 그는 충실한 조언자이며, 그리스군의 파트로클로스에게 치명적인 상처를 입힌 에우포르보스와 히페레노르와는 형제 사이이다.

그리스를 공격하는 헥토르를 막으려는 폴리다마스_ 존 플랙스먼의 18세기 일리아스 삽화

하프를 튕기며 노래 부르는 재능을 주시고, 어떤 사람에게는 훌륭한 분별력을 심어주어 많은 사람들이 그 덕에 혜택을 입도록 마련하시지요. 그리하여 그는 중생을 안도시키고, 더욱이 자기 자신도 그 덕을 잘 터득하게 되는 것이오. 헥토르여, 지금 나는 최상책이라고 믿는 것을 그대에게 말하고자 하오. 이곳은 그대를 둘러싸고 불타는 격전이 벌어지고 있소. 우리 군은 방벽을 무너뜨린 흥분에 함대 안에 흩어져 적과 싸우고 있소. 하지만 우리가 적의 진지를 함락할 것인지, 아니면 아직 안전할 때 물러갈 것인지를 장수들과 의논해야 하오. 왜냐하면 아킬레우스가 아직 건재하기 때문이오."

헥토르는 폴리다마스의 의견을 듣고 주저없이 말했다.

"좋소. 그러면 그대가 이 자리에 장수들을 모두 소집하시오. 나는 그동안 저곳으로 가서 한바탕 싸우고 오겠소."

헥토르는 이렇게 말하자마자 큰 소리로 외치면서 트로이아 군사와 동맹군 사이를 헤치며 뛰어갔다. 그리고 트로이아 각군의 수장들은

헥토르와 파리스_ 리처드 쿡의 작품
헥토르와 파리스는 부모가 같은 친형제 사이지만, 파리스와 헬레네의 잘못된 사랑 놀이로 인해 트로이아 전쟁이 일자 헥토르는 파리스를 멸시하게 되었다. 그림은 헬레네에 빠져 있는 파리스에게 전장에 나가도록 질책하는 헥토르를 묘사하였다.

판토오스의 아들인 폴리다마스 곁으로 모여들기 시작했다. 모두 헥토르의 부름을 받았기 때문이다.

한편 헥토르는 데이포보스와 용맹스러운 군주 헬레노스, 아다마스, 아시오스 등을 찾으러 선두 대열 사이를 헤치고 돌아다녔다. 그러나 이들이 보일 리가 없었다. 두 사람은 아카이아군에 의해 목숨을 잃었고, 나머지는 부상을 입고 성으로 돌아갔기 때문이다. 이러한 가운데 파리스가 부하들을 격려하고 있는 것을 발견했다. 헥토르는 가까이 가서 질책했다.

"얄미운 파리스, 그대는 괴이한 녀석이다. 모습은 남보다 뛰어날지 모르나 여자에 미친 유혹자와 똑같구나. 대체 데이포보스와 용맹스러운 군주 헬레노스, 아시오스의 아들 아다마스, 히르타코스의 아들 아시오스는 다들 어디 있느냐? 오, 이제 트로이아성은 무너졌구나."

파리스가 대답했다.

"형님은 무고한 사람을 책망하고 계십니다. 형님께서 싸움을 시작했을 때부터 나는 줄곧 여기 버티고 서서 그리스 군사와 쉴 새 없이 싸움을 계속해 왔습니다. 형님이 찾으시는 우리 편 무장들은 안타깝게도 모두 전사하고 말았습니다. 데이포보스와 용맹스러운 헬레노스님, 이 두 사람은 부상당해 성으로 돌아갔습니다. 어쨌든 명령만 내리십시오. 진심으로 복종하겠습니다. 우리의 힘이 미치는 한, 이 전쟁에서 반드시 우리가 승리할 것이라 생각합니다."

파리스의 말에 헥토르는 조금 마음이 가라앉았다. 그리하여 헥토르는 파리스와 그의 군대를 이끌고 맹렬한 격전이 벌어지는 치열한 곳으로 갔다. 그곳에는 케브리오네스와 폴리다마스, 팔케스, 오르타이오스, 용감한 폴리페테스, 팔미스, 그리고 히포티온의 두 아들 아스카니오스와 모리스 등이 있었다.

제우스가 이들에게 용기를 불어넣었으므로, 그들은 사방에서 불어닥친 매섭고 냉혹한 바람같이 사나운 기세로 나아갔다. 그 바람은 제우스의 천둥을 따라 인간 세계를 휩쓸었고, 바닷물과 교차하는 순간 무서운 굉음과 함께 엄청난 파도를 일으켰다. 그러자 온 바다 표면이 마치 활처럼 높이 휘어 올라 사방에서 흰 포말이 거칠게 일었다.

그와 같이 트로이아 군대는 앞에서도 뒤에서도 나란히 어깨를 맞추어 청동 창을 번쩍번쩍 빛내면서 앞으로 나아갔다.

그들을 인솔하는 헥토르는 인간에게 화를 끼치는 아레스처럼 팔방으로 균형이 잘 잡힌 방패를 앞에 들었다. 쇠가죽을 빈틈없이 발라 튼튼한 데다가 청동마저 두텁게 입혀져 있었다. 그는 앞으로 나아가면서, 이렇게 방패를 들고 밀어붙이면 혹 적들이 물러설지도 모른다고 생각했다.

그러나 헥토르의 무용은 아카이아 군사들의 용기를 꺾지는 못했다. 아카이아 진영에서는 아이아스가 성큼성큼 걸어나왔다.

"이놈들, 어디 덤빌 테면 덤벼라! 너희가 용기백배하여 덤빈다 해도 우리는 여기서 한 발짝도 물러서지 않을 것이다."

이렇게 그가 말하고 있는데, 마침 오른쪽으로 한 마리의 독수리가 높이 날았다. 아카이아군은 이 전조를 보고 함성을 질렀다. 이에 헥토르가 소리쳤다.

"아이아스여, 나는 산양 가죽의 방패를 가진 제우스의 아들이나 헤라 여신의 아들처럼 존경받고 있다. 이 손으로 너희 그리스군을 한 놈

그리스인과 트로이아인 간의 **전투 명판**_ 월터스 미술관 소장

도 남김없이 전멸시킬 것이다."

　이렇게 소리치고 선두에 나서니, 병사들도 그 뒤를 따랐다. 그들이
내는 아우성은 무서울 정도로 울려, 뒤에서 대기하는 부대도 그에 따
라 함성을 질러댔다. 아카이아군도 이에 뒤질세라 함성을 울렸다. 양
군의 함성이 얼마나 우렁찬지 제우스가 있는 올림포스에까지 울렸다.

아카이아인

선사시대에 그리스의 펠로폰네소스 반도에 이주하여 온 종족으로, 도리아족과 함께 그리스에서 행하는 모든 경기를 창시한 종족이라고 전한다. 북유럽으로부터 남쪽으로 내려온 인도·게르만 어족이라고 하는 것이 고고학적으로 또는 문헌상으로 증명되고 있는데, 호메로스는 시에서 그리스인 호칭의 하나로 아카이아인(Achaioi)를 썼다.

또 아카이아인의 나라를 의미하는 아키야바(Achchiyawa)라는 말이 기원전 14세기 중엽부터 히타이트 문서에 나타나기 시작하는 데에서, 이 시대의 그리스인이 동부 지중해로 진출하였다는 것을 알 수 있다.

도리아인이 침입하자 그들의 일부는 소아시아 서안으로 이주하였다. 또한 역사시대의 아카이아인은 펠로폰네소스 반도 북안의 아카이아 지방의 주민을 가리키며, 헬레니즘 시대에 들어와서는 전(全) 펠로폰네소스, 기타의 도시를 이끌어 아카이아 동맹을 맺고 그리스의 주요 세력이 되었다.

에페소스
고대 그리스의 식민 도시 유적으로, 아카이아인들이 건설하였다.

제 8 부

헤라의 유혹

헤라의 유혹에 넘어간 제우스

아카이아 진영에서는 노구의 몸을 이끌고 전쟁에 참여한 네스토르가 막간의 시간을 내어 술잔을 기울이고 있었다. 그러나 밖에서 들려오는 함성 때문에 그의 온 신경이 날카로워졌다.

"마카온이여, 무슨 큰일이라도 일어났나 보구려. 그대는 아직 치료를 받아야 하니, 헤카메데가 물을 데워 상처를 씻어줄 때까지 편히 쉬시오. 나는 돌아보고 오겠소."

네스토르는 말을 마치기가 무섭게 그의 아들 트라시메데스의 방패를 집어 들었다. 그 방패는 청동으로 만들어서 매우 번쩍이는 것인데, 아들이 조금 전 자기 아버지의 방패를 들고 나갔기 때문이다. 네스토르가 막사 밖으로 나가 보니, 그의 눈앞에는 보기에도 무참한 상황이 벌어지고 있었다.

아카이아군 뒤를 트로이아 군사가 기세도 사납게 쫓아오는데, 아카이아군의 방벽이 허물어진 곳으로 마치 일렁이는 큰 파도가 들이닥치는 것 같았다. 그런 상황에서 그는 거센 바람을 기다리는 파도처럼 전투에 참가할 것인가, 아니면 아가멤논을 찾아볼 것인가 잠시 망설였다. 그러다가 결국 아가멤논을 찾기로 마음먹고, 전선을 뒤로한 채 그곳을 벗어나는 도중에 상처를 입고 함대에서 나오는 디오메데스와 오디세우스, 아가멤논을 만났다.

아가멤논이 먼저 네스토르를 향해 말했다.

"오오, 넬레우스의 아들 네스토로여, 아카이아군의 커다란 영광인 그대가 어째서 싸움터에서 떠났는가? 나는 트로이아의 헥토르의 호언이 실현될까 봐 두렵소! 그는 전에 트로이아 사람들끼리 회의를 열었을 때 이렇게 위협하였소. 우리의 함선들을 불질러 태워 없애고 아카이아 병사들을 다 죽이기 전에는 결코 돌아가지 않겠다고 말이오. 지금 그의 호언이 이루어지려 하고 있소."

네스토르가 말했다.

"말씀대로 그러한 일이 일어나고 있는 데다가 또 제우스 신도 계획을 달리 바꾸실 수는 없을 것이오. 왜냐하면 우리 모두 그토록 의지하고 믿었던 방벽마저 보람도 없이 완전히 무너졌고, 뱃전에서 격전이 벌어지니 말입니다."

이에 그리스 연합군의 총사령관 아가멤논이 말했다.

"네스토르여, 그대 말대로 지금 함대 근처에서는 여전히 싸움이 계속되고 있고, 또 견고하게 세운 방벽도 깊게 판 참호도 아무런 소용이 없었소. 제우스의 뜻은 아카이아군이 이곳 타향에서 멸망하는 것인가 보오. 그러니 지금부터 내가 하는 말을 잘 듣고 지켜 주시오. 우선 첫째로, 해안에 끌어올려 놓은 함선들을 모조리 끌어내려 바다에 띄운

아가멤논의 회의 _ 렘브란트의 작품
아가멤논이 보고를 듣는 장면을 묘사하였다. 그림 속 인물들 복장을 트로이아 시대 때가 아니라 네
덜란드 중세 시대 때의 것으로 표현한 점이 매우 이채롭다.

다음, 저 앞바다에 닻을 던져 정박시킵시다. 그리고 밤이 오기를 기다
려 야반도주를 해서라도 이 곤경을 벗어남이 옳을 듯하오."

그러자 오디세우스가 눈을 부릅떴다.

"아트레우스의 아들이여, 무슨 당치 않은 이야기를 하십니까! 부끄
러운 줄 아십시오. 우린 마지막 한 사람이 죽어 넘어질 때까지 싸우겠
습니다. 이곳에 어떻게 왔습니까? 그런데 그냥 떠나자니 그게 무슨 말
이오? 나는 지금 그 말을 듣고 그대의 분별력을 의심하지 않을 수 없
소. 싸움과 함성이 여전히 계속되고 있는데도 함선들을 바다로 끌어

내리라고 명령하시니 말입니다. 그렇지 않아도 트로이아군이 우세한 참에 그들의 소원이 이루어지는 명령을 내리다니, 참으로 실망입니다. 그렇게 한다면 우리는 지고 말 것입니다. 만일 함대를 띄우는 것을 보면 병사들은 싸우려 들지 않을 것입니다."

오디세우스의 질책에 아가멤논이 대답했다.

"오디세우스 장군이여, 그대의 준열한 비난이 나의 마음을 찔렀소. 나 역시 아카이아의 아들들이 바라지 않는 것을 군이 하라고 명령하는 것은 아니오. 자, 이제 누구든 훌륭한 방안을 말해 주는 사람이 있으면 나는 기쁘게 받아들이겠소."

이때 디오메데스가 일어나 말했다.

"우리 중에 가장 나이 어린 제가 나선다고 꾸짖지 않으신다면 감히 말씀드리겠습니다. 저는 훌륭한 혈통을 이어받았지요. 지금은 테바이의 무덤에 누워 계시지만 포르테우스의 혈통을 이어받으신 티데우스가 제 아버지이기 때문입니다. 포르테우스께서는 아그리오스와 멜라스, 그리고 저의 조부 오이네우스를 두셨지요. 그리고 아버지 티데우스께서는 제우스를 비롯한 신들의 뜻을 받들어 아르고스에 정주하셔서 아드라스토스의 따님과 결혼하셨지요. 그러니 저의 출신이 천하다든가 하는 구실로 제 말을 가볍게 여기지 말아주십시오. 그럼, 싸우러 나갑시다.

◀ 티데우스 청동상
그리스 신화에서 테바이를 공격한 7장군 가운데 한 사람이다. 티데우스는 아르고스의 데이필레와 결혼하여, 트로이아 전쟁에서 용맹을 떨친 디오메데스를 낳았다.

비록 부상당했더라도 어쩔 수 없지요. 우리는 결전에서 떨어져 사정 거리 밖에서 몸을 피하고 있으면 될 것입니다. 저는 전투를 계속할 것 입니다. 부상을 입는다 해도 그땐 다른 병사들을 독려하면 됩니다."

이렇게 말하니, 모두 진심으로 감탄하여 귀를 기울이다가 그대로 따르기로 하였다. 그리고 아가멤논이 앞장서서 싸움터로 향했다. 대지를 뒤흔드는 그 이름도 드높은 포세이돈 신도 눈먼 파수를 보지는 않았다. 그래서 나이 많은 병사의 모습을 하고 그들 뒤를 따라가다가, 아트레우스의 아들 아가멤논의 오른손을 덥석 잡았다. 그러고는 그를 향해 소리 높여 위세 드높게 말했다.

"아트레우스의 아들이여, 아마도 아킬레우스는 그 저주스러운 마음 밑바닥에서 아카이아군이 살해되고 패주하는 모습을 보고 기뻐하고 있을 것이오. 분별심이라곤 털끝만큼도 없는 자가 아니오? 자, 그 어리석음으로 땅을 치게 만드시오. 그리고 트로이아 장수들과 지휘관들이 넘어온 저 평야를 다시 먼지투성이로 만들 날이 다가온다는 것도 알아두시오. 그대의 눈으로 그들이 자기네 성으로 달아나는 것을 보게 되리라."

말을 마친 포세이돈은 크게 소리를 지르며 평원을 향해 질주하였다. 그의 소리는 마치 구천 혹은 만 명의 장정이 혈전 중에 외치는 소리처럼 평원에 울려 퍼졌다. 따라서 아카이아군의 가슴속에는 싸우고 싶은 욕망이 드높아졌다.

한편, 황금 옥좌의 헤라 여신은 그때 올림포스의 봉우리에 서서 사방을 내려다보고 있었다.

여신은 아카이아 병사들 사이를 분주하게 돌아다니는 친오빠이자 시동생인 포세이돈을 발견하고 매우 기뻐했다. 그러나 한편으로 생각하니 남편 제우스가 미워졌다. 암소의 눈을 한 헤라 여신은 어떻게 하면 산양 가죽의 방패를 가진 제우스의 마음을 감쪽같이 속일 수 있을까 하고 궁리에 잠겼다.

궁리 끝에 생각해 낸 것이 제우스를 유혹하여 단잠을 재우기로 했다. 그리하여 헤라는 아들 헤파이스토스가 지어준 방으로 들어갔다. 그곳은 굵직한 기둥이 양쪽에 서 있고 튼튼한 문짝이 붙어 있는 데다가 눈에 안 보이는 빗장까지 달려 있어, 다른 신들은 출입을 할 수가 없었다.

헤라는 문을 잠그고 정성스레 목욕을 한 뒤, 신들만이 사용하는 서늘하고 향기로운 올리브기름을 온몸에 듬뿍 발랐다. 거기에는 풍부한 훈향이 스며 있어서 몸을 움직일 때마다 향기로운 향기가 제우스의 궁전과 대지로, 혹은 창공으로 퍼져 나갔다. 이렇게 여신은 고운 살갗에도 머리칼에도 올리브기름을 바르고, 윤이 나는 머리카락을 손수 땋아 올렸다. 또 아름답고 향기로운 머리카락을 몇 가닥 불사의 머리에서 늘어뜨렸다. 몸에는 향기 그윽한 신의를 입고, 가슴에는 황금 브로치를 꽂았다. 빛나는 신의는 여신 아테나가 선사한 옷으로, 직물의 여신답게 매우 정교하면서도 아름다운 무늬를 새겨놓은 것이었다.

또 백 개의 술이 달린 띠를 허리에 맨 뒤 어여쁜 귀에는 세 개의 오디로 된 귀걸이를 달자, 여신의 아름다움은 눈이 부실 정도였다.

그리고 여신들 중에서도 가장 고귀한 여신은 새로 지은 깨끗한 비단옷으로 온몸을 감쌌다. 그 하얀 빛은 마치 태양빛을 보는 듯했다. 이어 매끄러운 발에 훌륭한 샌들을 신고 모든 치장이 순조롭게 끝나자

방에서 나와, 미의 여신 아프로디테를 은밀히 불렀다.

"청이 있는데 좀 들어주시오. 내가 그리스군의 편을 든다고 화를 내지 말고, 모처럼의 청이니 들어주시오."

미의 여신 아프로디테는 어느 때보다 아름다운 치장을 한 헤라 여신의 요구가 뭔지 궁금했다.

"헤라 님, 여신의 우두머리요, 높으신 크로노스 신의 따님이시니 무엇이든 생각하시는 일을 말씀하세요. 제가 할 수 있는 것이라면 부탁하시는 일을 마다하지 않겠습니다."

그러자 교활한 속셈을 감춘 헤라 여신이 말했다.

"그럼, 너 나 할 것 없이, 신이든 인간이든 마음대로 정복할 수 있었던 그대의 애정과 욕망을 내게 주어요. 나는 지금부터 풍요의 대지 끝으로 가려 한다오. 그곳에 계신 신들의 아버지인 오케아노스와 어머니인 테티스를 찾아 화해시키고 싶소. 전능하신 제우스께서 크로노스를 땅과 바다 밑의 감옥인 타르타로스에 밀어 넣었을 때, 두 분은 나를 레아 손에서 빼앗아 보호하고 돌봐 주셨지. 그러니 그냥 있을 수 없지 않겠소? 만일 내가 그분들을 설득해 옛일을 돌이킬 수만 있다면 소원이 없겠소."

그러자 미소를 좋아하는 여신 아프로디테가 대답했다.

"그런 말씀이라면 거절해선 안 되지요. 당신은 전능하신 제우스 주신의 품에서 잠드시는 분인데요."

아프로디테는 가슴에서 온갖 매력을 수놓은 끈을 내놓았다. 그 끈에는 사랑이 있고, 갈망이 있으며, 애인의 달콤한 속삭임이 있었다. 그 끈을 허리에 차면 어떤 냉혹한 남신이라 해도 그 마음을 단번에

헤라와 아프로디테_ 가이 헤드의 작품
아프로디테가 헤라 여신에게 자신의 마법 허리띠 케스토스 히마스를 매어주는 장면을 묘사한 그림이다.

녹여 낼 수 있는, 비법의 허리 끈 '케스토스 히마스'였다.

아프로디테는 이것을 헤라의 손에 건네주며 말했다.

"제가 가장 아끼는, 마법의 끈 케스토스 히마스를 빌려 드릴 테니 가지고 가세요. 이것만 있으면, 무슨 일이든 여신께서 원하시는 일을 이루지 못한 채 돌아오시는 일은 절대로 없을 거예요."

이렇게 말하니, 헤라 여신은 미소를 지으며 그 띠를 자기 품에 넣었다. 그렇게 두 여신이 헤어진 후 헤라 여신은 올림포스의 봉우리를 힘차게 떠나 피에리아와 경치가 아름다운 에마티에 등의 도시 위를 지났고, 말을 기르는 트라키아인들의 눈 덮인 산정 위를 나는 듯 걸어갔다. 그러나 여신의 발은 결코 땅에 닿지 않았다. 그리고 아토스산의 곶에서 물결치는 바다 위를 건너 렘노스섬에 이르렀다. 여기서 헤라 여신은 죽음의 형제인 잠의 신 힙노스를 만나, 손을 잡으면서 이름을 불러 말했다.

"온 세상을 잠들게 하는 잠의 신 힙노스여, 모든 신과 인간들을 지배하는 그대는 예전에도 나의 청을 들어주었지만, 이번에도 꼭 들어주세요. 그러면 나는 언제까지나 고맙게 생각하고 있을 테니까. 내가 제우스와 몸을 섞어 자리에 들게 되면 제우스 님의 빛나는 두 눈이 꼭 감기게 해주세요. 사례로는 황금으로 만들어 결코 부서지지 않는 대좌를 드리겠어요. 내 아들인 헤파이스토스가 만들어 드릴 거예요."

이에 달콤하고 즐거운 잠의 신 힙노스가 대답했다.

"헤라 여신이여. 다른 분이라면 영생하는 신들 중의 어느 누구든, 나는 금방 잠들게 할 수 있습니다. 그러나 제우스 님만은 저도 쉬 가까이 갈 수도 없고, 하물며 잠재워 드릴 수도 없습니다. 그분께서 스스로 그런 명령을 내리시면 몰라도. 아시겠지만, 지난번에도 여신님의 분부대로 했다가 혼난 적이 있지요. 바로 그날, 의기왕성한 제우스의 아드님 헤라클레스가 트로이아 도성을 공략한 뒤 일리오스(트로이아)에서 배를 타고 떠날 무렵의 일이었지요. 나는 제우스 님의 마음에 달콤하고 즐거운 잠을 살며시 덮쳐서 재워 드렸습니다. 그 후에 여신님은 바다의 태풍을 일으켜, 헤라클레스를 벗들로부터 먼 곳인 작은 섬 코스로 쫓아버렸지요. 제우스 님이 잠에서 깨어 이 사실을 알고는 매우 화를 내시며 궁전 안의 신들을 닥치는 대로 집어 던지셨습니다. 그중에서도 특히 나를 찾으셨습니다. 그때 나는 형태도 그림자도 없어지도록 높은 하늘에서 바닷속으로 내동댕이쳐

▼ 잠의 신 힙노스의 전신상

지고 말았을 운명이었으나, 신들과 인간들을 굴복시키는 저 밤의 여신 닉스 님이 도와주어 달아날 수 있었지요. 제우스 님은 화가 다 풀리지 않았지만 참아주셨습니다. 그분도 밤의 여신의 비위를 건드리는 일은 삼가셨기 때문이지요. 그런데 다시 그런 위험한 일을 하라는 분부를 내리시는군요."

다시 암소 눈처럼 눈망울이 큰 헤라 여신이 말했다.

"잠의 신 힙노스여, 어째서 그대는 마음속으로 그런 것을 생각하고 계세요? 정말로 멀리 천둥번개를 울리시는 저 제우스 님께서 자기 아들 헤라클레스 때문에 격노하셨을 때처럼 그렇게 트로이아인들을 도우리라 생각하시나요?

자, 내가 젊고 아름다운 카리테스 중 그대가 평소 흠모

잠들어 있는 힙노스와 타나토스_ 존 윌리엄 워터하우스의 작품
힙노스는 죽음의 신 타나토스와 쌍둥이 형제로 모든 신과 인간과 동물을 깊은 잠에 빠뜨리는 힘
을 지녔다.

했던 파시테아를 그대에게 줄 터이니, 아내로 맞으시오."

이렇게 말하니, 잠의 신 힙노스는 기뻐하며 여신에게 대답했다.

"좋습니다. 그 약속을 저승의 강 스틱스의 거짓말을 모르는 강물에
맹세하여 주십시오. 한 손으로 어머니인 대지를 잡고, 나머지 손은 번
쩍이는 바다를 짚으시오. 그리고 크로노스와 더불어 모든 신들께 언
약하시오. 맹세코 젊은 미의 신, 즉 내가 항상 그리던 파시테아를 내
게 보낸다고 말이오."

헤라 여신은 힙노스가 요구한 대로 타르타로스 아래 티탄으로 불리는 모든 신들을 증인으로 내세워 맹세를 했다. 그리고 두 신은 렘노스섬과 임브로스의 도시를 떠나 구름에 모습을 감춘 채 순식간에 앞으로 나아갔다.

이윽고 많은 샘이 솟는 이다산에 도착하여, 야수의 어머니라 일컬어지는 렉톤에서 두 신은 멈췄다. 잠의 신 힙노스는 제우스의 눈을 피하기 위해 키가 가장 큰 소나무 위로 올라갔다. 이 나무는 안개 속을 뚫고 올라가 높은 하늘까지 이르렀다. 힙노스는 이 가지 위에 명금(鳴禽)으로 변신하여 앉아 있었다. 그 새는 신들은 칼시스, 인간은 키민디스라 부르는 새였다.

한편 헤라 여신이 이다산의 가르가론 봉우리 쪽으로 나아가니, 구름을 모으고 있던 제우스의 눈에 그 모습이 들어왔다. 그 순간 제우스는 헤라 여신과 처음 사랑을 나누던 그때처럼 애욕이 마음 깊은 곳에서 솟구쳤다.

당시 제우스는 헤라에게 빠져 양친의 눈을 속이고 이따금 살며시 잠자리에 들어 사랑을 나누었는데, 그런 마음이 새삼 솟구친 것이다.

"헤라여, 어디로 가느라고 올림포스에서 내려와 여기에 이르렀는가? 보아하니 말도 보이지 않고, 타고 다닐 수레도 없는 듯한데."

교활한 꿍꿍이를 가슴에 품은 헤라 여신은 하프가 찰랑거리는 듯한 목소리로 대답했다.

"저는 지금 풍요의 대지 끝으로 가고 있답니다. 신들의 조상이신 오케아노스와 테티스를 뵈러 가는 길입니다. 이 두 분이 한때나마 저를 돌보며 길러주셨으니, 찾아가서 오래된 불화를 풀어 드리려고요.

제우스를 유혹하는 헤라_ 앙투안 쿠아펠의 작품
헤라 여신은 아프로디테의 마법 허리띠 '케스토스 히마스'를 빌려 차고 제우스의 앞에 나타난다. 제
우스는 평소에 원수지간 같았던 헤라가 어느 여신보다 아름답게 느껴져 그녀의 유혹에 빠져든다.

두 분이 잠자리도 식사도 함께하시지 않은 지가 참으로 오래되었지요.
그래서 당신께 말하려고 여기에 온 것입니다. 만일 아무 말 없이 흐름
이 깊은 오케아노스 궁전에 가면 당신이 나중에 노할 것 아닙니까?"

이에 구름의 신 제우스가 말했다.

"헤라여, 그쪽에는 나중에 찾아가도 될 것이오. 그보다는 우리 둘
이서 한 잠자리에 들어가 사랑의 기쁨을 누려봅시다. 일찍이 여신이
나 인간의 여인에 대한 애정이 이와 같이 가슴속에서 내 마음을 사로

잡아 압도해 버린 적은 없었소. 신에 못지않게 슬기로운 페이리토오스를 낳은 디아에게 반했을 때에도, 모든 전사들 중에서 가장 용감한 페르세우스를 낳아준 다나에를 사랑했을 때에도, 나를 위하여 미노스와 라다만티스를 낳은 에우로페를 납치하여 사랑을 나누었을 때에도, 디오니소스를 낳은 세멜레와 힘센 헤라클레스를 낳은 테바이의 알크메네를 사랑할 때에도 이렇지는 않았소. 더욱이 그대와 자매 사이인 대지의 여신 데메테르를 사랑할 때에도, 그리고 레토를 사랑할 때에도, 아니 진실로 그대를 사랑할 때에도 이렇진 않았소. 진정 지금처럼 달콤한 욕망이 나를 사로잡은 적은 일찍이 없었소!"

제우스의 말이 끝나자 헤라는 속으로 회심의 미소를 지었지만, 겉으로는 부드러우면서도 쌀쌀한 어투로 말했다.

"누구보다도 두려운 크로노스의 아드님, 그게 무슨 말씀이세요? 지금 이런 곳에서 저와 사랑의 동침을 원하시다니요. 이 이다산 꼭대기에서 그런 짓을 하다가는 다른 신들에게 들키고 말겠어요. 제우스 님께서는 아프로디테와 아레스가 몰래 사랑을 나누다가 아프로디테의 남편 헤파이스토스에게 발각되어 모든 신들에게 웃음거리가 된 일을 기억하시겠지요.

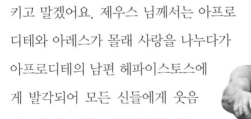

◀ 제우스와 헤라
그리스 신화 속의 주신 제우스와 그의 부인인 헤라의 사이는 애증의 관계이다.

물론 아레스와 헤파이스토스는 당신과 나의 아들들이지만, 저도 그때의 일을 생각하면 지금도 웃음을 참을 수 없답니다. 혹시 기억하지 못한다면 다시 상기시켜 드리겠어요."

　헤파이스토스는 보잘것없는 외모 때문에 아내가 없었다. 하지만 그는 올림포스 신들 중 최고의 손재주를 지녔다. 올림포스의 신들이 티탄족들과 싸움을 하고 있을 때, 제우스는 "티탄족을 무찌를 수 있게 해주는 자에게는 여신 중에서 가장 아름다운 아프로디테를 아내로 주겠다."라고 약속했다. 헤파이스토스는 번개라는 무기를 발명하여 제우스에게 선물로 주었고, 제우스는 이 번개로 티탄족을 하나하나 토벌할 수 있었다. 이후 제우스는 약속대로 아프로디테를 헤파이스토스의 아내로 주었다. 하지만 헤파이스토스가 대장간 일을 핑계로 아프로디테와 함께하지 않자 아프로디테는 전쟁의 신 아레스와 밀회를 하기 시작하였다.

헤파이스토스의 대장간에 온 아프로디테
_프란체스코 솔리메나의 작품
헤파이토스는 아프로디테의 불륜에 굴욕감을 느끼면서도 그녀의 매력에 반해 어쩔 줄 모르기도 하는, 재미있는 성격이다. 그림은 아프로디테가 아이네이아스에게 주려고 헤파이스토스에게 부탁한 황금방패를 구경하러 대장간에 들르는 장면이다. 헤파이스토스는 아프로디테의 아름다움에 반해 완전히 넋을 잃은 모습으로 올려다보고 있다.

헤파이스토스에게 아프로디테의 불륜을 밀고하는 아폴론_ 디에고 벨라스케스의 작품
아폴론은 태양신이기도 하기에, 높은 하늘에서 아프로디테와 아레스의 불륜 현장을 목격한다. 그
는 헤파이스토스에게 이 사실을 밀고하고, 분노한 헤파이스토스는 투명 그물을 만들어 그들에게
망신을 줄 계획을 꾸민다.

    이를 지켜본 태양신 아폴론이 헤파이스토스에게 이 사실을 밀고하
였고, 헤파이스토스는 청동을 가늘게 늘여 짠 그물을 만들어 아프로
디테의 침대에 쳤다. 이것을 모르고 아레스와 밀회를 즐기던 아프로
디테는 헤파이스토스를 보자 아레스와 함께 자리를 피하려 하지만 그
물에 걸려 움직일 수 없게 되어, 여러 신들에게 망신을 당하였다. 포
세이돈이 두 신을 풀어주라고 설득하며 아레스가 잘못에 대해 보상할
것이라고 보증을 하자 헤파이토스는 두 신을 풀어 주었다.

    아프로디테와 아레스의 밀회는 신들의 세계에서 최고의 스캔들로
입에 오르내렸는데, 헤라는 이를 다시 한번 상기시킨 것이다. 그러자

아프로디테와 아레스의 불륜_ 알렉상드르 샤를 길레모의 작품
아프로디테가 아레스와 불륜을 일으키자, 이에 분노한 헤파이스토스는 투명 그물을 만들어 그들을
꼼짝 못 하게 하고 불륜 행위를 모든 신들에게 구경시키는 창피를 준다.

제우스와 헤라_ 안니발레 카라치의 작품
헤라의 유혹에 빠진 제우스는 트로이아군을 돕는 것을 마다하고 헤라와 잠자리를 함께한다.

제우스가 말했다.

"아프로디테와 아레스는 불륜 관계였지만, 당신과 나는 신과 인간
들이 다 아는 부부 사이이니 무엇이 문제겠소?"

헤라 여신은 못 이기는 척 다시 말했다.

"당신이 진정 원하신다면, 당신과 나의 아들 헤파이스토스가 지어
준 궁으로 가서 사랑을 나누지요."

제우스는 급한 나머지 헤라에게 다시 말했다.

"헤라여, 신이 보든 인간이 보든 무엇이 두렵단 말이오? 내 황금 구

름을 주위로 잔뜩 모아, 가장 강렬한 태양신도 못 보게 하리라.”

이렇게 말하기가 무섭게 제우스가 두 팔로 헤라를 끌어안자 이슬에 젖은 클로버, 크로커스와 히아신스 등 귀여운 꽃들이 땅 위로 쑥쑥 솟아올라 푹신한 침대가 되었다. 여기에 두 신이 눕자 금빛 구름이 몰려와, 반짝이는 이슬방울이 뚝뚝 떨어졌다.

제우스가 가르가론 꼭대기에서 헤라의 품에 안겨 사랑에 빠질 때, 힙노스는 서둘러 포세이돈을 찾아 이 소식을 알렸다.

“헤라 여신이 제우스 주신을 잠자리에 유혹하여, 내 친히 그분을 달콤한 잠에 빠지게 했소. 지금이 기회이니 그리스군에게 승리를 베푸시오.”

힙노스의 말을 들은 포세이돈은 싸움터로 달려들어 큰 소리로 외쳤다.

“그리스의 군사들이여, 이대로 주저앉고 말 것인가? 아킬레우스가 없다고 헥토르한테 승리를 안겨 주어도 되는가? 자, 내 말을 듣고 따르라. 방패 중 가장 튼튼한 것을 골라내어 몸을 가리고, 머리는 눈부시게 번쩍이는 투구로 덮고, 두 손으로는 가장 긴 창을 잡고 앞으로 전진하는 것이다. 그러면 내가 선두에 서서 앞장서리라. 헥토르도 감히 내 앞에서 견디지 못할 것이다.”

포세이돈의 말에 디오메데스와 오디세우스, 아가멤논은 부상을 입었음에도 불구하고, 사방을 돌아다니며 병사들을 독려했다.

포세이돈이 섬광처럼 번쩍이는 칼을 들고 앞장서자 어느 누구도 그를 향해 덤벼들지 못했다.

한편 트로이아 군대도 영예 드높은 헥토르가 병사들을 독려하여 격전을 준비하였다. 마침내 헥토르와 포세이돈이 부딪치게 되었다. 그러자 양군의 함성이 지축을 흔들듯 우렁차게 울려 퍼졌다. 일찍이 이런 함성은 없었다. 거센 바람이 나무를 휩쓸 때에도, 성난 파도와 폭풍우가 바다를 휘감을 때에도 이토록 높지 않았다.

그때 헥토르는 자기를 향해 돌진해 오는, 텔라몬의 아들 아이아스를 발견했다.

헥토르는 급히 창을 겨누어 던졌으나 방패 끝 부분을 맞혔고, 상처는 주지 못한 채 잠시 주춤거리다 한 발 물러났다.

이때를 놓치지 않고 아이아스가 큰 돌을 집어 헥토르한테 던졌다. 쇄골 부분에 돌을 맞은 헥토르는 비틀거리며 그 자리에서 쓰러졌다. 그러자 그가 쥐고 있던 창과 방패가 나동그라지며 요란한 소리를 냈다.

헥토르가 쓰러지는 장면을 본 아카이아군은 함성을 지르며 곧장 달려 나왔다. 그러나 그보다 먼저 트로이아군의 수장인 폴리다마스와 아이네이아스, 아게노르, 리키아의 왕 사르페돈, 글라우코스 등이 헥토르를 보호하려고 그를 빙 둘러섰기 때문에, 누구 하나 헥토르에게 더 이상의 상처를 입히지 못했다.

◀ 헥토르와 아이아스의 결투 모습이 새겨진 도자기 그림

트로이아 수장들은 고통스럽게 신음하고 있는 헥토르를 성으로 옮겼다. 그들은 크산토스강 하구에 이르러 헥토르를 땅에 눕힌 뒤 물을 끼얹었다.

그제야 헥토르가 잠시 눈을 떴다가 피를 울컥 토한 다음, 다시 정신을 잃었다.

헥토르가 쓰러져 실려 나가는 것을 본 아카이아군은 용기백배하여 트로이아군을 공격하였다. 이때 누구보다도 앞장서서 활약한 사람은 오일레우스의 아들인 아이아스였으니, 그는 창을 들고 달려들어 사트니오스의 옆구리를 찔러 쓰러뜨렸다. 사트니오스는 사트니오에이스강 가에서 가축 떼를 돌보고 있던 에놉스에게 님페가 낳아준 아들이었다.

양군은 그의 시신을 서로 빼앗기 위해 싸움을 벌였다. 먼저 그를 지키려고 판토오스의 아들이자 창의 명수로 알려진 폴리다마스가 나타나, 프로토에노르의 오른쪽 어깨를 공격해 쓰러뜨렸다. 폴리다마스는 신이 나서 큰 소리로 외쳤다.

"자, 보았느냐! 의기도 왕성한 아카이아 용사가 하데스궁에 떨어졌다. 그와 함께 친구가 되어 동행할 사람은 어서 나와라."

이렇게 말하니 그리스 군사들은 그의 장담에 모두 가슴이 쓰라렸는데, 텔라몬의 아들 큰 아이아스는 용맹심이 솟구쳤다. 그는 기고만장한 폴리다마스를 향해 창을 던졌다. 그러나 폴리다마스가 몸을 살짝 피하는 바람에, 안테노르의 아들 아르켈로코스가 맞아 그 자리에서 절명했다. 아이아스는 폴리다마스에게 소리쳤다.

"건방진 폴리다마스여, 프로토에노르의 목숨에 대한 대가로 네 놈

대신 아르켈로코스의 목숨을 취했노라."

아이아스의 모욕에 트로이아군은 자극을 받았다. 이때 아카마스는 죽은 형 곁을 돌아다니다가, 보이오티아인 프로마코스를 창으로 찔렀다. 그는 아르켈로코스의 두 다리를 잡고 끌고 가려던 참이었다.

아카마스는 자신만만해져 외쳤다.

"활이나 쏘는 그리스 녀석들, 주둥이만으로 큰 소리를 치는 데 진력이 난 모양이구나. 우리에게만 이러한 고생과 비탄이 있는 것은 아니고, 언젠가는 그대들도 칼에 맞아 죽을 때가 있을 것이다. 자, 프로마코스가 고꾸라져 있는 꼴을 좀 보라. 내 형님이 흘린 피의 대가이다."

아카마스의 도발에 그리스군은 전의를 불태웠는데, 그중에서도 특히 페넬레오스가 격분하여 아카마스에게 덤벼들었다. 그의 격렬한 공격을 막아설 수 없는 아카마스가 달아났으므로, 페넬레오스는 양을 많이 가진 포르바스의 아들 일리오네우스를 찔렀다. 그리고 칼로 목을 잘라 그 목을 번쩍 쳐들고 소리쳤다.

"트로이아의 병사들이여, 일리오네우스의 양친에게 조의를 표한다고 전해 주시오. 하지만 프로마코스의 아내 역시 마찬가지로 우리가 귀국한다 해도 사랑하는 남편이 돌아오는

고대의 그리스 전사 상 ▶
트로이아 전쟁은 신화적 성격이 짙으나, 학계 일각에서는 역사적 사실로 주장하고 있다.

트로이아 전투도가 새겨져 있는 아킬레우스의 방패
제우스의 도움을 받고 있는 트로이아군이 절대적인 우세를 차지하며 전투를 주도하였으나, 제우스가 헤라의 유혹에 한눈을 판 사이 포세이돈의 도움을 받은 그리스 연합군이 일방적인 공세를 펼치게 되었다.

것을 반가이 맞이할 수는 없게 되었으니 피차 마찬가지요. 언젠가 우리 아카이아 젊은이들이 트로이아를 떠나 그리운 고향으로 돌아갈 때에도 이 분노는 끝나지 않을 것이오. 그러니 명심하시오. 이 분노가 곧 당신들의 슬픔이 되리라는 것을!"

이렇게 말하자 트로이아 병사들은 모두 팔다리가 무섭게 떨리기 시작하더니, 어디로 달아나서 이 험한 파멸을 모면할까 하고 사방을 둘러볼 뿐이었다.

오, 올림포스의 뮤즈여, 말해 다오. 포세이돈이 전세를 뒤바꿔 놓은 뒤 아카이아군 중에서 누가 가장 먼저 피에 물든 전리품을 차지할지? 텔라몬의 아들 아이아스가 맨 먼저 기르티오스의 아들 히르티오스를 공격했고, 다음으로 안틸로코스가 팔케스와 메르메로스를 무찔렀다. 메리오네스는 모리스와 히포티온을 죽였고, 테우크로스는 프로토온과 페리페테스를 쓰러뜨렸다. 아트레우스의 아들 아가멤논은 히페레노르를 죽였다. 특히 오일레우스의 아들 작은 아이아스는 누구보다도 많은 트로이아군을 죽였는데, 그보다 빨리 달리는 자가 없었기 때문이다.

유혹의 상징 '케스토스 히마스'

아프로디테는 사랑의 여신이지만, 그중에서도 육체적인 사랑을 관장한다. 그녀의 곁에는 사랑의 신 에로스가 늘 동행한다. 아름다움과 사랑은 뗄 수 없는 관계다. 여성의 아름다움은 남성의 가슴에 불을 지핀다. 여신 앞에만 서면 얼음 같은 이성도 봄볕에 눈 녹듯 맥없이 녹아버리고 만다.

아프로디테는 케스토스 히마스(Kestos Himas, 그리스의 여성용 거들)라는 허리띠를 두르고 있다. 상대방을 사랑의 포로로 만드는 마법의 띠. 어떠한 남성이라도 그것을 맨 여성의 성적 매력에 저항이 불가능해지는 특수한 효능이 있었다. 그래서 여신들은 가끔 아프로디테의 케스토스 히마스를 빌려가기도 했다.

아프로디테의 허리띠는 남편 헤파이스토스가 만들어 준 것이다. 이 허리띠는 엄청난 (성욕을 촉진시키는) 최음제라고 한다. 최음제를 영어로 '아프로디지악(aphrodisiac)'이라고 하는데, 바로 아프로디테의 이름에서 나온 말이다. 그러니 허리띠를 풀면 넘어가지 않는 남성이 없었다.

이런 내막을 잘 알고 있는 헤라 여신은 자신에게 늘 목석과 같은 제우스를 유혹하기 위하여 아프로디테에게 케스토스 히마스를 빌린다. 그 이유는 트로이아군에게 몰리는 그리스군을 돕고자 한 것이다.

케스토스 히마스를 걸친 아프로디테가 남편 헤파이스토스의 대장간을 방문하는 장면

제 9 부

전멸 위기

아카이아군의 위기

　아카이아군이 노도와 같이 파죽지세로 트로이아군을 몰아붙이자 그들은 전차를 세워 놓은 곳까지 후퇴하였다.

　이때 헤라와 달콤한 관계를 가진 제우스는 잠에 취해 있었다. 그런데 어떤 낌새를 챈 것인지 제우스가 벌떡 일어나, 트로이아 전장의 전선을 내려다보았다.

　전선은 포세이돈이 앞장서서 트로이아군을 무찌르고 있는데, 헥토르는 평원에 나자빠져 피를 토하고 있었다. 제우스는 의식을 잃은 그를 보자 분노하였다.

　제우스는 헤라를 무섭게 쏘아보며 말을 건넸다.

제우스와 헤라 ▶

"그대는 참으로 고약한 음모를 꾸미는구나. 괘심한 여자, 헤라여. 용감한 헥토르를 제지하고 트로이아 군대를 패주시킨 것은 그대의 사악한 간교임에 틀림없다. 그대는 자신이 저지른 비열한 속임수의 대가를 치러야 할 것이오. 과거 헤라클레스를 쫓아내기 위해 계략을 썼을 때, 내가 그대를 어떻게 했는지 기억하시오. 그때 나는 그대 두 발에 큰 돌을 매달고 손목에는 아무도 끊지 못할 금사슬을 채워 구름 속에 대롱대롱 매달아 놓았지! 신들이 분개했지만 아무도 나설 수 없었지. 왜냐하면 나의 분노를 두려워했거든. 결국 코스섬

헤라를 꾸짖는 제우스_ 헨리 푸젤리의 작품
제우스는 헤라의 유혹에 넘어가 달콤한 잠을 잤다. 이후 깨어 보니 헥토르는 부상을 당하였고, 트로이아군은 그리스 연합군에게 패배를 거듭하고 있었다. 이에 제우스가 분노하여 헤라를 꾸짖는 장면을 묘사한 동판화 그림이다.

에 갇힌 헤라클레스를 다시 구해 아르고스로 돌려보냈지만, 화는 여전히 풀리지 않았소. 이제 다시는 이런 일이 일어나지 않도록 따끔하게 알려주리라. 그리고 나와 동침해 무슨 소득이 있었는지 곧 깨닫게 해주리라."

헤라가 몸서리를 치며 항의했다.

"나는 절대로 그러한 계책을 꾸민 일이 없습니다. 대지와 넓은 하늘 위 그리고 스틱스의 폭포를 두고 맹세하지요. 절대로 우리들의 침

실을 경솔히 한 적이 없습니다. 포세이돈이 아카이아군을 돕는 것이 어찌 내 탓이겠습니까? 아마도 뱃전에서 빈사 상태에 놓인 아카이아 군을 가엾게 여겨 참가했겠지요. 그러나 당신이 원한다면 그를 설득하겠어요."

그러자 제우스는 미소를 띠며 매우 부드럽게 말했다.

"오, 알았소. 그대의 말이 진정 사실이라면, 이리스와 아폴론을 불러주시오. 포세이돈에게 전쟁에 참견하지 말라고 이리스를 보내겠소. 또한, 아폴론을 시켜 헥토르에게 다시 용기를 불어넣어 싸움터로 돌려보내도록 하겠소. 그래서 아카이아군이 또다시 쫓기어 아킬레우스 함대로 물러나게 하겠소. 아킬레우스가 부하인 파트로클로스를 내보내면, 파트로클로스는 내 아들 사르페돈을 포함한 수많은 트로이아군을 전지에서 죽인 뒤 영광스러운 헥토르의 창에 죽게 될 것이오. 그러면 아킬레우스가 파트로클로스의 원수를 갚기 위해 헥토르를 죽이게 되는 거요. 그 뒤에야 아테나의 계획대로 트로이아성을 점령하게할 거요. 하지만 그동안은 어떤 불사의 신도 그리스군을 돕는 것을 허락하지 않겠소. 테티스가 내 무릎을 껴안고 애원하던 그날, 나는 머리를 숙였으므로 아킬레우스의 소원이 성취되는 날까지는 아무도 용서하지 않겠소."

제우스의 말에 헤라는 감히 항의할 수 없었다.

헤라가 올림포스에 돌아오자 영생의 신들이 모두 일어나 잔을 들고 환영했다. 아름다운 테미스가 달려와 헤라를 맞으며 물었다.

"여신이여, 어찌 오셨나이까? 혹시 부군이신 크로노스의 아드님께서 위협하신 건 아닌가요?"

"테미스, 아무 말도 묻지 마세요. 그분의 성미를 잘 아시잖아요? 자, 앉아서 식사나 하시지요. 그분의 계획을 말씀드릴 테니까요."

헤라의 말에 잠시 좌중이 어수선해졌다. 입가에 미소를 띠던 헤라가 열변을 토하자 검은 눈썹과 이마 위에 한기가 돌았다. 여신은 계속 열변을 토했다.

"제우스에게 대항하려는 우리야말로 분별없는 바보들이에요. 그래도 그의 옆에 가서 말로나 힘으로나 그만두게 하려고 안간힘을 쓰지만, 따로 초연히 앉아 개의치도 않고 상관도 않고, 죽음을 모르는 여러 신들 사이에서 권력으로나 무력으로나 자기만이 월등하게 뛰어난 줄 알고 있으니 더 이상 무슨 말이 필요하겠어요? 그러니 제우스가 어떤 화를 여러분께 갖다 주시더라도 참으세요. 지금 벌써 아레스에게 재난이 일어나고 있는 것 같잖아요. 아레스의 아들이 싸움에서 죽었거든요. 무사들 중에서도 가장 귀여워하던 아스칼라포스가 말이에요."

이렇게 말하자 아레스 신은 굳건한 두 허벅지를 손바닥으로 철썩철썩 때리면서, 슬픔을 이기지 못하여 말했다.

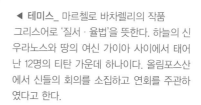

◀ 테미스_ 마르첼로 바차렐리의 작품

그리스어로 '질서·율법'을 뜻한다. 하늘의 신 우라노스와 땅의 여신 가이아 사이에서 태어난 12명의 티탄 가운데 하나이다. 올림포스산에서 신들의 회의를 소집하고 연회를 주관하였다고 한다.

"올림포스의 신들이여, 설혹 내가 자식의 복수를 한다 해도 놀라지 마시오. 설혹 내 운명이 제우스의 번갯불에 맞아 시체 더미와 더불어 누워야 한다 해도 말이오."

아레스는 공포의 신과 위협의 신을 불러 말들에게 마구를 갖추게 한 뒤, 자신도 무구를 갖추었다. 이로 인하여 불사의 여러 신들은 제우스의 더 크고 무서운 노여움과 원한을 사게 될 뻔했다. 이때 마침 아테나가 여러 신들을 위해 크게 걱정하여, 앉아 있던 자리에서 일어나 현관으로 달려가지 않았더라면 말이다. 아테나 여신은 아레스의 머리에서는 투구를, 어깨에서는 방패를 벗겨 내고, 손에서는 창을 빼앗아 쾅쾅 찍어 대며 소리 높여 말했다.

"지금 미쳤나요? 제정신으로 하는 것이 아니겠죠? 귀가 있어도 소용이 없고, 분별도 예의도 다 저버리다니! 방금 헤라의 말을 듣고도 이런 일을 감행하려 해요? 어쩌면 그분은 트로이아군과 아카이아군의 싸움을 놔두고, 우리를 하나씩 잡아갈지도 모르오. 그러니 죽은 아들 생각은 잊읍시다. 그보다도 우월하고 강한 사나이가 많이 쓰러졌을 뿐만 아니라 앞으로도 수없이 쓰러질 모양이오."

지혜와 전쟁의 여신 아테나 ▶
아테네 거리를 놓고 포세이돈과 쟁탈전을 벌였을 때 해신은 바닷물을 솟게 했으나, 그녀는 올리브나무를 돋게 하여 승리를 거두고 거리의 수호신이 되었다. 특히 아테네에서 숭배되고, 감람나무와 성수·올빼미·뱀을 좋아한다. 로마 신화의 미네르바에 해당된다.

이렇게 말하고 기세 사나운 아레스를 자리에 앉혔다. 그동안에 헤라 여신은 아폴론과 여러 신들 사이의 전갈을 맡고 있는 이리스를 밖으로 불러냈는데, 여신은 그들을 향해 낭랑한 목소리로 말했다.

"제우스께서 명하셨습니다. 두 신 모두 한시바삐 이다산으로 오라는 분부시오. 만일 그곳에 가서 뵙게 되거든, 무슨 일이든 주신께서 명령하시는 대로 해야 하오."

헤라 여신이 이렇게 말하고 나서 되돌아와 대좌에 앉으니, 두 신은 얼른 출발하여 날아갔다.

아폴론과 이리스가 짐승들의 어머니라 일컬어지는, 샘이 넘치도록 솟아나는 이다산에 이르니, 멀리 천둥을 울리는 제우스가 가르가론 봉우리의 꼭대기에 앉아 있는 것이 보였다. 주위에는 온통 향기로운 안개가 엷게 끼었는데, 두 신이 그 사이를 나아가 구름을 모으는 제우스 앞에 이르렀다.

제우스는 두 신을 보자 조금 전의 분노가 다 어디로 갔는지, 헤라의 분부대로 당장 달려와 준 것이 흐뭇해 먼저 이리스에게 위엄 있게 말을 건넸다.

"걸음이 빠른 이리스여, 포세이돈에게 가서 빠짐없이 전하라. 그에게 이제 전투와 전쟁에서 손을 떼고, 신들의 모임이나 신성한 바닷속으로 가라고 전하라. 만일 내 명령을 어기고 이를 무시하거든, 그때부터 일어날 일은 가슴으로 생각해 보는 게 좋을 것이라고 전해라. 제가 아무리 강기와 용맹을 떨치더라도 내가 덤벼든다면 도저히 견디어 내지 못할 것이라고. 그보다 내가 훨씬 힘이 뛰어나다. 그런데도 그는 도무지 반성을 하지 않고, 다른 신들이 모두 무서워하고 두려워하는

이리스에게 명령을 내리는 제우스_ 미셸 코르네유의 작품
제우스는 그리스 연합군을 돕는 포세이돈의 행동을 멈추기 위해 무지개의 여신 이리스를 포세이돈에게 보내 자신의 강력한 뜻을 전한다.

나와 동격인 줄 알고 있단 말이다.”

제우스의 명령을 받은 이리스는 바람처럼 빠른 걸음으로 이다의 산봉우리에서 내려가 트로이아를 향했다. 마치 구름 사이에서 눈송이나 우박이 떨어지듯, 높은 하늘에서 휘몰아치는 북풍의 거센 힘에 휘

날리면서 순식간에 명성도 드높은 대지를 뒤흔드는 신 곁에 가서 멈추고 말을 건넸다.

"대지를 떠받드는 검은 머리의 신이여, 산양 가죽의 방패를 가지신 제우스 신에게서 그대에게 전갈을 가져왔습니다. 이제 전투와 전쟁에서 손을 떼고, 신들의 모임이나 신성한 바닷속으로 가시라는 분부십니다. 만일 명령을 어기고 가벼이 하실 때는 몸소 여기까지 오시겠다는 엄한 말씀을 하셨습니다. 그러니 처벌을 피하는 게 좋으실 것이라는 전갈입니다."

이리스의 전갈에 대지를 뒤흔드는 포세이돈은 불쾌한 기색을 띠며 말했다.

"무슨 말인가? 그가 강하다고 하나 말하는 것이 몹시 거만하구나. 같은 위계를 받고 있는 나를 억지로 힘으로 누르려 하다니. 내가 이런 말을 하는 것도, 본디 우리 셋이 한 형제이기 때문이다. 크로노스에게서 레아가 낳은 제우스와 나, 지하의 명부를 통치하는 하데스 말이다. 그래서 전 세계를 셋으로 나누어 제각기 저마다의 직분을 맡기로 한 것이다. 다시 말해 셋이서 제비를 뽑은 뒤, 나는 햇빛 바다를 주거로 차지하게 되었고, 하데스는 모호한 기운이 흐르는 지하 세계를, 그리고 제우스는 높은 대기와

◀ 이리스가 새겨진 그리스 도자기_ 루브르 박물관 소장

이리스_ 피에르나르시스 게랭의 작품

구름 사이에 있는 아득한 하늘을 차지하게 되었다. 하지만 대지와 올림포스의 높은 봉우리만은 아직 모두의 공유물이다.

그러니 나는 제우스의 생각에 따라 살 생각은 조금도 없다. 비록 그의 힘이 훨씬 강하다고 할지라도 나는 굴복하지 않을 것이다. 오히려 그가 자기 몫에 만족하여 잠자코 있는 것이 좋을 게다. 나를 완전히 겁쟁이로 취급하고 위협할 생각일랑 아예 하지 말아야 할 것이다. 그의 딸들과 아들들한테나 난폭한 말투로 꾸짖으라고 해. 자기가 낳은 자식들이니 이래라저래라 명령해도 들을 테지."

포세이돈의 말에 바람처럼 걸음이 빠른 무지개의 여신 이리스가 말했다.

"대지를 떠받드는 검은 머리의 신이여, 정말로 그토록 무뚝뚝하고 또한 엄한 말씀을 그대로 제우스 님에게 전해 드려도 상관없습니까? 아니면 조금은 양보를 하시렵니까? 뛰어난 분은 양보를 할 줄 안다고 합니다. 아시다시피 복수의 여신들이 제우스 편이라는 것을 잊지 마십시오."

이에 포세이돈이 말했다.

"무지개의 여신이여, 방금 그대가 한 말은 이치에 맞는 이야기다. 또 전령으로 온 그대가 충실한 분별심을 갖고 있는 것도 훌륭한 일이다. 내 몹시 분하기는 하나, 일단 양보하기로 한다. 하지만 동등한 권한을 갖고 있는 나를 제우스가 꾸짖는다면 심히 불쾌해질 수밖에 없지 않겠느냐?

이것은 내가 진심으로 일러두는 말이다. 만일 제우스가 나를 비롯해 아테나와 헤라, 헤르메스와 헤파이스토스의 희망을 어기고 트로이아를 아낀다면, 그리하여 그리스에 승리를 안기지 않는다면 우리 또한 참을 수 없는 분노에 사로잡히고 말 것이다. 이 사실을 그가 알아야 할 것이다."

이렇게 말하고 포세이돈이 아카이아 군사들의 진지를 떠나 바닷속으로 들어가니, 아카이아의 용사들은 그가 사라지는 것을 원통하게 생각했다.

한편, 이다산에서는 아폴론을 향해서 구름을 모으는 제우스가 말했다.

"지금부터 청동 갑옷을 두른 헥토르에게 가거라. 마침 조금 전에 포세이돈이 나의 무서운 분노가 두려워서 바다로 돌아갔구나. 그러지 않았다면 무척 격렬하게 싸우는 소리를 다른 신들도 들어야 했겠지. 명부에서 크로노스를 둘러싸고 있는 자들까지도. 화는 났지만 싸우기 전에 미리 내 힘에 양보한 것은 나에게나 그에게 다행스러운 일이다. 그러지 않았다면 땀깨나 흘리지 않고는 결말이 나지 않았을 테니.

제우스의 명령에 따라 헥토르의 건강을 회복시키고 그리스 인과 전투에 참여하도록 권고하는 아폴론_ 버나드 피카트의 삽화 그림

아무튼 그대는 지금부터 술 장식이 가득 달린 산양 가죽의 방패를 들고 나가 세게 흔들어, 아카이아 측 용사들의 기를 죽여 패주시켜라. 그리고 특히 궁술에 능한 그대가 영광에 빛나는 헥토르를 위해 배려해 주도록. 그래서 아카이아군이 달아나 선박이 놓여 있는 헬레스폰토스의 해변에 이를 때까지 그의 용맹심을 불러일으켜 주어라. 그 뒤의 일과 어떤 지시를 내릴 것인가는 내가 생각해 두기로 하마. 또 아카이아 군사들을 어떻게 하여 고전으로부터 한숨 돌리게 할 것인지까지도."

이렇게 말하니 아폴론은 아버지 제우스의 분부를 이의 없이 받들어, 이다의 산봉우리에서 곤두박질쳐 내려갔다. 그 모습은 마치 날개를 가진 새들 중에서도 가장 빠른, 비둘기를 잡는 매와도 같았다. 그리하여 프리아모스의 용맹하면서도 과감한 아들, 고귀한 헥토르가 앉아 있는 곳으로 갔다.

헥토르는 막 정신을 차려, 일어나 앉아 있었다. 주위에 둘러앉은 전우들도 똑똑히 분간할 수 있었고, 거친 숨결도 땀도 가라앉고 있었다.

산양 가죽의 방패를 가진 제우스의 의향이 그를 다시 일으켜 세우기로 한 뒤로는 말이다. 그런 헥토르에게 궁술의 신 아폴론이 가까이 서면서 말을 건넸다.

"프리아모스의 아들 헥토르여, 그대는 어쩌자고 다른 사람들과 떨어진 곳에 혼자 맥없이 앉아 있는가?"

이에 헥토르가 기진맥진하여 말했다.

"친절하신 분이시여, 당신은 대체 누구시기에 이렇게 얼굴을 마주하고 물어오십니까? 아카이아 군대의 뱃고물 근처에서 목소리도 씩씩한 아이아스가 제 전우를 무찌르고, 제 가슴을 향해 커다란 돌덩이를 내던지는 바람에 사나운 용맹스러운 기상이 꺾이게 된 것을 알지 못하십니까? 그래서 저는 이젠 틀림없이 망령들 사이의 하데스의 집으로 가게 되는 줄 알았습니다. 아까운 목숨이 다 끊어져 가고 있었으니까요."

이 말에 궁술의 신 아폴론이 말했다.

"자, 기운을 내어라. 이토록 강력한 후원자가 호위를 하도록 크로노스의 아드님이 이다산에서 보내 주셨으니까.

아폴론 흉상 ▶
제우스와 레토 사이에서 태어난 아폴론은 여신 아르테미스와 쌍둥이 남매지간이다. 제우스의 아들 중 제우스로부터 가장 신임을 받아 태양신이 되었고 이성과 예언, 의술, 궁술, 그리고 시와 음악 등을 관장했다.

제우스의 명령에 따라 헥토르의 건강을 회복시키고 그리스인과 전투에 참여하도록 권고하는 아폴론_ 루이 장 프랑수아 라그레네의 작품

황금 칼을 찬 이 태양신 아폴론을 말이다. 나는 전부터 그대와 높은 성벽을 함께 지켜왔다. 자, 이제야말로 많은 기사들을 격려하여 가운데가 깊숙한 함대들을 향해 그 날랜 전차를 몰아가게 하라. 나는 앞질러 나아가 전차가 지나갈 길을 평평하게 만들고, 아카이아 군사를 패주시키마."

이렇게 말하여 병사들의 우두머리인 헥토르에게 엄청난 기력을 불어넣었다. 그러자 헥토르는 마치 외양간에 매여 있던 말이 구유통의 보리에 싫증나서 묶여 있던 끈을 끊고 요란스레 발굽을 울리며 물결도 맑은 강가에서 목욕을 하러 의기양양하게 고개를 들고 나가듯이,

갑옷을 입는 헥토르가 묘사된 그리스 도자기
전투 준비를 하며 갑옷을 입는 헥토르의 옆에 프리아모스와 헤카베가 서 있다.

또 좌우로 훌륭한 갈기가 두 어깨에 물결치는 말이 자기의 훌륭한 자태를 은근히 자랑하며 즐겨 찾는 들판과 초원으로 늠름하게 걸음을 옮겨 놓듯이, 민첩하게 발을 재게 놀려 앞으로 나아갔다. 그리고 전차병들을 줄곧 격려하며 사기를 북돋웠다.

한편 그리스 병사들은 마치 뿔이 돋은 수사슴이나 야생의 산양들을 사냥개와 시골 몰이꾼들이 몰아나갈 때처럼, 떼를 지어 칼과 두 가닥의 창을 내지르며 트로이아군을 추격해 갔다. 그러나 헥토르가 나타나 무사들의 대오 사이를 둘러보는 모습을 보는 순간, 그만 모두 간담이 서늘해져서 어느새 사기가 발끝으로 가라앉고 말았다.

그때 그들을 향해 안드라이몬의 아들 토아스가 입을 열었다. 이 사람은 아이톨리아군에서 제일가는 용사로 투창에도 능하고 접근전도 잘했으며, 더욱이 이치를 따지면서 논쟁을 벌일 때는 말로 그를 이기는 이가 없다시피 할 정도였다. 그런 토아스가 전우들을 걱정하여 말을 꺼냈다.

"이 무슨 일인가? 이건 정말 대단한 기적을 보고 있구나. 또다시 헥토르가 죽음의 운명을 모면하여 살아났으니 말이다. 우리는 너 나 할 것 없이 그 사나이가 텔라몬의 아들 아이아스의 손에 걸려 죽어버렸다고 굳게 믿고 있었는데, 틀림없이 이번에도 신들 가운데 누군가가 헥토르를 지켜 살려낸 것이다. 저자 때문에 무수한 그리스 사람들이 무릎을 꿇었는데, 이번에도 그런 일이 일어나겠구나. 심하게 천둥을 울리는 제우스 신의 뜻에 의하지 않고는 저토록 투지에 가득 차 선두에 서지 못할 것이니.

자, 내가 지금 말하는 대로 따라다오. 우리의 병사들에게 모두 선단을 향해 후퇴하도록 명령하는 것이 좋겠다. 그러나 진영 중에서 제일의 용사로 자처하는 우리는 창을 들고 나란히 버티고 서자. 어쩌면 그를 막아 멈추게 할 수 있을지도 모르니까. 제아무리 기를 쓰고 덤비는 그라도 그리스 군대 한가운데로 들어올 엄두는 안 날 테지."

이렇게 말하니, 모두 그럴듯하다고 하여 그대로 하였다.

아이아스나 이도메네우스 군주들을 에워싼 무리들, 혹은 테우크로스나 메리오네스나 아레스에 비견되는 메게스 등등을 둘러싼 사람들은 용맹스러운 자들을 불러 모아 헥토르 뒤를 따르는 트로이아 군사를 정면에서 맞아 결전을 벌이는 한편, 뒤쪽에서는 많은 병사들이 아카이아군의 함선을 향해 철수해 갔다.

한편 트로이아군은 한데 떼지어 쳐들어가는데, 그 선두에서 헥토르가 성큼성큼 걸음을 옮겨 놓으면, 헥토르 앞에서는 아폴론 신이 두 어깨를 구름에 감춘 채 기세도 사납게 산양 가죽의 방패를 받들고 나아갔다. 둘레에 거친 털을 달아 모든 사람들의 눈에 띄는 이 무서운 방패야말로 대장장이의 신 헤파이스토스가 인간에게 그의 위력을 보여

주기 위해 제우스에게 만들어 바친 것이다.

아폴론 신이 그것을 지금 두 손에 받쳐 들고 병사들을 인도하고 있는 것이다.

그리스 군사들도 한데 뭉쳐 버티고 서니, 요란스러운 함성이 양군에서 솟아올랐다. 활시위에서 화살이 끊임없이 날아가고, 수많은 창이 대담무쌍한 팔에서 날았다. 그 가운데는 싸움에 날쌘 젊은 무사들의 살에 박힌 것도 있었으나, 대부분은 끈질기게 사람의 살갗을 찾으면서도 끝내 닿지는 못하고, 병사들 사이사이의 땅에 꽂혔다.

그런데 아폴론이 꼼짝도 않고 산양 가죽의 방패를 손에 받들고 있는 동안에는 양군에서 날아가는 무기가 서로 상대방을 맞혀서 양군의 병

아폴론의 보호 아래 전진하는 트로이아군_ 존 플랙스먼의 작품
아폴론은 헤파이스토스가 만든 방패와 투구로 무장하고 헥토르의 트로이아군을 인도한다.

사들이 쓰러져 갔다. 그러나 아폴론이 날랜 말을 달리는 아카이아 군사를 똑바로 쏘아보며 산양 가죽의 방패를 흔들어 대고, 우렁찬 목소리로 아카이아군의 기력을 어지럽히니, 기세 사납고 열화 같던 그들의 투지가 사라지고 말았다.

그리하여 마치 소나 양의 무리가 뒤죽박죽이 되어 허둥지둥 달아나듯, 아카이아 군사들은 용기를 잃고 허물어지기 시작했다. 그것은 아폴론 신이 그들의 마음에 두려움을 불어넣어 트로이아 편과 헥토르에게 영예를 주려고 했기 때문이다.

이때 사방에 흩어져서 서로 베고 찌르고, 무사가 무사를 무찌르는 가운데서도 헥토르는 스티키오스와 아르케실라오스를 죽였다. 그중한 사람은 청동 갑옷을 두른 보이오티아군의 대장이었고, 나머지 한사람은 기상도 높은 메네스테우스의 충실한 부하였다. 또 아이네이아스는 메돈과 이아소스를 죽였으니, 메돈은 기품 있는 오일레우스의후처 소생으로 아이아스의 동생이 되는 인물이었다. 그는 한때 자기의붓어머니의 오라비를 죽인 바람에 고향을 떠나 필라케에서 살기도했었다. 또한 이아소스는 아테네인 부대의 장수로 손꼽히던 사나이로스펠로스의 아들이라 했다.

모두들 죽은 사람들로부터 무구를 벗기는 동안, 아카이아 병사들은 장벽 뒤로 피했다. 이에 헥토르가 말에 채찍질하며 큰 소리로 전열을 재정비했다.

"전리품은 놓아두고 모두 함대를 공격해라. 누구든지 늑장을 부리는 자는 그 자리에서 처형하여 개밥이 되도록 하리라!"

이에 트로이아군은 환호성을 울리며 앞으로 돌진했다. 이들 앞에 선

아폴론은 참호를 메워 그 위로 다리처럼 길을 내니, 병사들이 그 위에 서서 창을 던질 만큼 되었다. 또한 아폴론은 방벽도 간단하게 밀어 냈다. 그 모습은 마치 강가에서 노는 어린애들이 모래사장에서 모래성을 쌓다가 다시 발로 헐어버리는 것과 같았다. 영광의 아폴론이여, 그리스군이 천신만고 끝에 쌓은 방벽을 한순간에 허물어 버리다니!

따라서 뱃전까지 쫓긴 그리스군은 모든 신들에게 열렬히 축원을 올렸다. 그중에서도 게레니아의 기사 네스토르가 누구보다도 뜨겁게 두 손을 모아 빌었다.

"제우스 아버지시여, 일찍이 그리스 시민이 황소와 양을 불살라 올린 걸 기억하소서. 아카이아군이 이 참혹한 운명에서 벗어날 수 있도록 하소서!"

제우스는 네스토르의 축원을 들어 요란한 천둥을 울렸다. 그러나 트로이아군은 공격을 멈추지 않았다.

이처럼 아카이아군과 트로이아군이 싸우고 있는 동안, 파트로클로스는 에우리필로스 막사에서 그의 상처에 고약을 발라주면서 고통을 진정시켜 주고 있었다. 그러나 아카이아군이 트로이아군한테 쫓기는 소리가 들려오자 파트로클로스는 침통하게 말했다.

"에우리필로스여, 더 이상 지체할 수 없을 것 같소이다. 그대의 부하가 잘 돌봐 줄 테니 걱정하지 마시오. 나는 속히 아킬레우스에게로 달려가 그를 설득해야겠소. 누가 알겠소? 천만다행으로 그를 설득할지도 모르지요. 친구의 권고는 종종 행복한 결말을 가져오니까!"

파트로클로스는 최대한 빨리 아킬레우스 막사로 달렸다.

아카이아군은 쳐들어오는 트로이아군을 방어하고 있었지만 트로이

트로이아군으로부터 그리스 선박을 방어하는 아이아스

아군을 무찌를 수는 없었다. 또한 트로이아군 역시 함대나 막사로 들어갈 수는 없었다. 전세는 널빤지에 선을 칠 때 쓰는 목수의 먹줄과도 같이 팽팽했다.

헥토르는 아이아스 함대 맞은편에서 전투를 벌였지만 함대를 공략할 수 없었고, 아이아스는 헥토르를 몰아낼 수 없었다. 이때 아이아스는 배에 불을 지르려고 횃불을 가져오던, 클리티오스의 아들 칼레토르의 가슴을 찔렀다.

헥토르는 사촌이 함대 옆에 쓰러지자 큰 소리로 외쳤다.

"트로이아와 리키아, 그리고 다르다니아의 용사들이여! 여기 함대 사이에 쓰러진 칼레토르를 구하라."

그러고는 아이아스에게 창을 던졌지만 맞히지 못하고, 마스토르의 아들 리코프론을 맞혔다. 리코프론은 키테라에서 사람을 죽이고 달아나 아이아스의 집에서 살고 있었다.

리코프론이 죽자 아이아스가 더욱 분노해 아우에게 소리쳤다.

"테우크로스여, 우리 충실한 전우 마스토르의 아들이 살해되고 말았다. 키테라에서 떠나와 있는 동안 우리는 그를 친부모처럼 공경했거늘, 저 헥토르가 죽이고 말았다. 자, 아폴론이 준 그대의 활과 화살은 어디 있느냐?"

이 말은 들은 테우크로스는 계속 화살을 쏘았다. 그중 하나가 페이세노르의 아들 클레이토스를 맞혔다. 그런 다음 헥토르를 향해 활을 겨냥했지만 활줄이 끊어져, 화살이 엉뚱한 방향으로 날아가고 말았다.

갑자기 어이가 없어진 테우크로스가 당황해 형에게 중얼거렸다.

"참으로 기막힌 일이오. 활줄이 끊어지다니, 오늘 아침에 새것으로 바꾸어 놓았는데 말이에요."

텔라몬의 아들 아이아스가 대답했다.

"신께서 하시는 일이니, 그것에 너무 연연하지 마라. 창과 방패를 들고 싸우되 다른 사람도 싸우게 해. 우리가 할 일을 잊지 않으면 되지."

아이아스_ 조반니 드 민의 작품
아이아스의 뛰어난 무용과 지도력은 그리스 연합군의 커다란 자산이 되었다. 그의 활약은 트로이아군의 막강한 공격을 저지시켰다.

테우크로스는 활을 막사에 갖다 놓고는 무구를 갖추고 아이아스 옆에 섰다. 헥토르는 테우크로스의 활쏘기가 갑자기 멈추자 크게 소리쳤다.

"용감한 전우들이여! 우리는 적의 함대에 이르렀도다! 장부답게 싸워 의무를 다하라. 지금 한 투사의 화살이 무위로 돌아가는 것을 보라. 제우스가 한 일이라는 걸 누구나 알 수 있을 것이다. 지금도 원수의 사기를 떨어뜨리고 우리를 돕고 있다. 그러니 한마음 한뜻으로 진격하라. 죽음을 맞이한 자는 그대로 놔둬라. 조국을 위해 싸우다 죽는 것이 어이 욕되리오."

헥토르의 이 말에 트로이아군은 용기백배하여 함성을 질렀다. 이때 아이아스 역시 전우들을 일깨워 새 힘을 돋우었다.

"아카이아군이여, 이 무슨 치욕인가! 이제야말로 우리가 적을 묵사발로 만들 기회이다. 어찌 헥토르한테 쫓겨 고국 땅을 다시 밟겠는가! 자, 헥토르의 외침을 들어보라. 저자는 오만무도하도다. 우린 몸으로 함대를 지켜낼 수밖에 없다. 목숨을 바쳐 지켜내는 것이 비굴하게 사는 것보다 나은 일이 아닌가!"

그러는 사이 헥토르는 페리메데스의 아들 스케디오스를 죽였고, 아이아스는 안테노르의 아들 라오다마스를 죽였다. 또한 폴리다마스가 메게스의 동료인 오토스를 죽이자 메게스는 폴리다마스에게 창을 던졌다. 하지만 그가 살짝 피하는 바람에 창이 크로이스모스의 가슴을 관통했다. 이에 메게스가 그의 무구를 벗기기 시작하자, 람포스의 가장 용감한 아들인 돌롭스가 덤벼들었다. 그는 메게스에게 바싹 다가가 창으로 찔렀지만 견고한 갑옷을 뚫지는 못했다.

그러자 이번에는 메게스가 돌롭스의 청동 투구 위에 달린 말총 장식을 날카로운 창으로 쳐서 땅에 떨어뜨렸다. 그러나 돌롭스는 이에 뒤질세라 계속 덤벼들었다. 이때 메넬라오스가 돌롭스의 옆으로 살금살금 다가가 뒤에서 그의 어깨를 찌르자 그는 곤두박질쳤다.

이때 헥토르가 히케타온의 아들인 멜라니포스를 꾸짖었다. 그는 궁중에서 기거했는데 프리아모스왕이 그를 친아들처럼 대해 주고 있었다.

"멜라니포스여, 그대는 사촌인 돌롭스가 죽어도 눈 하나 깜짝하지 않는가? 그의 갑옷을 적들이 노리는 것이 보이지 않는가? 자, 나를 따르라. 우리는 여기서 물러날 수 없다. 놈들이 전멸할 때까지 싸워야 한다."

헥토르가 말을 마친 뒤 선봉에 서자 멜라니포스도 그의 뒤를 따랐다.

한편, 텔라몬의 아들 아이아스가 그리스군을 훈계했다.

"동지들이여, 장부답게 싸우라! 동포들이 우리를 어떻게 생각할지 잊지 마라. 명예롭게 싸우다 죽는 것이 수치스럽게 살아남는 것보다 나으니라!"

그의 훌륭한 이 격언이 그들의 가슴속에 깊이 새겨졌다. 아카이아군이 청동의 울타리로 함대를 둘러싸자 제우스는 트로이아군을 격려하며 용기를 불어넣었다. 이때 목소리가 우렁찬 메넬라오스가 안틸로코스를 불렀다.

"안틸로코스여, 그대는 우리들 중 누구보다도 젊고 빠르며 싸움에도 능하다. 자, 그러니 나가서 누구든 베어 오너라!"

이 말을 들은 안틸로코스는 사방을 돌아보다가 진격해 오는, 히케타온의 아들 멜라니포스를 향해 창을 던졌다. 그가 쾅하고 넘어지는 순간 안틸로코스는 마치 화살에 맞은 사슴 새끼를 개가 물어오려고 덤벼들듯이, 멜라니포스의 갑옷을 빼앗기 위해 달려들었다. 하지만 헥토르가 달려들자 안틸로코스는 빠른 발을 이용해 얼른 도망쳤다. 헥토르와 트로이아군이 악마처럼 쫓아왔지만 그를 잡을 수는 없었다.

트로이아군은 미쳐 날뛰는 사자와 같이 함대로 몰려들었다. 모두 제우스의 뜻대로 이루어지고 있는 중이었다. 제우스의 뜻은 헥토르에게 승리를 베풀어 함대를 타오르는 불도가니로 만든 다음 테티스의 터무니없는 축원을 풀어주자는 것이었다. 그래서 헥토르는 아레스 군신처럼 미쳐 날뛰었고, 울창한 산에 불이라도 붙은 것처럼 마구 휘몰아쳤다. 입술에는 게거품이 일고, 텁수룩한 눈썹 밑에선 눈알이 튀어나올 듯이 타오르고, 투구는 관자놀이 위에서 맹렬히 뛰놀았다. 이는 제우스가 친히 그에게 혈전을 이어가는 영광과 명예를 베풀어 주었기 때문이다. 즉, 그는 자신의 생애가 경각에 놓여 있다는 걸 모르고 있었다.

▶ **안틸로코스**
그리스 신화에 나오는 필로스 왕 네스토르의 맏아들로 헬레네에게 구혼한 사람들 가운데 하나이다. 동생 트라시메데스와 함께 네스토르를 따라 트로이아 전쟁에 참가하여, 늙은 아버지를 대신해서 필로스 군을 지휘하여 공을 세웠다. 아킬레우스와 우의가 두터웠으며, 아킬레우스의 둘도 없는 친구 파트로클로스의 전사 소식을 아킬레우스에게 가장 먼저 알렸다.

헥토르는 거듭거듭 적진을 돌파하고자 애써 보았으나, 도무지 뜻대로 이루어지지 않았다. 아카이아군은 바닷가의 깎아지른 절벽이 무서운 격랑을 막아내는 것처럼 굳건하게 서서 함대를 지키고 있었다.

그러나 헥토르는 수천 마리의 소들을 향해 뛰어드는 사자처럼 날쌔게 덤벼들었다. 하지만 소 떼가 질겁하여 달아나 겨우 한 마리만 잡히듯이, 헥토르는 그리스군 한 명을 죽였을 뿐이다. 그는 코프레우스의 아들 페리페테스였다.

코프레우스는 에우리스테우스왕의 전갈을 위대한 영웅 헤라클레스에게 나르던 전령이었다. 페리페테스는 아버지보다 모든 면에서 뛰어났다. 달리기뿐만 아니라 전투나 지혜에서도 아주 뛰어났다, 그러므로 헥토르의 승리가 더욱 빛을 발했다.

이처럼 트로이아군이 물밀듯이 밀려들어오자 아카이아군은 앞쪽의

트로이아 전투 조각상
전쟁은 중반에 이르러 트로이아군의 우세로 전개되지만, 그리스 연합군도 쉽게 무너지지 않는다.

배를 버리고 퇴각하지 않을 수 없었다. 그들은 모두 막사 앞에서 수치와 공포에 억눌려 서로 고함만 질러댈 뿐이었다.

누구보다도 네스토르가 각자의 부모 이름을 빗대어 사람들에게 탄원했다.

"동지들이여, 장부답게 행동하라! 죽든 살든, 처자와 재산과 부모를 생각하라! 세상 평판이 어떨까를 생각하라. 그대들 이름을 걸고 이까짓 공포쯤은 떨쳐 버려라!"

이때 아테나가 나타나, 어둡게 드리워졌던 안개를 헤쳐 놓았다. 안개가 개자 양 진영이 고스란히 드러났다. 헥토르와 그의 병사들, 또 멀리 떨어져 싸우는 자도, 뱃전에서 싸우는 자도 모두 지천인 것처럼 보였다.

아이아스는 해전에 쓰이는 창을 몇 개 이어 22큐빗이나 되는 긴 창을 들고 갑판 위를 날랜 기사처럼 껑충껑충 뛰어다녔다. 그러면서 하늘에까지 울릴 만큼 큰 소리로 그리스군에게 함대를 지키라고 호소했다.

헥토르 역시 흙빛 독수리가 강가에서 모이를 줍는 거위와 목이 긴 백조를 휩쓰는 것처럼 검은 선체를 휩쓸어 갔다. 그는 프로테실라오스를 트로이아로 실어온 배를 빼앗은 뒤, 고물 장식을 꼭 잡고 서서 트로이아군에게 외쳤다.

"불을 가져오라. 그리고 모두 함성을 올려라! 이제야말로 제우스께서 우리에게 승리를 허락하셨도다."

이들은 폭우처럼 활을 쏘아대며 맹렬히 공격했다.

아이아스도 더 이상 견딜 수가 없는지라, 갑판을 떠나 이물과 고물로 통하는 다리를 따라 일곱 발자국 정도 물러섰다. 그러면서도 동료들을 독려하는 것을 잊지 않았다.

"동지들이여, 용감한 영웅들이여! 장부답게 싸워라! 우리는 우리 스스로가 지켜야 한다. 여기 눈앞에 무장한 적이 날뛰는데, 이곳은 원수의 땅 트로이아 평원이 아닌가. 자, 우리가 살길은 이들을 무찌르는 것이다. 전쟁에는 동정의 여지가 없는 법. 동지들이여, 힘을 내라!"

이렇게 외친 뒤 아이아스는 날카로운 창으로 맹렬히 공격했다. 그는 트로이아군이 타오르는 횃불을 들고 함대로 덤벼들 때마다 거대한 창으로 공격했다. 이처럼 그에게 죽거나 부상을 입은 자가 12명이나 되었다.

올림포스12신

그리스 신화에서 올림포스 12신은 올림포스산 정상에서 살고 있는, 그리스 판테온의 주역 열두 신을 말한다. 숫자 12는 고대 바빌론에서 통용되던 12천문성좌도와 관계된 것으로 추정된다. 올림포스 12신은 기원전 6세기경부터 그리스 신화에 정착되었으며, 아테네에서는 페이시스트라토스가 최초로 이 12신 모두를 신전에 봉정하였다.

이들에 대한 종교 의식이 처음으로 언급된 고대 문헌은 헤르메스가 등장하는 호메로스 찬가이다. 예술과 시에 표현된 고전적인 구성에 따르면, 올림포스 12신은 제우스, 헤라, 포세이돈, 데메테르, 아레스, 헤르메스, 헤파이스토스, 아프로디테, 아테나, 아폴론, 아르테미스, 헤스티아로 이루어져 있다.

그리스 역사가 헤로도토스는 12신 중 한 명으로 헤라클레스를 포함시켰다. 고대 로마 문인인 루키아노스 또한 헤라클레스, 아스클레피오스를 12신에 포함시켰는데, 이들에게 자리를 양보한 두 신은 설명하지 않았다. 코스섬에서는 헤라클레스와 디오니소스를 12신에 포함시켰으며, 아레스와 헤파이스토스는 제외하였다. 그러나 핀다로스, 아폴로도로스, 헤로도토스는 이에 동의하지 않았는데, 헤라클레스를 12신이 아닌 숭배의 대상 중 한 명으로 보았기 때문이다.

헤스티아를 대신하여 디오니소스가 12신에 들어가는 경우도 있으며, 헤베, 헬리오스, 페르세포네를 비롯한 다른 신들이 12신에 포함되기도 한다.

▲ 올림포스 12신 부조

제 10 부

죽음과 죽음

파트로클로스의 죽음

　그리스 연합군이 트로이아군에 일방적으로 밀리는 가운데 파트로클로스는 두 눈에 눈물을 쏟으며 아킬레우스 앞으로 나아갔다. 그런 모습을 본 아킬레우스는 매우 안타까워하며 물었다.

　"파트로클로스여, 어이하여 어린애처럼 서럽게 우시오? 전우에게서 무슨 소식이라도 왔소? 아니면 고국에서 무슨 특별한 소식이라도 온 것이오? 그대 부친이나 내 부친께 무슨 일이라도 일어난 거요? 그것도 아니라면, 진정 아카이아 동포들이 무더기로 쓰러지는 것을 차마 볼 수 없어서 그런 거요? 이는 그들이 스스로 저지른 과오, 스스로의 무도한 처사 때문이 아니오? 궁금하니 어서 말해 보시오."

　이에 파트로클로스가 대답했다.

　"오오, 아킬레우스여, 아카이아 군대 중에서도 두드러지게 으뜸가는 용사로 이름난 그대여, 제발 화내지 말고 내 말을 들어주오. 지금 티데우스의 아들 디오메데스, 그리고 오디세우스와 아가멤논이 부상을 당했고, 에우리필로스도 다리에 화살을 맞았소. 그래서 의사들이 동분서주하며 치료하기에 바쁘다오. 하지만 장군이여, 당신의 마음만은 고칠 길이 없군요. 당신이 품은 것과 같은 원한이 나에게는 아예 들어오지 말기를 빌고 빕니다.

당신이 궁지에 빠진 동포를 구하지 않는다면, 적선을 베푼들 무슨 도움이 되겠습니까? 냉혹한 장군이시여, 당신 어머님께서 당신에 대해 들은 좋지 않은 예언을 두려워하고 있다면 저라도 시켜 미르미돈 동족을 건져내도록 하소서. 그리고 당신 갑옷을 저에게 입혀 주소서. 어쩌면 트로이아군이 나를 당신으로 여겨, 쓰러져 가는 동포에게 다소나마 숨 쉴 여유라도 줄지 모르니까요. 전쟁에서는 비록 조그만 틈이라도 대세를 바꾸는 터, 아군에 생기를 불어넣어 적군을 도시로 쫓아버릴 수도 있을 것입니다."

어리석도다, 이렇게 애원하다니! 이 애원이 그에게는 마지막 운명을 가져올 줄이야!

이에 아킬레우스는 몹시 화를 내며 이렇게 말했다.

"그게 도대체 무슨 소리요? 내 비록 예언을 들었을망정 그런 예언과는 상관도 없는 일이오. 그러나 가슴에 상처가

파트로클로스 흉상_ 윌리엄 헨리 폭스 톨벗의 사진작품
아킬레우스의 절친한 친구이자 부관으로 활동한 파트로클로스는 그리스 연합군이 트로이아군에 연패를 당하자 아킬레우스를 종용하여 전장에 출전시키려 하나, 완고한 아킬레우스는 거절을 한다.

아킬레우스와 파트로클로스가 있는 장면의 폼페이 프레스코화

남아 있소이다. 어떤 자가 나보다 권세 있다고 해서 나를 함부로 짓밟으니, 어찌 서럽지 않겠소? 내 보상으로 택한 여성을 아가멤논이 빼앗아 나를 이방인처럼 취급하였소. 그러나 지난 일이야 물어 뭘 하겠소? 언제까지나 원한을 품고 있을 수는 없는 일. 자, 가시오. 내 갑옷을 걸쳐 입고 용사들을 싸움터로 이끌고 가시오. 적은 구름 떼같이 아카이아 함대를 뒤덮었고, 이제는 동포들이 도망칠 곳이라곤 바다밖에 없으니, 트로이아군이 더욱 자신만만한 것 아니겠소? 오, 아가멤논 사령관이 우의를 베푼다면! 그런데 이들이 우리 병영 근처에서 싸우고 있더이다. 디오메데스는 창도 없이 그리스군을 멸망에서 구하려고 애쓰고 있는데, 아가멤논은 소리치는 것조차 듣지 못했소. 헥토르의 호령이 온 평야를 뒤흔들고 있는데 말이오. 하지만 파트로클로스

여, 우리의 함대를 구하시오. 지금부터 내 말을 잘 듣고 행하면, 나 대신 그대가 온 겨레로부터 영광과 명예를 얻을 뿐만 아니라, 귀한 선물까지 받을 것이오.

특히 제우스께서 그대에게 승리의 호운을 베푸시어 그대가 우리 함대에서 트로이아군을 쓸어내더라도, 동포를 도시의 성까지 이끌어 가진 마시오. 왜냐하면 혹시 간섭을 하는 신이 있을지도 모르기 때문이오. 특히 아폴론은 그들과 우의가 깊소. 그러니 함대를 구하는 대로 돌아오고, 평원 공격은 다른 사람에게 맡기시오. 오, 제우스 아버지여! 아테나와 아폴론이시여! 만일 아카이아군이 다 죽고 우리 두 사람만 살아남는다 해도 우리가 트로이아의 성스러운 왕관을 끌어내리게 해주소서."

한편, 아이아스는 창칼의 폭우 속에 묻혀 더 이상 버틸 수 없는 상황에 이르렀다. 트로이아군의 맹공격이 거듭됨에 따라 그의 청동 투구는 쇳소리를 내며 울려댔다. 왼팔은 무거운 방패를 너무나 오래 들고 버텼으므로 지쳐 있었다. 그의 숨은 가빠지고, 땀은 비 오듯 흘렀다. 사방팔방에서 맹공격이 계속되어 눈 깜짝할 시간도 없었다. 그러나 트로이아군은 그를 감히 동요시키지는 못했다.

오, 올림포스의 뮤즈시여! 아카이아 함대에 불이 붙기 시작한 연유를 말해 다오! 우선 헥토르가 다가와 큰 칼로 아이아스의 추상같은 창자루의 끝을 치니, 창이 완전히 부러졌다.

그러자 창날은 멀리 날아가 떨어지고, 텔라몬의 아들 아이아스는 창날 없는 창 자루만 헛되이 흔들어댈 수밖에 없었다.

아이아스는 섬뜩했다. 신의 짓이 아니었던가. 천둥의 신 제우스가 트로이아군에게 승리를 안겨주려 하는 것임을 깨달은 그는 적군의 화살이 닿지 않을 만큼 물러섰다.

이때 트로이아군이 함대에 불을 던졌다. 그러자 불길은 삽시간에 고물을 휩싸고 함대 전체로 번져 올랐다.

파트로클로스는 빛나는 청동 갑옷을 입었다. 그는 먼저 은으로 된 발목 장식을 차고, 별과 같이 반짝반짝 빛나는 아킬레우스의 갑옷을 입었다. 양어깨엔 청동 날에 은 자루로 된 칼을 차고, 두꺼운 방패와 술 달린 투구를 착용했다. 마지막으로 두 개의 창을 들었는데, 이것은 아킬레우스의 것이 아니었다. 아킬레우스의 창은 펠리온산의 물푸레나무로 만든 것이었다. 적군을 무찌르도록 케이론이 아킬레우스의 아버지 펠레우스에게 주었는데, 아킬레우스 외에는 아무도 휘어잡지 못했다.

파트로클로스는 아우토메돈에게 즉시 마구를 갖추라고 일렀다. 아우토메돈은 아킬레우스의 말인, 바람같이 빠른 크산토스와 발리오스에게 마구를 채웠다. 이 말들의 아비는 제피로스요, 어미는 욕심 많은 포다르게로 오케아노스강 가 목장에서 풀을 뜯다가 수태하였다. 그리고 순종의 페다소스를 가장 선두에 매달았는데, 이것은 아킬레우스가 에에티온의 성을 점령했을 때 획득한 것으로, 신계의 말이나 다를 바 없었다.

▼ 아킬레우스의 갑옷 복원품

아킬레우스의 말_ 안토니 반 다이크의 작품

크산토스는 아킬레우스의 전차를 끌던 신마(神馬)다. 오케아노스강 가에서 암말로 변하여 풀을 뜯어 먹고 있던 포다르게(질풍의 정령)와 서풍의 신 제피로스 사이에서 태어난 아들이며, 발리오스의 형제이다. 바람처럼 빠르고 죽지 않는 신마로서, 포세이돈이 펠레우스와 테티스의 결혼식 때 선물로 주었으며, 펠레우스의 아들 아킬레우스가 트로이아 전쟁에 참가할 때 데리고 갔다.

한편, 아킬레우스는 부하들을 무장시켜 막사에서 지휘했다. 이들은 사냥을 하러 나서는 광포한 이리떼와도 같았다. 연약한 사슴을 낚아채 갈가리 찢어먹고도 포만감을 느끼기는커녕 다시 눈을 희번덕거리며 둘러보는 이리떼처럼, 미르미돈족의 명장들은 파트로클로스를 에워싸고 용기백배했다.

아킬레우스가 트로이아로 가져온 전함은 모두 50척이었다. 배마다 건장한 장부 50명씩이 탔는데, 다섯 부대로 나누어 장교를 두었다.

제1부대는 하천신 스페르케이오스와 펠레우스의 딸인 아름다운 폴리도라 사이에 낳은 아들 메네스티오스가 지휘를 맡았다. 그는 보로스의 아들로도 불리는데, 페리에레스의 아들 보로스가 결혼 지참금을 가져와 그의 어머니와 결혼했기 때문이다.

제2부대는 호전적인 무사인 에우도로스가 맡았다. 그의 어머니는 필라스의 딸 폴리멜라인데, 그녀는 아르테미스의 축제에 무희로 참가했다. 이때 헤르메스가 그녀를 보고 한눈에 반해 낳은 것이 에우도로스다. 그는 달리는 데 날래고 싸우는 데 강한 사나이였다. 그의 어머니 폴리멜라는 출산의 여신 에일레이티아이아의 인도로 에우도로스가 태어나자, 악토르의 아들 에케클레스와 결혼했다.

제3부대는 파트로클로스 다음으로 미르미돈에서 가장 이름난 창수인, 마이말로스의 아들 페이산드로스가 지휘했다. 제4부대는 포이닉스 노인이 지휘했고, 제5부대는 라에르케스의 아들 알키메돈이 맡았다.

아킬레우스가 각기 대열을 정비한 뒤 준엄한 말로 마지막 지시를 내렸다.

"미르미돈의 용사들이여, 너희들이 힘 닿는 대로 트로이아군을 물리쳐라. 내가 출정하지 않아 그동안 얼마나 나를 책망했겠는가. 이렇게 수군댔을지도 모르지. '완고한 인간 아킬레우스여, 그대는 젖 대신 담즙으로 자란 게 아닌가? 참으로 잔혹하구나, 우리를 이처럼 억류시켜 놓다니! 차라리 함대에 올라 귀향하는 것이 낫겠구나.' 하지만 이제 그대들이 즐겨 참가할 수 있는 대전투가 벌어졌도다. 각자 용기를 잃지 말고 싸워서 반드시 이겨라!"

아킬레우스가 이렇게 열변을 토하자 병사들의 사기가 더욱 높아졌다. 방패는 방패와 맞닿고, 투구는 투구와, 사람은 사람과 맞닿아 서 있으니 그들이 움직일 때마다 투구의 깃털 장식이 서로를 건드렸다. 그리고 그들의 선봉장인 파트로클로스와 아우토메돈은 비록 몸은 둘이나 한마음으로 미르미돈군을 지휘할 따름이었다.

아킬레우스는 막사로 돌아와, 아름다운 장식이 새겨진 상자를 열었다. 그곳에는 은발의 테티스가 넣어준 속옷과 털 담요, 그리고 바람을 견딜 만한 옷들이 있었다. 또한 그 속에는 최상품의 잔이 들어 있었는데, 아마 주신 제우스 이외에는 이런 잔으로 술을 마신 영광을 얻지 못했으리라. 그는 이 잔을 꺼내 유황으로 닦은 뒤 다시 깨끗한 물에 씻고, 자기도 정결하게 손을 닦았다. 이윽고 술을 따라 하늘을 향해 뿌리며 축원을 올렸다. 그러자 제우스는 내내 이를 지켜보았다.

"오, 천둥의 신 제우스시여! 일찍이 저의 축원을 들어주시던 신이시여! 저에게 영광을 내리시고자 아카이아군에게 심한 타격을 주신 걸 제가 아나이다. 또다시 애원하오니 저희에게 은혜를 내려주소서. 제가 이렇게 남아 있는 동안, 전우들은 죽음의 장으로 싸우러 나갔습니

다. 전능하신 제우스시여, 파트로클로스에게 승리를 안겨주소서! 그
의 용기를 북돋워 헥토르로 하여금 저의 충복이 홀로 싸울 수 있다는
걸 알게 하여 주소서!

　그가 적군을 함대에서 몰아낸 다음 무사히 돌아오게 하여 주소서.”

　물론 제우스가 아킬레우스의 축원을 다 들어준 건 아니었다. 파트
로클로스가 트로이아군을 몰아내기는 했지만 귀환하지는 못했던 것
이다. 아킬레우스는 제주와 축원을 올린 다음, 막사로 돌아가 잔을
상자에 도로 넣었다. 그리고 다시 밖으로 나와서 친히 전투를 보고
자 애썼다.

　한편, 파트로클로스와 그 부대는 마침내 트로이아군과 맞붙어 벌
떼처럼 일제히 기습했다.

　아이들이 벌집을 쑤셨다가 벌 떼들의 습격을 받는 것처럼, 미르미
돈군도 마침내 막사에서 쏟아져 나오며 트로이아군들을 무찌르기에
앞장섰다.

　파트로클로스가 큰 소리로 외쳤다.

　“미르미돈군이여! 장부답게 싸워라! 예전의 용맹
스러움을 발휘하라! 펠레우스의 후예답게 싸워,
아가멤논 사령관에게 자신의 과오를 깨닫게 하자!
아카이아군 중에서 최고의 명장을 무시한 걸 후회
하게 하자!”

고대 그리스 시대 창과 방패 복원품 ▶

아카이아군이 벌 떼처럼 트로이아군을 맹습하니, 이들이 외치는 함성은 하늘에까지 울렸다. 게다가 트로이아군은 파트로클로스가 아킬레우스의 복장을 하고 나타나자 대열이 뒤죽박죽이 되었다. 아킬레우스가 분노를 거두고 출정한 줄로만 알았던 것이다.

먼저 파트로클로스는 파이오니아의 장수인 피라이크메스를 죽였다. 대장을 잃은 파이오니아군은 공포에 질려 사방팔방으로 도망쳤다. 파트로클로스는 이들을 함대에서 몰아낸 뒤 불을 껐다. 이렇게 함으로써 그리스군은 잠시 숨 돌릴 수 있는 시간을 가졌다. 그러나 트로이아군이 비록 함대에서 물러가기는 했지만 여기저기에 흩어져 아카이아군을 공략하고 있었다.

다음으로 파트로클로스는 달아나려는 아레일리코스의 넓적다리를 찔러 쓰러뜨렸다. 이런 동안에 메넬라오스는 토아스의 가슴을 찔렀고, 메게스는 덤벼드는 암피클로스의 넓적다리를 찔러 목숨을 끊었다. 네스토르의 아들 안틸로코스는 날카로운 창으로 아팀니오스를 쓰러뜨렸다. 그러자 그의 형 마리스가 안틸로코스를 찌르려고 달려들었다. 그러나 네스토르의 다른 아들인 트라시메데스가 이보다 먼저 창을 던져 그를 죽였다. 이렇게 네스토르의 두 아들은 파멸의 괴물 키마이라를 기른 아미소다로스의 용감한 두 아들을 저승길로 보냈다.

◀ 말들이 끄는 전차

그리고 오일레우스의 아들 아이아스는 갈팡질팡하는 클레오불로스에게 덤벼들어 그를 생포했으나, 그가 먼저 자결했다.

또한 페넬레오스와 리콘은 서로 칼을 들고 달려들었다. 그러나 리콘의 칼은 투구에 맞아 부러졌고, 페넬레오스의 칼은 리콘의 귀밑 목을 쳐 목숨을 앗았다.

메리오네스는 막 전차로 올라가는 아카마스의 오른쪽 어깨를 찔러 쓰러뜨렸다. 한편 이도메네우스가 청동 창으로 에리마스의 입을 찌르자, 그의 양 눈이 피에 잠기고 코와 입에서 피가 쏟아져 나왔다.

이처럼 그리스 장군들은 도주가 무엇이 부끄러우냐는 듯이 달리는 데에만 정신이 팔린 트로이아군을 섬멸했다.

텔라몬의 아들 아이아스는 헥토르를 꼭 죽이겠다는 일념으로 창을 겨누었다. 그러나 헥토르는 그의 온갖 전법을 아는 터라, 쇠가죽 방패로 방어하면서 전우를 구했다.

그런데 마치 제우스가 태풍을 몰아치려 하면 구름이 하늘로 들어가듯, 트로이아군은 겁을 집어먹고 아카이아 요새를 가로질러 도망쳤다. 전세가 역전된 걸 깨달은 헥토르는 달리는 전차에 올라, 전속력으로 후퇴하였다. 수많은 전차들이 참호 속에 빠지자, 병사들은 전차를 버리고 도주하기 시작했다.

그 모습을 본 파트로클로스가 호령하며 적군을 몰아치니, 전차가 마구 뒤집어지며 난장판이 되었다.

파트로클로스는 이미 함대를 떠나 참호를 곧장 뛰어넘으며 소리를 쳤다.

"헥토르가 도망간다. 어서 가서 쳐라!"

그에게는 헥토르를 무찌르는 것만이 유일한 소원이었다. 하지만 헥토르 역시 빨랐으므로 이미 멀리 도주해 버린 상태였다.

그러자 파트로클로스는 퇴각하는 적의 앞을 끊어, 그들을 다시 아카이아 함대 쪽으로 몰았다. 그야말로 그들을 옴짝달싹 못 하도록 만들어 아카이아 병사들의 죽음을 보상하려는 것이었다.

먼저 그는 프로노오스를 창으로 찔러 죽였다. 그런 다음 창으로 테스토르의 오른쪽 턱을 공격해, 전차 난간 밖으로 끌어내 쓰러뜨렸다. 이때 에릴라오스가 파트로클로스에게 덤벼들었지만, 이미 파트로클로스의 힘을 막을 자는 없었다. 그는 에릴라오스의 머리를 돌로 쳐서 죽였다. 그리고 나서 차례로 에리마스, 암포테로스, 에팔테스, 틀레폴레모스, 에키오스, 피리스, 이페우스, 에우이포스, 폴리멜로스 등을 사지로 보냈다.

이때 사르페돈은 자기 부하들이 힘없이 쓰러지는 것을 보고 책망했다.

"이 무슨 창피요. 리키아군이여! 어디로 도망치고 있는가? 전우들이여, 내가 이자를 맡을 테니 그대들도 용기를 내어 싸워라."

그리고는 전차에서 뛰어내리자, 이를 보고 파트로클로스도 맞서 나왔다. 이들이 서로 외치며 달려드는 모습은 한 쌍의 독수리가 높은 바위에서 소리를 지르며 발톱과 주둥이로 싸우는 형국이었다.

이 모습을 본 제우스가 헤라에게 푸념했다.

"참으로 슬픈 일이군. 내가 가장 사랑하는 아들이 파트로클로스의 손에 쓰러질 팔자란 말인가. 이 싸움에서 사르페돈을 구해 고향으로 보내면 어떨까?"

이에 헤라가 대꾸했다.

"오, 그런 말씀은 하지도 마소서! 인간은 언제든 한 번은 죽는 법, 죽음에서 구하시다뇨? 마음대로 하소서. 하지만 이것만은 잊지 마소서. 당신이 사르페돈을 살리고 싶으시다면, 다른 신들도 마찬가지일 거라는 사실을 말입니다. 누구나 제 자식을 사랑할 테니까요. 많은 신들의 자식이 트로이아 전선에 출정하였다는 걸 기억하소서. 그러니 당신이 진정 아들을 사랑하신다면, 파트로클로스의 손에 쓰러지게 하소서. 하지만 그의 혼백이 세상을 떠나면 죽음과 잠의 신으로 하여금 그를 리키아로 데려가게 하소서. 거기서 일가친척과 친구 들이 무덤과 비석을 세우도록 말입니다."

제우스도 헤라의 말에 동의했다. 제우스는 트로이아 땅에서 파트로클로스의 손에 죽게 될 사랑하는 자식의 명복을 빌기 위해 땅에다 피의 소나기를 퍼부었다.

파트로클로스는 사르페돈의 시종 트라시멜로스의 아랫배를 공격하여 죽였다. 그러자 사르페돈이 파트로클로스에게 창을 던졌으나, 창은 아깝게도 빗나가 그의 말 페다소스의 오른쪽 어깨에 맞았다. 말은 몇 번 버둥거리다가 숨을 거두었다. 다시 사르페돈이 창을 던져 파트로클로스의 왼쪽 어깨를 쳤으나 그것 역시 정곡을 찌르진 못했다.

반면, 파트로클로스가 던진 창은 사르페돈의 횡격막을 뚫으니, 마침내 그가 고꾸라졌다. 사르페돈은 숨이 끊어지는 가운데 사랑하는 전우의 이름을 불렀다.

"글라우코스여, 그대는 장부 중의 장부가 아닌가! 최선을 다해 용사로서의 면목을 세우라! 먼저 날 빼앗기지 않도록 우리의 최강병들을

사르페돈의 죽음이 그려진 도자기 그림

모이게 하라. 만일 아카이아군이 나의 갑옷을 벗긴다면, 나는 영원히 그대들 일생을 통해 수치와 욕이 되리라.”

사르페돈은 그 이상 말을 잇지 못하고 죽음을 눈과 코로 받아들였다. 파트로클로스가 그의 가슴을 짓밟은 채 창을 뽑으니 횡격막이 뜯겨 나왔다.

글라우코스는 사르페돈의 마지막 말을 듣자 가슴이 미어졌지만 어떻게 해볼 도리가 없었다. 그는 테우크로스의 화살에 맞아 아픈 팔을 눌렀다. 그런 다음 아폴론에게 높이 받들며 간청했다.

“트로이아 혹은 비옥한 리키아 땅에 계시는 신이시여, 굽어살피소서. 저는 지금 팔에서 피가 날 뿐 아니라, 금방이라도 끊어질 것처럼 아프답니다. 굳센 창을 잡을 수도, 또한 원수와 싸울 수도 없나이다.

사르페돈의 죽음_ 요한 하인리히 휘슬리의 작품
제우스와 라오다메이아의 아들 사르페돈은 글라우코스와 함
께 리키아군을 이끌고 트로이 전쟁에 참가하여 용감히 싸웠
으나 그리스군의 파트로클로스의 손에 죽었다. 아폴론은 자
식의 죽음을 슬퍼하는 제우스의 명령에 따라, 쌍둥이 신 히
프노스(잠의 신)와 타나토스(죽음의 신)를 붙여, 사르페돈의 시
체를 그의 고향인 리키아로 옮긴다.

무정한 제우스께서는 아들의 죽음을 모르는 체하시나이다. 원하옵건대 신이시여, 이 상처를 낫게 하시어 시체를 다시 우리가 되찾아 오게 하소서!"

아폴론 신이 이 간청을 들어주었다. 그래서 상처에서 흐르던 피가 말라붙었으며, 용기가 절로 솟아났다.

글라우코스는 신이 즉각 자신의 간청을 들어준 것에 대해 기뻐했다. 그는 먼저 리키아 장수들에게 사르페돈의 시신을 빼앗기지 말라고 호소하며 돌아다녔다. 그리고 트로이 아군 쪽으로 달려가 폴리다마스, 아게노르, 아이네이아스,

헥토르 등에게 소리쳤다.

"헥토르 장군이여, 어찌 이럴 수가 있습니까? 우리들은 그대 때문에 부모 형제를 버리고 만리 타향에서 이렇게 풍파를 겪는데도 우리를 돕지 않는구려. 사르페돈이 파트로클로스의 창에 쓰러졌습니다! 동지들이여, 우리를 도우시오. 그래서 미르미돈족이 그 시신에 모욕을 가하는 걸 묵과하지 마소서!"

이 말을 들은 트로이아군은 모두들 비탄에 잠겼다. 사르페돈은 비록 이방인일망정 그들의 중심축을 이루었고, 전선에서는 항상 빛나는 투사였기 때문이다.

이들은 원한에 불타는 헥토르를 따라 전속력으로 돌진했다.

한편, 파트로클로스는 만반의 준비가 된 두 아이아스를 불렀다.

"자, 두 분 아이아스여, 적을 공격하는 것은 그대들의 기쁨이 아니오? 아카이아 성벽을 처음 뛰어올랐던 자, 사르페돈이 쓰러졌소. 자, 와서 무구를 벗깁시다. 누구든 막고자 하면 우리의 혹독한 창 맛을 보여줍시다!"

사르페돈의 시신을 놓고 양군이 맞서자, 병사들의 아우성과 무기들이 부딪치는 소리로 떠나갈 듯 시끄러웠다.

그러자 제우스는 자기 자식을 빼앗으려는 이 전투를 무서운 것으로 만들었다. 처음에는 헥토르가 아가클레에스의 아들 에페이게우스의 해골을 부서뜨려 기선을 잡았다. 에페이게우스는 부데이온의 군주로, 사촌을 죽이고 펠레우스와 은발의 테티스를 따라 피난했었다. 그러다가 아킬레우스를 따라 참전했던 것이다.

파트로클로스는 전우를 잃자 갈가마귀를 뒤쫓는 매처럼 달려들었다. 그러고는 이타이메네스의 아들 스테넬라오스의 목을 돌로 쳐서 힘줄을 끊어놓았다.

그러자 리키아의 대장 글라우코스가 미르미돈족의 부자였던 칼콘의 아들 바티클레스를 죽였다. 병사들이 갑옷을 벗기려고 시체 주위로 모여들었다. 그러자 다시 격분한 아이네이아스가 메리오네스를 향해 창을 던졌지만 메리오네스가 앞으로 살짝 몸을 숙이는 바람에 창은 땅바닥으로 날아가 꽂혔다.

화가 머리끝까지 치솟은 아이네이아스가 큰 소리로 부르짖었다.

"메리오네스여, 그대는 춤출 줄도 아는구나! 내 창이 그대의 춤을 영원히 멈추게 할 수도 있었는데!"

이에 메리오네스가 대답했다.

"아이네이아스여, 네가 아무리 힘이 세다 해도 결국 속세의 인간 아니냐. 세상사 모르는 일, 내가 너를 찌를지 어찌 알겠느냐? 그렇게 되면 너의 그 강한 손은 하데스에게 있겠지."

그러자 파트로클로스가 그를 나무랐다.

"메리오네스여, 허송세월을 할 필요가 없소. 야유나 조롱으로 적군을 내몰 수는 없는 법이오. 토론에서는 말이 능사겠지만, 전쟁에서는 행동이 운명을 좌우하는 법이오."

파트로클로스가 따끔하게 충고하자 서로 사르페돈의 시신을 갖기 위해 일진일퇴를 거듭했다.

이제 고귀한 사르페돈의 시신은 피투성이에다 흙투성이가 되어 형체도 알아볼 수 없는 지경이 되었다. 그들은 우유통에 몰려드는 파리 떼처럼 우르르 달려들었다.

◀ 사르페돈의 시신을 운반하는 잠과 죽음의 신이 새겨진 도자기

사르페돈의 시신을 운반하는 잠과 죽음의 신이 그려진 도자기 그림

　그동안 제우스는 마음속으로 어떻게 해야 할지 곰곰이 생각해 보았다. 마침내 제우스는 파트로클로스로 하여금 트로이아군을 더 많이 죽이게 해 헥토르를 도시의 성벽까지 몰아내기로 결정했다. 그래서 우선 헥토르의 용기부터 꺾었다.

　헥토르는 전차에 올라, 퇴각하라고 트로이아군에게 소리쳤다. 그리하여 아카이아군은 사르페돈의 양어깨에서 빛나는 무구를 벗겨냈고, 파트로클로스는 그것을 함대로 가져가라고 일렀다.

　이때 구름의 신 제우스가 아폴론에게 말했다.

　"포이보스여, 어서 가서 사르페돈을 멀리멀리 옮겨 강에서 목욕시킨 다음 신의 향수를 바르고 불후의 옷을 입혀라. 그러고는 잠과 죽음의 두 신에게 내주어 리키아 땅에 안착하게 하라. 거기서 이웃이며 친척이 무덤과 비석을 세워 마지막 경의를 표하게 하라."

제우스에게 인도되는 사르페돈_ 앙리 레비의 작품
사르페돈의 시신이 아버지 제우스에게 인도되는 장면을 묘사한 그림이다.

사르페돈의 시신을 운반하는 잠과 죽음의 신

아폴론은 아버지 제우스의 분부에 따라 사르페돈을 리키아 땅에 안
착하도록 했다.

한편, 파트로클로스는 아우토메돈에게 트로이아군을 추격하라고
명령을 내렸다.

아킬레우스의 말대로만 하였던들 죽음은 면했을 텐데, 어리석음이
그를 내리눌렀기 때문에 어두운 운명을 향해 걸어 들어가고 있었다.

파트로클로스여, 신들이 그대를 죽음에 초청하니 그대가 죽인 자들
은 누구인가? 바로 아드라스토스와 아우토노오스, 에케클로스, 페리
모스, 에피스토르, 멜라니포스, 엘라소스, 물리오스, 필라르테스 등
이었다. 이처럼 파죽지세로 트로이아군을 몰아붙였는데도 도시를 점
령하지 못한 것은 아폴론이 트로이아군을 돕고 있었기 때문이었다.
파트로클로스가 세 번이나 성벽을 기어오르려 했으나, 그때마다 아폴
론이 떠밀어 냈다.

그가 초인처럼 다시 네 번째로 덤비자 아폴론은 고함을 질렀다.

"물러가라, 파트로클로스! 강대한 트로이아가 그대나 아킬레우스의 손에 넘어갈 운명은 아니니 말이다!"

이 말을 들은 파트로클로스는 아폴론의 노여움을 두려워하여 뒤쪽으로 물러났다.

이때 헥토르는 스카이아 문에 이르러 다시 싸울 것인가, 아니면 잠시 성안으로 피할 것인가를 망설이고 있었다. 이때 아폴론이 아시오스의 모습으로 변신해 다가왔다. 아시오스는 헤카베의 오빠이니 헥토르의 외삼촌이다. 그는 또 프리기아의 산가리오스 근처에 사는 디마스의 아들이기도 했다.

"헥토르여, 그대는 어이 도망갈 궁리만하는가? 퇴각한 것을 나중에 후회할 걸세. 아폴론이 그대에게 승리를 돌릴지도 모르니, 어서 가서 파트로클로스를 습격하게나."

그제야 헥토르는 말들을 싸움터로 몰아 파트로클로스에게로 달려 갔다. 이때 파트로클로스는 전차에서 뛰어내려, 왼손에는 창을 들고 오른손으로는 크고 뾰족한 돌을 집었다.

그리고 나서 온 힘을 다하여 던지니, 돌은 고삐를 잡고 있는 프리아모스의 서자인 케브리오네스의 앞이마를 쳤다. 돌에 맞은 그의 눈두덩이 바스러졌고 눈알이 빠져나왔다. 그리고 그는 잠수부처럼 전차에서 굴러떨어졌다.

이 모습을 보며 파트로클로스가 조롱을 퍼부었다.

"재주도 좋구나. 바다에 갔더라면 성게나 잡아, 주린 배를 채울 수 있었을 텐데. 육지에서도 저렇게 멋있게 다이빙하는 걸 보면 트로이아에도 잠수부가 있었던가.”

그는 말을 마치고 나서 사자처럼 케브리오네스에게 달려들어 가슴을 찔렀다. 그 순간 헥토르 역시 전차에서 뛰어내려 그를 향해 다가갔다. 그들은 사슴의 몸을 빼앗고자 싸우는 두 마리의 사자처럼 한 치의 양보도 없이 으르렁거리며 사납게 싸웠다. 헥토르가 그의 머리를 잡고 놓지 않자, 파트로클로스는 헥토르의 발을 잡았다. 마치 동풍과 남풍이 산골짜기의 나무들을 흔들고자 서로 싸우는 듯했다.

이렇게 트로이아군과 그리스군은 서로 죽이기에 열광하여 물러설 줄을 몰랐다. 케브리오네스의 시신을 둘러싸고 날카로운 창들이 밀림을 이루는가 하면, 날개 달린 화살들이 빗발치듯 날아가 덮쳤다. 또 큰 돌덩이들이 폭우같이 전사들의 방패를 쳤다.

해가 서산에 걸릴 때까지 공격과 반격은 계속되었고, 병사들은 죽어나갔다. 그러나 해가 기울어 소의 멍에를 풀 때가 되자 아카이아군은 점점 더 강해졌다.

이들은 케브리오네스의 시신을 끌어내어 무구를 벗겼고, 파트로클로스는 다시 트로이아군에게 달려가 무려 아홉 명이나 죽였다. 하지만 파트로클로스여, 그대의 운명이 다했다는 걸 모르는가. 아폴론이 서 있는 모습이 보이지 않는가.

그러나 파트로클로스의 눈에는 아폴론이 보이지 않았다. 이폴론은 숨어서 분노로 눈을 부라리며 파트로클로스의 등을 쳤다. 그러자 파트로클로스의 투구가 벗겨져 피범벅이 된 땅으로 굴렀고, 손에서는 창이 부러졌다. 띠와 장식을 달아놓은 방패와 갑옷이 아폴론의 손에

헥토르에 의해 죽음을 당하는 파트로클로스_ 18세기 일리아드 삽화 그림

의해 벗겨졌다.

정신이 아찔한 상태에 빠져 있던 파트로클로스의 등 뒤에서 판토오스의 아들인 가장 뛰어난 창수 에우포르보스가 가격했다. 그는 이미 스무 명의 적군을 전차에서 떨어뜨린 무사였다. 그러나 비록 파트로클로스가 맨몸일지라도 그의 창에 완전히 고꾸라지지 않자 에우포르보스는 뒤로 물러섰다.

파트로클로스가 어깨에 상처를 입은 채로 피신을 하는 사이, 헥토르가 다시 다가와 그의 배를 찔렀다. 파트로클로스가 쓰러지자 그 모습은 마치 조그만 웅덩이를 차지하려고 산돼지가 사자와 싸우다가 마침내 사자한테 물려 죽는 모습과도 같았다.

헥토르는 파트로클로스를 죽이자 기쁨을 감추지 못하고 떠들어댔다.

"파트로클로스여, 네가 우리의 도시를 점령할 줄 알았더냐? 어리석은 놈! 네 앞에는 헥토르의 말들이 있음을 몰랐더냐? 내 창은 어느 누구보다 강하다. 네놈은 이제 독수리의 밥이 되게 하마! 오, 아킬레우스는 너에게 이렇게 말했겠지. '용감한 파트로클로스여, 헥토르의 몸에서 피에 젖은 갑옷을 벗겨 올 때까지는 돌아오지 마라!' 너도 그렇게 할 수 있으리라고 생각했겠지. 너나 그나 똑같이 얼빠진 놈들이지?"

파트로클로스가 고통스럽게 헐떡이며 말했다.

"헥토르여, 신들이 너를 돕지 않았다면, 너와 같은 자는 스무 명이 덤벼든다 해도 내가 눈 하나 깜짝했을 것 같으냐? 나를 죽게 한 것은 잔인한 운명과 레토의 아들, 그리고 인간으로서는 에우포르보스지 네가 아니다. 내 한 가지만 일러두마. 너에게도 이미 죽음의 검은 그림자가 드리워졌도다. 아킬레우스의 손에 의해 곧 쓰러질 테니."

말을 마친 파트로클로스는 하데스궁으로 갔다. 헥토르는 죽어가는 그에게 말했다.

"파트로클로스여, 비록 아킬레우스가 테티스의 자식일지는 모르되, 내 창에 그가 맞아 죽지 않는다고 누가 단언하겠는가?"

헥토르는 시신을 발로 밀어내며 창을 뽑아, 곧 파트로클로스의 마부 아우토메돈에게로 향했다. 그러나 아우토메돈은 이미 신이 펠레우스에게 준 영생의 말들을 타고 사라진 뒤였다.

파트로클로스의 시신을 놓고 다투다

　파트로클로스의 죽음을 목격한 메넬라오스가 곧 달려와, 암소가 송아지의 죽음을 슬퍼하듯 구슬피 울었다. 그는 창과 방패를 겨누어 들고 어느 놈이든 덤비면 죽일 태세를 갖추고 서 있었다. 이에 에우포르보스가 메넬라오스 앞에 와서 말했다.

　"메넬라오스, 물러가라! 시체도 전리품도 건드릴 생각을 아예 하지 마라! 파트로클로스를 가장 먼저 찌른 사람은 바로 나다. 생명은 아까운 것, 거역하면 내 그대를 죽이리라."

　이에 메넬라오스가 분개하며 소리쳤다.

　"제우스 아버지시여, 저토록 야비하고 기고만장할 수가 있습니까? 표범에게도, 사자에게도, 산돼지에게도 저 판토오스의 아들과 같은 교만은 없습니다. 에우포르보스여, 장부 히페레노르가 나를 업신여겼을 때에도 너처럼 과신하진 않았다. 내 너의 교만을 끝장내 줄 테니 가까이 오라. 겁이 난다면, 여기서 그만 달아나도 좋다. 바보도 때로는 약아질 때가 있는 법이니!"

에우포르보스는 아랑곳하지 않고 대꾸했다.

"메넬라오스여, 이제야말로 너의 무구를 빼앗아 판토오스와 프론티스 부인의 손에 갖다 준다면, 위안이 되겠지. 이 투쟁이 우리 생사의 시금석이 되는 것도 경각이구나."

그는 메넬라오스의 방패를 공격했지만 창끝만 구부러질 뿐 뚫지 못했다. 그러자 메넬라오스가 제우스에게 축원을 올리면서 에우포르보스의 목을 찌르니, 무구가 덜거덕거리며 그는 힘없이 쓰러졌다. 마치 샘물가의 크나큰 올리브 나무가 갑자기 불어닥친 폭풍에 뿌리째 뽑히는 형국과 같았다.

이제 트로이아군은 어느 누구도 메넬라오스에게 덤벼들지 못했다. 그러자 아폴론이 키코네스의 주상 멘테스로 변장하고 헥토르에게 가서 쏘삭거렸다. 이때 헥토르는 파트로클로스의 마부 아우토메돈이 타고 달아난 신마를 쫓고 있었다.

"헥토르여, 잡지 못할 말을 뭐 하러 쫓는가? 아킬레우스의 말은 아킬레우스만이 가질 수 있으니 포기하라. 그보다 더 중요한 일이 있다. 메넬라오스가 트로이아군 중에서도 가장 뛰어난 용사 에우포르보스를 죽인 것을 알고 있는가?"

◀ 메넬라오스
아내 헬레네를 트로이아에 빼앗긴 메넬라오스는 트로이아 전쟁에서 누구보다도 앞장서서 싸웠다. 그는 그리스군 총사령관인 아가멤논의 동생이기도 하다.

이에 헥토르가 화가 나서 돌아보니, 정말 메넬라오스가 에우포르보스의 무구를 벗기고 있었다. 헥토르는 소리를 지르며 불같이 달려들었다. 메넬라오스는 혼잣말로 중얼거렸다.

"오, 내가 적을 죽인 기쁨에 취해 잠시 파트로클로스를 잊고 있었구나. 내가 고작 전리품 때문에 파트로클로스를 그대로 둔다면, 날 욕하지 않는 자가 한 사람도 없으리라. 그렇다고 헥토르와 트로이아군에 대항하여 홀로 싸울 수도 없는 일 아닌가! 그래, 신의 총애를 받는 자와 싸운다면 재난을 초래할 뿐이다. 그러나 백절불굴의 사나이 아이아스의 도움을 받을 수 있다면, 우리는 아킬레우스를 위해 이 전사자를 구할 수 있으리라. 이것이 재난을 구하는 최상의 길일지도 모르겠군."

헥토르와 트로이아군이 다가오자 메넬라오스는 일단 파트로클로스의 시신을 그대로 두고 퇴각했다. 그는 떨어지지 않는 무거운 발길을 옮겨 동포들이 있는 곳으로 갔다. 그리고 얼른 텔라몬의 아들 아이아스를 찾았다. 아이아스는 전선 왼쪽에서 아폴론에 대한 치명적인 공포에 사로잡힌 병사들을 다잡으며 독려하고 있었다.

메넬라오스는 한걸음에 달려가 그에게 말했다.

"아이아스여, 이리로 오시오. 비록 파트로클로스는 죽었지만, 시체라도 아킬레우스에게 가져가야 되지 않겠소? 비록 그의 무구는 헥토르가 빼앗아 갔지만 말이오."

아이아스는 놀라며 얼른 사람의 물결을 뚫고 달려갔다. 헥토르는 이미 파트로클로스를 끌고 가는 중이었다. 그는 목을 자르고 몸뚱이는 개밥을 만들 작정이었다. 그러나 아이아스가 다가오자 헥토르는 슬쩍 물러나 전차에 뛰어올랐다. 다만 훌륭한 갑옷을 얻은 것만으로도 감지덕지해 큰 자랑거리로 삼았다.

한편, 아이아스는 파트로클로스를 거대한 방패로 가리고 우뚝 섰다. 그 모습은 사자가 새끼를 다리 사이에 숨기고 사냥꾼을 노려보는 형상이었다. 그 옆에는 메넬라오스가 슬픈 표정으로 서 있었다.

이때 사르페돈과 절친한 장수이자 그의 사촌인 글라우코스가 눈을 부릅뜨고 헥토르를 꾸짖었다.

"그대는 미남임에는 틀림없되, 무사로서는 형편이 없구려. 쓸데없이 이름만 높았지 겁쟁이일 뿐이오! 자, 그대의 시민들이 트로이아를 구하고자 얼마나 많은 피를 흘렸는가를 생각해 보시오. 이제 리키아군 중에는 아무도 그대를 위해 싸울 자가 없으리다. 그대는 어찌하여 고귀한 사르페돈의 시신을 방치하고 있단 말이오? 그가 살아 있을 때 그대를 어떻게 대했는지 기억해 보시오. 그런데도 그대는 그를 개밥이 될 처지에서 구할 의지조차 없소. 리키아군이 내 말을 듣는다면 고향으로 돌아갈 것이오. 그럼 트로이아는 멸망하겠지. 만일 그대나 트로이아군이 불굴의 용기를 지녔다면 파트로클로스의 시신을 일리오스로 끌고 올 수 있을 것이외다. 그럼 우린 파트로클로스와 사르페돈을 맞바꿀 수 있을 것이오. 파트로클로스는 그리스군에서 뛰어난 투사이기 때문이오. 하지만 그대는 우리를 실망시켰소. 아이아스가 그대보다 우월하다 하여 그와 감히 싸울 생각도 하지 않았소."

그러자 헥토르가 노하여 그에게 쏘아붙였다.

"글라우코스여, 잔소리는 그만하라. 나는 그대가 제법 분별력 있는 사람인 줄 알았는데 그따위 소리를 하다니. 내가 괴물 같은 아이아스에게 대항치 않는다고 말하지만, 어디 그런지 내 옆에 서서 보거라!

파트로클로스의 죽음_ 호세 데 마드라조 이 아구도의 작품
파트로클로스의 시신을 두고 그리스군과 트로이아군이 서로 먼저 차지하려는 장면의 그림이다.

그대 말대로 내가 온종일 겁쟁이 노릇을 하는가, 아니면 파트로클로
스의 시신을 빼앗기 위해 치열하게 격전을 하는가!"

그러고 나서는 있는 힘을 다해 트로이아군을 향해 소리쳤다.

"전우들이여, 본분을 잊지 말고 무사답게 싸우라! 내가 아킬레우스
의 갑옷을 차려 입을 때까지 있는 힘을 다해 싸우라. 나는 이미 파트
로클로스를 죽이고 그의 갑옷을 벗겨 놓았도다."

헥토르는 싸움터에서 급히 빠져나와, 아킬레우스의 훌륭한 갑주를
도성으로 운반하는 부하들에게로 달렸다. 바람처럼 달려가 그들을 따
라잡은 뒤, 불멸의 아킬레우스의 투구를 쓰고 갑옷으로 갈아입었다.
이것은 신들이 펠레우스에게 준 것을 펠레우스가 늙자 아들인 아킬레
우스에게 물려준 것이다.

제우스는 이 모습을 보며 혀를 끌끌 찼다.

"아, 가여운 인간! 죽음이 가까워 왔는데도 전혀 모르고 있구나! 그

리고 점잖고 또 강한 자의 갑주를 무엄하게도 입다니! 하지만 일단은 네 손에 큰 힘을 주리라. 그러면 너는 결국 싸움터에서 돌아오지 못하고, 펠레우스 가문의 유명한 갑주는 안드로마케에게 줄 수 없게 되리라."

제우스는 검은 눈썹을 움직거리며 그 갑주를 헥토르의 몸에 꼭 맞게 한 뒤, 사지가 모두 힘과 용기로 가득 차게 했다. 그러자 동맹군에게로 달려가는 헥토르의 모습은 위대한 아킬레우스의 갑주로 온통 빛이 났다.

그는 마침내 여러 사람들에게 호소했다.

"인근 각국에서 참전한 여러 종족 여러분이여, 들어주소서! 처음 내가 그대들에게 바랐던 것은 여러분의 따뜻한 애정이었소. 아카이아 침략자의 손에서 트로이아의 부인들과 어린아이들을 구하고 싶었기 때문이오. 그러니 그 마음으로 돌아가, 죽든 살든 전선으로 돌진하시오. 이것만이 전쟁에서 살 길이외다! 파트로클로스의 시체를 끌고 오는 사람에게는 그 전리품의 반을 주리다. 또한 그 사람에게는 나와 같은 명예를 갖게 하리다!"

그러자 그들은 그리스군에게 일제히 돌격해 들어갔다.

아이아스는 몰려오는 군사를 닥치는 대로 죽였다. 하지만 결국 힘에 부친 나머지 메넬라오스에게 말했다.

"장군, 이제 단둘이서 여기를 무사히 벗어날 수 없을 것 같소이다. 파트로클로스의 시체를 걱정하기에 앞서 우리 목숨부터 챙겨야 할 것 같소. 저기 구름처럼 헥토르가 병사들과 함께 달려오는 걸 보니, 우리 또한 죽음의 문에 가까이 왔나 보오. 정신을 차리고 용사를 좀 부르시오."

그러자 메넬라오스는 크고 똑똑한 목소리로 외쳤다.

"동지들이여, 고위 장군들과 영주들이여! 이곳의 전투가 너무 치열하니, 일일이 이름을 부를 수는 없지만 모두들 오시오. 파트로클로스를 트로이아의 개밥이 되도록 해서야 어디 체면이 서겠소?"

오일레우스의 발 빠른 아들 아이아스가 먼저 달려오자, 이도메네우스와 그의 충복인 메리오네스가 뒤따랐다. 그 뒤를 이어 수많은 사람들이 왔는데, 그들의 이름을 누가 다 기억할 수 있겠는가?

이때 헥토르는 댐에 갇혀 있던 물이 한꺼번에 쏟아지듯 트로이아군을 이끌고 함성을 지르며 떼로 몰려왔다.

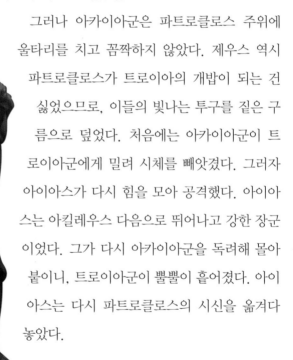

그러나 아카이아군은 파트로클로스 주위에 울타리를 치고 꼼짝하지 않았다. 제우스 역시 파트로클로스가 트로이아의 개밥이 되는 건 싫었으므로, 이들의 빛나는 투구를 짙은 구름으로 덮었다. 처음에는 아카이아군이 트로이아군에게 밀려 시체를 빼앗겼다. 그러자 아이아스가 다시 힘을 모아 공격했다. 아이아스는 아킬레우스 다음으로 뛰어나고 강한 장군이었다. 그가 다시 아카이아군을 독려해 몰아붙이니, 트로이아군이 뿔뿔이 흩어졌다. 아이아스는 다시 파트로클로스의 시신을 옮겨다 놓았다.

◀ 파트로클로스의 시신을 옮기는 아이아스

이때 레토스의 아들 히포토오스가 헥토르에게 공을 보이고자 방패의 손잡이 끈으로 파트로클로스의 발목을 묶어 끌어가려 했지만, 결국 아이아스의 공격을 받고 말았다. 그는 양친에게 자식 된 도리도 다하지 못하고, 파트로클로스의 시체 위에 엎어져 인생을 마감하고 말았다.

이번에는 헥토르가 아이아스에게 창을 던졌으나 아이아스가 옆으로 살짝 피해, 파노페우스의 왕 스케디오스가 맞았다. 그는 이피토스의 아들로, 포키스 사람 중에서는 으뜸가는 사나이였다.

이에 아이아스가 히포토오스를 걸터타고 있는, 파이놉스의 아들 포르키스의 배를 찔렀다. 그러자 헥토르와 전위 부대는 물러섰으며, 아카이아군은 승리의 함성을 지르며 포르키스와 히포토오스의 갑옷을 벗겼다.

아폴론이 아이네이아스를 분기시키지 않았더라면 트로이아군은 실망하여 일리오스로 퇴각했을 것이고, 아카이아군은 제우스가 예정한 승리보다도 더 빨리 승리를 거두었을지도 모른다. 그러나 아폴론은 아이네이아스의 충복 페리파스의 모습으로 변신하고서 말했다.

"아이네이아스 장군이여, 신이 반대하는 싸움은 지게 되어 있지요. 하지만 저들은 신이 반대하는데도 우리를 공격하고 있습니다. 하물며 제우스께서 우리의 손을 들어주시는데, 장군은 달아나기만 하고 싸우려 하지 않다니요!"

한눈에 아폴론을 알아본 아이네이아스는 헥토르에게 외쳤다.

"헥토르여, 그리고 트로이아군 및 동맹군 여러분이여! 이렇게 뭇매맞은 겁쟁이처럼 도시로 도망간다면 정말 치욕일 것이오. 방금 신이

파트로클로스의 죽음_ 앙투안 비르츠의 작품
파트로클로스의 시신을 두고 그리스군과 트로이아군이 서로 먼저 차지하려는 장면이다.

나에게 말씀하시기를, 아직도 제우스께서 우리 편이랍니다. 그러니 적에게 반격합시다. 파트로클로스의 시체를 빼앗기지 맙시다."

그리고 나서 아이네이아스가 레이오크리토스를 창으로 공격했다. 그러자 동료 리코메데스가 다가와, 파이오니아의 용사 아피사온의 가슴을 찔러 쓰러뜨렸다.

이것을 본 아스테로파이오스가 곧장 달려와 복수를 하고자 하였으나, 방패가 파트로클로스를 담처럼 에워싸고 있었기 때문에 쉽사리 창을 던질 수 없었다. 아이아스는 아무도 전선에서 나오지 못하게 했으며, 시체를 빈틈없이 에워싸게 하면서 가능한 한 창을 던지도록 했다. 그러나 양군의 치열한 공방전은 계속 되었고 피를 흘리지 않고는 싸울 길이 없었다.

이토록 목숨을 건 혈전의 장은 온통 짙은 구름이 끼어 있어, 해가 졌는지 달이 떴는지 짐작조차 할 수 없었다.

이들은 온종일 파트로클로스의 시체를 두고 쟁탈전을 벌였다. 필사의 투쟁으로 발과 무릎, 다리와 손, 눈에는 땀이 비 오듯 하였다. 시체를 밀었다 당겼다 하는 모습은 줄다리기할 때 서로 잡아당기는 모습과도 같았다. 아마 아레스 군신이나 아테나도 대수롭게 넘기지 못할 정도로 시체를 둘러싼 싸움은 격렬했다.

그런데 아킬레우스는 아직까지도 파트로클로스가 죽은 사실을 몰랐다. 전투가 함대에서 멀리 떨어진 트로이아성 밑에서 벌어졌기 때문이다. 하긴 그가 설마 죽으리라고는 생각지도 않았다. 파트로클로스가 자기 뜻을 따르지 않고, 도시를 점령하려고 욕심을 부렸으리라고는 상상조차 하지 않았기 때문이다.

어쨌든 모두들 시체를 둘러싸고 혈투를 벌이는 가운데 아카이아 병사들이 서로 독려했다.

"아아, 선량한 동지들이여! 트로이아군이 이 용사를 끌어가게 할 수는 없다. 검은 대지여, 차라리 우리를 먼저 삼키소서. 그편이 낫겠나이다."

트로이아군들 역시 격려의 말을 주고받았다.

"오, 동지들이여! 우리 모두 이 시체를 둘러싸고 죽더라도 물러서서는 안 된다."

이렇게 서로들 격려하며 맹렬히 싸웠으므로 허공에서 쇠붙이 소리가 요란하게 들려왔다.

한편, 헥토르의 창에 파트로클로스가 쓰러진 후부터 아킬레우스의

아킬레우스의 말과 아우토메돈_ 앙리 르노의 작품
아우토메돈은 디오레스의 아들로, 트로이아 전쟁의 영웅인 아킬레우스의 수행원이자 그의 전차
를 끌던 용사이다.

말들이 계속 울고 있었다. 아우토메돈은 말들에게 가끔 채찍질을 하
기도 했다가 달래기도 했다. 하지만 말들은 비석처럼 그 자리에서 꼼
짝도 하지 않은 채 머리를 수그리고 눈물을 흘렸다.

　짐승조차 슬퍼하는 이 모습을 본 제우스는 머리를 흔들며 중얼거
렸다.

　"아, 가엾구나! 너희들은 늙지도 않고 죽지도 않는데, 어이 펠레우

스 같은 인간에게 주어버렸던가? 아마도 땅을 딛고 움직이는 동물 가운데 인간보다 더 불행한 자는 없나 보구나. 그럴지라도 너희들이 헥토르의 손에 넘어가게 하지는 않으리라. 무기를 가져다 허영에 찬 교만을 채운 것만으로도 과분해. 너희들을 아우토메돈과 함께 함대로 데려가 싸움을 피하게 해주마. 트로이아군이 참살을 계속할 테니까."

그러고는 말들에게 용기를 불어넣었다.

그러자 말들은 아우토메돈을 태운 채, 거위를 덮치는 독수리같이 싸움터를 헤쳐 나아갔다.

그러나 어느 누구도 말들을 해칠 수는 없었다.

마침 아우토메돈을 발견한 알키메돈이 전차 뒤에 멈춰 서서 소리쳤다.

"아우토메돈이여, 그대처럼 착한 자에게 어느 신이 쓸데없는 생각을 넣어주었단 말이오? 어찌하여 혼자 전선으로 나아가는가? 그대 동료는 죽었다. 헥토르가 아킬레우스의 갑옷을 입고 뽐내고 있는 게 보이지 않는가?"

아우토메돈이 대답했다.

"알키메돈이여, 그대야말로 나를 잘 아는 사람 아닌가. 이 불 같은 말들은 천재 파트로클로스를 제외하면 다룰 사람이 없도다. 하지만 그는 이미 고인이 된 몸, 이 고삐와 채찍을 들라. 내 나가서 싸우리라."

그러자 알키메돈이 전차에 들어와 고삐와 채찍을 잡았다. 그 모습을 본 헥토르가 아이네이아스에게 말했다.

"아이네이아스여, 방금 아킬레우스의 두 말이 싸움터에 나타난 것을 보았소. 그대가 도와주기만 한다면 그들을 잡을 수 있을 듯하오.

감히 그들이 그대와 나한테 대항할 수는 없을 것이오."

아이네이아스와 헥토르는 청동을 입힌 쇠가죽 방패를 어깨에 메고 함께 전진했다. 그 뒤를 크로미오스와 아레토스가 따랐다.

한편 아우토메돈은 제우스에게 힘을 달라고 기도한 후 자신만만하게 자기 친구 알키메돈에게 말했다.

"알키메돈이여, 말들의 숨소리가 들리도록 가까이 모시오. 아마도 헥토르는 자기가 죽거나 이 말들을 빼앗을 때까지 계속 버틸 작정인가 보오."

그런 다음 그는 두 아이아스와 메넬라오스를 불렀다.

"두 분 아이아스 장군과 메넬라오스시여! 헥토르와 아이네이아스의 손에서 우리를 구해 주시오. 그들은 트로이아군 중에서는 제일 무서운 자들이 아닙니까!"

그는 말을 마친 뒤 아레토스를 향해 창을 던졌다. 창이 아레토스의 배를 뚫고 지나가자 그는 앞으로 고꾸라졌다.

한편, 헥토르는 아우토메돈에게 번쩍이는 창을 던졌으나, 아우토메돈이 몸을 수그려 피했다. 그들은 칼싸움을 벌이기 직전까지 갔지만, 두 아이아스가 달려오는 바람에 헥토르와 아이네이아스, 크로미오스는 떨면서 물러났다.

아우토메돈은 아레토스에게서 즉시 갑주를 벗기고 나서 신이 나서 말했다.

"자, 이것 보시오. 내가 죽인 놈이 신통치는 않지만 동지의 죽음에 좀 위로가 되리다!"

그는 피 묻은 노획품을 전차에 집어넣었다.

파트로클로스의 시체를 두고 벌이는 쟁탈전은 더욱 필사적이 되었다. 제우스가 그리스군을 격려하고자 구름으로 휘감은 아테나를 보냈다.

따라서 아테나는 포이닉스의 모습으로 변장하여 메넬라오스에게 말했다.

"메넬라오스여, 아킬레우스의 위대한 동료가 트로이아성 밑에서 개밥이 된다면 그야말로 치욕이 아니겠소?"

그러자 메넬라오스가 큰 소리로 대답했다.

"오, 연로하신 포이닉스 원로시여! 만일 아테나께서 내게 힘을 주신다면 내 기꺼이 파트로클로스를 보호하리다. 진실로 그의 죽음은 애를 끊는 듯이 슬프다오. 그러나 제우스께서 헥토르의 손을 들어주시니, 저자가 죽이고 또 죽이는 게 아니겠소!"

아테나는 메넬라오스가 누구보다도 먼저 자기에게 축원을 했기 때문에 그를 더욱 좋아했다. 여신이 그의 두 어깨와 다리에 힘을 주자 메넬라오스는 백절불굴의 담력으로 시체 옆에 서서 창을 던져, 포데스라는 자의 가슴을 관통시켰다. 메넬라오스는 트로이아 병사들 틈에서 그 시체를 자기들 편으로 끌고 갔다.

이때 아폴론이 헥토르와 가장 친한 파이놉스의 모습으로 변장하고 말했다.

"헥토르여, 저런 얼빠진 메넬라오스한테 쫓겨 간다면 아카이아군이 어떻게 당신을 두려워하겠소? 방금 그대의 막역한 벗 포데스를 죽이고는 그대 앞에서 혼자 시체를 끌어가지 않았소?"

이 말에 헥토르는 불같이 화를 내며 돌진해 나갔다. 때마침 제우스는 찬란히 빛나는, 술 달린 방패를 아카이아군 쪽으로 흔들었다.

그러자 갑자기 아카이아군은 공포에 쫓겼고, 트로이아군은 싸움터를 휩쓸기 시작했다. 가장 먼저 페넬레오스가 폴리다마스의 창에 맞아 뼈까지 잘렸다.

그다음 헥토르는 레이토스의 팔목을 공격하여 불구를 만들었다. 레이토스가 달아나자 헥토르가 쫓아갔고, 그걸 본 이도메네우스가 헥토르의 가슴을 향해 창을 던졌다. 그러나 긴 창의 회목이 부러졌으므로 트로이아군은 환호성을 울렸다.

"말을 몰아 함대로 후퇴하시오. 보다시피 전세가 불리하오."

이도메네우스가 말을 몰고 떠났다.

한편, 아이아스 역시 승리가 자기들한테서 떠난 것을 알고 메넬라오스에게 말했다.

"제우스께서 트로이아군을 도우신다는 것은 아무리 바보라도 뻔히 알 수 있는 일, 그들이 쏘는 것은 잘 쏘는 놈이나 못 쏘는 놈이나 백발백중이구려. 그러나 우리 것은 모두 빗나가 땅에나 꽂히니, 다른 대책이 없는지 연구를 해야겠소. 우선 이 시체를 가지고 동료들에게로 돌아가야겠소. 그들이 보면 몹시 반길 것이오. 누군가가 달려가서 아킬레우스한테 이 소식을 빨리 전했으면 좋으련만. 하지만 사방에 안개가 자욱하니 누굴 보내야 한담? 제우스여, 아카이아군을 이 안개로부터 구해 주소서!"

눈물을 흘리며 축원을 올리자 제우스는 삽시간에 안개와 먼지를 걷어냈다.

그러자 아이아스가 메넬라오스에게 다시 말을 이었다.

"메넬라오스여, 네스토르의 아들 안틸로코스가 아직 살아 있는지 찾아본 뒤, 그가 살아 있다면 아킬레우스에게 이 끔찍한 소식을 전하게 하시오."

메넬라오스는 아카이아군이 쫓기는 것을 보니 마음이 아팠다. 게다가 트로이아군이 파트로클로스를 개밥으로 만들려는 것을 그저 지켜보고만 있어야 하다니! 그는 떠나기에 앞서 열의에 찬 목소리로 말했다.

"조심하시오. 두 분 아이아스와 메리오네스여! 모두 착한 파트로클로스를 잊어선 안 되오. 살아생전에 누구에게나 친절하고 다정하던 그에게 죽음과 액운이 찾아오다니."

그러고는 독수리처럼 조심조심 사방을 돌아보면서 그곳을 떠나, 매서운 눈초리로 네스토르의 아들이 아직 살아 있는가를 살폈다. 그러다가 갑자기 왼쪽 끝에서 동지들을 격려 하고 있는 안틸로코스를 발견했다.

메넬라오스는 가까이 가서 곧 그를 불렀다.

"안틸로코스여! 이리로 좀 오시오. 섭섭한 말이지만, 신이 우리에게는 재앙을 보내고 트로이아군에게는 승리를 주고 있소. 게다가 파트로클로스가 전사했소. 그러니 되도록 빨리 달려가 아킬레우스에게 알리시오. 그는 시체라도 구해 낼 수 있을 것이오."

안틸로코스는 이 소식을 듣자 기가 막혀 입이 떨어지지 않았다. 눈물이 앞을 가리고 말문이 막혔다. 하지만 메넬라오스가 시키는 대로 아킬레우스에게 슬픈 소식을 전하기 위해 최대의 속력으로 달려갔다.

메넬라오스는 다시 되돌아와 두 아이아스에게 말했다.

"방금 안틸로코스를 아킬레우스에게 보냈소. 그러나 그가 곧 오리라고 믿을 수는 없소. 어디 맨몸으로 싸울 수는 없으니 말이오. 자, 우리가 할 수 있는 일을 해야겠소. 그래서 시체도 구하고, 우리 또한 살아남을 수 있도록 합시다."

그러자 텔라몬의 아들 아이아스가 대답했다.

"메넬라오스여, 옳으신 말씀이오. 그대와 메리오네스 두 사람이 시체를 운반하면, 우리 둘이 헥토르와 그 무리를 막으리다. 우리 두 사람은 이름도 하나 마음도 하나이니, 나란히 서서 적에게 대항하는 데에는 익숙해 있소!"

메넬라오스와 메리오네스는 힘껏 시체를 들어올렸다. 이것을 보고 트로이아군이 함성을 올리며 사냥개처럼 달려들었지만, 용맹한 두 아이아스가 돌아서서 방어하자 감히 어느 누구도 덤벼들지 못했다. 그리하여 메넬라오스와 메리오네스는 애를 쓰면서 파트로클로스의 시체를 함대까지 운반할 수 있었다.

◀ 파트로클로스의 시신을 부축하는 메넬라오스

메넬라오스에 의해 파트로클로스 시신이 구조되는 모습을 묘사한 부조

　한편, 전투는 갑자기 치열해져 마치 거센 불길과도 같이 더 멀리까지 확산되어 나갔다. 두 아이아스는 홍수의 범람을 막는 둑처럼 든든하게 서서 적군을 맞이했다. 그러나 트로이아군 역시 공격의 고삐를 늦추지 않고 쳐들어왔다.

　특히 헥토르와 아이네이아스가 필사의 고함을 지르며 달려오자 아카이아군은 완전히 전의를 잃고 말았다. 마치 매를 보자 죽는소리를 내며 구름 속으로 달아나는 갈까마귀나 찌르레기와도 같았다. 그리스군은 혼비백산하여 날카로운 비명을 지르며 도망쳤다. 그러자 참호 근처에는 그들의 번쩍이는 창이며 방패가 수없이 널려 있었다. 실로 눈깜짝할 시간도 없는 전투였다.

고대 그리스인들의 저승 '명부(冥府)'

고대 그리스에서 저승에 대한 관념은 3단계 정도의 발전을 보여주었다. 가장 오래된 단계는 묘지 속을 명계로 하는 관념으로, 거기에는 에이돌라(eidōla)라고 하는 작은 날개를 가진 사자와 큰 뱀이 살고 있다고 상상했다. 그다음 단계를 나타내는 것이 호메로스의 서사시 중에 보이는 '사자(死者)의 나라'이다. 그곳은 오케아노스에 의해 가로막혀 있으며, 힘없는 망자가 그림자처럼 방황하고 있는 세계이다.

고대 그리스인의 사고방식에 의하면, 사자의 망령은 먼저 헤르메스에 의해 명계 입구까지 인도되었고, 이어서 생자와 사자 나라의 국경인 스틱스강을 건너서, 용견 케르벨로스가 지키는 하데스의 집에서, 미노스·라다만티스·아이아코스의 3판관에 의해 생전의 소행에 대해 재판받았다. 그 결과 대부분의 망령은 아스포델로스(불조화)가 피어 있는 들판에서 방황하게 되는데, 신들의 은총을 입은 영웅이나 정의의 인사는 엘리시온의 들판에 보내져서 지복의 생을 영위하고, 극악한 자는 타르탈로스라는 나락으로 떠밀려서 거기에서 영원한 고통을 당한다고 상상하였다.

《일리아스》의 영웅인 사르페돈은 제우스의 아들로 리키아 땅에 묻혀 불사의 신으로 천상에 오르나, 인간인 파트로클로스는 하데스의 궁인 '명부'의 지하세계로 인도되어 극명한 대조를 보인다.

저승의 강 스틱스
그리스 신화에서 지상과 저승의 경계를 이루는 강이다. 그리스의 신들은 맹세를 할 때 스틱스강에 대고 하며, 제우스라 하더라도 이 맹세를 어길 수 없다. 테티스는 아들 아킬레우스를 그 강에 담가 불멸의 힘을 얻고자 하였다. 그림은 저승의 사공 카론이 죽은 자를 인도하는 장면이다.

ILIAS HOMEROS

제 11 부

분노와 증오

아킬레우스, 새 갑주를 얻다

안틸로코스는 급하게 아킬레우스한테로 달렸다. 그는 아킬레우스 앞에 나타나 눈물을 흘리며 비보를 전했다.

"펠레우스의 용맹무쌍한 아들이시여, 그대에게 말씀드리기도 어려운 소식을 가져왔습니다. 파트로클로스가 죽었습니다. 양군이 그의 시체를 서로 빼앗으려고 싸우고 있습니다. 그의 갑주는 이미 헥토르한테 빼앗긴 상태입니다!"

슬픔이 구름같이 몰려와 아킬레우스를 뒤덮었다. 그는 두 손으로 흙을 파헤쳐 머리에 쏟아붓고, 머리를 쥐어뜯으면서 땅에 엎드려 통곡했다.

아킬레우스의 통곡은 바닷가에 있던 어머니에게까지 들렸다. 그 소리를 들은 테티스가 갑자기 목놓아 통곡하자, 바다 깊은 곳에 살고 있는 네레이스들이 모여들었다.

"이봐요, 네레이스 자매들이여! 나보다 불행한 어미가 어디 있단 말이오! 나는 투사 중의 투사, 영웅 중의 영웅을 아들로 두었다오. 그런 그 애가 저토록 서러워하는데도 도울 길이 없구려. 오, 사랑하는 내 아들, 그 애가 무슨 문제로 그토록 서러워하는지 가서 들어봐야겠소."

테티스는 서둘러 동굴을 떠났다. 그러자 님페들도 눈물을 흘리며 물가까지 따라 나왔다.

이윽고 테티스는 아들이 머무는 미르미돈군의 함대에까지 다다랐다. 아들은 아직도 머리를 움켜잡고 몸부림을 치며 통곡하고 있었다.

그러자 테티스가 아들에게 물었다.

"애야, 왜 우느냐? 무슨 걱정이 있는지 숨기지 말고 말하거라. 제우스께서는 너를 위해 모든 것을 하시지 않았느냐? 네가 참전하지 않았기 때문에 전군이 화를 입고 함대 밑에서 허둥지둥하게 된 걸 모르느냐?"

아킬레우스가 매우 괴로워하며 말했다.

"네, 어머니. 올림포스 주신께서 저에게 은혜를 베푸신 걸 아나이다. 하지만 파트로클로스가 죽었는데, 그게 다 무슨 소용이 있겠습니까? 제 생명이나 다름없이 소중한 그를 저는 잃었습니다. 헥토르가 그를 죽여 제 갑주까지 빼앗았습니다. 신들이 인간의 자리에 어머니를 보내시던 날, 아버지 펠레우스에게 주신 갑주를! 차라리 당신은 바닷속 불사의 형제자매들과 사시고, 아버지 펠레우스는 인간과 결혼하실 걸 그랬습니다. 저는 이제 살고 싶지도 않습니다. 헥토르를 죽여, 파트로클로스의 죽음의 대가를 받기 전에는!"

그러자 테티스가 울면서 말했다.

"애야, 그런 말 하지 말아라. 네 마음이 그런 걸 보니, 너도 오래

아킬레우스를 위로하는 테티스_ 아돌프 헤닝의 작품

살 것 같지는 않구나. 헥토르를 따라 불운이 너에게도 덮치나 보다."

　"어머니, 빨리 죽게 해주소서. 친구가 죽는데도 저는 모르고 있었습니다. 그런데 어찌 혼자 고국에 돌아갈 수 있겠습니까? 전쟁에서는 저를 당할 사람이 없다 했는데, 저는 뱃전에서 말뚝처럼 버티고 있었습니다. 아, 그따위 알량한 자존심이 뭐라고 그것 때문에 목숨과도 같은 친구를 잃었습니다. 분노여, 분별 있는 사람조차도 꼼짝 못 하게 하는 달콤한 분노여! 이제 모두 사라지거라. 비분강개야 말해 무엇 하겠습니까마는, 이제 저는 지난 일을 새삼스레 묻지는 않겠습니다. 다만 저 귀중한 생명을 빼앗은 자, 헥토르를 찾아내 복수를 하겠습니다. 액운으로 치자면, 제우스의 사랑을 듬뿍 받았던 헤라클레스도 운명이 지워졌다면 죽을 수밖에 없습니다. 하지만 이제 트로이아와 다르다니아 부인들의 고운 얼굴에 눈물을 흘러내리게 하고 싶습니다. 제가 장기간 싸움터에 나타나지 않았다는 것을 그들에게 가르쳐 주고 싶습니다. 그러니 저의 출전을 만류하지 마소서. 저를 사랑하는 어머니, 저에게 충고는 하지 마소서."

은발의 테티스가 말했다.

"그렇고말고, 역경에서 동지를 지킨다는 것은 그릇된 일이 아니다. 하지만 부탁하건대 내일 아침까지는 전쟁에 나가지 말아 다오. 내가 가서 헤파이스토스가 손수 만든 새 갑주를 가지고 돌아오마."

테티스는 돌아서서 자매들에게 일렀다.

"자, 모두들 집으로 돌아가 아버지한테 말하거라. 난 올림포스로 가서 헤파이스토스에게 내 아들에게 입힐 새 갑주를 만들어 달라고 해야겠다."

따라서 님페들은 바닷속으로 뛰어들어 가고, 은발의 테티스는 올림포스로 향했다.

한편, 헥토르는 무서운 속도로 아카이아군을 무찌르며 헬레스폰토스에 있는 함대에까지 이르렀다. 이처럼 헥토르가 불길처럼 덤벼들었으므로 아카이아군은 파트로클로스의 시체를 무사히 운반할 수가 없었다.

세 번이나 헥토르가 뒤쪽에서 파트로클로스의 다리를 잡아당기며 트로이아군을 불러 외쳤으나, 세 번 모두 두 아이아스가 병사들과 함께 돌진하는가 하면, 떡 버티고 서서 부하들에게 호령을 하며 한 발자국도 물러서지 않았다. 하지만 이 불패의 두 장군도 헥토르를 시체로부터 쫓아버리진 못했다.

사실 그때 이리스만 나타나지 않았던들 헥토르가 시체를 빼앗아 승리를 얻었을지도 모른다. 헤라가 제우스와 다른 신들에게는 한 마디도 없이 이리스를 아킬레우스에게 보냈던 것이다.

이리스가 전한 말은 이러했다.

"펠레우스의 아들이여, 어서 가서 파트로클로스를 구하라! 그 시체로 인한 양군의 희생이 너무나 크구나! 더욱이 헥토르는 그의 목을 잘라 장대에 꽂고 개밥을 만들 작정이다. 여기서 지체 말고 어서 가거라. 시체가 능욕을 당한다면 망신은 그대의 몫이 아닌가!"

이상하게 여긴 아킬레우스가 물었다.

"이리스여, 누가 이 소식을 보냈습니까?"

"헤라가 보내셨다. 제우스의 귀하신 아내 되시는 분께서 친히 제우스 몰래 보내셨다. 다른 신들도 역시 모른다."

"그런데 저는 지금 무구가 없습니다. 파트로클로스에게 주어 적들의 수중에 넘어갔습니다. 어머니께서도 헤파이스토스한테서 새로운 무구를 가져올 때까지 가만히 있으라고 하셨습니다."

"나도 그 사실을 모르는 게 아니다. 다만 그대가 참호에 몸이나마 나

파트로클로스의 죽음에 대한 복수를 준비하는 아킬레우스_ 디르크 반 바부렌의 작품

타내 보이면 트로이아군은 놀라 도망칠 것 아닌가. 그러면 전우들이 숨을 돌릴 수 있을 것이다. 아마 지금은 숨 쉴 틈도 없을 거야!"

이리스의 말에 아킬레우스가 일어섰다.

그러자 아테나가 그의 넓은 어깨에 술 달린 산양 가죽의 방패를 걸어주고, 머리는 황금의 안개로 장식해 주었다. 그러므로 그의 몸에서는 봉화처럼 불꽃이 반짝였다.

이처럼 아킬레우스가 방벽에서 걸어 나와 참호 옆에 서서 소리쳤다. 어머니의 간곡한 분부로 인해 싸움은 하지 않았지만, 아테나가 그의 음성을 멀리까지 퍼져 나가게 했다. 그것은 무서운 적이 한 도시를 완전 포위했을 때의 나팔 소리와도 같았다.

이에 트로이아군은 공포심으로 온몸이 굳어졌다. 전차병들은 그의

파트로클로스의 시신 앞에서 오열하는 아킬레우스_ 개빈 해밀턴의 작품

머리 위로 타오르는 광채를 보자 할 말을 잊었다. 세 번이나 아킬레우스가 참호 주위에서 소리 높이 고함을 지르자, 그들은 우왕좌왕하느라 자기편 전차와 창에 찔려 쓰러진 장수만 해도 열두 명이나 되었다.

그러자 아카이아군은 매우 기뻐하며, 파트로클로스의 시신을 가져다 관 놓은 대에다 눕혔다. 전우들이 관 주위로 몰려들어 통곡했다. 또한 아킬레우스도 다가와, 충실한 벗이 잔혹한 상처로 찢기어 대 위에 누워 있는 것을 보았다. 아킬레우스는 뜨거운 눈물을 흘리며 슬퍼했다. 전차와 말들을 주어 싸움터에 보낼 때에는 무사히 돌아올 것을 믿었는데, 이 무슨 기막힌 귀환인가! 지칠 줄 모르고 하늘을 달리던 태양은 오케아노스강 밑으로 모습을 감추고, 아카이아군은 절망의 격전에서 잠시 안식을 얻었다.

한편, 트로이아군도 철수하여 말들의 멍에를 풀자마자 회의를 열기 위해 모였다. 그들은 모두 앉을 생각을 하지 못한 채 서성거렸다. 왜냐하면 오랫동안 보이지 않던 아킬레우스가 나타나고 보니, 모두들 모골이 송연해 할 말을 잊었기 때문이다. 우선 헥토르의 친한 벗인, 판토오스의 아들 폴리다마스가 입을 열었다. 그는 헥토르와 같은 날에 태어났는데, 헥토르가 전투의 선봉이라면 그는 작전의 선봉이었다.

"동지들이여, 주위를 잘 살피시오. 우리는 성벽에서 너무 멀리 나와 있소이다. 아킬레우스가 아가멤논과 불화였던 동안은 우리에게 희망이 있었소. 하지만 이제는 나도 아킬레우스가 몹시 두렵소. 그의 목표는 우리의 도시와 여인들이오. 그러니 도시로 후퇴합시다. 만일 그가 내일이라도 출격한다면, 수많은 트로이아군이 개와 독수리의 밥이 되리다. 나 역시 내키지 않지만, 지금 우리가 할 수 있는 일은 도시로 피하는 것뿐이오. 그래서 성벽과 큰 대문과 높은 문들을 단속만 잘하면 도시는 안전할 것이오. 그러면 설령 아킬레우스가 온다 해도 어찌할 도리가 없을 테니 결국 함대로 돌아갈 것이오. 그의 성미로는 도시 공격은 좀 어렵지 않겠소?"

그러자 헥토르가 찡그리며 말했다.

"폴리다마스여, 난 그대의 의견에 반대요. 성으로 돌아가 얌전이나 떨라니? 물론 온 세상이 프리아모스의 도시를 운운할 때도 있었소. 거창한 황금과 청동을 보고 트로이아를 노래한 시대도 있었소! 하지만 이제는 그렇지 않소. 그러니 새삼스럽게 그런 의견을 내지는 마시오. 이제야말로 제우스께서 나에게 승리를 거두도록 허락하시어, 아카이아군을 바다에다 몰아넣게 하시지 않는가 말이오. 자, 그런 소리는 듣지 않을 테니 다시는 하지 마시오. 우선 각 부대에 가서 식사를 충분히 하고, 파수를 보며 모두들 잠들지 마시오. 누구든 재물이 탐나는 자는 맘껏 나눠 가지시오. 적의 손에 넘어가기보다는 우리 병사들이 즐김이 훨씬 나으리다! 내일 아침엔 다시 함대를 공략합시다. 아킬레우스가 진실로 함대 옆에 나타난다면 참으로 자기 불행일 것이오. 이기든 지든 내가 맞아 대항하리다. 전쟁의 신은 정당한 전투를 보실 것이오. 죽이려는 자가 종종 죽는 수도 있으니까!"

트로이아군은 어리석게도 헥토르의 이 말에 찬성하였다. 이는 아테나가 그들의 분별심을 빼앗았기 때문이다. 따라서 그들은 저녁 식사를 했다.

한편, 아카이아군은 밤새도록 파트로클로스를 애도했다. 아킬레우스는 고인을 부둥켜안고 통곡해 전군의 슬픔을 자아냈다. 그는 애통해하며 탄식했다.

"내가 얼마나 바보였던가! 그날 난 귀하신 메노이티오스를 위안하고자 참으로 건방지게 입을 놀렸도다! 결단코 트로이아군을 이겨 전리품을 잔뜩 싣고 그 아들을 데려오겠다고 하였도다! 하지만 제우스께서는 인간의 계획을 실현시켜 주지 않으시는구나. 우리 둘은 이 땅 트로이아에서 함께 피로 물들 운명인가 보다. 하지만 파트로클로스여, 내가 살아있는 한 반드시 복수하겠네. 헥토르의 무기와 그대를 죽인 그의 머리를 잘라 오기 전에는 그대 장례도 올리지 않을 것이네. 그대의 화장터 앞에 그대 희생의 대가로 트로이아 귀족 열두 명의 목을 베리라. 그때까지 그대는 지금 이대로 뱃전에 누워, 내 창에 쓰러지는 트로이아군들과 다르다니아군들이 내지르는 비명을 들으시게나. 그들의 부인들이 내는 통곡 소리를 들으며 위안을 삼으시게나."

아킬레우스는 말을 마친 뒤, 부하들에게 따뜻한 물로 파트로클로스를 씻도록 지시했다. 부하들은 정성껏 시신을 씻기고 기름을 발랐으며, 상처에는 9년 묵은 고약을 발라주었다. 그러고는 관 놓는 대에다 시신을 놓고 머리에서 발끝까지 수의를 입힌 뒤, 흰 천으로 몸을 덮었다.

아킬레우스와 미르미돈군은 밤새도록 파트로클로스를 애도했다.

이즈음 제우스가 헤라에게 말했다.

"여왕이여, 마침내 그대의 소원을 풀었구려! 비로소 아킬레우스가 날랜 발로 일어섰도다. 이제 곧 트로이아가 위기에 처하게 되었으니 흡족하시오?"

그러자 헤라가 대답했다.

파트로클로스 죽음을 애도하는 장면의 부조
파트로클로스의 시신을 깨끗이 하기 위해 목욕을 시키고 몸에 기름을 바르는 장면의 부조상이다.

"크로노스의 아드님이신 제우스시여, 무슨 말씀을 그리 고약하게 하십니까? 속세의 인간들조차 서로 돕거늘, 하물며 나는 맏딸이라는 점에서나 그대의 아내라는 점에서나 온 여신의 으뜸일진대, 어찌 내가 꺼리는 트로이아군에게 손실을 주면 안 됩니까?"

이때 은발의 테티스는 헤파이스토스의 궁에 이르렀다. 청동의 별로 장식한 이 궁은 절름발이 신이 손수 지은 것으로, 신궁 가운데 가장 탁월한 모양이었다.

테티스는 땀을 뻘뻘 흘리며 풀무 사이에서 아주 바쁘게 일하고 있는 헤파이스토스를 발견했다. 그는 자기 방 벽을 두를 세발솥을 스무 개나 만들고 있었다. 이제 일이 마무리되어 손잡이를 만드는 중이었다.

대장간의 신 헤파이스토스_ 루벤스의 작품

헤파이스토스의 아내 카리스가 먼저 테티스를 알아보고는 베일을 휘날릴 정도로 빠르게 뛰어나왔다. 그녀는 테티스의 손을 잡고 소리쳤다.

"테티스시여, 무슨 일로 이토록 초라한 곳까지 오셨습니까? 정말 영광이옵니다. 어서 들어오셔서 뭐든지 좀 드십시오."

그녀는 테티스를 상냥하게 맞이하며 아름답게 은장식을 새긴 의자를 권한 다음, 헤파이스토스를 불렀다.

"여보, 좀 나와 보세요. 테티스 님께서 오셨어요."

그러자 상냥한 절름발이 신인 헤파이스토스가 반갑게 인사했다.

"아, 존경하는 여신께서 내 집까지 오시다니 참으로 기쁘기 짝이 없소. 여신께서는 내 은인이오. 내 어머니가 날 절름발이라고 버리셨을 때 나를 구하셨지. 오케아노스의 따님들인 썰물과 밀물을 다루는 에우리노메와 테티스께서 나를 구해 주지 않으셨던들, 나는 마음속으로 괴로워했을 것이오. 아홉 해 동안 나는 그분들 곁에서 지내면서 나선형 팔찌, 장미꽃 모양의 술, 목걸이를 만들어 드렸지. 오케아노스는 고함을 치며 거품을 일으키거나 파도쳐 돌아다니셨으므로, 내가 그곳에 있는지 아무도 몰랐다오. 그렇게 나를 도와주셨던 테티스께서 우리 집까지 오시다니, 무엇으로든 보답하고 싶소. 자, 풀무며 연장을 치워놓고 맛있는 음식을 올립시다."

헤파이스토스는 거대한 몸집을 일으켜, 절룩거리며 연장을 정리하기 시작했다. 그러다가 하녀들의 부축을 받으며, 테티스 옆에 있는 의자에 앉았다.

"테티스 님이시여, 어찌 이리 누추한 곳까지 오셨나이까? 참으로 영광입니다. 혹시 무슨 일이라도 있사온지 말씀해 주십시오. 제 힘이 미치는 일이라면 기꺼이 들어드리겠습니다."

이에 테티스가 눈물을 글썽이며 말했다.

"헤파이스토스여, 올림포스 여신 중에서 나처럼 고통을 지닌 신이 있겠습니까? 크로노스의 아드님께선 모든 여신 중에서도 나를 가장 불행하게 하셨나 봅니다. 억지로 인간에게 보내어, 나는 하는 수 없이 인간의 잠을 자야 했습니다.

남편은 노령으로 지쳐 집에 누워 있는데, 나는 자식을 길러 트로이아에 출정시켰습니다. 하지만 자식은 영영 아버지한테로 돌아오지 못할 운명인가 봅니다. 살아서 햇빛을 보는 동안 그 애의 마음은 오로지 걱정으로 들어차 있는데 어미라고 하는 자가 전혀 도울 수도 없다니, 어찌 마음이 아프지 않겠습니까? 그는 여자 문제로 인해 아가멤논과 갈등을 겪어 전투에 참가하지는 않았지만, 가장 친한 친구 파트로클로스가 자기 갑옷을 입고 나가 싸우는 것은 허락했지요. 그런데 아폴론은 헥토르로 하여금 파트로클로스를 죽이게 만들었습니다. 오로지 영광은 헥토르에게 돌아갔지요. 그래서 지금 내가 미구에 죽을 팔자인 자식을 위해 축원을 올리러 왔습니다. 원컨대, 그에게 방패며 투구, 발목 장갑이 있는 고급 발 갑옷과 가슴에 대는 갑옷을 만들어 주실 수 있을지요? 아킬레우스는 갑주마저 트로이아군한테 빼앗긴 터여서 그저 통곡하고 있을 뿐이랍니다.”

◀ **테티스에게 아킬레우스의 무기를 만들어 주는 헤파이스토스**
헤파이스토스는 주신(主神) 제우스와 그의 아내 헤라의 사이에서 태어났다고 하고, 제우스와 관계없이 헤라 혼자서 낳았다는 설도 있다. 태어나면서 절름발이였기 때문에 어머니 헤라는 그것이 싫어서 올림포스산에서 그를 하계(下界)로 떨어뜨렸으나, 바다의 님페 테티스가 구출하여 9년 동안 바다에서 길렀다. 트로이아 전쟁 때 테티스의 아들 아킬레우스를 위해 무기를 새로 만들어 준 것은 그 답례라는 설도 있다.

손재주가 뛰어난 절름발이 신이 대답했다.

"안심하십시오. 그에게 훌륭한 갑주를 만들어 드리지요. 오, 그 무서운 액운이 닥칠 때에 그 주인을 숨길 수 있으면 얼마나 좋겠습니까!"

헤파이스토스는 조금도 지체하지 않고 풀무 있는 곳으로 가서는 불위에서 강한 방패를 만들어 온통 아름다운 무늬를 새기기 시작했다.

이 방패는 다섯 겹의 가죽을 대고 가장자리에는 번쩍이는 쇠붙이로 세 겹의 테를 두른 뒤에 은 어깨띠를 달았다. 겉에는 땅과 하늘, 바다, 지칠 줄 모르는 태양과 만월을 새겼다. 또한 플레이아데스 성단, 히아데스 성단, 거대한 오리온자리, 그리고 큰곰자리를 새겨 넣었다.

그다음엔 속세의 가장 번성한 두 도시를 새겨 넣었다. 그중 한 도시는 결혼식 잔치가 열리고 시장에서는 군중들이 논쟁을 벌이며 아이들과 부인들은 각자 뛰놀거나 지켜보는 모습들을 새겨 넣었다. 즉, 일상의 평화로운 도시를 그려 넣은 것이다. 한편 다른 도시는 두 군대가 빛나는 무장을 한 채 팽팽하게 맞서고 있었다. 이들은 아카이아군과 트로이아군의 싸움처럼 전쟁의 모든 모습을 보여주고 있었다. 부인들과 어린아이들은 노인들과 함께 성벽을 지키고 장정들은 무장을 한 채 주위를 정탐하며 창으로 찔러 죽이거나 화살을 쏘는 모습을 그려 넣었다.

그리고 기름진 땅에는 농부들이 소와 말을 몰며 고랑을 이는 모습을 그려 넣었다. 또한 이들에게 술을 권하는 사람도 그려 넣었는데, 참으로 평화로운 풍경이었다. 거기에다 그는 왕가의 소유자도 새겨 놓았는데, 농부가 곡식을 베고 묶는 걸 왕은 흡족한 얼굴로 조용히 지켜보고 시종은 약간 떨어진 참나무 밑에서 식사 준비를 하고 있는 풍경이

테티스에게 방패를 건네는 헤파이스토스_ 루벤스의 작품

었다. 그 밖에도 아름다운 금빛 포도가 주렁주렁 매달린 포도원을 새겨 넣었다. 포도가 익어 매달린 주위로 소년 소녀 들이 바구니에 과일을 담아 나르는 모습을 그려 넣은 것이다. 한 소년은 하프로 유쾌한 곡조를 뜯으며 곱고 청아한 목소리로 노래하고, 다른 아이들은 그 뒤를 따라 가볍게 노래하며 박자에 맞추어 발걸음을 옮기는 모습을 그리고, 금과 주석으로 소들이 한가롭게 풀을 뜯는 모습을 그려 넣었다. 네 명의 목자가 주위를 돌보며 개 아홉 마리가 그 뒤를 따르고 있었다. 또한 두 마리의 무시무시한 사자가 황소를 잡는 모습도 새겨 넣었다.

그는 털북숭이 흰 양들의 목장도 새겼는데, 거기에는 가축우리와 이엉으로 지붕을 인 초옥들을 그려 넣었다.

일리아스에 묘사된 내용을 바탕으로 만들어진 아킬레우스 방패_ 안젤로 몬티첼리의 작품

　또한 머리채가 아름다운 아리아드네를 위해 다이달로스가 크노소스에 만들어 놓은 것과도 흡사한 무도장도 새겨 넣었다. 선남선녀들이 서로서로 손잡고 춤을 추는데, 처녀들은 리넨 드레스를 입고 머리에 아름다운 화환을 썼으며, 남자들은 잘 짠 튜닉을 입고 은끈에 늘어진 금제 단도를 찼다. 주위에는 이 재미있는 춤을 구경하기 위해 군중들이 둘러서 있었다.

　이처럼 방패 만드는 작업을 끝내자 헤파이스토스는 불보다도 더 찬란히 빛나는 갑옷과 아킬레우스의 관자놀이에 꼭 맞는 튼튼한 투구를 만들었다. 이것은 훌륭하게 무늬를 양각한 것으로, 위에는 금장식이

테티스에게 방패를 건네는 헤파이스토스_ 제임스 손힐의 작품

붙어 있었다. 그는 또한 유연한 주석으로 각반도 만들었다.

이 모든 것을 이름 높은 절음발이 명공이 테티스 앞에 갖다 놓으니, 테티스는 매처럼 날쌔게 내려와 빛나는 갑주를 아들에게로 가져갔다.

아킬레우스, 아가멤논과 화해하다

    장밋빛 손가락의 새벽 여신이 오케아노스강에 떠오를 무렵 테티스는 신이 준 선물을 가지고 아카이아 진영의 아들에게로 서둘러 갔다. 아킬레우스는 파트로클로스를 안고 절규하고 있었으며, 전우들도 모여서 슬퍼하고 있었다.

    테티스는 아들에게 다가가 그의 손을 잡으며 말했다.

    "애야, 아무리 슬프더라도 그만 울거라. 이것도 신의 뜻이 아니냐? 자, 헤파이스토스의 선물이 얼마나 화려한가 보아라. 인간 중에는 이런 것을 가진 자 없도다."

이렇게 말하고 테티스는 아킬레우스 앞에 훌륭한 무구들을 내려놓았다.

◀ 아킬레우스의 조각상

헤파이스토스에게서 받은 무구로 아킬레우스의 상심을 달래는 테티스_ 벤자민 웨스트의 작품

　미르미돈군은 이것을 보자 눈이 휘둥그레졌고, 아킬레우스는 설움이 더욱 북받쳐 올랐다. 그는 신의 영광스러운 선물을 손으로 어루만지며 기뻐한 뒤, 마음먹은 바를 어머니에게 숨김없이 토로했다.

　"어머니, 이 갑주는 참으로 신의 작품입니다. 인간으로서야 어찌 이렇게 만들 수 있겠습니까? 이제 곧 채비를 하겠습니다. 하지만 사랑하는 친구의 상처에 파리가 덤빌까 봐 몹시 걱정됩니다. 구더기가 생겨 살이 상할지도 모르지요."

　그러자 은발의 테티스가 말했다.

　"얘야, 그런 일로 상심하지 말거라. 고인들을 괴롭히는 파리 등속의 더러운 무리들을 쫓을 수 있는 방법을 생각해 보마. 만 열두 달을 여기 누워 있을지라도 항상 살이 깨끗하고 단단하게 하리라. 지금 네가

아킬레우스에게 무구를 주는 테티스_ 벤자민 웨스트의 작품

해야 할 일은 영주들의 모임을 열어 아가멤논과의 불화를 종결하고, 무장을 갖추어 용맹을 떨치는 일이다."

그녀는 말을 마친 뒤, 시체의 코에다 붉은 감로주와 신의 음식을 떨 어뜨려 살이 썩지 않도록 했다.

아킬레우스는 어머니의 말을 듣고 나니 새로운 용기가 솟았다. 그 는 기슭을 걸어가면서 큰 소리로 아카이아군을 불렀다. 함대 옆에서 늘 머무르던 사람들까지도 회의장에 모였다. 디오메데스와 오디세우 스 두 명장도 창을 지팡이 삼아 절룩거리며 왔다. 그다음엔 코온에게 상처를 입은 아가멤논이 병사들의 부축을 받으며 왔다.

이처럼 아카이아 전군이 모이자 곧 아킬레우스가 일어나 말했다.

"아가멤논 사령관이여, 그대와 내가 한 여성으로 말미암아 이렇게 불화를 한댔자 피차에 무슨 소득이 있겠소? 내가 리르네소스(브리세이스의 고향)를 점령하던 날 차라리 아르테미스 여신의 화살에 그녀가 맞 았더라면 좋았을 것을! 그랬더라면 아카이아 병사들이 이처럼 대지를 피로 적시며 죽지는 않았을 텐데. 우리 두 사람의 반목으로 이익을 얻 은 것은 헥토르와 트로이아군일 뿐, 아카이아군의 머릿속엔 우리의 추 태가 길이길이 남을 것이오.

자, 이제 우리 지난 일은 털어 버립시다. 억지로라도 원한을 잊읍 시다. 내 원한은 여기서 종결짓겠소이다. 다시는 분노에 사로잡히지 않겠소. 자, 어서 전쟁 준비를 하여 적과 맞서 싸웁시다. 그리하여 우 리 함대 옆에서 그들이 기꺼이 고요한 밤을 보내고 싶은가를 알아봅 시다."

아킬레우스가 먼저 화해를 신청해 오자 아카이아군은 매우 기뻐했다. 그때 아가멤논이 말했다.

"동지들이여! 용감한 그리스군이여!"

하지만 군중이 계속 떠들썩하게 고함을 치는 바람에 그는 잠시 말을 중단했다가 간신히 다시 이어갈 수 있었다.

"동지들이여! 이렇게 소란한 것은 일어나서 말하는 사람에게 예의가 아니오."

군중들은 더욱 소란을 피웠다.

"제발 부탁이니 내 말 좀 들으시오. 아킬레우스 장군에게 할 말이 있소이다."

또다시 고함 소리가 일면서 "모두가 그대의 실책!"이라는 질책과 야유가 쏟아졌다.

이에 아가멤논이 큰 소리로 외쳤다.

"그대들의 마음을 이해하지 못하는 바는 아니오. 하지만 그건 내 실수가 아니라 제우스와 운명의 여신, 복수의 여신의 실책이오! 그분들이 유독 날 눈멀게 했소이다. 아킬레우스한테서 그의 보상을 빼앗던 바로 그날, 제우스의 맏딸인 아테(어리석은 실수와 미망의 여신)가 날 그렇게 만들었소. 그녀는 가벼워 결코 흙을 밟는 일이 없고 부드러운 발로 인간의 머리를 밟고 다니며 그들을 타락시킨다오. 전에는 모든 인간과 신들의 으뜸이신 제우스까지도 눈먼 적이 있었소. 바로 알크메네가 장대한 헤라클레스를 테바이에서 낳았던 날이오. 제우스께서는 신들이 모인 앞에서 이렇게 자랑했소.

'들으라, 모든 신과 여신들이여! 오늘은 출산의 여신 에일레이티이아가 한 아이에게 햇빛을 보게 해주는 날이다. 그는 부근의 모든

헤라클레스의 탄생_ 장 자크 프랑수아 르 바르비에의 작품
헤라클레스가 태어난 날에 제우스가 신들에게 '오늘 처음 태
어나는 페르세우스의 자손이 그리스의 지배자가 될 것이다'라
고 선언하자, 남편 제우스와 다른 여자 사이에서 태어난 헤라
클레스를 질투한 헤라는 수태된 지 7개월 된 에우리스테우스
를 앞서 태어나게 하여 헤라클레스가 그를 섬기도록 하였다.

시민을 다스릴 사람으로, 나의 혈통을 이어받았다.' 이에 헤라가 간사한 꾀를 부려 대답했소. '당신이 거짓말쟁이라는 것이 곧 판명되리라! 시간이 그것을 증명할 것이오. 자, 올림포스의 주신이시여, 당신의 혈통을 이어받은 사람이 이날 한 부인의 치마폭에 떨어지리라는 것을 언약하소서.' 제우스는 헤라의 꾀를 깨닫지 못하고 엄숙히 맹세했소. 그러자 헤라는 급히 아카이아의 아르고스로 달려 갔소. 페르세우스의 아들 스테넬로스의 아내가 임신 7개월째라는 사실을 알고 있었기 때문이오. 헤라는 달도 차지 않은 아이를 그 부인에게서 낳게 하고, 알크메네의 해산을 지연시켰소. 그런 다음 헤라는 제우스에게 가서 말했소. '천둥의 신이시여, 기쁜 소식이 있습니다. 아르고스를 다스릴 장사가 이미 탄생했습니다. 스테넬로스의 아들 에우리스테우스로 당신의 아들이오니, 아르고스 시민을 다스릴 것은 마땅하오이다.'

이 말에 제우스는 굴욕을 느껴 즉석에서 아테의 머리칼을 잡고, 다시는 올림포스나 별나라에 들어오지 못하게 하겠다고 맹세했소. 그러고 나서 아테를 빙빙 돌려 하늘에서 내던졌소. 그러자 아테는 즉시 인간 세상에 떨어졌소. 하지만 제우스는 자기의 친자식인 헤라클레스가 에우리스테우스 때문에 고생과 설움에 싸이는 것을 볼 때마다 괴로워했소. 나도 그런 경험을 맛보았소이다. 헥토르가 우리 함대에 침범해 동지들을 살육할 때마다 난 아테가 나를 눈멀게 한 것을 잊을 수가 없었소. 난 어떠한 속죄라도 달게 받겠소이다. 장군이여, 원컨대 전선을 지휘해 주시오! 보화는 여기 얼마든지 있소이다. 전날 오디세우스가 그대 막사에서 언약한 것을 모두 지키리다. 원한다면 아무리 출전할 마음이 굴뚝같을지라도 잠시 기다려 주시오. 보화를 가져오도록 시종을 보내리다."

이에 아킬레우스가 대답했다.

"아가멤논이시여, 뜻대로 하소서. 다만 지금 그러한 얘기를 왈가왈부한다는 것은 시간 낭비에 지나지 않소. 우리에겐 긴급한 대업이 있나이다. 이제 여러분은 아킬레우스가 트로이아 대군을 전멸시키는 것을 보게 될 것이오. 그러니 각자 본분을 잊지 말고, 적을 무찌를 채비를 하시오!"

그러자 오디세우스가 이렇게 말했다.

"아킬레우스 장군이여, 잠깐만 기다리시오. 내 그대의 마음은 알겠소만, 군병을 굶주린 채로 싸움터에 내보내지는 맙시다. 아마 전투는 오랜 시간을 끌 것이오. 그러니 우선 모두들 음식과 술을 배불리 먹고 시작해야 할 것이오. 배가 고프면 새벽부터 저녁까지 온종일 싸울 자가 없습니다. 비록 투지가 불탈지라도 다리가 무거우면 몸이 둔해질 것이오. 그러니 병사들을 해산시켜 식사를 하도록 합시다. 또한 아가멤논께서는 보화를 이 집회 장소로 날라와 모든 사람들이 보게 하고, 아킬레우스 자신도 안심되게 하소서. 그리고 아가멤논이여, 대중 앞에 일어서서 그 여인과 동침한 적이 없고, 하려고도 하지 않았음을 맹세하소서. 그런 연후에 더불어 다정한 향연이라도 함께하소서. 또한 아가멤논이여, 앞으로는 누구에게든 공정한 분이 되시도록 하소서. 까닭 없이 일을 그르치면 아무리 총사령관이라도 수치가 되리다."

아가멤논이 대답했다.

"오디세우스여, 참으로 지당한 말이오. 내 기꺼이 맹세할 것이며, 신 앞에서 거짓을 말하지 않겠소이다. 자, 아킬레우스 장군과 동포들, 잠깐만 기다리시오. 내가 제의한 바를 여러분 앞에 보이고 우리 친선을 선사하겠소이다. 장군이여, 우리 영주 중에서 가장 젊은 사람을 택하여 전번에 약속한 보화를 내 함대에서 가져오게 하고, 그 여인도 또한 데려오게 하겠소. 그리고 시종인 탈티비오스로 하여금 돼지를 가져다가 제우스와 헬리오스에게 제물을 올리게 합시다."

그러자 아킬레우스가 곧 대답했다.

"아가멤논이여, 그런 것은 나중에 해도 좋을 것이오. 싸움에서 한숨 돌린 다음에 해도 늦지 않을 것이오. 지금 용사들은 죽어 누워 있습니다. 그런데도 그대와 오디세우스는 식사부터 하라고 하시니! 나라면 병사들에게 '먹지 말고 싸우라'고 하겠소. 우리의 치욕을 깨끗이 씻은 다음 일몰 후 충분한 만찬을 받겠습니다.

그러기 전에는 물 한 방울, 빵 한 조각도 내 목에 넣을 수 없습니다.

왜냐하면 내 동지는 창에 갈가리 찢겨 발을 문으로 향한 채 죽어 누워 있는데, 어찌 그런 것이 들어가겠습니까!"

오디세우스가 이에 대답했다.

"아킬레우스 장군이여, 그대는 누구보다도 뛰어난 최강의 용사, 내가 감히 따를 수 없다는 걸 압니다. 하지만 사세 판단에서는 내가 그대보다 훨씬 앞선다고 생각하오. 왜냐하면 내가 한 살이라도 더 먹었고, 또 경험도 많으니까. 그러니 내 말을 들어주시오. 인간이란 금세 싫증을 내는 동물입니다. 전쟁의 조정자 제우스께서 저울을 기울이시면 곡식을 많이 베도 낟알은 적고 짚만 많은 것과 같은 셈이오. 잘 먹인 망아지가 굶주린 명마보다 잘 달리는 것처럼, 사람도 잘 먹어야 일을 잘할 수 있소. 게다가 우린 한시도 쉬지 않고 전투를 치렀습니다. 그러니 한숨을 돌리고 배를 불린 뒤 무장을 든든히 해서 싸웁시다. 그래서 트로이아군에게 우리의 용맹을 떨칩시다!"

오디세우스는 말이 떨어지기 무섭게 행동으로 옮겼다. 그는 네스토르의 아들들과 필레우스의 아들 메게스, 토아스, 메리오네스, 크레온의 아들 리코메데스, 멜라니포스를 이끌고 아가멤논의 막사로 가서 아가멤논 사령관이 아킬레우스에게 약속한 세발솥 일곱 개, 빛나는 구리로 된 큰 솥 스무 개, 말 열두 필을 한곳으로 내놓았다.

그런 다음 일솜씨가 뛰어난 일곱 명의 부인들과 브리세이스를 불러냈다. 또한 오디세우스가 황금 10달란트를 달아 가져가며 앞장을 서니, 다른 젊은 장군들도 짐을 지고 그의 뒤를 따랐다.

그리하여 그들이 이것들을 회의장 한가운데에 놓자 아가멤논이 일어섰다. 그의 시종 탈티비오스는 돼지를 안고 옆에 섰다. 그다음

아킬레우스에게 돌아오는 브리세이스_ 루벤스의 작품
아가멤논에 의해 갇혀 있던 브리세이스는 아가멤논과 아킬레우스가 화해함으로써 아킬레우스에게 돌아오게 된다.

아가멤논은 작은 칼을 꺼내어 돼지의 털을 잘라 제우스에게 축원을 올렸다. 이에 모두들 예를 따라 조용히 앉아, 아가멤논의 축원에 귀를 기울였다.

"인간과 신 중에서 가장 높고 위대하신 제우스시여, 대지와 태양이시여, 그리고 헛된 서약을 하는 자를 모두 벌하시는 복수의 신들이시여, 우릴 굽어살피소서. 일찍이 저는 브리세이스에게 손을 대거나 침실로 요구한 적도, 또 다른 일을 요청한 일도 없나이다. 제 말에 한 마디라도 거짓이 있다면 신이시여, 헛된 맹세를 하는 자에게 주는 온갖 형벌을 지금 당장 내리소서."

그가 축원을 마친 뒤 돼지의 목을 자르자 탈티비오스가 이것을 높이 들어 돌린 다음 깊은 바다로 던졌다. 그러자 아킬레우스가 일어서서 말했다.

"제우스 아버지시여, 당신께서 인간에게 내리신 미망은 참으로 엄청난 것이었습니다. 생각건대 제우스께서 우리 동포를 살육할 계획이 아니셨다면 결코 아가멤논께서 그러한 마음을 품도록 하지는 않았을 것입니다. 자, 우리 식사를 하고 나서 싸우러 갑시다."

이렇게 집회를 해산시키자 모두들 곧 각자의 함대로 흩어졌고, 미르미돈군은 보화를 아킬레우스의 함대로 날랐다. 그런 다음 여인들의 숙소를 마련했다.

한편, 황금의 아프로디테만큼이나 아름다운 브리세이스는 창에 찔리고 잘린 파트로클로스의 시신에 엎드려 통곡을 하며 외쳤다.

"오, 파트로클로스시여! 불행한 이 인간을 누구보다도 아끼던 장군이시여! 이렇게 돌아가신 모습을 뵙게 되다니, 제 신세가 참으로 가련하기 짝이 없습니다. 제 남편도 성벽 앞에서 창에 찔리었고, 제 소중한 형제들도 모두 액운을 만났지요. 아킬레우스 님이 제 남편을 죽이고 미네스를 공략했을 때에도 당신은 나에게 울지 말라고 하셨지요. 당신은 아킬레우스 장군이 저를 조강지처로 삼고 미르미돈의 나라에서 결혼식을 올릴 것이라고 하시면서 말이에요! 항상 친절하시던 당신이 이렇게 돌아가셨으니, 더욱 설움이 가시지 않나이다."

◀ 브리세이스_ 안토니오 카노바의 부조 작품
아가멤논은 아킬레우스의 여인 브리세이스를 빼앗았으나, 그녀와 동침을 하진 않았다.

파트로클로스의 죽음을 슬퍼하는 브리세이스_ 레옹 코니에의 작품
브리세이스는 아가멤논에게서 풀려나자 파트로클로스의 죽음에 놀라 그의 시신을 부둥켜안고 통
곡한다.

　브리세이스가 구슬피 울자 다른 부인들도 따라 울었다. 겉으로는
파트로클로스 때문에 울었지만, 속으로는 각자 자기들 신세를 한탄하
여 우는 것이었다.
　한편, 아카이아군의 노장들이 모여 아킬레우스에게 식사하기를 간
청했다. 그러나 아킬레우스는 비탄에 잠겨 끝내 거절했다.
　"친애하는 동지들이여, 제발 나에게 식사를 권하지 마시오. 나는 해
질 때까지 될 수 있는 한 참고 견디리다."

그러자 대부분의 장군들이 돌아갔다. 하지만 아가멤논과 메넬라오스, 오디세우스와 네스토르, 이도메네우스 및 늙은 기사 포이닉스 등은 그 곁에 남아 정성을 다해 슬픔에 잠긴 아킬레우스를 위로하고자 했다.

하지만 아킬레우스는 혈전에 빠지지 않으면 잊을 도리가 없는 모양이었다. 그는 한숨을 내쉬며 말했다.

"오, 그대는 내 사랑하는 벗, 모두들 전선에 나가기에 바쁠 때 그대는 서둘러 손수 나에게 맛있는 음식을 갖다주었소. 그런데 지금 그대가 이렇게 누워 있으니, 산해진미가 산더미같이 쌓여 있다 해도 어찌 입을 댈 마음이 들겠소? 내 아버님이 돌아가셨다 해도 이보다 심한 충격은 받지 않았을 것이오. 혹은 스키로스에 있는 그리운 아들 네오프톨레모스의 비보를 접한다 해도 이렇지는 않으리. 나만이 이 고장에서 쓰러지고 그대는 프티아로 돌아가기를 원한 적도 있었건만. 그러면 그대는 스키로스에 있는 내 자식을 데려다 나의 전 재산을 물려주게 할 수도 있었을 텐데."

아킬레우스가 이렇게 말하며 통곡하자, 노장들도 각기 집에 두고 온 사람들을 생각하며 함께 슬퍼했다.

그들의 비탄을 보던 제우스는 아테나를 돌아보며 말했다.

"애야, 너의 영웅을 아주 망쳐 놓았구나. 그는 지금 함대 앞에 앉아, 물 한 모금 안 마시고 친구의 죽음만 슬퍼하고 있다. 그러니 네가 가서 그의 가슴에 감로주와 신의 음식을 넣어주어라. 그리하지 않으면 굶어 죽겠구나."

제우스의 이 말이야말로 바로 여신이 원하던 바였다. 아테나는 매처럼 하늘에서 허공을 헤치고 내려와 고귀한 신의 음식과 술을 아킬레우스의 가슴에 부어준 뒤, 위대한 올림포스로 돌아갔다.

이때 아카이아군은 무장을 갖추고 떼를 지어 빠르게 쏟아져 나왔다. 눈부신 투구와 돌기가 있는 방패, 견고한 갑옷과 창 등에서 빛이 반사되어 하늘에 가득 찼다. 그 한가운데에 아킬레우스가 헤파이스토스가 만들어준 갑옷으로 무장을 하고 나타났다. 다리에는 은으로 된 발목 장식이 있는 훌륭한 각반을 댔고, 어깨에는 은장식의 청동 칼을 맸다. 그리고 튼튼한 투구를 들어 머리에 얹자 투구는 별같이 반짝이며 황금 술이 흔들렸다.

아킬레우스는 갑옷이 몸에 잘 맞는가 시험해 보았다. 마치 날개라도 달린 듯 허공으로 날아오를 것만 같았다. 그는 아카이아군 중에서는 감히 휘두를 자가 없는 큰 창을 들었다. 이 창은 펠리온 산정의 물푸레나무로 만든 것으로, 케이론이 그의 아버지 펠레우스에게 주어 적을 공포로 몰아넣었던 무기였다.

이때 아우토메돈과 알키모스는 말들에게 가슴 끈을 동이고 입에는 재갈을 물리어 고삐를 전차에 넘겼다.

그런 다음 아우토메돈은 손에 채찍을 들고 쌍두마차로 뛰어올랐다. 아킬레우스가 마차 위에 오르니, 마치 태양신인 히페리온처럼 빛이 났다.

그는 아버지의 말들에게 말했다.

"크산토스와 발리오스여, 날랜 발을 가진 신의 후예들이여! 전투가 끝나거든 너희 주인을 안전하게 후방으로 모셔가도록 하라. 파트로클로스처럼 그 자리에서 죽게 내버려두지 마라."

그러자 발이 예쁜 크산토스가 멍에 밑에서 인간의 말로 중얼거렸다. 헤라가 말을 시킨 것이다.

크산토스는 갑자기 머리를 땅에 닿을 만큼 숙인 다음 인간의 소리를 냈다.

"위대한 아킬레우스시여, 이번에는 우리가 한 번 더 당신을 구할 것입니다. 하지만 당신에게는 파멸의 날이 가까워졌나이다. 이것은 위대한 신과 강력한 운명 탓입니다. 우리의 게으름이나 늑장 때문에 트로이아군이 파트로클로스의 어깨에서 갑옷을 벗긴 것이 아니라, 아리따운 레토의 아드님이 그를 베어 헥토르에게 승리를 주었기 때문입니다. 우리는 가장 빠른 바람인 서풍처럼 달릴 수 있습니다. 하지만 신과 인간의 싸움에서 당신이 쓰러지심은 당신의 운명이랍니다."

복수의 여신이 말의 음성을 막았기 때문에 크산토스는 입을 다물었다. 그러자 아킬레우스가 화를 내며 말했다.

"크산토스여, 내 죽음을 미리 말할 필요는 없다. 나도 이곳에서 죽을 팔자라는 것을 잘 안다. 그래도 나는 전쟁에 싫증이 날 때까지는 트로이아군을 공략하는 걸 멈추지 않을 것이다."

아킬레우스의 무구

아킬레우스의 무구란 흉갑, 투구, 팔받이, 방패, 검 그리고 창이다. 이 창에는 다른 무구에 없는 특수한 마력이 깃들어 있었다.

먼저 그 창은 매우 크고 무거웠다. 아킬레우스의 무구를 빌려 출전한 파트로클로스도 이 창만은 들고 가지 못했을 정도였다.

게다가 그 창끝에 다치면 예사 치료법으로는 낫질 않았다. 그 상처는 아킬레우스의 창끝을 갈아내어 그 가루를 상처에 뿌려야만 고칠 수 있었다.

아킬레우스는 이 강력한 창으로 수많은 승리를 거두었다. 트로이아의 영웅 헥토르를 비롯하여 아마존의 여전사 펜테실레이아, 코로나이의 왕이며 외눈박이 거인인 키클로페스 등 이 창으로 희생시킨 영웅을 일일이 헤아리기가 어려울 정도다.

아킬레우스의 다른 무구들은 다른 영웅들의 손을 전전하기도 했지만, 이 창만은 끝까지 그와 함께 전장에 있었다.

흉갑, 팔받이, 투구는 청동으로 만들어졌다. 이것들은 전장에서 마치 태양처럼 빛을 냈다고 한다.

초기의 방패는 쇠가죽 열 장을 겹쳐 대고 바깥쪽에 청동판을 대어 테두리와 중앙을 고정시킨 것이었다. 헤파이스토스가 새로 만든 것은 쇠가죽 다섯 장 사이에 두 장의 청동판과 세 장의 주석판, 그리고 한 장의 황금판을 샌드위치처럼 겹쳐서 청동 틀로 고정하고 은 손잡이를 댄 것이었다.

아킬레우스는 약점인 발뒤꿈치말고는 불사신의 몸이었으므로, 방패나 갑옷 따위는 필요 없었다. 이들 무구는 아킬레우스가 신의 은총을 받은 영웅임을 알려주는 영예의 상징이었던 것이다.

제 12 부

아킬레우스, 드디어 참전하다

아킬레우스를 선봉으로 한 아카이아군이 전열을 가다듬고 트로이아군이 평원 위쪽에서 대기하는 동안, 제우스는 신들을 올림포스산에 모이도록 명했다. 올림포스 궁전에는 오케아노스를 제외한 모든 강의 신들과 골짜기에 사는 님페들, 샘의 님페들까지도 전부 모였다. 신들은 헤파이스토스가 뛰어난 기술로 세운 반짝이는 돌 회랑에 앉았다.

그중 지진의 신 포세이돈이 신들의 중앙에 앉으며 제우스에게 물었다.

"무슨 일로 이렇게 소집하셨습니까?"

구름의 신 제우스가 대답했다.

"지진의 신이여, 그대는 내 뜻을 알지도 모르겠군. 나도 그들이 서로 살육하는 것이 염려스럽소. 하지만 내가 하고 싶은 말은 여러분이 원하는 대로 가서 그들을 도와주어도 된다는 거요. 나는 여기서 머무르며 지켜볼 생각이니까. 이제 아킬레우스가 단신으로 트로이아군과 싸운다고 해도 트로이아군은 그의 빠른 발 앞에 잠시도 지탱하지 못할 것이오. 어찌 그만 보면 모두들 그리 떨고만 있는지! 게다가 그는 동지의 죽음으로 분노에 불타고 있으니, 아마도 정해진 운명 전에 트로이아를 휩쓸어 버리지 않을까 두렵소."

제우스의 말에 따라 신들은 양편으로 갈렸다. 아카이아 진영으로는 헤라와 아테나, 포세이돈, 헤르메스, 헤파이스토스가 다리를 절룩거리며 날래게 갔다. 그리고 트로이아 진영에는 빛나는 투구의 아레스와 긴 머리를 날리는 아폴론, 아르테미스, 레토, 크산토스, 아프로디테가 갔다.

신들이 간섭하지 않는 동안에는 아카이아군이 파죽지세로 나아갔다. 아킬레우스가 아레스와 같은 모습으로 번쩍이는 갑옷을 입고 싸움터를 휩쓰는 것을 본 트로이아군이 공포에 질려 있었기 때문이다.

그러나 신들의 출동이 시작되면서, 아테나가 성벽 밖의 참호에 서서 함성을 지르거나 해변에서 큰 소리로 외쳐댔다. 반대편에서는 아레스가 폭풍우를 안은 먹구름과 같은 위세를 떨치며 트로이아 성채 위에서, 혹은 시모에이스강 변의 칼리콜로네 언덕 위에서 명령을 내리기도 했다.

이처럼 영광의 신들이 양군을 독려했으므로 일대 혈전이 벌어졌다.

제우스의 청동상 ▶

포세이돈이 반석 같은 대지와 산봉우리들을 지진으로 흔들어 댔다. 하계의 신인 하데스는 공포에 질려, 포세이돈에게 자기 머리 위에서 지진을 일으키지 말라고 고함을 쳤다.

신과 신이 맞붙자 그 굉음은 무시무시했다. 아폴론은 포세이돈을 대적했고, 아레스는 빛나는 눈의 아테나가 상대했다. 헤라는 아프로디테가 맞았고, 레토는 행운을 가져오는 헤르메스가 대항했다. 그리고 헤파이스토스는 인간에게는 스카만드로스로 불리지만 신들에게는 크산토스로 불리는 강의 신과 맞섰다.

아킬레우스는 헥토르를 만나기를 갈망했다.

그러나 아폴론은 프리아모스의 아들 리카온의 목소리를 흉내내어, 아이네이아스로 하여금 아킬레우스에게 대항하도록 했다.

아이네이아스_ 레오나르 리모쟁의 작품
아이네이아스는 아프로디테 여신의 아들로, 다르다니아 군대를 이끌고 트로이아 전쟁에 참가했다.

"아이네이아스여, 트로이아 영주들에게 아킬레우스와 일대일로 싸우겠다고 으름장을 놓던 언약은 어디로 갔는가?"

아이네이아스가 대답했다.

"리카온이여, 어찌 그대는 나에게 펠레우스의 그 오만한 아들과 맞서라 하시나이까? 언젠가 그는 나를 추격해 리르네소스와 페다소스를 약탈한 적이 있소. 만일 그때 제우스께서 나를 구해 주시지 않았더라면 나는 아마 그곳에서 죽었을

아이네이아스에게 무구를 주는 아프로디테_
루카 지오르다노의 작품

지도 모르오. 게다가 아테나가 그를 항상 보호하면서, 트로이아군과 렐레게스군을 무찌르라고 격려하고 있소. 그러므로 인간으로서 아킬레우스한테 덤빈다는 것은 누가 보아도 득이 되지 않소이다. 그의 창은 인간의 살을 뚫기 전에는 멈추지 않을 거요. 하지만 신께서 나에게 기회를 주신다면, 그도 나를 간단히 해칠 수는 없을 것이오!"

아폴론이 말했다.

"용사여, 영생의 신들께 축원을 올리시오. 그대도 어머니가 아프로디테이니, 단순히 인간만은 아니잖소? 그대는 미의 여신에게서 태어났지만, 아킬레우스는 그보다 하급인 바다 님페에게서 출생했소. 그러니 무기를 들고 그에게 대항하도록 하시오."

이 말에 아이네이아스는 용기백배했다. 그는 무구를 갖추고 싸움터로 나아갔다.

이 모습을 본 헤라는 자기 동료들을 불렀다.

"포세이돈과 아테나여, 아폴론이 아킬레우스와 대항하라고 아이네이아스를 보냈소. 그러니 우리들 중 어느 한 신은 아킬레우스를 지켜야 하오. 그래서 자기 동지 중엔 영생 신의 최고 인사가 있고, 적에게는 허풍선이들밖에 없다는 것을 알려야 하오. 전에도 트로이아군을 보호하고자 하는 자는 다 그랬었소. 우리들 올림포스 종족들이 싸움터에 참가한 것은 아킬레우스 때문이잖소? 나중 일은 오로지 운명의 신이 어떻게 그의 운명을 짜놓았는지에 따라 달라지겠지만 말이오. 그런데 문제가 있소. 우리가 그에게 직접 나타난다면 그는 아마 겁을 집어먹게 될 텐데……."

이에 포세이돈이 대답했다.

"헤라여, 그것은 말도 안 되는 일입니다. 신들끼리 충돌하는 것은 반대입니다. 그러니 우린 물러앉아 지켜봅시다. 전쟁은 인간들의 일이 아닙니까? 물론 아레스와 아폴론이 싸움을 시작한다거나, 아니면 아킬레우스를 막아 싸움을 못 하게 한다면 그때 개입해도 늦지 않소! 우리가 한번 위압의 손길을 뻗친다면 아마도 그들은 즉시 올림포스 신전으로 돌아가게 되리다!"

포세이돈은 말을 마친 뒤 그의 동료들을 높다란 누각으로 안내했다. 이곳은 가끔 육지로 올라와 헤라클레스를 습격하던 바다 괴물을 막고자 트로이아군이 아테나의 원조를 받아 세운 것이었다.

일행은 여기에서 숨어 지켜보고 있었다. 그리고 아레스와 아폴론, 그 밖의 신들은 칼리콜로네 언덕 위에 있었다.

이처럼 어느 편에서도 싸움을 개시하지 않았다.

한편, 평원에서는 병사와 말 들이 대혼란을 겪고 있었다. 양군이 한꺼번에 출동하자, 말발굽 소리와 병사들의 함성으로 대지가 뒤흔들리고 하늘이 무너지기라도 한 듯 소란스러웠다. 양 진영 사이의 빈터로 활을 쏘면서 아이네이아스와 아킬레우스 두 투사가 마주쳤다.

먼저 아이네이아스가 방패로 가슴을 가리고 청동 창을 휘둘러 대며 전차에서 걸어 나왔다. 아킬레우스도 거센 사자처럼 분노에 가득 찬 얼굴로 아이네이아스를 공격하기 위해 나왔다.

그들이 아주 가까이 다가섰을 때, 먼저 아킬레우스가 입을 열었다.

"아이네이아스여, 나와 싸워 스스로 프리아모스의 영광의 주인공이 되고 싶은가 보군. 그러나 그대가 나를 죽일지라도 프리아모스의 대권을 이어받지는 못할 것이다. 프리아모스에게는 아들이 많을 뿐만 아니라, 건강하고 게다가 아둔하지도 않으니까. 아니면 나를 죽이면 가장 좋은 영지를 분배받아 배불리 살게 될 가망이 있을 듯한가? 일이 마음먹은 대로 되지는 않을 텐데. 왜 전에도 내 창에 달아난 적이 있었지! 그때는 아예 싸울 생각도 못 하고 리르네소스로 달아났었어. 그때 제우스와 여러 신들이 그대만은 살렸지. 그러나 이번에도 신들이 그대를 살려주지는 않을 거야. 그러니 나와 충돌을 피하는 게 어떤가?"

이에 아이네이아스가 대답했다.

"아킬레우스여, 나를 말로써 겁먹게 하려는 건가? 나도 그런 말로 하는 싸움은 얼마든지 할 수 있다. 하지만 그런 건 어린아이나 하는 짓이다. 내 어머니가 아프로디테시니 가문으로 봐도 나는 너보다 한 수 위거늘. 오늘 두 가문 중에서 자식을 잃어 슬퍼할 집이 있을 것이다.

그 전에 우리 가문을 좀 더 말해 볼까? 우선 구름의 신 제우스께서 다르다노스를 낳으셨지. 그분은 다르다니아를 세운 후 시내가 흐르는 곳에서 사셨다. 그때는 아직 성스러운 일리오스가 평원에 서지 않아 도시라곤 없었으니까. 다르다노스는 에릭토니오스왕을, 에릭토니오스는 트로이아의 왕 트로스를 낳으셨지. 다시 트로스는 일로스와 아사라코스, 가니메데스를 낳으셨는데, 일로스는 라오메돈을, 라오메돈은 티토노스와 프리아모스, 람포스, 클리티오스를 낳으셨지. 또한 프리아모스는 헥토르를 낳으셨고, 아사라코스는 카피스를, 카피스는 나의 아버지 안키세스를 낳으셨지. 자, 나의 가계가 어떤가?

하지만 전쟁의 무용은 전능하신 제우스께서 주신 천품이니, 더 이상 중언부언하지 않겠다. 산더미 같은 큰 배도 독설로 채워 가라앉힐 수 있고, 혀란 놈은 희귀한 경주자로 온갖 이야깃거리를 쌓아놓고 또 끝없는 이야기의 씨를 사방에 퍼뜨리는 법이니까. 그대가 무슨 말을 하든 열매를 거두는 법, 우리가 말썽 많은 여인처럼 왜 서로 물고 뜯어야 하는가? 내가 싸울 마음이 있는 이상 어서 덤벼라. 피차의 용기가 어떤지 시험해 보자."

이렇게 말한 뒤 아이네이아스는 무거운 창을 아킬레우스의 방패 중앙으로 던졌다. 창끝은 신비로운 방패에 명중하여 요란한 소리를 냈다. 하지만 아이네이아스의 창은 신이 준 방패를 뚫지 못했다.

이번에는 아킬레우스가 아이네이아스의 둥근 방패 맨 가장자리를 공격했다. 펠리온에서 가져온 날카로운 창은 방패의 두 겹을 꿰뚫은 후 그의 등을 넘어 땅에 가서 박혔다.

아이네이아스가 당황한 사이 아킬레우스는 칼을 빼들고 고함을 치며 달려들었다. 그러자 아이네이아스는 장정 둘이서도 들지 못할 큰 돌을 혼자 거뜬히 들어올렸다.

그러나 때가 왔음을 깨달은 포세이돈이 다른 신들에게 말했다.

"어이구! 저 용감한 아이네이아스가 아킬레우스에 의해 하데스궁으로 가겠는데. 미련하게도 궁술의 신 아폴론의 말만 철석같이 믿고 달려들다니……. 아폴론의 힘으로는 그를 못 살리고말고. 아이쿠, 그는 신들에게 제물을 올리는 데에는 늘 으뜸이었는데, 저걸 어쩌나? 자, 우리들끼리라도 그를 살리는 게 어떤가? 그대로 두었다가 아킬레우스의 손에 쓰러지면 제우스께서 역정이 대단하실 거야. 다르다노스의 혈족이 씨도 남기지 않고 사라지게 해서는 안 될 말이지. 그리고 제우스께서 이미 프리아모스의 가문을 미워하기 시작하셨으니, 아이네이아스가 트로이아의 왕위에 올라 대대손손 이어가야 할 거야."

헤라가 말했다.

"포세이돈이여, 아이네이아스를 살리든 버려두든 마음대로 하시오. 다만 나와 아테나가 맹세한 바를 잊지는 마시오. 우리는 트로이아

아킬레우스가 묘사된 고대 그리스 다색 도자기 그림

군을 위해서는 손톱 하나 까딱하지 않을 테니. 비록 트로이아군이 아카이아군에 의해 타오르는 불 속의 재가 될지라도 말이오!"

포세이돈은 혼자서 아이네이아스와 아킬레우스가 맞서 싸우고 있는 곳으로 다가갔다. 먼저 안개로 아킬레우스의 눈을 가린 다음, 아이네이아스를 땅에서 들어올려 공중으로 집어 던졌다.

그러고 나서 아이네이아스에게 말했다.

"아이네이아스여, 어느 신이 불패의 아킬레우스와 대항하여 싸우라고 말했는가? 아킬레우스는 그대보다 뛰어날 뿐만 아니라, 신들의 은총도 많이 받는 자다. 그러니 하데스궁으로 가고 싶지 않으면 그와 대적하지 말라. 다만 아킬레우스가 죽은 다음에는 누구와 싸워도 좋으리라."

포세이돈이 아이네이아스 곁을 떠나, 다시 아킬레우스의 눈에서 안개를 벗겨 주었다. 그제야 아킬레우스는 아이네이아스가 없어진 사실을 깨닫고 분통을 터뜨렸다.

"세상에, 이럴 수가 있는가? 내 눈을 가리는 기적이 있다니! 아이네이아스도 하늘 나라에 동지가 있음이 분명하구나. 그따위 놈은 지옥에나 떨어져라. 천만다행으로 죽음을 벗어났으니, 다시 내게 덤비지는 않겠지! 좋다, 또다시 트로이아군과 겨뤄 보자."

한편, 헥토르는 트로이아군을 불러 아킬레우스와 싸울 것이라고 단언했다.

"용감한 트로이아군이여. 아킬레우스를 두려워하지 마라! 아킬레우스라도 불사의 신은 이길 수 없는 법, 신이 우릴 돕는다면 충분히 승산이 있다. 내 기꺼이 그와 맞서 대적하리라!"

이처럼 헥토르가 병사들을 향해 소리치자 트로이아군은 창을 들고 적과 싸우기 위해 전진했다.

이때 헥토르 옆에 아폴론 신이 나타나 말했다.

"헥토르여, 아직 아킬레우스와 싸워서는 안 되오. 병사들 속에 숨어 그를 지켜보다가, 그가 가까이 와서 칼이나 창으로 공격하지 못하게 하시오."

헥토르는 이 충고를 받아들여 대열 속으로 섞여 들었다.

이때 아킬레우스도 무섭게 고함을 지르며 트로이아군을 향해 뛰어들었다. 먼저 그는 오트린테우스의 아들인 이피티온의 머리를 창으로 찔렀다.

아킬레우스는 그가 쓰러지는 것을 보고 이렇게 외쳤다.

"내 원수여, 네가 죽을 자리는 바로 여기니라."

이와 동시에 아카이아군의 전차 바퀴에 의해 그의 시체가 갈기갈기 찢기자, 다시 아킬레우스는 안테노르의 아들인 데몰레온을 찔러 죽였다.

그다음엔 전차에서 뛰어내려 달아나려고 하는 힙포다마스의 등을 찔렀으며, 그리고 나서는 프리아모스가 가장 사랑하는 아들 폴리도로스를 쫓아갔다. 폴리도로스는 발이 빠르기로 이름났지만, 아킬레우스는 그의 등을 창으로 찌르는 데 성공했으며, 마침 그곳은 금고리와 갑옷의 두 자락이 겹쳐진 곳이었다. 창끝이 배를 뚫고 나오자 폴리도로스는 소리를 내지르며 앞으로 고꾸라졌다.

헥토르는 동생이 죽는 것을 보자 판단이 흐려졌다. 그래서 창을 겨누며 불꽃처럼 튀듯이 앞으로 뛰쳐나갔다.

아킬레우스는 그를 보자 껑충 뛰며 고함을 쳤다.

"트로이아군 중에서 내 간장을 녹인 자로구나! 내 고귀한 동지를 죽인 자여, 이제 전쟁의 좁은 골목을 찾아 피차 어물어물할 필요가 없지 않느냐! 어서 다가와 죽음의 맛을 보아라!"

이에 헥토르가 대답했다.

"아킬레우스여, 말로 위협할 생각은 마라. 네가 나보다 강한 줄은 안다만, 만사는 신의 손에 달린 일 아닌가. 게다가 창끝은 뾰족하니, 내 창을 던져 네 목숨을 빼앗지 못한다고 누가 단언하겠는가!"

그가 창을 겨누어 던졌지만, 아테나가 부드러운 숨결을 보내 창을 되돌려 헥토르의 발 밑에 떨어지게 했다. 그러자 그를 죽이겠다는 열망으로 가득 찬 아킬레우스가 무시무시한 고함을 지르며 돌격했다. 이때 아폴론이 헥토르를 살짝 잡아채어 안개 속으로 감추었다. 세 번이나 아킬레우스가 달려들었으나 모두 허탕을 쳤다.

그러자 아킬레우스는 화가 나서 무섭게 고함을 질렀다.

"이 비겁자여, 다시 아폴론이 살렸단 말이지! 물론 너는 싸움터로 갈 때마다 축원을 올리겠지. 내 감히 말하노니, 다음번에 나를 돕는 신을 만날 경우엔 지체 없이 너를 맞혀 끝장을 내리라."

아킬레우스는 말을 마치고 트로이아군을 살상하기 시작했다. 드리옵스, 데무코스, 라오고노스, 다르다노스, 트로스, 물리오스, 에케클로스, 데우칼리온, 리그모스 등 내로라 하는 장수들을 찌르고 자르고 살육하며 날뛰었다. 이 모습은 마치 커다란 산불이 말라빠진 산골짜기를 모조리 재로 만들어 버리는 것과 같았다.

이처럼 아킬레우스는 맹위를 떨치며 전선을 휩쓸어 갔는데, 마치 소들이 타작 마당에서 흰 보리를 밟듯이 방패를 부수었다. 온 대지가 피로 물들어 가는 곳마다 핏물이 튈 정도로 아킬레우스는 불굴의 두 손을 피로 적시면서, 영광을 찾아 계속 마차를 몰아댔다.

아킬레우스, 강의 신과 싸우다

이윽고 아카이아군이 크산토스강 가에 이르자, 아킬레우스는 트로이아군을 두 패로 갈라놓았다. 이 중 한 패는 도시로 향하는 평원으로 몰았다. 이곳은 전날 아카이아군이 헥토르의 무시무시한 공격을 받아 쫓기던 곳이었는데, 이제 상황이 역전되어 트로이아군이 쫓기고 있었다.

게다가 헤라가 펼쳐 놓은 짙은 안개로 인해 트로이아군은 갈팡질팡했다. 다른 한 패는 강으로 몰려가, 소용돌이치는 물속으로 뛰어들었다.

그들의 이러한 모습은 들판에 붙은 불을 피해 무수한 메뚜기 떼들이 물로 피해 들어오는 것과도 같았다. 이처럼 크산토스강은 사람들과 말들로 인해 혼잡을 이루었다.

아킬레우스는 창을 강둑 위 나무에 기대어 놓고, 불길처럼 칼을 휘둘러 그들을 무참히 살육하기 시작했다. 여기저기서 비명 소리가 터

강가에서 싸우는 아킬레우스_ 18세기 삽화
아킬레우스는 파트로클로스의 죽음에 몹시 분노하여 수많은 트로이아군을 죽인다.

져 나왔고, 삽시간에 강물은 붉은 피로 물들었다.

아킬레우스는 열두 명의 젊은이들을 산 채로 강에서 끌어올려 파트로클로스에 대한 대가를 받고자 했다. 그는 그들의 팔을 뒤로 돌려 묶어 함대로 데려가라고 지시한 뒤, 자신은 팔이 아플 때까지 계속해서 살육을 감행했다.

그러던 중 프리아모스왕의 아들 리카온을 발견했다. 아킬레우스는 전에도 그를 사로잡아, 렘노스에서 고급 은잔을 받고 판 적이 있었다. 리카온이 전차 난간을 만들려고 날카로운 칼로 야생의 무화과 가지를 자르고 있었을 때, 아킬레우스가 그를 습격했던 것이다.

이제 운명의 신은 그를 아킬레우스의 손에 의해 하데스궁으로 보내려 하고 있었다. 그는 아무런 무장도 갖추고 있지 않았다. 강에서 도망칠 때 모두 내버렸기 때문이다.

아킬레우스는 그를 보자 화가 나서 혼잣말로 중얼거렸다.

"이럴 수가, 눈앞에 기적이 나타나다니! 다음엔 내가 죽인 트로이아군이 무덤에서 나오겠군. 저놈도 많은 사람들의 길을 막는다는 무변대해는 피하가지 못했군. 자, 이제 대지가 저놈을 품에 안아줄지를 시험해 보자."

이때 리카온은 넋을 잃은 듯 아킬레우스의 무릎을 잡으며 애걸복걸했다.

"아킬레우스 장군이여, 제발 자비를 베풀어 살려주소서! 고귀한 영주시여, 경의를 바칩니다. 그동안 저는 가시밭길을 헤매다가 트로이아로 돌아온 지 겨우 12일째입니다. 게다가 저는 헥토르와는 같은 배의 형제가 아니라는 걸 기억하소서. 내 어머니 라오토에는 프리아모스왕의 여러 비들 중의 한 분으로 아들이 둘 있었는데, 이미 폴리도로스는 싸움터에서 죽었답니다. 그리고 이번엔 그 무서운 창으로 내가 죽게 될 운명인 것입니다."

그러나 아킬레우스의 마음이 누그러질 리가 없었으므로 이런 대답이 들려왔다.

"여러 말 할 것 없도다. 파트로클로스가 액운을 당하기 전에는 내 마음에도 자비가 깃들여 있어서 많은 트로이아군을 살려주었다. 그러나 이젠 신께서 내 손에 넘긴 자는 모두 죽음을 면할 수 없다. 하물며 프리아모스의 자식이라니! 파트로클로스도 죽었는데, 너 따위가 살아서 무엇 해! 나 또한 죽음과 운명의 쇠사슬에 매였다. 언제든 누군가가 창으로 찌르고 화살을 쏘아 내 목숨을 빼앗을 날이 있으리."

말을 마치고 난 아킬레우스는 날카로운 칼을 뽑아 그의 쇄골을 공격했다. 쌍날의 칼이 살을 찌르자 그는 앞으로 고꾸라지며 피를 쏟았다.

아킬레우스는 그의 발을 끌어 강에 던지며 차갑게 내뱉었다.

"거기 누워서 고기밥이 되어라. 고기떼가 널 편안하게 핥아줄 것이다. 그러니 네 어머니도 관 속에 너를 누여 놓고 애도할 수 없게 되었다. 스카만드로스가 소용돌이치며 너를 깊은 물속으로 넣어줄 것이다. 그러면 고기떼가 검은 잔물결 밑에서 너의 흰 살을 뜯어먹겠지. 난 성스러운 일리오스 성채에 도착할 때까지 너희를 몰살시킬 것이다! 너희들이 벤 전우들의 생명의 대가를 남김없이 받을 때까지. 너희들이 정성을 드리고 때마다 제물을 바친 이 스카만드로스도 너희를 구하지 못하리라."

이때 강의 신은 어떻게 하면 아킬레우스로부터 트로이아군을 구해낼 수 있을까 하고 곰곰 생각하고 있었다. 그런 가운데 아킬레우스는 펠레곤의 아들 아스테로파이오스를 공격했다.

그러자 아스테로파이오스는 강의 신 스카만드로스가 용기를 불어넣어 준 덕에 두 개의 창을 들고 대항했다.

이때 아킬레우스가 외쳤다.

"감히 나에게 대항해 오는 자가 누구냐? 누구의 자식이기에 나와 맞서려 하느냐?"

이에 아스테로파이오스가 대답했다.

"펠레우스의 아들이여, 난 머나먼 파이오니아에서 왔다. 강의 신 악시오스가 유명한 창수 펠레곤을 낳으니, 그분이 내 아버지다. 자, 나와 한번 자웅을 겨뤄보자!"

아킬레우스가 창을 들자 양손잡이인 아스테로파이오스가 창 두 자루를 동시에 던졌다. 창 하나는 아킬레우스의 방패에 맞았으나, 신이 선물한 황금 방패를 뚫지 못했다. 그리고 또 하나는 아킬레우스의 오

강가에서 싸우는 아킬레우스_ 요한 발타자르 프롭스트의 동판화
아킬레우스는 파트로클로스의 죽음에 몹시 분노하여 수많은 트
로이아군을 죽이는데 아스테로파이오스도 아킬레우스에게 죽임
을 당한다.

른쪽 팔꿈치를 스쳐 지나가 상처를 냈다.

아킬레우스가 던진 창은 표적을 빗나가 강둑 중간에 꽂혔다. 아스테로파이오스는 이것을 뽑으려고 세 번이나 흔들어댔으나 실패했다. 이때 아킬레우스가 덤벼들어 그의 배를 칼로 찌르니, 내장이 쏟아져 나왔다.

신이 난 아킬레우스는 그의 갑주를 벗기며 소리쳤다.

"잘 누워 있거라! 강의 신 아들이라고 함부로 제우스의 자손에게 덤빈다는 것은 삼가야 할 일이다. 그래, 내 할아버지는 아이아코스로 제우스의 아드님이시지. 하지만 제우스는 모든 신보다 강하니, 감히 어느 누구도 제우스에게 도전치는 못하리라. 강의 신 아켈로오스와 깊이 흐르는 오케아노스의 온 힘을 합해도 전능하신 제우스의 무서운 천둥번개에는 떨지 않을 수 없단 말이다."

아킬레우스는 강둑에서 청동 창을 뽑은 다음, 다시 파이오니아 군을 추격했다. 그들은 자기 사령관이 아킬레우스의 칼에 넘어지자 강줄기를 따라 달아났다.

스카만드로스_ 아크로폴리스에서 발굴

님페인 이다이아와의 사이에서 트로이아의 전설적인 초대 왕 테우크로스를 낳았다. 호메로스의
《일리아스》에 따르면, 스카만드로스는 인간들이 부르던 이름이고, 신들은 '황색'을 뜻하는 크산토
스라고 불렀다고 한다. 트로이아 전쟁이 10년째로 접어든 무렵, 제우스는 모든 신들을 불러 모아
트로이아군이든 그리스군이든 각자의 뜻대로 지원하라고 하였다. 이때 스카만드로스는 아레스,
아폴론 등과 함께 트로이아 진영으로 달려가, 그리스군을 편드는 헤파이스토스와 맞섰다고 한다.
그리스군의 아킬레우스는 친구 파트로클로스의 죽음을 복수하기 위하여 스카만드로스의 강물 속
에서 많은 트로이아군을 살육하였다. 이에 스카만드로스는 인간의 모습으로 아킬레우스 앞에 나
타나, 강물이 시체로 채워져 숨이 막힐 지경이니 평원으로 나가 싸우라고 하였다. 아킬레우스가
이 말에 아랑곳하지 않고 살육을 계속하자, 성난 스카만드로스는 홍수를 일으켜 그를 공격하였다.

　아킬레우스는 테르실로코스와 미돈, 아스티필로스, 므네소스, 트라
시오스, 아이니오스, 오펠레스테스를 차례로 죽였다.

　그러자 노한 강의 신이 인간의 모습을 하고 나타나 꾸짖었다.

　"오, 아킬레우스여! 그대의 행동은 참으로 지나치구나. 신들이 항상
그대 편이니까 그렇겠지만, 만일 제우스께서 트로이아의 멸망을 허락
하셨다면 그들을 강에서 몰고 나가 평원에서 살육을 감행하라. 내가
숨이 막힐 지경이다."

　"스카만드로스여, 말씀대로 하지요. 그러나 나는 헥토르와 힘을 겨

루어 내가 죽든지, 그가 죽든지 할 때까지는 트로이아군에 대한 파멸의 손을 떼지 않겠습니다."

이에 스카만드로스가 아폴론을 향해 소리쳤다.

"제우스의 아드님이신 궁술의 신이여, 제우스께서 트로이아군 옆에서 어둠의 전선이 덮일 때까지 원조하라고 하시지 않았습니까!"

말을 마치기가 무섭게 스카만드로스는 무서운 홍수로 돌변해 아킬레우스를 허둥거리게 만들었다. 거센 물결에 휘말린 아킬레우스는 아주 큰 느릅나무를 붙잡았지만, 그것이 뿌리째 뽑혀 물속에 빠졌다. 겨우 물에서 힘겹게 빠져나온 그는 창을 던지며, 검은 독수리처럼 날쌔게 질주했다.

그러나 강의 신은 크고 검은 모습으로 부풀어 올라, 달아나는 그를 따라잡았다. 신들은 역시 인간보다 강했다. 때때로 아킬레우스가 빠른 발길을 멈추어 신들의 모습을 보려 하면, 큰 물결이 일어 그의 두 어깨를 감싸는 것이었다. 마침내 다리를 움직이지 못할 정도로 지쳐 떨어지자 아킬레우스는 하늘을 우러러 소리쳤다.

"오, 제우스 아버지시여! 저를 구해 주시려는 분이 없으시다니! 감언이설로 절 속인 어머니를 원망하고 싶은 마음입니다. 어머니는 제가 트로이아성 밑에서 아폴론의 날랜 화살에 맞아 죽으리라 하셨지만, 전 이 고장에서 최고의 영웅으로 자라난 헥토르의 손에 죽고 싶습니다. 그렇다면 저 또한 용감하게 죽을 것입니다. 그런데 지금의 내 팔자는 강물에 빠져 꼴사나운 죽음을 당하게 되었으니, 통탄하지 않을 수 없는 일입니다."

이에 포세이돈과 아테나가 인간의 모습으로 나타나, 그의 손을 잡으며 용기를 북돋아 주었다. 먼저 포세이돈이 입을 열었다.

"펠레우스의 아들이여, 겁먹지 마라. 제우스의 은총과 함께 나와 아테나가 그대를 도우러 여기에 와 있으니까. 그대는 강에 빠져 죽을 팔자가 아니다. 그러니 남아 있는 트로이아군을 모두 일리오스의 성안으로 몰아넣을 때까지 싸움을 멈추지 마라. 그러나 헥토르를 죽인 다음에는 곧 함대로 돌아가라."

아킬레우스는 이 말에 용기를 얻어 평원으로 돌진했다. 평원은 온통 물바다를 이루어 사방에 시체들이 떠다녔다. 아킬레우스는 다리를 번쩍번쩍 들며 이런 것들을 뚫고 달렸다.

이에 스카만드로스가 더욱더 노하여 시모에이스를 불렀다.

아킬레우스와 스카만드로스의 결투_ 프레데릭 앙리 쇼팽의 작품
포세이돈과 아테나가 스카만드로스와 결투하는 아킬레우스에게 나타나 용기를 북돋아 준다.

아킬레우스를 공격하는 강의 신 스카만드로스와 시모에이스_ 루이 샤를 오귀스트 쿠데의 작품

"아우여, 우리 합세하여 저놈을 잡자. 그냥 두었다가는 트로이아군을 섬멸하고 성을 함락하고 말 것 같구나. 그는 자신을 신과 비길 만하다고 생각하고 있다. 그러나 이제 그도 별수 없이 진흙에 묻힐 것이다. 내 그를 진흙으로 뒤덮어, 뼈도 못 추리게 해놓을 테다. 여기 그의 무덤을 파주지. 그러면 아카이아군은 분묘를 쌓을 필요도 없게 되겠지!"

그러고는 굉장히 높은 물결을 일으켜 소용돌이를 치게 했으므로, 아킬레우스는 하마터면 물귀신이 될 뻔했다.

그러나 이때 헤라가 이 위기를 보고 헤파이스토스를 불렀다.

"내 아들 헤파이스토스여, 일어나라! 너는 크산토스강의 한계가 어딘지 알려줘야겠다. 어서 가서 큰 화재를 일으키거라. 그러면 나는 서풍과 남풍으로 하여금 불길을 몰아치게 해 시체며 갑주를 한꺼번에 태워버릴 테니. 그리고 크산토스의 기도나 저주에 움직여선 안 된다. 내가 멈추라고 할 때까지 그대로 따르거라."

헤파이스토스는 즉석에서 큰 불을 일으켰다. 마치 추수할 무렵 비

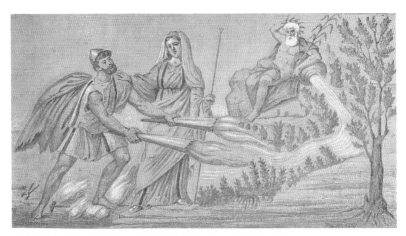

헤파이스토스와 스카만드로스_ 일리아스 (4세기 또는 5 세기)의 사본
헤라의 명령에 크산토스강에 화재를 일으키는 헤파이스토스의 모습이다.

에 젖은 곡식을 북풍이 불어 바싹 말려 버리 듯이, 불길은 평원의 물
을 말려버리고 모든 시체를 태웠다.

또한 불길을 강으로 돌려 느릅나무와 버드나무, 위성류 등 모든 것
들을 태워버렸다. 그리고 불바람을 물 위로 몰아치자, 뱀장어와 물고
기들이 이리저리 몰려다니며 몸부림쳤다.

강의 신 역시 뜨거워서 울부짖었다.

"헤파이스토스여, 어느 누가 그대에게 대항할 수 있겠소? 우리 싸
움은 그만둡시다. 아킬레우스로 하여금 트로이아를 함락하게 하시오.
이젠 원조도 지긋지긋해졌단 말이오."

그러나 헤파이스토스의 불바람이 계속되었으므로, 강의 신은 더 이
상 달랠 마음을 먹지 못했다. 그래서 이번에는 헤라에게 애원했다.

"헤라시여, 아드님께서는 수많은 무리 중에서 왜 하필 나를 괴롭힙
니까? 트로이아군을 돕는 자들 이상으로 나를 책해서는 안 되지요.

자, 저도 멈추겠사오니 그에게도 멈추게 해주소서. 다시는 트로이아
군을 돕지 않겠다는 걸 맹세합니다. 아카이아군이 도시에 불을 지르
고 온 도시를 재로 만들지라도 돕지 않겠습니다."

혜라는 즉시 아들을 불러 멈춰 세웠다.

"혜파이스토스여, 세속의 인간 때문에 불사의 신을 이렇게 혼낸다
는 것은 온당치 못하다."

한편, 아레스는 아테나의 술 달린 큰 방패에다 창을 던지며 욕설을
퍼부어 댔다.

"이 심술쟁이 여자야, 디오메데스를 풀어놓아 나에게 몹쓸 상처를
입히게 했던 것을 잊지 않았겠지? 이제 그 대가가 얼마나 혹독한지
맛 좀 봐라!"

하지만 아테나의 방패는 제우스의 천둥번개에도 견디어내는 것이
었다. 아테나는 뒤로 물러서며, 크고 꺼칠꺼칠한 경계석을 들어 아레
스의 목을 후려쳤다.

그러자 아레스는 그 자리에서 고꾸라졌다.

"이 어리석은 양반아, 설마 나와 상대가 되리라고 생각하는 건 아
니겠지? 하긴 트로이아군을 도우려고 안간힘을 쓴 걸 보면 그런지도
모르지!"

그러자 아프로디테가 아레스의 팔을 잡아 일으켜 세웠다. 아레스는
그제야 정신을 차렸다. 혜라가 이를 보고 아테나를 불렀다.

"저것 좀 보거라. 저기 또 닳고 닳은 여자가 살육자 아레스를 데려
가려고 한다."

아테나가 얼른 달려가 아프로디테의 가슴을 밀어젖히며 소리쳤다.

"트로이아군이 아카이아군과 싸울 때 아프로디테처럼 용감하고 무모했더라면, 이 전쟁은 벌써 끝장났을 텐데."

이즈음 포세이돈은 아폴론과 대항하고 있었다.

"이 어리석은 양반아, 그대는 생각이 좀 모자란 것 같소. 그대는 우리가 트로이아에서 혼이 났었던 것을 잊었소? 그때 제우스는 일 년 동안 우리에게 보수를 받고 라오메돈을 도우라고 했소. 우린 맡은 바 일을 묵묵히 했었지. 하지만 마침내 기다리던 날이 오자 라오메돈은 우리의 급료를 딱 잘라 거절하며, 우리를 멀고 먼 섬으로 팔아버리겠다고 협박했소. 그래서 우리는 급료도 못 받은 채 돌아가야만 했소. 그런데도 그런 자의 시민에게 은혜를 베풀기에 급급하다니."

궁술의 신 아폴론이 대답했다.

"그저 저들이 가여워서 그러는 거요. 저들은 숲속의 나뭇잎과 같소. 그저 자라나 좋은 시절이 올 것 같으면 시들어 버리니. 오, 우리는 싸움을 그만둡시다."

아폴론은 친삼촌인 포세이돈과 싸우는 것이 부끄러워 돌아섰다. 그런 아폴론을 누이이자 수렵의 여신인 아르테미스가 꾸짖었다.

"궁술의 신이 달아나다니, 참으로 어이없구려. 그 활은 무엇 때문에 가지고 있는 거요? 아무 쓸모도 없는 것을! 다시는 포세이돈과 대항하여 싸웠다고 큰소리치지 마시오."

아폴론이 아무런 대답도 하지 않자 헤라가 아르테미스를 몹시 꾸짖었다.

"너는 어떻게 감히 나에게 반항하려 드느냐? 비록 제우스께서 마음대로 전투에 참전할 것을 허락했지만, 건방지게 날뛰지 마라. 차라리 산에 가서 야수며 사슴 들을 잡아 용기를 보이는 건 어떨까?"

화가 난 헤라는 아르테미스의 손목을 움켜쥔 뒤, 화살통을 낚아채고 그녀의 귀밑을 찰싹찰싹 때리면서 비웃었다. 아르테미스는 눈물을 흘리며 빠져나가려고 버둥거렸다. 그 모습을 본 헤르메스는 아르테미스의 어머니 레토에게 말했다.

레토와 아기 아폴론과 아르테미스
제우스와 레토 사이에서 태어난 아폴론과 아르테미스는 쌍둥이 남매로, 아르테미스가 먼저 태어나 아폴론을 받았다고 한다.

"레토여, 그대와 싸우고 싶지 않소. 제우스의 부인들과 주먹질을 한다는 것은 위험천만한 일이니까!"

그러자 레토는 바닥에 흩어진 딸의 화살을 주워서 가버렸다.

한편, 아르테미스는 올림포스로 가서 아버지의 무릎에 엎드려 울었다.

그러자 제우스는 딸의 팔을 잡고 명랑하게 웃으며 물었다.

"애야, 누가 너한테 감히 이렇게 했단 말이냐?"

그러자 아르테미스가 대답했다.

"아버지의 부인인 헤라가 아니면 누구겠어요? 우리들을 온갖 갈등과 싸움 속으로 몰아붙이신 그분 말이에요!"

그사이에 아폴론은 트로이아가 걱정되어 그곳으로 돌아갔다.

한편, 아킬레우스는 여전히 살상을 계속하며 땅 위에다 멸망과 슬픔을 수놓았다. 마치 분노한 신이 인간의 도시에 화풀이를 하는 것 같았다. 그때 프리아모스 노왕은 성 위에 서 있다가, 돌격해 오는 아킬레우스를 보고 문지기를 불렀다.

"성문을 활짝 열고, 전우들이 들어올 때까지 잡고 있으라. 그런 다음, 다 들어오면 곧 문을 단단히 닫으라."

만일 아폴론만 없었더라면 아카이아군은 트로이아를 점령했을 것이다. 아폴론은 안테노르의 건장한 아들 아게노르의 가슴에 용기를 불어넣어, 무서운 속도로 진격해 오는 아킬레우스의 시선을 돌리게 만들었다.

참나무 숲에 숨어 있던 아게노르는 혼잣말로 중얼거렸다.

"오, 큰일났군. 이 도망치는 무리를 따라 도망친다 해도 잡히는 건 시간문제지. 그럼 평원으로 달아나 이다산으로 들어갔다가, 밤에 트로이아로 돌아가면 어떨까? 아니면 그냥 여기서 싸워보든지. 그도 인간이니까 그의 살에도 칼은 들어갈 거야. 단지 제우스께서 승리를 주어서 이기는 것뿐이지!"

이런 생각을 하며 그는 사냥꾼 앞에 선 표범처럼 정신을 바짝 차리고 아킬레우스를 기다렸다. 그런 다음 방패를 앞에 대고 크게 소리쳤다.

"아킬레우스여, 아마 오늘 트로이아를 점령하고 싶겠지! 하지만 우리가 그렇게 하도록 놔두지는 않겠다. 비록 네가 대담할지라도 내 여기서 너를 끝장내리라."

그는 이렇게 말하는 것과 동시에 창을 날렸다. 창은 아킬레우스의 무릎 밑 각반에 맞아 무서운 소리를 냈으나, 각반을 뚫지는 못했다. 이에 아킬레우스가 아게노르를 쫓아가 공격하자, 아폴론이 아게노르를 안개에 싸서 무사히 전선 밖으로 내보냈다. 그런 다음 아폴론은 아킬레우스로 하여금 아게노르가 바로 앞에 있는 것처럼 착각하게 만들어, 그를 스카만드로스강까지 밀어냈다.

이에 트로이아군은 안도의 한숨을 내쉴 수가 있었다. 겨우 성으로 들어온 그들은 그나마 발이 빠른 자들이었다.

신들의 트로이아 전쟁

인간들의 전쟁인 트로이아 전쟁은 신들의 갈등 때문에 일어난 측면이 있다. 그렇기에 올림포스의 신들은 각자 둘 중 하나를 선택해서 그쪽 편이 되었는데, 다음과 같다.

■ **트로이아 진영**

아프로디테: 트로이아의 장수 아이네이아스의 어머니이다.

아레스: 아프로디테가 트로이아 진영에 있었으며 자신의 아들을 그리스에서 강제로 참전시켰다가 죽게 했다는 이유가 크다. 그리고 아레스의 도시들은 대부분 트로이아 아래에 있었다.

아폴론: 헥토르를 아끼는 데다 아가멤논이 자신의 사제를 모욕한 일로 트로이아 편을 들었다. 또한 자신의 옛 애인이었던 카산드라가 트로이아의 공주이기도 하다.

아르테미스: 아폴론이 트로이아 편이고, 그리스군이 출정 전에 그녀에게 바쳐진 사슴을 죽인 것 때문에 트로이아 편을 들었다.

레토: 아폴론과 아르테미스의 어머니로서 트로이아 편에 선다.

에오스: 새벽의 여신으로서, 그 아들인 멤논이 에티오피아 왕으로서 트로이아 편이다.

■ **그리스 진영**

헤라: 파리스가 자신을 선택하지 않아서 돌아섰다.

아테나: 헤라와 같은 이유로 파리스가 자신을 선택하지 않아서 돌아섰다.

포세이돈: 트로이아의 선대 왕 라오메돈에게 원한이 있었다.

테티스: 그리스의 장수 아킬레우스의 어머니이다.

제 13 부

영웅의 죽음

헥토르, 전사하다

　트로이아군은 사자의 발톱으로부터 벗어나려는 사슴 떼처럼 성으로 쫓겨 들어갔다. 그러나 헥토르는 액운의 굴레가 드리워져 스카이아 문 앞에 멈추어 섰다.

　한편, 아폴론은 추격하는 아킬레우스에게 자신을 노골적으로 드러냈다.
　"아킬레우스여, 어찌 나를 쫓느냐? 필멸의 인간이 불멸의 신을 쫓다니 참으로 무엄하구나. 자, 트로이아군이 모두 성안에 있는데 그대가 이곳에 있는 이유는 무엇인가? 설마 날 죽이려고 그런 것은 아니겠지?"
　아킬레우스가 노하여 대답했다.
　"궁술의 신이시여, 당신은 참으로 잔인하신 분이오. 트로이아군을 구하기 위해 나를 여기까지 끌고 오다니. 나한테 힘만 있었다면 아마 반드시 복수를 했을 거요."

말을 마친 아킬레우스는 방향을 돌려 성을 향해 질주했다. 이 모습을 프리아모스왕이 가장 먼저 보았다.

노왕은 괴로워하며, 공포에 찬 목소리로 사랑하는 아들에게 애원했다. 그러나 아들은 문 앞에서 꼼짝도 하지 않은 채 서 있었다.

"내 사랑하는 아들아, 제발 혼자서 그와 대적할 생각은 마라. 그는 너보다 강할 뿐만 아니라 아주 잔인해. 오, 신이시여! 내가 저 아이를 사랑하는 만큼만 당신들이 사랑해 주신다면 그자가 독수리밥이 되는 것은 시간문제일 텐데! 그럼 이토록 잔인한 운명을 탓하지 않을 텐데! 아킬레우스는 얼마나 많은 트로이의 아들들을 죽이고 팔아 버렸는가. 지금도 리카온과 폴리도로스가 보이지 않으니. 참으로 내 훌륭한 아들들은 어디에 있단 말인가? 하지만 헥토르야, 너만 살아남는다면 내 슬픔도 그리 오래가지 않을 것이다. 그러니 이 안으로 들어와 목숨만은 보존해라. 이 늙은 아비를 생각해서라도 말이다. 오, 제우스께서는 참으로 나에게 끔찍한 운명을 안겨주시는구나. 만년에 멸망이라니! 이제 난 개밥이 되어 피를 빨리고, 개는 늘어지게 자겠지. 젊은 사람이 전사하면 영예롭지만, 늙은이의 말라깽이 몸과 백발을 개에게 뜯기니 인간의 눈으로 볼 수 없는 가장 측은한 광경이로구나."

노왕이 이렇게 한탄하며 머리를 쥐어뜯었지만, 헥토르는 듣지 않았다. 헥토르의 어머니는 옷깃을 풀어헤치고 가슴을 내놓은 채 눈물을 흘리며 하소연했다.

"오, 내 아들아! 너를 낳아 기른 이 어미를 불쌍히 여기거라! 어서 성안으로 들어와, 저 무서운 사나이와 충돌치 마라. 네가 죽는다면 나는 네 장례를 치르기는커녕 슬퍼하지도 못하리라. 사랑하는 아들아! 네 귀중한 아내를 생각해서라도 그리스 개들의 밥이 되는 것만은 피하거라."

그러나 부모의 눈물 어린 하소연도 헥토르의 교만함을 누르지는 못했다. 그는 뱀이 독이 바짝 올라 무섭게 눈을 번뜩이며 적을 기다리듯이 백절불굴의 용기에 타올라 있었다.

그러면서도 문득 자책하는 마음에 혼잣말로 중얼거렸다.

"내가 성안으로 퇴각한다면 폴리다마스가 질책하겠지. 아킬레우스가 일어서던 날 밤, 그가 성안으로 들어가자고 했지만 내가 듣지 않았어. 그 조언을 받아들였더라면 좋았을걸! 이제 와서 전우들은 죽었는데 무슨 면목으로 트로이아 형제자매들을 대하리. 사람들은 이렇게 말하겠지. '이 모든 게 헥토르 때문이야. 헥토르가 제 힘만 과신하다가 우리를 모두 망쳐 놓았어!'

그러니 내 아킬레우스와 싸우다가 차라리 죽는 게 나아. 내가 그를 죽여 승리의 귀환을 하든지, 문 앞에서 영광의 죽음을 당하든지 이판사판이야. 아니, 그와 협상하는 것은 어떨까? 이 싸움의 원인인 헬레네와 더불어 파리스가 트로이아에 가져온 온갖 재물을 양도하는 거야. 그리고 우리 도시의 원로들이 소유한 재산을 반으로 주겠다고 약속한다면 어떨까? 하지만 그게 다 무슨 소용이겠어? 그는 받아들이지 않을 텐데. 내가 알몸뚱이인 채로 죽임을 당해 훗날 얘깃거리도 되지 않으면 어떡하지? 오, 올림포스 주신께서 어느 편에 승리를 주시나 보자!"

헥토르가 혼자 곰곰이 생각하는 사이 어느새 아킬레우스가 앞으로

다가왔다. 그는 어깨 너머로 무서운 창을 흔들며 왔는데, 헥토르는 그의 이런 모습을 보자 더 이상 서 있을 수가 없어 달아났다. 아킬레우스는 독수리가 수줍은 비둘기를 덮치는 것처럼 도망치는 헥토르를 쫓았다.

이윽고 헥토르는 맑은 물이 흘러나오는 스카만드로스강의 수원이 되는 두 못에 이르렀다. 하나는 뜨거운 온천수가 나오는 샘으로 김이 무럭무럭 났고, 또 하나는 여름에도 눈이나 얼음처럼 차디찼다. 이 못 가까이에는 트로이아의 부녀자들이 빨래를 하던 빨래터가 있었다.

서로 쫓고 쫓기는 두 장수는 감히 시간을 잴 수 없을 정도로 굉장한 속도로 달렸다. 더구나 아킬레우스에게는 헥토르의 생명이라는 상이 걸려 있어서 결코 소홀히 할 수 없었다.

그들은 세 번이나 트로이아 성벽 주위를 돌았다.

이는 역전의 용사의 죽음을 애도하기 위해 열리는 경기에서 준마들이 다투어 푯대를 도는 것과 같았다.

이 모습을 주시하던 제우스가 소리쳤다.

"오, 저를 어쩌지? 쫓기는 저 사람은 내가 아끼는 사람인데! 트로이아성에서 수많은 소를 나한테 제물로 바친 사람인데! 신들이여, 저자의 생명을 건져주면 어떻겠는가?"

아테나가 눈을 빛내며 항의했다.

"아버지시여, 무슨 얼토당토않은 말씀을 하시는 겁니까? 어차피 죽음을 면치 못할 인간의 운명인데, 건져주시다니요? 그렇게 하십시오. 우리는 성원하지 않을 테니까!"

이에 제우스가 즉각 대답했다.

"걱정하지 마라, 나의 딸아. 그를 살려주려는 것은 내 본의가 아니니, 지체 말고 뜻대로 하라."

아킬레우스는 마치 사슴을 추격하는 사냥개처럼 전속력으로 달려 헥토르를 쫓았다. 헥토르는 큰길을 따라 성문으로 달려가면서 전우들이 성 위에서 일제히 활을 쏘아 자기를 엄호해 주기를 바랐고, 아킬레우스는 지름길로 가로질러 성 밑으로 달려가 그가 안으로 들어가지 못하도록 했다. 그들은 잡힐 듯 잡을 듯하면서 서로 쫓고 쫓겼다. 이렇게 아킬레우스는 헥토르를 잡지 못하고, 헥토르는 또 그에게서 벗어나지 못했다.

만일 이때 아폴론이 헥토르에게 힘과 속력을 주지 않았더라면 감히 추격자를 그와 같이 멀리 피할 수는 없었으리라. 또한 아킬레우스는 명성을 빼앗길까 두려워 자기 군에게 헥토르를 향해 활을 쏘지 못하게 했다.

마침내 그들이 네 번째로 샘에 도착했을 때였다. 제우스는 황금 저울을 꺼내 두 사람의 운명을 달아보았다. 균형을 잡고 들자 헥토르의 액운이 기울며 하데스로 떨어졌으므로, 아폴론도 더 이상 헥토르를 보호할 수 없었다.

이때 아테나가 아킬레우스 옆에 나타나 독려했다.

"자, 아킬레우스여! 승리는 그대의 것이로다! 이제 헥토르를 제거함으로써 아카이아 국민과 우리 진영에 위대한 영광을 가져오리다. 아폴론이 전능하신 제우스 앞에서 떼를 쓴다 해도 헥토르는 죽음을 피할 수 없다. 자, 내 헥토르에게 가서 그대에게 대항하라고 타이를 테니, 쉬면서 숨을 돌리구려."

아킬레우스는 아테나의 말에 기꺼이 따라 창에 기대어 섰다. 그동안 아테나는 데이포보스의 모습으로 변장하고 헥토르를 부추겼다.

"형님, 형님에게 커다란 고통을 준 저자를 우리 함께 막아냅시다."

이에 헥토르가 대답했다.

"오, 내가 가장 좋아하는 데이포보스여! 참으로 고맙구나. 모두들 성안에 있는데 나를 위해 여기까지 나오다니."

아테나는 헥토르를 부추기는 것을 멈추지 않았다.

"형님, 아버지도 어머니도 모든 전우들도 나가지 말라고 애원했습니다. 모두들 아킬레우스를 두려워하기 때문이지요. 하지만 나는 가만 두고 볼 수만은 없었습니다. 자, 우리 그를 공격합시다! 그가 우리둘을 죽여 피 묻은 무구를 가져가나, 아니면 형님 창이 그를 쓰러뜨리나 두고 봅시다."

이에 헥토르가 먼저 아킬레우스에게 말했다.

"펠레우스의 아들이여, 다시는 달아나지 않겠다. 이제 죽든 살든 그대와 싸울 생각이다. 그러나 우리 이것 하나만은 신들의 이름을 걸고 약속하자. 만일 내가 그대 생명을 빼앗는다면 그저 무구만 가져가겠다. 아킬레우스여, 그대도 그렇게 해주겠는가?"

아킬레우스가 얼굴을 찡그리며 대답했다.

"헥토르여, 그따위 흥정을 하다니! 사자와 인간은 흥정을 할 수 없는 법이다. 그러므로 우리 두 사람 중 하나가 쓰러져 피로 아레스 군신의 배를 채우기 전에는 아무것도 말할 수 없다. 자, 이제 용기를 모두 발휘하라! 아테나가 허락하신 이 창으로 그대를 무찔러, 나의 친우를 베어 나를 슬픔에 빠뜨렸던 모든 원한의 대가를 치르게 할 것이다."

아킬레우스와 헥토르의 결투 장면_ 루벤스의 작품

아킬레우스는 긴 창을 헥토르를 향해 겨누었지만, 헥토르가 몸을 구부렸으므로 창은 땅에 꽂혔다. 아테나는 헥토르 몰래 이것을 뽑아 아킬레우스에게 가져다주었다.

이에 헥토르가 큰 소리를 쳤다.

"신과도 같은 아킬레우스여, 제우스께서 나의 생명을 연장해 주시는 모양이다. 자, 네가 갖은 협박을 해도 나는 달아나지 않을 것이므로 내 등은 찌르지 못할 것이다. 난 너를 정면으로 대할 것이다. 혹시 신의 섭리라면 네가 내 가슴을 찌르겠지. 하지만 우선 네가 내 창을 피할 수 있는지 보자꾸나. 네가 쓰러진다면 트로이아의 전세는 가벼워지리라. 그대야말로 우리의 최대 적이니까!"

헥토르가 말을 마친 뒤 창을 던져 아킬레우스의 방패 한가운데를 맞혔지만, 창은 튕겨 나갔다. 헥토르는 창이 없었으므로 데이포보스에게 창을 달라고 소리쳤으나, 그는 이미 그곳에 없었다.

그제야 헥토르는 모든 것을 깨닫고 소리쳤다.

"오, 만사는 끝장났구나! 신들이 나를 사지로 불러내 죽이려고 하는구나. 성안에 있는 데이포보스가 여기 있을 리가 없지. 내가 아테나한테 속은 거야. 아, 이것이 이제까지 항상 나를 다정히 보호하시던 제우스와 아폴론의 바람이었던가! 이제는 운명이 나를 부르나 보다. 하지만 내 싸우지도 않고 맥없이 죽을 수는 없지. 후대에 길이길이 기억되는 사람으로 남고 싶구나!"

헥토르가 허리에 찬 날카로운 칼을 꺼내어 용감하게 뛰어오르니, 마치 독수리가 겁 많은 토끼를 내리 덮치는 것과도 같았다.

그러자 아킬레우스는 헥토르를 냉혹한 심정으로 노려보면서 어느

아킬레우스에게 죽임을 당하는 헥토르 _ 라파엘 테헤오의 작품

곳을 찌를까 엿보았다. 헥토르는 파트로클로스한테서 빼앗은 방패로 몸을 가리고는 있었지만, 쇄골과 목 부분이 만나는 곳이 드러나 있었다. 아킬레우스는 그곳을 창으로 잽싸게 찔러 그를 쓰러뜨렸다.

그러나 아직 숨이 끊어지지 않은 그에게 고함을 질렀다.

"헥토르여, 네가 파트로클로스를 발가벗기고도 무사할 줄 알았더냐? 어리석도다! 파트로클로스보다 더욱 강한 자가 너를 기다리고 있었다는 걸 모르다니! 자, 너를 독수리와 개의 밥이 되게 하마. 내 파트로클로스를 애끓는 겨레의 손으로 묻어주리!"

헥토르는 숨을 헐떡거리며 애원했다.

"제발 그대의 영혼과 무릎에 엎드려 비노니, 아니 그대의 부모의 은혜에 기대어 비노니, 나를 개밥이 되게는 하지 마시오. 나의 아버지, 어머니가 금은보화를 충분히 마련할 터이니, 내 몸값을 받고 돌려보내시오. 그래서 죽은 자에게 의례가 되는 화장을 할 수 있도록 해주시오."

아킬레우스가 노하여 일그러진 표정으로 말했다.

"이 비겁한 놈아, 내 부모까지 들먹거리지 말거라! 설령 네 아비 프리아모스왕이 네 무게만 한 금덩이를 가져온다 해도, 네 어미가 장사를 지내며 슬퍼할 수 있는 은혜는 베풀지 않을 테니. 네 몸뚱이는 개와 새 들이 파먹게 하리라. 네 소행을 생각하면 널 통째로 씹어 먹어도 분이 풀리질 않겠다."

헥토르가 죽어가며 저주를 퍼부었다.

"내가 네 따위 놈한테 애원하다니. 차라리 돌에게 싹을 틔우라고 명하는 게 낫겠다. 하지만 기억하라. 너 역시 신의 저주를 받아 아폴론의 화살에 맞아 죽을 날이 올 테니."

말을 마치자마자 죽음의 그늘이 헥토르를 덮쳐, 그의 영혼이 하데스궁으로 향했다. 드디어 헥토르가 불운한 인생에 마지막 이별을 고하자, 아킬레우스가 혼잣말로 중얼거렸다.

"잘 가거라. 나 역시 제우스와 모든 신들의 뜻이라면 언제든 내 운명을 달게 받겠노라."

아킬레우스가 시체에서 창을 뽑아 옆에 놓자 아카이아군들이 구름 떼처럼 몰려들었다. 헥토르의 고귀한 모습과 풍채는 참으로 놀라웠지만, 모두들 한 번씩 창으로 찌르면서 한마디씩 내뱉었다.

"오, 헥토르! 우리 함대를 노략하던 때보다 아주 얌전해졌구나!"

이윽고 아킬레우스가 전리품을 거두고 무리들을 향해 일장 연설을 했다.

"그리스의 영주와 장군 들이여, 그리고 전우들이여! 드디어 신께서 우리를 노략한 자를 무찌르도록 해주셨소. 이제 도시를 포위한 뒤 적의 전략이 어떤 것인지 알아보기로 합시다. 오, 내가 지금 무슨 생각을 하는가? 파트로클로스는 함대 옆에 누워 있는데, 내가 살아 움직이는 한 어찌 파트로클로스를 잊으리오. 죽은 사람을 잊는다는 하데스궁에 가서도 난 사랑하는 친구를 잊지 못할 것이오. 오라, 동지들이여! 소리 높여 개가를 부르며 이자를 끌고 함대로 돌아갑시다. 우리는 위대한 승리를 거두었소. 트로이아 시민들이 신처럼 떠받들던 헥토르를 베었소!"

그는 헥토르의 마지막 저주를 떠올리며, 발목을 가죽끈으로 한데 묶은 뒤 전차에다 잡아매고는 머리가 질질 끌리게 했다. 그리고 갑주를 전차에 넣은 뒤 말에 채찍질을 가했다. 말이 달리기 시작하자 시체가 끌려가며 먼지가 일어, 조금 전까지만 해도 그렇게 아름다웠던 머리가 헝클어져 엉망이 되었다. 제우스께서 헥토르로 하여금 고향 땅에서 학대받게 하신 것이다.

이 모습을 본 헥토르의 어머니는 머리를 쥐어뜯으며 얼굴에 썼던 베일을 걷어 올리고는 통곡을 했고, 온 도시는 비탄에 잠겼다. 노왕은 실성하여 다르다니아 문으로 나가려 했으며, 모든 사람들에게 절규했다.

"나를 놔두라! 시민들이 날 위함은 알지만, 내가 직접 가서 저 무

헥토르의 시신을 전차에 매달고 달리는 아킬레우스_ 프란츠 폰 마치의 작품

서운 폭한에게 애원해 보리라! 설마 그도 그들의 무리 앞에선 제 아비 같은 이 늙은이를 동정하겠지. 맞아, 펠레우스가 아킬레우스를 낳아 트로이아를 멸망시켰구나! 누구보다도 나에게 그가 몹쓸 짓을 했구나. 그 많은 자식들을 한창 꽃 같은 나이에 꺾어놓고도 모자라 내가 가장 사랑하는 헥토르까지 데려가다니. 오, 헥토르야! 네가 나를 슬픔에 젖어 죽게 만드는구나. 차라리 내 품에 안겨 죽었더라면 실컷 울기나 해볼걸."

프리아모스왕이 이렇게 울부짖으며 통곡을 하자 트로이아의 모든 시민들도 서로 소리내어 울었다.

헥토르의 어머니 헤카베가 피눈물을 뿌리며 부인들의 가슴을 뜯도록 만들었다.

"내 사랑하는 아들아, 널 그렇게 죽이고 내 어찌 살겠느냐! 이 도시의 자랑이요, 만인의 영광이었던 널 사람들은 신처럼 떠받들었지. 네 살아생전 국민의 자랑이었던 네가 그렇게 가버리다니!"

그때에 헥토르의 아내는 궁궐 깊숙한 곳에서 길쌈을 하고 있었다. 그래서 남편의 소식을 듣지 못했던 그녀는 하인에게 물을 끓이라 하여, 싸움터에서 돌아오는 헥토르가 따뜻하게 목욕할 수 있도록 했다.

그러나 성탑에서 비명 소리와 통곡 소리가 들리자, 그녀는 사지를 떨며 일어서 하녀에게 말했다.

"두 사람만 나를 따르라. 저 소리는 나의 어머님의 목소린데, 프리아모스왕의 아들에게 무슨 화가 미친 모양이구나! 심장이 튀어나오고 다리가 돌덩이 같구나. 오, 내 남편이 아킬레우스의 손에서 무사하면 좋으련만! 헥토르의 용기는 아무도 따를 자가 없었지."

안드로마케가 가슴을 치면서 미친 사람처럼 뛰쳐나가자 하녀들이 그녀의 뒤를 따랐다.

그녀는 사람들이 모인 성벽 위로 가서 남편이 아카이아 진영으로 개처럼 끌려가는 모습을 보았다. 그믐밤처럼 눈앞이 캄캄해진 그녀는 그 자리에서 쓰러졌다. 시누이며 동서 들이 빈사 상태에 빠진 그녀를 일으키느라 쩔쩔맸다.

제정신이 돌아오자 그녀는 흐느껴 울며 절규했다.

"오, 헥토르여! 우리는 같은 운명을 타고났구려. 오, 이렇게 어린 자식을 놔두고 어디로 갔단 말이오? 자식들이 가시밭길을 가도 좋단 말이오? 이방인들한테 점령당해 고독으로 울다 지치고, 복종으로 머리를 들지 못하리다. 아비 친구를 찾아 문전걸식하며 목숨을 연장한다 해도 무슨 의미가 있겠소? 아마 부모 있는 아이들은 거지라고 때리며 욕을 하겠지. '아비 없는 이놈아, 나가거라!' 그러면 자식은 울며 달려와 과부인 날 찾겠지. 고량 진미만 먹고 유모 품에 안겨 부드러운 침

헥토르의 시신이 끌려다니는 모습을 보고 실신하는 안드로마케_ 조셉 아벨의 작품

대, 따뜻하고 편안한 잠자리에 누웠건만, 이제 아비가 황천길로 가고 보니 가시밭길만이 네 앞에 놓였구나. 오, 나는 어떡한담? 당신을 위해 집안 사람들이 짜놓은 리넨 옷이 산더미처럼 쌓였건만, 무슨 소용 있으리. 당신 몸에 접할 길이 없으니, 다 쓸모 없는 것. 차라리 다 태우는 게 트로이아 시민의 눈에 면목이 서리다."

안드로마케가 이렇게 넋두리를 하며 통곡을 하자 부인들도 모두 따라 울었다.

추모 경기를 열다

　헬레스폰토스에 있는 함대로 철수한 아킬레우스는 미르미돈군을 해산시키지 않고 다음과 같이 훈시했다.

　"용감한 동지들이여, 오늘 수고가 많았소. 하지만 고삐를 놓기 전에 말과 전차를 파트로클로스의 영전에 끌고 가서 애도를 합시다. 이것이 고인에게 드릴 지당하고 마땅한 예의가 아니겠소? 애도를 마친 뒤 마구를 풀고 식사를 하도록 합시다."

　그들은 시체를 세 바퀴 돌며 통곡했는데, 눈물에 갑옷이 젖고 모래밭이 젖었다. 아킬레우스가 원수를 갚은 그 손을 죽마고우의 가슴에 올려놓으며 통곡하자 그들의 울음소리는 더욱 커졌다.

　"파트로클로스여, 고이 잠드시오. 이제야 그대와 언약했던 바를 끝냈소이다! 헥토르를 이 자리에 끌고 오고, 트로이아의 귀족 열두 명을 그대 화장터 앞에서 베리라고 했던 언약 말이오."

　아킬레우스는 헥토르의 시신에 다시 한번 폭행을 가한 뒤 파트로클

파트로클로스의 시신 앞에 헥토르를 보이는 아킬레우스_ 조제프 바르텔레미 르부트의 작품
아킬레우스는 파트로클로스의 복수를 위해 헥토르를 죽인 후, 파트로클로스의 시신 앞에 끌고 가
그의 죽음을 달랜다.

로스의 관 옆에다 뉘어놓았다. 그러고는 엄숙한 장례식을 준비시켰
다. 여러 필의 황소와 양, 염소를 잡아 고인의 주위에 피를 뿌렸다. 그
리고 송곳니가 돋친 살진 돼지를 불에 그슬렀다.

그동안 아킬레우스는 다른 장군들과 함께 아가멤논에게로 갔다. 모
두들 애통해하는 아킬레우스를 위로하는 데 진땀을 흘렸다.

아가멤논의 본영에서는 아킬레우스의 피 묻은 몸을 깨끗이 씻기 위
해 물을 끓이고 있었다. 그러나 아킬레우스는 말도 안 된다는 듯 딱
잘라 거절했다.

파트로클로스의 시신 앞의 아킬레우스_ 장 조제프 타이라송의 작품

　"아니오. 내 최대의 신인 제우스께 맹세하지만, 파트로클로스를 화
장하여 무덤을 만들기 전까지는 내 머리에 물을 대지 않겠소이다. 그
래서 내가 살아 있는 동안 이런 슬픔이 또다시 닥치지 않게 하리다.
당장은 맛없는 음식이나마 달게 받겠소이다. 하지만 내일은 아가멤논
께서 고인을 장례 치르는 데 아무 부족함이 없도록 하겠나이다. 그리
고 화장을 끝낸 뒤에는 모두들 평상시로 돌아가 자기가 맡은 일을 해
야겠지요."

　그들은 그의 말에 따라 부족함 없이 식사를 했다. 배불리 식사를 마
친 그들은 모두 쉬러 갔으나, 아킬레우스는 물보라 치는 기슭 맨땅에

파트로클로스의 영혼을 붙잡으려는 아킬레우스_
헨리 푸젤리의 작품

누운 채 신음을 삼키다가 겨우 잠이 들었다. 트로이아성을 돌며 헥토르를 추격하느라 지쳐 떨어진 그의 강건한 사지에 애통을 어루만지는 달고도 깊은 잠이 찾아왔다. 그런데 꿈속에 불쌍한 파트로클로스의 영혼이 찾아왔다.

그의 영혼은 아킬레우스의 머리맡에 서서 하소연했다.

"절세 영웅 아킬레우스 장군이여, 잠드셨습니까? 내가 살아 있을 때는 그토록 자상하시던 분이 내가 죽고 나니 바로 나를 잊으셨군요. 어서 떠도는 나를 묻어 하데스궁으로 들게 하소서. 하데스궁 넓은 문 근처에서 정처 없이 헤매는 저를 불쌍히 여기소서. 이제 떠나면 당신과 함께 의논할 날은 없으리다. 당신 또한 거대한 성 앞에서 임종할 운명이오. 내 한 가지만 더 부탁하리다. 내 유골을 당신의 유골과 떨어지게 하지 마소서. 펠레우스 님께서 나를 받아주시어 친절히 양육하시고 그대의 시종으로 삼으셨으니, 나를 그대의 지하 분묘에 함께 있게 해주소서. 그대 영광의 어머니가 주신, 손잡이가 두 개 달린 황금 단지에 유골을 함께 넣어주소서."

이에 아킬레우스가 대답했다.

 "사랑하는 그대여, 내 그대가 말한 대로 해주리다. 하지만 이리 좀
와서 손을 잡고 속 시원히 울어보세나."

 그러나 아킬레우스가 손을 뻗자 영혼은 연기처럼 떨며 사그라졌다.
아킬레우스는 상심한 채 혼잣말로 중얼거렸다.

 "역시 하데스궁에는 무엇인가 있는 게 분명해. 이승의 생명은 전혀
아니지만 영혼인지 뭔지가 있는 거야. 그러니까 불쌍한 파트로클로스
의 영혼이 찾아와 이리 부탁을 하지."

　이윽고 장밋빛 새벽의 여신이 손가락을 내밀자 아가멤논은 장례식 준비를 서둘렀다. 이도메네우스의 비복(秘僕) 메리오네스가 그 책임을 맡았는데, 그들은 이다산 기슭에서 큰 나무를 벤 뒤에 지고 내려왔다. 그리고 아킬레우스가 파트로클로스와 자기의 큰 무덤을 만들 작정으로 정해 놓은 자리에 나무를 가지런히 쌓았다.

　아킬레우스는 미르미돈군에게 일러, 무장을 하고 마구를 갖추게 했다. 모든 전사들과 마부들이 전차에 오르자 뒤로는 수천 명의 보병이 구름같이 모여들었다. 그리고 중앙에는 전우의 머리털로 덮인 파트로클로스의 시체를 아킬레우스가 머리 쪽을 받쳐 든 뒤 무덤으로 호송했다.

이윽고 화장하기 위해 쌓아놓은 장작더미에 이르자 아킬레우스는 스페르케이오스의 강에 바치기 위해 남겨두었던 금빛 머리 타래를 자른 후, 검푸른 바다를 바라보며 엄숙하게 말했다.

"오, 스페르케이오스여! 이 머리 다발을 그대에게 드릴 수가 없습니다. 아버지 펠레우스께서는 내가 고국에 무사히 돌아가면 그대에게 내 머리털을 바치고 엄숙한 제물을 당신의 제단에 올리겠다고 했었지요. 하지만 나는 고향으로 돌아갈 수 없는 운명, 따라서 무사이자 내 절친한 친구였던 파트로클로스에게 주고자 합니다."

아킬레우스는 이렇게 말하고, 머리털을 죽은 친구의 손 위에 놓았다. 그 자리에 있는 모든 사람들은 눈물을 흘리며 슬퍼했다.

해가 떠오를 때까지도 통곡이 그치지 않자 아킬레우스가 아가멤논에게 다가가 말했다.

"아가멤논이여, 총사령관이신 그대가 명령하심이 마땅하십니다. 동포들은 모두 해산시켜 식사 준비를 하게 하시지요. 그리고 고인의 절친한 사람들만 남아 이 일을 하게 합시다."

아킬레우스의 말에 아가멤논은 사람들을 해산시켰다. 장수들은 남아 사방 100피트 높이의 화장단을 쌓은 뒤 그 위에다 시체를 놓았다. 그런 다음 많은 양과 소를 잡아 가죽을 벗기고 토막을 쳐 시체 주위에 쌓아 올렸다.

그 후 관을 놓는 대에다 꿀과 기름 단지를 놓았다. 또한 소리 지르며 괴로워하는 말 네 필을 조심조심 장작더미 위에 올려놓았다. 그리고 파트로클로스가 친히 기르던 아홉 마리 개 중에서 두 마리의 목을 베어 그 옆에 놓고, 트로이아군 열두 명도 사정없이 베었다.

아킬레우스는 장작더미에 불을 붙이고는 친구의 이름을 불렀다.

"파트로클로스여, 잘 가라. 지하에서 편안히 잠들라! 보라, 나는 앞서 그대와 했던 약속을 모두 지켰도다. 그러나 헥토르는 불 맛도 못 보고 개밥이 되게 하리라!"

하지만 제우스의 딸 아프로디테가 밤이나 낮이나 헥토르의 시체를 지켰기 때문에, 개들은 얼씬도 하지 못했다. 또한 신들이 바르는 장미 기름을 발라, 질질 끌어도 몸이 상하지 않게 했다. 게다가 아폴론은 헥토르의 시체가 놓인 곳을 구름으로 둘러싸 마르는 걸 방지했다.

한편, 눈물로써 친구의 화장식을 마치고 나서 지칠 대로 지친 아킬레우스는 잠시 눈을 붙였다가 주위가 소란스러워지자 일어나 앉았다.

"아가멤논과 여러 장군들이시여, 먼저 불길이 타오르던 장작을 술로 식힌 뒤 파트로클로스의 유골을 조심조심 찾읍시다. 그를 중앙에 놓았기 때문에 찾기가 쉬울 겁니다. 유골은 기름으로 두 번 싸서 황금 단지에 넣어, 내가 하데스로 갈 때까지 놔둡시다. 그리고 분묘는 알맞게 쌓되, 나중에 내가 죽고 나면 높고 넓게 만들어도 좋겠지요."

그들은 곧 아킬레우스가 시키는 대로 했다.

마침내 그들이 일을 마치고 가려고 하자 아킬레우스는 그들을 붙들어 앉힌 뒤, 추모 경기를 열기로 했다. 그래서 함대로부터 경주용 상품을 가져오게 했다. 큰 솥과 세발솥, 말, 노새, 튼튼한 소, 여인, 잿빛 강철 등이었다.

전차 경주의 1등 상으로는 집안일에 뛰어난 여인과 손잡이가 달린 세발솥을 주기로 했다. 2등은 잘 달리고 새끼 밴 6년 된 노새를 주고, 3등은 아주 질 좋은 새 솥을 주기로 했다. 4등은 2달란트의 금 덩어리, 5등은 두 개의 손잡이가 달려 있는 냄비를 주기로 했다. 이윽고 아킬레우스가 일어나서 말했다.

"아트레우스의 아드님과 전우들이여, 전차병에게 상품을 제공하겠습니다. 누구든 전차와 말에 자신 있다고 생각하는 분들은 나오셔서 겨루시기 바랍니다."

선수들이 곧 모이기 시작했는데, 가장 먼저 지원한 사람은 유명한 기수 에우멜로스였다.

다음으로 디오메데스가 아이네이아스한테서 빼앗은 두 필의 말을 끌고 왔고 그다음엔 메넬라오스가 아가멤논의 암말 아이테와 자신의 흰 말인 포다르고스를 끌고 나왔다. 네 번째로 안틸로코스가 지원하자 네스토르는 자신의 아들에게 충고를 잊지 않았다.

"안틸로코스야, 제우스와 포세이돈께서는 네가 젊었을 때 너에게 모든 기수의 도를 가르쳐 주셨다. 그러니 새삼 이런 말을 할 필요도 없겠다. 하지만 네 말은 아주 느려 네가 애를 먹지나 않을까 걱정이다. 아무튼 얘야, 생각나는 대로 모든 기술을 짜내라. 1등이 되려면 힘보다는 기술이 있어야 해. 전문적인 기술이야말로 기수의 참된 묘리다! 기술을 아는 자는 둔마도 달리게 하니, 항상 목적지를 주시하고 먼저 고삐를 잘 다루어 말들의 자세를 갖추는 것이 우선이다. 자, 내 표적을 알려줄 테니 보거라. 저기 길모퉁이에 한 길 정도 되는 나무 그루터기가 있다. 그 나무에 흰 돌 두 개를 이편저편으로 기대어 놓았는데, 그

파트로클로스의 장례경기_ 앙투안 샤를 호레이스 베르네의 작품

주위는 땅이 평평하여 말에게는 좋다. 아마도 저 표적은 경계석 같은데, 아킬레우스가 그곳을 경주의 반환점으로 정했다. 너는 전차를 그지점에 스칠 정도로 바싹 몰고 몸을 왼편으로 한 뒤 말을 채찍질하며달리게 하라. 그렇다고 돌에 부딪혀 전차를 부수고 말까지 다치게 해서는 안 된다. 그러면 너는 수치를 당하고, 다른 사람은 재미있어 웃겠지. 어쨌든 애야, 네가 그곳에서 앞서기만 한다면 어느 누구도 너를앞지를 수 없는 것이다. 설사 아드라스토스의 신마 아리온이나 라오메돈의 유명한 혈통의 말일지라도 감히 너를 따라잡지는 못할 것이다."

　다섯 번째 기수는 메리오네스였다. 다섯 기수가 전차에 오른 후 제비를 뽑았다. 첫 번째는 안틸로코스, 두 번째는 에우멜로스, 세 번째는 메넬라오스, 네 번째는 메리오네스, 마지막엔 명망 높은 디오메데스가 되었다.

이들이 모두 한 줄로 서자 아킬레우스가 평원 멀리 반환점을 알려주었다. 그러고는 포이닉스를 심판으로 세워, 달리는 것을 감시하고 경과를 보고하게 했다. 그들은 곧 출발하여, 말에 채찍을 가하고 고삐를 가볍게 치며 맹렬히 소리를 질렀다. 함대 있는 곳을 지나 말들이 질주하자 먼지구름이 부옇게 일었다. 말들은 평원을 날았고, 전차 안에 선 마부들은 희망에 차서 가슴이 마구 뛰었다.

그러나 반환점을 돌아 바다 쪽으로 되돌아올 때에는 순서가 정해지기 시작했다. 에우멜로스의 암말이 앞장을 서고, 디오메데스의 종마가 그 뒤를 바싹 따라붙었다.

하지만 디오메데스가 에우멜로스의 전차를 거의 따라잡을 지점에 다다르자 아폴론이 그의 채찍을 찰싹 쳐서 손에서 떨어지게 했다. 디오메데스로서는 에우멜로스의 암말이 계속 잘 달리고 있는데, 자기 말은 고삐가 없어서 느리게 달리니 기가 막힐 뿐이었다.

그러나 아폴론의 속임수를 눈치챈 아테나가 얼른 채찍을 집어 디오메데스에게 건네준 뒤 말들에게 힘을 불어넣어, 선두를 앞질러 질주하도록 했다. 에우멜로스의 전차는 기우뚱하다가 마부가 바퀴 위로 굴러떨어져 팔꿈치며 입과 코를 찢기고 앞이마에 상처를 입었다. 그 뒤로는 메넬라오스가 따라왔다. 그리고 그뒤로는 안틸로코스가 자기 말들에게 채찍질을 하며 따라왔다.

"어서 달려라, 이놈들아! 디오메데스의 말들을 따르라곤 하지 않겠다. 그건 아테나가 뜻하는 바
니. 그러나 메넬라오스만은 이
겨야 한다. 암말한테 종마가 진
대서야 어디 말이 되겠니! 이놈
아, 내 분명히 말하지만 네가 이
렇게 서투른 경기를 하고 만다
면 넌 네스토르의 마구간에서는
꼴도 구경하지 못할 것이다. 아
버지가 네 모가지를 자를 테니

전차 경주 모자이크_ 스페인 국립 고고학 박물관 소장

까. 그러니 용기를 내어 달려라. 저 좁은 길에서 그들을 앞지를 테니
어서 달려라."

말들이 주인의 고함에 놀라 더욱 속력을 냈다. 마침내 좁은 길에 다
다른 안틸로코스는 바싹 대고 돌았다. 메넬라오스는 길이 움푹 패여
있자 길 한복판으로 몰았는데, 안틸로코스가 안쪽으로 밀어붙이는 게
아닌가. 메넬라오스는 깜짝 놀라 소리쳤다.

"도대체 이 무슨 얼빠진 수작이냐? 안틸로코스여, 어서 말을 세워
라! 여긴 너무나 좁아 내 전차를 부술 뿐만 아니라 둘 다 파괴되고 말
것이다."

그러나 안틸로코스가 못 들은 체하고 더욱더 빨리 몰자 메넬라오
스는 할 수 없이 천천히 몰았다. 좁은 곳에서 충돌할까 봐 겁이 났기
때문이다.

메넬라오스는 다시 화를 내며 소리쳤다.

"안틸로코스여, 그대에게 공명정대한 경기를 요구한 게 커다란 잘

못이었다. 그러나 그대 스스로 어떤 맹세를 하지 않는 한 결코 상을 타지는 못할 것이다."

그러고는 자기 말들에게 큰 소리로 외쳤다.

"자, 너희들에게는 좀 어렵겠지만 긴장을 풀지 마라. 젊은 날이 이미 지나가 버린 저 말들의 다리는 너희들보다 먼저 지쳐버릴 테니까!"

한편, 크레타의 왕 이도메네우스가 맨 먼저 그들을 알아보았다. 그는 다른 사람들과 떨어져 훨씬 높은 곳에 앉아 있었기 때문이다.

그는 일어나서 구경꾼들에게 외쳤다.

"친애하는 장군이여, 나는 말을 보았소. 그대들도 보았는지? 저기 가장 먼저 들어오는 자는 아르고스의 왕들 중의 한 분인 티데우스의 아들 디오메데스요."

이렇게 말하는 동안에 디오메데스가 말 등에 채찍을 내려치니, 말은 구름을 일으키며 바퀴 자국이 날 새도 없이 재빨리 달렸다. 비로소 디오메데스가 경기장 한가운데에 모습을 드러냈는데, 말들의 목과 가슴에서는 땀이 뚝뚝 떨어졌다.

디오메데스는 전차에서 내려 채찍을 멍에에 기대어 놓았다.

다음엔 안틸로코스가 실력으로써가 아니라 꾀로써 메넬라오스를 따돌리고 들어왔다. 사실 그 거리는 별로 차이가 없었다.

그다음에 메넬라오스가 전차와 말 사이 정도 거리를 두고 들어왔다. 만일 주로가 좀 더 길었더라면 두 사람 간의 승부를 예측할 수 없었을 것이다.

뒤이어 메리오네스가 창을 던질 거리만큼 뒤처져 들어왔다. 이는 그의 말이 제일 느릴 뿐만 아니라, 그 또한 경주에 서툴렀기 때문이다.

마지막으로 에우멜로스가 전차를 끌면서 들어왔다.

이에 아킬레우스가 자기 감정을 숨김없이 말했다.

"가장 잘하는 사람이 나중에 오는군. 그러니 우리 그에게도 알맞은 상품을 줍시다. 2등을 줍시다. 1등은 디오메데스가 타야 할 테니까."

그러자 모두들 갈채를 보냈지만, 안틸로코스가 자기 권리를 주장하고 나섰다.

"아킬레우스 장군이여, 이건 부당한 일이옵니다. 물론 에우멜로스가 뛰어나고 그가 재난을 당했다는 건 알지만, 엄연히 2등으로 들어온 건 저입니다. 그러니 만일 그가 딱해서 호의를 베풀고 싶다면 금은 그대 막사에 얼마든지 있지 않소? 아니, 더 큰 상을 언제든 주어도 좋겠지만 그 노새만은 결코 양보할 수 없습니다."

아킬레우스는 자신의 막역한 친구가 이렇게 말하자 빙그레 웃었다.

"그대 말이 옳구려. 에우멜로스 몫으로는 내가 아스테로파이오스한테서 빼앗은 청동 갑옷을 주겠소. 아마 그게 오히려 그에게는 값진 선물이 될 거요!"

그러자 메넬라오스가 매우 화가 나 분개했다.

"안틸로코스여, 그대가 이번에 나한테 어떻게 했는지 생각해 보시오. 그리 좋다고도 할 수 없는 말을 가지고 나의 진로를 막으며 내 말의 명성을 더럽혔소이다. 장군과 여러분께 청컨대, 우리 두 사람을 공평무사히 판단해 주시기를 바라오. 자, 안틸로코스여! 관례대로 그대의 전차와 말 앞에 서서 채찍을 잡고 지진의 신과 모든 신의 이름을 걸고 일부러 내 전차를 방해하지 않았다고 맹세해 보시오."

이에 총명한 안틸로코스가 다시 한번 대답했다.

"메넬라오스시여, 저를 용서하소서. 청년은 성미가 급하고 지혜가 얕습니다. 제가 탄 노새는 기꺼이 양보하겠습니다. 또한 한평생 장군의 미움을 사는 것보다 그 외의 것이라도 드리겠사오니 노여움을 푸소서."

이렇게 말하자 메넬라오스의 마음도 옥수수 이삭에 내린 이슬처럼 누그러져 말투가 부드러워졌다.

"안틸로코스여, 내 화를 기꺼이 풀겠소. 경솔한 적이 한 번도 없던 그대가 이번만은 지나쳤구려. 하지만 이 모든 고생이 나로 인해 일어난 일, 그러니 그대의 청을 들으리다. 그리고 나도 그대에게 그 노새를 선사하리다."

그런 다음 그들은 권투 시합에 들어갔다. 이 힘든 경기의 승자를 위한 상품으로는 참을성 많은 6년된 노새를 걸었다. 그리고 패배한 자를 위해서는 두 개의 손잡이가 있는 잔을 준비했다.

이윽고 아킬레우스가 일어나 말했다.

"아트레우스의 아드님과 모든 용사들이여, 권투를 할 용맹한 선수들은 모두 나오시오. 누구든 인내 있는 자가 이 노새를 자기 막사로 이끌고 갈 것이오. 지는 자에게는 두 개의 손잡이가 달린 잔을 드리겠소이다."

권투 장면이 새겨져 있는 도자기 ▶

그러자 키가 크고 훌륭한 권투 선수인 에페이오스가 나왔다. 그는 노새에다 손을 얹고 말했다.

"잔을 원하는 분은 누구든지 나오시오! 권투로는 나를 이길 자가 없으리라고 말할 수 있습니다. 자, 누구든지 살이 찢어지고 뼈가 부러질 걸 각오하고 나와 싸웁시다."

이렇게 말하자 잠시 쥐 죽은 듯한 침묵이 흘렀다.

이윽고 오로지 한 사람, 메키스테우스 왕의 아들 에우리알로스가 일어섰다. 그는 테바이의 오이디푸스 왕의 장례식에 참석했다가 카드메이아 사람들을 모두 무찌른 전력이 있는 사람이었다.

디오메데스가 에우리알로스에게 띠를 둘러주고 훌륭한 가죽 장갑을 끼워준 뒤 행운을 빌었다.

두 사람은 준비를 갖추고 링 한가운데로 들어가 맹렬히 주먹을 휘두르며 치고 빠지고 했다. 드디어 에페이오스한테 기회가 왔다. 그는 에우리알로스가 다가오는 틈을 타 턱을 한 대 갈겼고, 에우리알로스는 해초에 엉겁결에 묻어 나온 물고기가 뚝 떨어지는 것처럼 쿵 하고 쓰러졌다. 그러자 그의 동료들은 어깨가 축 늘어진 그를 부축하여 구석으로 데리고 가서 앉힌 뒤 잔을 받아왔다.

이번에는 아킬레우스가 세 번째 경기인 레슬링의 상품을 가져와, 사람들에게 보이며 말했다. 이긴 사람을 위해서는 소 열두 마리의 값에 해당하는 큰 세발솥을 준비했다. 진 사람의 상품으로는 소 네 마리의 값에 해당하는, 재색이 뛰어난 여인을 걸었다.

"이 상품을 걸고 싸우고 싶은 사람은 나오시오."

그러자 텔라몬의 아들 아이아스가 일어섰고, 이어서 경기의 모든 묘수를 아는 오디세우스가 일어났다. 두 사람은 짧은 바지를 입고 링 한가운데로 들어가 서로를 꽉 붙잡았다. 그들은 이름난 목수가 높은 집의 지붕을 바람으로부터 견디게 하기 위해 고정시켜 놓은 한 쌍의 서까래처럼 팽팽하게 서 있었다.

　그들이 서로 당길 때마다 등에서는 삐걱 소리가 났다. 얼마나 힘을 주었는지 땀방울에 피가 섞여 나왔다. 그러나 텔라몬의 아들 아이아스는 오디세우스를 쓰러뜨리지 못했고, 오디세우스 역시 상대방을 쓰러뜨리지 못했다.

　구경꾼이 지치기 시작하자 텔라몬의 아들 아이아스가 말했다.

　"불패의 오디세우스 장군이여, 나를 치시오. 아니면 내가 그대를 치리다. 그 이후에 일어나는 일은 제우스에게 맡깁시다."

　이렇게 말하고 아이아스가 오디세우스를 들어올렸지만, 오디세우스가 속지 않고 그의 무릎 뒤쪽을 쳤다. 그러자 아이아스가 무릎이 꺾이면서 자빠졌고, 오디세우스 역시 그의 가슴 위에 엎어졌다.

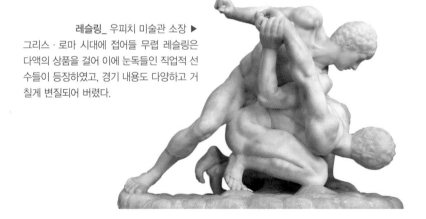

레슬링_ 우피치 미술관 소장 ▶
그리스 · 로마 시대에 접어들 무렵 레슬링은 다액의 상품을 걸어 이에 눈독들인 직업적 선수들이 등장하였고, 경기 내용도 다양하고 거칠게 변질되어 버렸다.

그리고 이번에는 오디세우스가 아이아스를 들치기로 메어치려고 했지만 잘되지 않아 무릎을 감아 걸었고, 두 사람은 함께 나동그라졌다.

그들이 얼른 일어나 다시 맞붙으려 하자 아킬레우스가 말렸다.

"이제 그만하면 됐소. 두 사람 모두에게 승리를 선언하겠소. 같은 상을 받기로 하고, 다음 순서로 들어갑시다."

그제야 두 사람은 웃으며 먼지를 털고 튜닉을 입었다.

이번에는 달리기 경주였다. 1등을 한 자에게는 세상에서 가장 아름다운 시돈산 고급 술병을 내놓았다. 이것은 파트로클로스가 리카온의 몸값으로 에우네오스한테서 받은 것이었다. 2등에게는 살진 암소, 3등에게는 반 달란트의 금을 주기로 했다.

이윽고 아킬레우스가 일어서서 말했다.

"달리기 경주에서 이 상품을 탈 사람은 나오시오."

그러자 오일레우스의 날랜 아들 아이아스와 지략이 뛰어난 오디세우스, 네스토르의 아들 안틸로코스가 일어났다. 이들이 한 줄로 서자 아킬레우스가 결승점을 가리켰다.

달리기 경주 장면의 그리스 도자기 그림

출발에서부터 아이아스가 간발의 차로 오디세우스를 앞서 나가기 시작했

는데, 이는 길쌈할 때의 베틀과 여인의 가슴 사이만큼 가까웠다.

드디어 마지막 코스에 다다르자 오디세우스가 아테나에게 조용히 축원을 올렸다.

"여신이여, 원컨대 내 다리에 그대의 착하신 힘을 더해 주셔서 승리하게 하소서."

그의 축원을 들은 아테나가 그의 팔과 다리를 가볍게 해주었고, 대신 아이아스를 살짝 건드려 미끄러지게 했다. 그래서 오디세우스가 첫 번째로 들어와 술병을 받고, 아이아스는 암소를 차지했다.

아이아스는 소를 잡고 입 속의 먼지를 퉤퉤 내뱉으며 투덜거렸다.

"제기랄! 여신이 나를 넘어뜨렸어. 여신은 마치 어머니나 되는 듯 오디세우스를 따라다니며 돕거든!"

그의 투덜거림을 들은 사람들은 박장대소했다. 마지막으로 들어온 안틸로코스가 상을 받으며 사람들에게 말했다.

"동지들이여, 여러분도 잘 아시겠지만 불사의 신께서는 연장자를 존경하나 봅니다. 아이아스 장군은 저보다 조금 위요, 오디세우스 장군은 그보다 더 윗세대인 구세대에 속합니다. 그런데도 누구든 그분을 따라잡기는 어렵지요. 아킬레우스 장군은 예외겠지만."

이렇게 안틸로코스가 아킬레우스에 대한 찬사로써 끝을 맺자 아킬레우스는 흡족해하며 말했다.

"안틸로코스여, 고맙소. 그대의 친절한 말씀을 들으니, 내 그대 상에다 반 달란트의 금을 더 보태리다."

그러고는 아킬레우스가 사르페돈의 창과 방패, 투구를 가져오게 한 뒤 입을 열었다.

"이것을 걸고 최고의 용사 두 사람을 초청하오. 무장을 하고 무구를 들고 나와서 시합을 하는 거요. 누구든 찔러 살을 건드려 피가 흐르게 하는 사람에게는 내가 아스테로파이오스에게서 빼앗은, 트라키아의 훌륭한 은칼을 주겠소. 그리고 이 무구들은 두 사람이 함께 나누어 갖도록 한 뒤 성찬을 베풀어 대접하리다."

이에 텔라몬의 아들 아이아스와 디오메데스가 응했다. 그들이 각자 무구를 챙기고 갑옷 차림으로 나오니, 모두들 찬탄을 아끼지 않았다.

두 사람은 세 차례 돌격하여 서로 세 번 찔렀는데, 아이아스는 디오메데스의 큰 방패를 꿰뚫는 데 성공했지만, 갑옷으로 인해 살에는 미치지 못했다. 이번에는 디오메데스의 창이 아이아스의 큰 방패 위로 넘어가 창끝이 목에 가 닿았다.

그러자 아이아스를 염려하는 사람들이 중지하라고 외쳐댔다. 그리하여 아킬레우스는 디오메데스에게 칼집과 끈 있는 칼을 주었다.

다음은 궁술 경기로, 아킬레우스는 열 자루의 양날 도끼와 열 자루의 외날 도끼를 상품으로 내왔다.

모래밭 멀리 이물이 검푸른 배의 돛대를 표적으로 삼은 뒤, 비둘기의 다리를 묶어 날려 보내고는 큰 소리로 말했다.

◀ 활을 쏘는 테우크로스 조각상

"저 비둘기를 맞히는 사람에게는 이 도끼를 모두 주겠소. 단, 끈을 맞힌 사람들에게는 이 외날 도끼를 주리다."

이에 테우크로스 장군과 메리오네스가 일어섰다. 테우크로스가 먼저 쏘았으나, 궁술의 신에게 1년 된 양의 제물을 올리겠다는 약속을 잊었으므로 비둘기 다리에 맨 끈만을 맞혀 끈을 땅에 떨어뜨렸다.

그러자 메리오네스가 궁술의 신 아폴론에게 1년 된 양의 제물을 올릴 것을 언약한 뒤 활시위를 잡아당겼는데, 화살이 비둘기를 정통으로 맞혀 사람들이 환호성을 질렀다. 그리하여 메리오네스는 열 자루의 양날 도끼를, 테우크로스는 외날 도끼를 함대로 가져갔다.

다음으로 아킬레우스는 쇠로 된 원반을 내온 뒤 말했다. 이것은 힘이 센 에에티온이 늘 던지던 것으로, 아킬레우스가 에에티온을 죽이고 다른 전리품과 함께 가져온 것이다.

"이 상품을 타고 싶은 사람은 일어서시오. 이긴 자는 목자든 농부든 쇠를 사러 도시에 갈 필요가 없을 것이오. 이것으로 풍부하게 쓸 수 있을 테니까."

이 경기에 도전한 자는 투사 폴리포이테스, 힘이 센 레온테우스, 텔라몬의 아들 아이아스, 에페이오스 장군이었다. 그들이 한 줄로 서자

◀ 원반 던지는 조각상
원반 던지기는 고대 올림픽 때부터 시행했는데, 중요한 것은 팔힘, 서클 안에서의 회전 속도, 마지막 왼발을 축으로 하는 점프이며, 순발력과 스피드가 요구된다.

먼저 에페이오스가 쇠 원반을 머리 위로 들어올려 몸을 돌려 던졌다.

다음에는 아레스의 후예인 레온테우스가 던졌고, 그 다음에는 텔라몬의 아들 아이아스가 던졌는데 가장 멀리 나갔다. 마지막으로 폴리포이테스가 목동이 몽둥이를 휘둘러 소의 무리 위로 날리는 것처럼 던졌는데, 누구보다도 멀리 나갔다. 사람들의 환호성을 들으며 그의 동료가 상품을 함대로 날라갔다.

마지막으로 아킬레우스는 긴 그림자가 지는 창과 소 한 마리 값이나 되는 큰 솥을 가져왔다. 그러자 아가멤논과 메리오네스가 일어섰다. 이에 아킬레우스가 말했다.

"아가멤논이시여, 누구보다도 고귀하신 왕께서 투창에서나 힘에서나 최고임은 자타가 공인하는 바외다. 원컨대, 이 상을 받으셔서 함대로 가져가소서. 그러나 괜찮으시다면 창은 메리오네스에게 주도록 합시다."

이에 아가멤논이 흔쾌히 동의해 창을 메리오네스에게 주었다.

창 던지기 ▶

창 던지기는 고대 올림픽 때부터 시작되어, 근대에는 주로 스웨덴·핀란드 등을 중심으로 발달하다가 오늘날 전 세계에 널리 보급되었다. 일정한 공간에서 도움닫기를 하여 반지름 8m인 원호 뒤에서 창을 멀리 던지는 경기로서, 도움닫기에 의해 생긴 스피드를 이용하여 밀어내듯이 던진다.

추모 경기와 고대 올림픽

아킬레우스는 무장(武將)으로 활약하며 트로이아를 공략하던 중 어릴 적부터의 친구인 파트로클로스가 전사하자 그의 혼을 위로하기 위해 추모 경기를 개최한다.

'파트로클로스 추모 경기'의 각종 운동 경기(전차 경주, 복싱, 레슬링, 달리기, 창 싸움, 원반 던지기, 활쏘기, 창 던지기)는 모두가 전투에 필요한 신체능력과 무기조작 기술을 견주는 종목이었다. 파트로클로스의 추모 경기는 이후 그리스 도시국가들이 자신들의 수호신에게 올리는 제전의 일부로 발전시켜, 고대 올림픽의 효시가 되었다.

이와 같이 추모 경기는 미케네 문명과 그리스 문명 당시의 체육 경기를 엿볼 수 있으며, 체육사적으로 중요한 의미를 가지고 있다.

오늘날과 다르게 고대의 스포츠는 외부의 위협으로부터 자신들의 안전을 지키기 위한 방어 수단의 역할을 했다. 따라서 모든 도시국가에서 스포츠는 정책적으로 권장됐고, 각 개인은 건강한 신체를 유지하고 체력 단련에 매진해야 할 의무가 있었다. 그렇기 때문에 오늘날의 스포츠가 추구하는 인간성 · 사회성 완성이라는 이상은 물론이고 재미나 즐거움 같은 것은 찾아볼 수 없다.

고대 레슬링 부조

ILIAS HOMEROS

제 14 부

헥토르의 시신을 돌려주다

    파트로클로스의 추모 경기가 끝나자 모두들 자기 함대로 돌아가 휴식에 들어갔다. 하지만 모든 것을 정복한 아킬레우스는 사랑하는 벗의 뛰어난 기개를 떠올리며 가슴 아파했다. 파트로클로스와 더불어 얼마나 많은 공적을 세웠던가! 전쟁 중 함께 견디어 낸 고난과 무서운 바다의 풍파를 얼마나 많이 극복했던가! 이런 것들이 주마등처럼 스쳐 지나가자 그는 뜨거운 눈물을 흘렸다.

    그리고 잠자리에서 뒤척거리다가, 실성한 듯이 바닷가를 거닐면서 먼동이 터오는 바다 쪽을 바라보기도 했다. 그런 다음 헥토르를 전차에 잡아매고는 세 번이나 파트로클로스의 무덤 주위를 돌았다. 이에 헥토르를 불쌍히 여긴 아폴론은 시신의 피부가 상하지 않게 방패로 쌌다.

    아킬레우스가 분함을 못 이겨 이렇게 헥토르를 학대하자 영광의 신들은 헤르메스를 보내 시체를 훔쳐내고자 했다. 그러나 헤라와 포세이돈 그리고 아테나가 이에 반대했다. 이 신들은 파리스가 중대한 잘못을 저질렀을 때부터 성스러운 트로이아와 프리아모스, 그리고 그 국민을 미워하기 시작했다. 파리스는 세 여신들이 자기 농장을 방문했을 때 파렴치한 육욕을 자기에게 허락해 준 아프로디테 여신을 찬양하느라 다른 두 여신을 모욕한 적이 있었던 것이다.

이윽고 열이틀째 새벽이 밝아오자 아폴론이 원망하듯 말했다.

"신들이시여, 참으로 무정하시군요. 헥토르가 여러분께 올렸던 제물을 생각해 보소서. 그런데도 시체마저 저토록 방치하다니! 왜 저토록 안하무인인 아킬레우스만 돕고 싶다는 것입니까? 신들이시여, 그에게서는 동정심이라곤 눈곱만치도 찾을 수가 없습니다. 그저 사자처럼 흉포하기만 합니다. 그는 영웅일지 모르지만, 영웅한테 따르는 고결함은커녕 피도 눈물도 없는 잔혹한 인간입니다. 그러한 그가 고귀한 헥토르의 생명을 빼앗아 전차에 붙들어 매곤 파트로클로스의 무덤가로 끌고 다니고 있습니다. 이는 경우에 닿지도 않는, 있을 수 없는 일이지요. 그러니 우리가 나서서 따끔하게 혼을 내주는 것이 좋으리다. 말없는 시체까지 모욕을 하다니요."

헥토르의 시신을 전차에 잡아매고 달리는 아킬레우스를 나타낸 부조

이 말에 헤라가 발끈했다.

"은궁의 신이여, 아킬레우스와 헥토르를 같은 위치에 놓는다면 그 말이 맞소. 그러나 헥토르는 보통 인간이고, 아킬레우스는 여신의 아들이오. 내 손으로 그의 어머니를 길러 신들의 은총을 받는 인간 펠레우스에게 시집을 보냈소. 그 결혼식에는 아폴론 그대도 하프를 뜯었었지. 그런데도 그대는 하찮은 무리에게만 호의를 베풀려 하는구려."

그러자 이번에는 제우스가 끼어들었다.

"헤라여, 그만두시오. 물론 두 사람은 지위가 다르지만, 헥토르는 누구보다도 신들의 총애를 받고 있소. 그는 참으로 정성을 다해 제물을 올렸지. 내 신전에는 성찬이 그친 적이 없었고, 제주와 향기 등 결례를 범한 적이 없었소. 그렇다고 아킬레우스 모르게 헥토르를 훔쳐낼 수는 없소. 그의 어머니가 파수를 보고 있으니 그건 안 되오. 누구든 테티스를 나한테 보내면 내가 권고해 보리다. 아킬레우스가 프리아모스한테서 몸값을 받고 헥토르를 돌려주도록 하게 말이오."

이 말이 떨어지자 이리스가 전갈을 가지고 테티스를 향해 번개같이 떠났다. 테티스는 만리타향 트로이아 땅에서 죽을 운명인 아들을 생각하며 매우 슬퍼하고 있었다.

이리스가 앞에 가서 말했다.

"테티스시여, 제우스께서 부르십니다."

은발의 테티스가 대답했다.

"무슨 일로 주신께서 나를 부르신단 말이오? 내 가슴이 설움으로 무너지는데, 불사의 신들 앞에 나타나는 것이 부끄럽소. 아무튼 갑시다. 제우스 님께선 헛되이 말씀하시는 분이 아니니."

이리스와 헤르메스를 보내는 제우스_ 루브르 박물관 소장
무지개의 여신 이리스와 전령의 신인 헤르메스는 제우스의 심부름꾼으로, 제우스의 명을 받아 전령 역할을 한다.

테티스가 가장 검은 숄을 걸치고 이리스를 따라 하늘로 솟구쳐 올라갔다. 거기에는 제우스와 불사의 신들이 모여 있었다. 제우스 옆에 앉아 있던 아테나가 테티스에게 자리를 내주었다. 그리고 헤라가 금잔을 주며 환영의 말을 하자, 테티스는 이를 마신 뒤 잔을 돌렸다.

이윽고 제우스가 입을 열었다.

"테티스여, 비록 슬픔에 싸여 있는데도 올림포스에 왔구려. 우리 신들은 헥토르의 시체를 두고 9일 동안이나 논쟁을 벌였소이다. 신들은 헤르메스에게 시체를 훔쳐오라고 하지만, 나는 그대가 이 일에 나서주었으면 하오. 그대는 막사로 가서 아들에게 신들이 노했다고 말하시오. 누구보다도 내가 화를 내더라고 이르시오. 아마도 그는 나를 두려워하여 헥토르를 내줄 것이오. 그럼 나는 이리스를 프리아모스

올림포스_ 샤를 아메데 필립 반 루의 작품

올림포스는 그리스 12신이 모이는 하늘 궁전인데, 12신 이외에 여러 신들이 회의에 참석하기도 한다. 테티스는 헥토르의 시신 문제로 올림포스에 올라 제우스의 명을 받아들인다.

왕에게 보내어, 아카이아 막사를 방문해 충분한 보화로 아들의 몸값을 치르게 하겠소.”

제우스의 뜻에 따라 아들의 막사로 달려간 테티스는 오열에 잠긴 아들을 발견했다. 막사에서는 털이 많은 양을 잡고 있는 중이었다.

테티스는 아들의 머리를 쓰다듬으며 일렀다.

“애야, 언제까지 슬픔과 한탄 속에 가슴을 쥐어뜯을 작정이냐? 이렇게 식사도 잠도 다 잊고 있으니. 널 사랑하는 어미를 봐서라도 그만하거라. 무서운 죽음의 운명이 너한테 임하고 있으니, 이제 그만 내 말 좀 들어라. 신들께서 너 때문에 노하셨단다. 네가 격정에 사로잡혀 헥토르를 잡고 내놓지 않는다고 누구보다도 제우스께서 화를 내셨단다. 자, 그러니 몸값을 받고 내주자.”

이에 아킬레우스가 대답했다.

“올림포스 주신께서 친히 분부하시는 거라면, 몸값을 치르고 시체를 가져가라고 하십시오.”

어머니와 아들은 한참 동안이나 가슴을 터놓고 이야기를 주고받았다.

그동안 제우스는 이리스를 트로이아로 보냈다.

“이리스여, 속히 트로이아로 가서 프리아모스왕에게 ‘아카이아 막사로 보화를 충분히 가져가 아들의 시체를 찾으라’고 하라. 시종으로 노인 한 사람만 데리고 가라고 하라. 내가 헤르메스를 보내 호위할 테니 두려워하지 말고, 일단 아킬레우스 막사로 들어가면 그도 해치지는 못할 것이다. 아킬레우스도 불손하지는 않으니까. 그는 애원하는 사람을 아끼는 가장 양심 있는 사람이다.”

프리아모스를 방문한 이리스_ 펠리체 지아니의 작품
이리스는 프리아모스왕을 방문하여 헥토르의 시신을 찾을 것을 말하고, 그것이 제우스의 뜻이라고
귀띔하여 용기를 불어넣는다.

    질풍같이 날랜 발을 가진 이리스는 프리아모스궁으로 향했다. 프
리아모스 노왕은 더럽혀진 얼굴로 조각상처럼 앉아 있었고, 아들들
은 주위에 둘러앉아 눈물로 옷깃을 적시고 있었다. 그리고 그의 딸들
과 며느리들은 적의 손에 죽은 남편들과 용사들을 생각하며 흐느껴
울고 있었다.

    이리스는 오열을 삼키는 프리아모스왕에게 가만히 속삭였다.

    "프리아모스왕이시여, 겁내지 마시오. 불길한 소식을 가져온 게 아
니니까. 제우스께서는 지금 그대를 걱정하시고 계시오. 그래서 그대
에게 헥토르 왕자의 몸값을 치르라 하시오. 아킬레우스의 마음에 흡
족하도록 충분한 보화를 가지고 혼자 아킬레우스의 막사로 가시오.

어느 누구도 동반하지 마시고, 늙은 시종한테 노새를 몰게 하여 헥토르의 시체를 싣고 오시오. 조금도 죽음을 두려워할 필요는 없소. 제우스께서는 헤르메스를 보낸다고 하셨소. 헤르메스가 아킬레우스한테로 안내하면, 아킬레우스든 그 누구든 당신을 해치지는 못할 것이오. 아킬레우스 역시 무모하거나 불손하지는 않소. 애원하는 사람을 아낄 양심은 있을 것이오."

이렇게 말하고 이리스가 사라지자 노왕은 곧 아들들에게 명령하여 노새 마차를 준비시켰다. 그리고 그 위에 상자를 놓은 다음 보물창고에 들어가며 아내 헤카베에게 말했다.

"여보, 지금 제우스께서 보낸 올림포스의 전령이 와서 말하기를, 내게 아카이아 막사로 가서 우리 아들의 몸값을 치르라는 거요. 보화를 충분히 싣고 가서 아킬레우스를 달래면 가능하다고 했소. 그래서 갈 참인데, 부인 생각은 어떻소?"

헤카베가 비명을 지르며 소리쳤다.

"도대체 무슨 말씀을 하시는 거예요? 가장 뛰어난 판단력을 가져 명성이 이웃 나라에까지 자자하시던 분이 어떻게 혼자서 불구대천의 원수를 만날 생각을 하시는 거예요. 당신의 자식들을 숱하게 죽인 천인공노할 무뢰한을 만나려 하시다니! 그는 신의라곤 눈곱만큼도 없는 식인종이에요. 절대로 가시면 안 돼요. 안 되고말고요. 우리 그냥 집에 앉아서 슬퍼합시다. 내 무슨 팔자가 기구해서 이런 일을 겪는단 말인가. 그놈의 간을 질겅질겅 씹어 먹어도 시원찮으련만! 그래서 복수할 수만 있다면. 그 아이는 참으로 꿋꿋한 아이였는데."

프리아모스왕이 고집을 부렸다.

"내 갈 테니 말리지 마시오. 당신만은 나를 설득하려 하지 말고, 내 편이 되어주시오. 단순히 사제나 예언자가 권했다면 터무니없는 말이라 여기고 단념했을 거요. 하지만 이번엔 내 귀로 직접 신의 음성을 들었단 말이오. 그러니 내가 아카이아 막사에서 사랑하는 아들을 품에 안을 수만 있다면 그 자리에서 죽어도 소원이 없겠소."

그는 보물창고를 열어 열두 벌의 아름다운 의상과 열두 벌의 외투, 그리고 그 수와 같은 시트와 흰 망토, 튜닉을 꺼냈다. 또한 그는 10달란트 금을 꺼내고, 번쩍이는 세발솥 두 개, 큰 솥 네 개, 트라키아 사절이 선사한 아름다운 잔을 꺼냈다. 모두 가문의 보배였으나 노왕은 하나도 아깝지 않았다. 얼마나 아들의 시신을 찾아오고 싶었던가!

프리아모스왕은 말리는 사람들이 귀찮아 사정없이 꾸짖었다.

"꼴도 보기 싫으니 나가라. 여기까지 와서 왜 귀찮게 하느냐? 제우스께서 내 금쪽같은 자식을 빼앗아 갔는데, 이게 다 무슨 소용이란 말인가. 아, 도시가 쑥대밭이 되기 전에 황천길이나 떠나면 얼마나 좋을까!"

그리고는 다시 아들들, 즉 헬레노스, 파리스, 아가톤, 팜몬, 안티포노스, 폴리테스, 데이포보스, 힙포토오스와 디오스를 향해 소리쳤다.

◀ 프리아모스
트로이아 최후의 왕으로 헥토르·파리스 등의 아버지. 장남 헥토르와 아킬레우스의 결전 결과 죽음을 눈앞에 보는 슬픔, 또는 헥토르 유해의 인도를 아킬레우스에게 탄원하는 등의 비극은 《일리아스》 속에 생생히 묘사되어 있다. 트로이아 함락 후 아킬레우스의 아들인 네오프톨레모스에게 살해되었다.

"이 몹쓸 놈들아! 썩 꺼져 버리거라. 네놈들이 헥토르 대신 죽었으면 좋았을걸! 참 나는 불행도 하지! 뛰어난 자식은 죽고 비열한 패거리들만 남았구나. 신과도 견줄 만한 메스토르며, 유명한 전차의 투사 트로일로스, 그리고 신의 아들 같았던 헥토르가 모두 전사하다니. 그리고 불량배, 춤의 선수들로 무도장에서만 호걸이요, 제 나라 사람들의 양과 염소를 약탈하는 놈들만 남아 눈에 얼씬거리고! 이놈들, 이거나 모두 실어라. 길을 떠나야겠다."

왕자들은 아버지의 청천벽력에 모두 놀라 서둘렀다. 훌륭한 새 노새 마차를 갖다가 상자를 매달고, 헥토르의 몸값으로 가져갈 보화를 날라 마차 위에 쌓았다. 이어 그들은 발이 튼튼한 한 쌍의 노새에 멍에를 매었는데, 이것은 미시아 사람들이 프리아모스왕에게 보낸 선물이었다.

프리아모스왕과 시종이 이런 준비를 하고 있을 때, 수심에 잠긴 헤카베가 왔다. 떠나기 전에 그들에게 술을 바치는 의식을 치르기 위해서였다.

"이것을 들어 제우스 아버지께 술을 붓고 적진에서 무사히 돌아오기를 비소서. 오른편으로 그 날랜 전령의 새를 청하소서.

헤카베 ▶
트로이아의 마지막 왕비로. 남편 프리아모스와의 사이에서 많은 자녀를 두었다. 그리스 신화에 따르면 그녀는 트로이아 함락으로 남편과 아들들이 목숨을 잃고 딸들이 희생제물이나 노예가 되는 것을 지켜봐야했다. 이 때문에 서양 문화권에서 헤카베는 비극적인 어머니 상으로 자주 묘사된다.

그분이 가장 아끼시는 새 말이에요. 만일 전능하신 제우스께서 그 전령을 보내지 않으신다면, 전 당신이 아무리 원하실지라도 가시는 것에 찬성할 수 없습니다."

프리아모스왕이 대답했다.

"그대의 말에 따르겠소. 제우스께 공손히 은총을 구하는 것은 좋은 일이오."

노왕은 손을 깨끗이 닦고 아내에게서 잔을 받아 술을 땅에 뿌린 다음, 하늘을 보고 축원을 올렸다.

"오, 이다산에 군림하시는 우리의 아버지시여! 아킬레우스가 저에게 친절과 동정을 보이도록 허락하소서. 그리고 당신의 전령 신으로 하여금 어느 새보다도 가장 아끼시는 새를 오른편으로 보내 주소서. 그래서 제가 아카이아로 마음 놓고 갈 수 있도록 하소서."

이렇게 프리아모스왕이 빌자 전능하신 제우스께서 가장 실수 없는 검은 독수리를 보내 주었다. 그 새의 날개폭은 부잣집 누각의 빗장 대문만큼이나 넓었다. 이 독수리가 도시 위 오른쪽으로 날아가는 것을 보고 모두들 기뻐하며 마음이 누그러졌다.

노왕은 급히 마차에 올라, 마부 이다이오스와 함께 주랑을 지나 앞문으로 말을 달렸다. 노왕이 재빨리 한길을 지나가자 가족들은 모두 황천길이나 떠나는 듯이 흐느끼며 뒤따랐다.

이들이 평원에 나타나자 제우스는 노왕을 불쌍히 여겨, 아들 헤르메스에게 말했다.

"헤르메스여, 인간과 친해지고 싶어하는 네가 프리아모스를 아카이아 막사로 인도하라. 그리고 아킬레우스한테 가기 전에는 아무도 보거나 눈치채지 못하게 하라."

헤르메스는 몹시 좋아하며, 빛나는 황금 투구를 신고 마술 지팡이를 들었다. 그리고 나서 헬레스폰토스와 트로이아 땅까지 날아갔다. 거기서부터 그는 이제 막 수염이 나기 시작한 가장 매력적인 젊은 왕자로 변신했다.

한편, 노왕의 일행은 일로스의 큰 무덤을 지나 강가에 멈춰, 말에게 물을 먹이고 있었다. 헤르메스가 가까이 다가오는 것을 본 시종이 프리아모스왕에게 주의를 주었다.

"사람을 조심하십시오, 전하. 저자가 우리를 삽시간에 망쳐놓을 것 같으니, 마차를 타고 달아나시지요. 아니면 그의 무릎을 잡고 살려 달라고 비시든가요."

이 말에 노왕이 얼이 빠져 서 있는데, 헤르메스가 다가와서 노왕의 손을 잡았다.

"노왕이여, 사람들이 모두 잠든 밤 어디로 가십니까? 비분강개를 일삼는 아카이아군들이 두렵지 않습니까? 이렇게 깜깜한 밤에 이런 물건을 가져가다가 들키기라도 한다면 어떻게 하시겠소?

전령의 신 헤르메스의 두상 ▶
헤르메스는 트로이아 전쟁에 중립적인 입장이지만 주신 제우스로부터 명을 받아 때론 트로이아 편을 들기도 하는데, 프리아모스왕에게 변신을 하고 나타나 용기를 북돋아 준다.

보아하니 연세도 많으신 것 같은데. 그러나 저는 조금도 그대에게 폐를 끼치지는 않겠습니다. 그대를 뵈오니 아버지 생각이 나서 보호해 드리지요."

노왕이 대답했다.

"여보시오, 젊은이. 그대와 같은 길손을 보내 주시는 것을 보니, 아직 신께서 절 버리지는 않으셨나 봅니다. 그대의 수려한 풍채를 보건대, 착하신 분이신 것 같고, 분명히 명문가의 후예이신 것 같소이다."

"노인이시여, 참 잘 보셨습니다. 이제 제게 솔직히 말씀해 주시지요. 노인께서는 이 귀중한 물건들을 어디로 옮기는 중이십니까? 혹시 그 위대한 영웅이 죽었기 때문에 트로이아의 멸망을 두려워하십니까? 천하의 고귀한 명장인 그대의 아드님, 그분이야말로 용사 중의 용사였는데!"

"도대체 그대는 뉘십니까? 어떻게 내 불운한 자식의 최후를 아시오?"

"노인이시여, 저도 그 영광의 벌판에서 그대의 자제를 보았습니다. 그뿐입니까? 아카이아군을 함대로 몰아쳐 파괴할 때에도 그저 서서 감탄하며 보았답니다. 저는 아킬레우스의 비복(秘僕)으로, 아킬레우스가 아가멤논에게 원한을 품고 싸우지 못하게 했지요. 저의 아버지는 폴릭토르이며, 저는 칠 형제 중 막내입니다. 칠 형제가 제비를 뽑았는데, 제가 뽑혀 출정했지요. 아마 내일은 다시 아카이아군이 도성 공격전을 시작할 것입니다. 병사들이 가만히 앉아 있는 것에 싫증을 내는지라 이젠 장군들도 그들을 잡아둘 수가 없답니다."

"그대가 진정 아킬레우스의 비복이라면, 모든 것을 사실대로 말해 주시오. 내 아들이 아직도 함대에 있소? 아니면 벌써 개밥을 만들었소?"

"노인이시여, 물론 그분은 아킬레우스 함대 옆 막사에 그대로 누워 있습니다. 열이틀이나 거기 놓여 있는데도 살이 상하지도 않고, 벌레 하나 덤비지도 않았습니다. 아킬레우스가 새벽마다 무지막지하게도 자기 친구의 무덤가로 끌고 돌아다닌 것은 사실입니다만, 그래도 상하지는 않았습니다. 만일 가서서 보게 된다면, 마치 이슬처럼 깨끗이 피가 씻기어 조금도 헌 데가 없음을 직접 확인하시게 될 겁니다. 찔린 데는 많았는데 상처가 모두 아물었지요. 죽어서도 신들이 얼마나 아드님을 사랑하는지, 모두 아드님이 신에게 정성을 다한 덕이지요."

이 말에 노왕은 환하게 웃었다.

"젊은이, 정말 내 죽은 아들은 올림포스에 계신 신들을 잊은 적이 없었소. 그러니까 모두들 잊지 못하시는 것이겠지요. 원컨대, 내 정성이니 이 어여쁜 잔을 받고 나를 보호해 주시오. 나를 아킬레우스의 막사까지 인도해 주시오."

"노인이시여, 아킬레우스의 배후에서 선물을 받으라 하시면 저는 따를 수가 없습니다. 그분을 속인다는 것은 충심으로 부끄러운 일일 뿐만 아니라, 혹시 그걸로 인해 불상사가 생길지도 모르기 때문이지요. 하지만 제가 정성껏 그곳까지 인도하겠습니다. 아무도 감히 그대를 무시하거나 공격하지는 못할 겁니다."

말을 마친 뒤 헤르메스가 마차에 뛰어올라 말들과 노새들에게 힘을 불어넣었다.

그들이 아카이아 진영에 도착했을 때, 파수꾼들은 식사하느라 분주했다. 하지만 헤르메스는 이들을 모두 잠재운뒤, 비로소 프리아모스 왕에게 사실을 말했다.

"왕이시여, 저는 불사의 신 헤르메스입니다. 아버지께서 그대를 인도하라고 저를 보내셨습니다. 그러니 이제 혼자 들어가시어, 아킬레우스의 무릎을 잡고 그의 양친과 자식의 이름을 빌려 그의 마음을 움직여 보시지요."

헤르메스가 올림포스로 돌아가자 프리아모스는 막사로 들어가고, 이다이오스는 그 자리에 남아 말과 노새를 지켰다. 아킬레우스는 마침 아우토메돈과 알카모스의 시중을 받고 있었다. 프리아모스는 아킬레우스에게 가까이 다가가 무릎을 잡고, 그 많은 자기 자식을 죽인 살상의 손에 입을 맞추었다. 그제야 프리아모스왕을 알아본 아킬레우스는 깜짝 놀라 어리둥절한 표정을 지었다.

그러나 프리아모스왕은 아랑곳하지 않고 아킬레우스에게 간청했다.

"가장 고귀하신 아킬레우스 장군이여, 장군의 춘부장도 나처럼 인생의 종말에 다다랐음을 기억하소서. 진실로 그분께서도 그대가 아직 생존해 있다는 소리를 들으면 충심으로 기뻐하시겠지요. 그러나 나처럼 불행한 늙은이가 어디 있겠소? 최고의 자식들을 전투에서 잃었으니 말입니다. 그중 우리의 방파제였던 그 자식이 지난번 그대의 손에 쓰러졌소. 헥토르, 그놈이오. 그놈 때문에 내 감히 이곳까지 왔소이다. 몸값은 얼마든지 줄 테니 아킬레우스 장군이여, 아들을 돌려주소서. 게다가 나는 더욱더 동정을 받아야 할 몸, 내 자식을 죽인 자의 손에 입술을 대는 일까지도 하고 있습니다."

아킬레우스 앞에서 무릎을 꿇고 손에 입을 맞추는 프리아모스_ 테오발 샤르트랑의 작품

아킬레우스 앞에 무릎꿇은 프리아모스_ 알렉산드르 안드레예비치 이바노프의 작품

　그가 말을 마친 뒤 아킬레우스의 손을 들어올려 입술에 갖다 댔다. 그러자 아킬레우스의 가슴은 아버지의 생각으로 몹시 괴롭고 쓰라렸다. 두 사람은 각기 죽은 사람들을 생각하며 울었다. 한 사람은 아킬레우스의 발 앞에 엎드려 헥토르를 생각하며 울고, 또 한 사람은 자기 아버지와 파트로클로스를 생각하며 울었다.

　이윽고 아킬레우스가 노인의 손을 잡고 일으키며 허심탄회하게 말했다.

"오, 가여운 어른이여! 어떻게 혼자 이곳까지 왔나이까? 어떻게 그대의 고귀한 자제들을 모두 죽인 이 사람을 감히 두 눈으로 보시나이까? 어서 자리에 앉으소서. 잠시 우리의 슬픔은 가슴속 깊숙이 묻어 둡시다. 이는 신들이 가련한 인간에게 지워 주는 운명의 거미줄이지요. 제우스의 궁전 안에는 두 개의 선물 항아리가 있는데, 하나는 좋은 물건이 들어 있고 다른 하나는 나쁜 것이 들어 있답니다. 천둥 신은 이것을 뒤섞어 인간에게 주었지요. 바로 나의 아버지, 펠레우스도 그렇습니다. 신들은 그분에게 날 때부터 영광된 선물을 주셨으므로 재화나 부에서는 부족할 게 없었지요. 미르미돈 전역에 걸친 군주요, 비록 인간의 몸일망정 여신을 아내로 모셨습니다. 그러나 신은 그분에게 또한 화를 내리셨지요. 외아들인 나는 그분보다 앞서 죽을 운명이랍니다. 더욱이 연로하신데도 아들인 나는 봉양 한번 못 했습니다. 나는 이곳에 머물며 그대를 괴롭혔고, 자제들을 무찔렀습니다. 듣자 하니 한때 대왕께서도 해상으로는 마카르의 영지 레스보스까지, 육지로는 프리기아까지 다스리며 부와 자제를 지닌 지상의 권위자였다지요. 그러나 하늘의 신들이 그대에게 이러한 참화를 내려 전쟁과 죽음만 남았구려. 대왕이여, 부디 상심치 마시오. 아들의 죽음을 슬퍼한들 무슨 소용이 있으리오. 죽은 자식을 살릴 길은 없나이다."

이에 프리아모스가 말했다.

"고매한 장군이여, 나에게 앉으라 하지 마소서. 내 자식 헥토르는 여기 버려져 있는데, 어서 그를 보고 싶습니다. 그리고 내가 가져온 많은 보화를 몸값으로 받으소서. 그대가 먼저 나를 용서했으니, 그것을 기꺼이 받으시고 무사히 귀국하소서."

상념에 잠긴 아킬레우스_ 프랑수아 레옹 베누빌의 작품

아킬레우스가 얼굴을 찡그리며 말했다.

"노왕이시여, 헥토르는 내 자진하여 내놓을 생각입니다. 제우스께서 내 어머니 편으로 전갈을 보내셨습니다. 또한 어느 신께서 그대를 이곳까지 인도했는지 잘 압니다. 그러니 설움에 싸인 내 성미를 더 이상 돋우지 마소서. 아니면 나는 비록 애원하는 자일망정 그대 역시 살려 두지는 못하리. 이는 제우스의 분부를 거역하는 죄가 되겠지요."

아킬레우스의 말에 노왕은 겁이 나서 아무 말도 하지 못했다. 아킬레우스가 사자처럼 펄쩍 뛰어 일어나자 아우토메돈과 알키모스가 그 뒤를 따랐다. 그들은 말들과 노새들을 마구에서 풀고, 프리아모스의 시종을 데리고 들어가 자리를 권했다.

그런 다음 아킬레우스는 하녀를 불러, 시체를 씻고 기름을 바르도록 일렀다. 프리아모스에게 그의 아들을 보이고 싶지 않아 몰래 시체를 옮겼다. 만일 노왕이 아들을 보기라도 하면 노여움을 억누르지 못할 것이고, 그럼 자기가 왕을 살해하여 제우스의 분부를 거역하는 죄를 저지를까 두려웠던 것이다.

하녀들은 시체를 씻고 기름을 바른 다음 튜닉과 망토를 입혔다. 그러자 아킬레우스는 손수 그를 들어 관대에다 놓은 후, 죽은 벗의 이름을 소리 높여 불렀다.

"파트로클로스여, 헥토르를 그의 아버지에게 돌려주었다고 화내지 마라. 충분한 몸값을 받았고, 또한 그대에게도 적절한 대가를 치르리라."

아킬레우스는 막사로 돌아가 프리아모스에게 말했다.

"그대의 아들은 원하시는 대로 이제 관대에 누워 있나이다. 해가 뜰 무렵 귀로에 올라 상면하도록 하시고, 지금은 만찬을 들도록 하시지요. 아름다운 니오베조차도 열두 명의 자식을 집에서 잃고도 식사를 잊지 않았습니다. 6남 6녀였는데, 아들은 아폴론이 은활을 쏘았고, 딸은 아르테미스가 쏘았지요. 니오베한테 둘밖에 낳지 못했다는 소리를 들은 이들이 화가 나 모두 살해한 겁니다. 시체는 9일 동안 피에 젖은 채로 있었지만, 제우스께서 사람들을 돌로 만들어 결국 10일째 되는 날 하늘의 신들이 그들을 묻었습니다. 하지만 니오베는 눈물을 흘리기에 지쳤어도 먹을 생각은 했습니다.

자, 그러니 존경하는 노왕이시여, 우리 함께 식사나 하십시다.

니오베 ▶

그리스 신화에 나오는, 테바이의 왕 암피온의 아내이다. 세상에 남부러울 것이 없는 테바이의 왕비 니오베는 7명의 아들과 7명의 딸이 있는 자신이 남매만 낳은 레토 여신보다 더 훌륭하다고 자랑한다. 이에 화가 난 레토 여신은 니오베의 자식들을 아폴론과 아르테미스를 통해 모두 죽게 한다.

그다음에는 아들을 일리오스로 운구하여 우시든지 마음대로 하십시오. 그는 슬퍼할 만한 아들이었지요!"

이렇게 말하고 아킬레우스는 부하들로 하여금 식사 준비를 시켰다. 갈증과 허기가 채워지자 프리아모스는 아킬레우스의 그 늠름한 풍채와 체격에 감탄했다. 정말로 어느 신이 하늘에서 내려온 듯했다. 아킬레우스 또한 프리아모스의 고상한 용모와 언변에 반했다. 한동안 서로 바라보다가 프리아모스가 입을 열었다.

"장군, 이제 잠 좀 자게 해주소서. 그대 손에 아들을 잃고 난 뒤로 눈 한 번 감아본 적이 없습니다. 하지만 이제 음식도 입에 대보았고, 술로 목을 축였으니 말이오."

아킬레우스가 곧 현관에 침구를 갖추도록 하인에게 이르자, 화려한 자색 모포며 침구를 깔고 입을 털옷도 가져왔다. 하녀들이 불을 밝혀 침대 둘을 마련하자 아킬레우스가 무뚝뚝한 어조로 말했다.

"대왕이시여, 문밖에서 주무셔야겠습니다. 아카이아 고문이 늘 찾아와서 회의를 한답니다. 만일 그 사람 눈에 띄기라도 한다면, 곧 아가멤논의 귀에 들어가 시체 인도가 연기될 수도 있습니다. 그리고 헥토르의 엄숙한 장례를 치르려면 며칠이나 걸리는지요? 그동안은 싸움을 삼가겠습니다."

"그렇게 말씀해 주시니 참으로 고맙습니다. 아시는 바와 같이, 산에서 나무를 베어 오는 것만 해도 거리가 멀어 시간이 걸리고, 사람들은 매우 겁을 냅니다. 지금 계획으로는 10일째에 장례식을 치르고, 11일째는 무덤을 만들겠으니, 12일째부터 전투를 재개하시는 것이 어떨는지요?"

이에 아킬레우스가 대답했다.

"노왕이시여, 그대로 하소서. 말씀대로 그동안은 전투를 보류하겠습니다."

아킬레우스는 노왕의 손을 잡아 안심시킨 다음 현관으로 안내했다. 그리고는 막사 구석에서 사랑스러운 브리세이스 옆에 누웠다.

만물이 깊은 단잠에 든 밤이 깊어지자 헤르메스는 프리아모스왕을 빼내려고 궁리했다. 결국 헤르메스는 노왕에게 다가가 속삭였다.

"노왕이시여, 이렇게 적의 수중에서 잠이 들다니! 장차 일을 생각하시오. 만일 아가멤논이나 다른 사람의 눈에 띈다면, 살아 있는 당신이 돌아가기 위해서는 그대 아들의 세 곱절이나 되는 몸값을 치러야 할 것이오."

이에 노왕은 얼른 시종을 깨웠다. 그리고 헤르메스가 인도하는 대로 헥토르의 시신을 가지고 아무도 모르게 막사를 빠져나갔다. 크산토스의 얕은 물에 다다르자 헤르메스는 그들을 남겨두고 올림포스로 돌아갔다.

새벽의 여신이 비단옷으로 지상을 덮을 무렵, 이들은 도성으로 들어갔다. 가장 먼저 아프로디테와도 같은 카산드라가 그들을 보았다. 그녀는 성 위에 올라가 있으면서 아버지가 오는지 살펴보고 있었던 것이다.

그녀는 소리 높이 통곡하면서, 도성의 모든 사람들에게 호소했다.

"자, 트로이아의 선남선녀들이여, 헥토르를 보라! 일찍이 온 나라의 자랑이었던 그가 오도다! 만일 전선에서 돌아오는 그를 환영한 적이 있다면 모두들 나오라!"

헥토르의 죽음을 슬퍼하는 안드로마케와 트로이아 사람들_ 하인리히 프리드리히 퓌거의 작품

트로이아 시민들의 가슴에 슬픔의 불길이 용솟음쳤다. 그들은 한 사람도 빠짐없이 뛰쳐나와 그들을 맞았다. 먼저 헥토르의 아내와 어머니가 머리를 쥐어뜯으며 마차로 달려와, 머리를 껴안고 통곡했다.

이윽고 노왕이 마차에서 소리쳤다.

"길을 비켜라. 집에 가서 마음껏 울어라."

그제야 사람들이 길을 터주어 마차가 지나갈 수 있었다.

헥토르의 시체를 궁전으로 옮겨 훌륭한 관 위에 올려놓자, 조상객들이 옆에 서서 조가를 불렀다. 이에 여인들의 곡성이 합창을 이루었다. 안드로마케가 투사의 목을 끌어안고 원망하며 통곡했다.

"여보, 참으로 당신이 야속하구려. 나를 과부로 만들고, 갓난 외아들을 버려두다니. 이제 우리의 성도 쑥대밭이 되겠지요! 우리의 방파제였던 당신이 가고 말았으니 말입니다. 이제 머잖아 우린 굴욕적인 고역이 기다리는 곳으로 끌려가겠지요. 아니면 누군가가 우리 아들을 죽일지도 모르겠지요. 아마도 당신이 죽인 사람의 형제나 아비, 자식이 복수로 말입니다. 당신의 손에 쓰러진 자도 많았으니까요. 여보, 당신은 부모님께도 못 할 짓을 하셨습니다. 하지만 어느 누구보다도 나에게 잘못하셨지요. 당신은 이렇게 우는 날 몰라보고, 자나 깨나 잊지 못할 달콤한 말 한마디조차 해주지 못하시니 말입니다."

그녀의 절규에 부인들이 함께 통곡했다. 이에 헤카베가 아들을 어루만지며 슬퍼했다.

"내 가장 사랑하는 아들아, 눈에 넣어도 아프지 않을 자식아! 너는 죽어서까지 신들의 사랑을 받는구나. 아킬레우스의 창에 쓰러졌건만 너는 이렇게 아침 이슬처럼 깨끗하게 누워 있구나. 마치 아폴론이 화살로 가벼이 찌른 것처럼!"

이번에는 헬레네가 슬퍼했다.

"헥토르시여, 시아주버니 중에서 가장 존경하옵던 분이시여! 고향을 떠나 이 고장에 온 지 이미 스무 해가 되었지만, 당신에게서 고까운 말이나 불쾌한 음성을 일찍이 들어보지 못했습니다. 혹 누군가가 나를 꾸짖으면 당신은 항상 온화한 말씀으로 말리셨지요. 불행한 이 몸을 유독 친절하게 대해 주시던 분이셨기에 저의 슬픔은 더욱 크답니다."

헥토르의 죽음을 슬퍼하는 어머니 헤카베와 누이 폴릭세네_ 메리 조제프 블롱델의 작품

헬레네가 이렇게 통곡하니, 시민들이 모두 눈물을 그칠 줄을 몰랐다. 이윽고 프리아모스 노왕이 입을 열었다.

"자, 트로이아 시민들이여! 적의 복병이 있을까 걱정하지 말고 장작을 날라 오라. 아킬레우스 장군이 12일째 동이 틀 때까지는 해를 끼치지 않겠다고 약속했도다."

그러자 사람들은 9일 동안 장작을 쌓은 뒤, 10일째가 되던 날 헥토르의 시신을 장작더미 위에 올려놓고 불을 질렀다. 다음 날 새벽의 여신이 장밋빛 손길을 뻗치자 시민들은 헥토르의 화장터로 모여들었다. 형제들과 전우들은 눈물을 흘리며, 사그라지는 불길을 술로 끄면서 유골을 모아 황금 상자에 넣었다. 그런 다음 고운 자색 비단으로 싸서 구덩이에 넣은 뒤 그 위에 큰 돌을 세웠다. 그리고 곧 무덤을 쌓아 올렸다.

만일 아카이아군이 약속했던 날보다 앞서 공격할 경우를 대비하여 망을 보는 병사들도 배치했다. 마침내 무덤이 완성되자 그들은 성으로 돌아가, 프리아모스 궁전에서 거대한 추모 연회를 열었다. 이처럼 그들은 슬픔과 장엄함 속에서 헥토르의 장례식을 치렀다.

진정한 영웅 헥토르

헥토르는 트로이아왕 프리아모스와 헤카베 사이에서 태어난 아들로 파리스, 데이포보스, 헬레노스, 카산드라 등과 동기간이다. 테바이 왕 에에티온의 딸 안드로마케와 결혼하여 아들 아스티아낙스를 낳았다.

헥토르는 아킬레우스의 라이벌이자 트로이아군의 정신적인 맹장이었다. 그는 전쟁이 9년간이나 교착 상태에 빠지자 그리스 장수와 파리스를 대결시켜 승자가 헬레네를 가져가도록 제안하여 군사들의 목숨을 살리고자 하였다.

또한 아킬레우스와의 싸움에서 질 것이 분명함에도 물러서지 않고 성 밖에 남아 전쟁의 끝을 맺으려 했다.

인간적으로 따뜻했던 헥토르가 나라에 충성하고 군사들을 아끼는 모습은 오로지 힘과 지략이 넘치는 전쟁터에서 진정한 영웅의 면모를 보여준다 하겠다.

그에 반해 아킬레우스는 트로이아 전쟁에서 가장 뛰어난 맹장이지만 자신의 분노를 다스리지 못하는 성격의 소유자였다.

결국 헥토르가 아킬레우스에게 죽임을 당했지만, 승패를 떠나 두 영웅의 모습은 사뭇 대조된다.

헥토르의 흉상 ▶

ILIAS HOMEROS

제 15 부

승자와 패자

에오스와 멤논

헥토르가 죽은 뒤에도 트로이아는 바로 함락되지 않았고, 새로운 동맹자의 원조를 받아 저항을 계속하였다. 이들 동맹자 중의 한 사람은 에티오피아의 왕 멤논이었다. 멤논은 새벽의 여신 에오스의 아들이었다. 새벽의 여신 에오스는 아프로디테에 의해 언제나 사랑에 빠져 있어야 하는 저주에 걸려, 자신의 욕망과 소유욕을 통제하지 못한 채 몇 번의 납치극을 저질렀다.

케팔로스 이전에는 포세이돈의 아들 오리온과 데이온이 있었고, 이후에는 트로이아의 왕자 티토노스가 있었다.

에오스는 티토노스와의 사이에서 두 아들 에마티온과 멤논을 낳았다.

에마티온은 에티오피아의 왕이었는데, 헤라클레스가 11번째 과업을 할 때 황금 사과를 따지 못하게 막아섰다가 그의 몽둥이에 맞아 죽었다.

에마티온이 죽자 멤논이 에티오피아의 왕위를 이어받았다. 멤논은 에오스가 가장 아꼈던 아들이었다. 멤논이 왕위에 있었을 때에 트로이아 전쟁이 일어났다.

그런데 사촌 격인 헥토르가 죽자 멤논은 친척 간인 트로이아를 지원하려고 군을 이끌고 트로이아로 왔다. 멤논의 군대는 헤파이스토스의 무구로 무장하였다.

멤논은 전장에 나아가, 그리스의 노장 네스토르의 아들 안틸로코스를 죽였다. 그리고 아킬레우스와 맞붙게 되었다.

아킬레우스의 어머니 테티스와 멤논의 어머니 에오스는 제우스를 찾아가, 이들의 운명을 물었다.

제우스는 신성한 저울에 두 영웅의 운명을 달아보았다. 저울은 멤논 쪽으로 기울어졌다. 저울이 기울어지는 것은 하계를 향하고 있다는 뜻으로, 곧 죽음을 의미한다. 결국 멤논은 아킬레우스와의 싸움에서 목숨을 잃었다. 에오스는 그의 시신을 에티오피아로 옮겨 갔고, 이후 사람들은 새벽마다 들판을 뒤덮는 이슬이 에오스의 눈물이라고 믿었다.

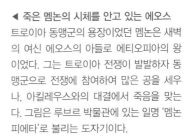

◀ 죽은 멤논의 시체를 안고 있는 에오스
트로이아 동맹군의 용장이었던 멤논은 새벽의 여신 에오스의 아들로 에티오피아의 왕이었다. 그는 트로이아 전쟁이 발발하자 동맹군으로 전쟁에 참여하여 많은 공을 세우나, 아킬레우스와의 대결에서 죽음을 맞는다. 그림은 루브르 박물관에 있는 일명 '멤논 피에타'로 불리는 도자기이다.

아마존의 여왕 펜테실레이아

트로이아의 새로운 동맹자 중에 또 한 사람은 아마존의 여왕 펜테실레이아이다. 그녀는 군신 아레스의 딸이었는데, 사냥터에서 사슴을 향해 던진 창이 빗나가 동생 히폴리타를 죽게 한 뒤 심한 자책감에 빠져 있었다. 그러던 중 트로이아의 프리아모스왕에 의해 죄가 씻긴 인연으로 여전사의 부족인 아마존을 이끌고 트로이아 전쟁에 참가하였다. 아마존 여전사들의 용맹함과 전투 시의 무서운 함성의 효과에 관해서는 여러 문헌들이 똑같이 증명하고 있다. 그녀들은 전장에서 활을 잘 쏘기 위해 한쪽 가슴을 절단했다.

◀ **펜테실레이아를 죽이는 아킬레우스**
펜테실레이아는 그리스 신화에 등장하는 여전사 아마조네스의 여왕이다. 프리아모스를 도와 트로이아 전쟁에 참여해서 뛰어난 무공을 세웠으나, 아킬레우스와의 결투에 패해 목숨을 잃었다.

아킬레우스와 펜테실레이아_
요한 하인리히 빌헬름 티슈바인의 작품

헥토르가 죽은 뒤 트로이아에 도착하여 아킬레우스를 죽이겠다고 호언하고는 전투에 나서서 많은 그리스군을 쓰러뜨린 후, 아킬레우스와 대적하게 되었다.

그러나 그녀는 아킬레우스가 던진 창에 오른쪽 가슴을 찔려 전사했다. 투구가 벗겨진 여왕의 얼굴을 본 아킬레우스는 젊고 아름다운 모습에 슬픔과 동정을 느껴, 퇴각하는 아마존군을 추격하지 않았다.

아킬레우스는 펜테실레이아 여왕의 시신을 관에 넣어 트로이아성으로 보내주었다. 프리아모스왕은 아마존 전사자들의 시신을 화장하고 그 재를 황금 관에 넣어 트로이아왕들의 무덤에 묻어주었다고 한다.

아킬레우스의 죽음

　폴릭세네는 트로이아의 왕 프리아모스의 딸이었다. 그녀는 오빠인 헥토르와 트로일로스가 아킬레우스에게 죽자 복수를 다짐하고 있었다.

　헥토르가 전사하여 잠시 휴전이 이루어진 어느 날 폴릭세네는 헥토르의 무덤에서 홀로 울고 있었다. 이때 염탐을 나온 아킬레우스는 폴릭세네의 아름다운 모습을 보고 그녀에게 반하게 되었다.

　그리고 아킬레우스는 폴릭세네를 만나, 자기와 결혼하면 전쟁을 끝내겠다고 약속했다. 폴릭세네는 팀블레의 아폴론 신전에서 결혼식을 올리자고 했다. 그리고 그녀는 아킬레우스의 약점이 발뒤꿈치라는 사실을 알아내어 파리스에게 귀띔해 주었고, 파리스는 아폴론 신상의 뒤에 숨어 있었다.

　한편, 오디세우스와 아이아스는 아킬레우스에게 파리스의 계략일 수 있으니 가지 말라며 만류했다.

"결혼하면 처남 매부 사이가 될 것인데 무엇을 걱정하겠소?"

아킬레우스는 이렇게 말하며 신전으로 갔다. 잠시 뒤 폴릭세네가 예쁘게 치장을 하고 나오자 아킬레우스도 나타나, 결혼 서약을 하려고 했다.

아킬레우스가 폴릭세네를 껴안으려고 했을 때, 파리스가 독 묻은 화살을 날려 아킬레우스의 발뒤꿈치를 맞혀 쓰러트렸다.

아킬레우스의 어머니 테티스는 그가 갓난아기였을 때 그를 황천에 있는 스틱스강의 물에 담가, 그녀가 잡고 있던 발뒤꿈치를 제외한 그의 신체의 모든 부분을 상하게 할 수 없게 하였다. 파리스가 나타나자 아킬레우스는 폴릭세네에게 '파리스와 짜고 나를 속였구나!'라며 소리치고 죽었다.

발뒤꿈치에 화살을 맞은 아킬레우스 조각상
아킬레우스는 그의 약점인 발뒤꿈치에 화살을 맞고 죽게 됨으로써, 아킬레스건의 유래가 되었다.

아킬레우스의 죽음_ 페테르 루벤스의 작품
아킬레우스의 치명적인 약점을 파리스에게 알려주는 폴릭세네와 약점을 향해 활을 쏘는 파리스의
모습이 담겨있는 그림이다.

이런 잔혹한 배반으로 죽음을 맞이한 아킬레우스의 시신은 아이아스와 오디세우스에 의해 구출되었다. 아킬레우스의 어머니 테티스는 아들의 죽음에 매우 슬퍼했다.

테티스는 아킬레우스의 갑옷을 생존자 중에서, 가장 그것을 받을 만하다고 인정된 영웅에게 주라고 그리스군에게 지령을 내렸다. 이때 아이아스와 오디세우스는 아킬레우스의 갑옷을 받을 사람은 자신이 적임자라며 설전을 벌였다. 대장들 중에서 심사 위원이 선정되었다.

심사 결과 갑옷은 오디세우스에게 수여되었는데, 그것은 용기보다 지혜를 더 높이 평가하였기 때문이었다. 선택을 받지 못한 아이아스는 분개하여 그리스 장수들을 죽이려 하지만 아테나가 그를 미치게 만든다. 나중에 제정신을 차린 아이아스는 부끄러움에 스스로 목숨을 끊었고, 그의 피가 땅속으로 스며 들어간 곳에 히아킨토스 꽃 한 송이가 피어났다. 그 잎에는 아이아스의 이름의 처음 두 글자 '아이(AI)'가 새겨져 있었다. 이 '아이'라는 말은 '비애'를 뜻하는 그리스어이다.

필록테테스의 참전과 파리스의 죽음

헤라클레스가 가진 화살의 도움 없이는 트로이아를 함락시킬 수 없다는 신탁이 나왔다. 그 화살은 헤라클레스의 친구로서 최후까지 그와 함께 있었고, 그의 시체를 화장할 때 불을 붙인 필록테테스의 수중에 있었다.

필록테테스는 그리스군에 참가하였는데, 렘노스섬에서 뱀에 물려 홀로 낙오되어 있었다. 그리스 군영에서는 디오메데스를 파견하여, 렘노스섬에 있던 필록테테스에게 사과를 하고 그를 전장으로 데려왔다. 그리고 마카온이 필록테테스의 상처를 치료했다.

그 후 그 운명적인 화살의 최초 희생자가 된 것은 바로 파리스였다.

파리스는 고통 속에서 잊고 있었던 한 사람을 기억해 냈다. 바로 그가 제우스의 양 떼를 돌보던 젊은 시절에 결혼했던 이다산의 님페 오이노네였다. 이후 파리스는 문제의 미인 헬레네 때문에 그녀를 버리고 트로이아로 가 헬레네와 영화를 누렸다.

파리스의 치료를 거부하는 오이노네_ 앙투안 장 밥티스트 토마스의 작품

파리스는 헤어질 때 오이노네가 "훗날 큰 부상을 당하면 내게 돌아와요. 오직 나만이 당신의 상처를 치료할 수 있으니까요."라고 했던 말을 떠올리고, 이다산으로 오이노네를 찾아갔다. 하지만 오이노네는 자신을 차갑게 버린 파리스에 대한 서운함이 앞서 그의 치료를 거부했다(그녀의 아버지가 치료를 거부했다는 설도 있다).

결국 파리스는 트로이아로 돌아오는 길에 목숨을 잃었다(혹은 사신의 소식에 실망하여 죽었다는 설도 있다). 남편을 무정하게 돌려보낸 후 오이노네는 이내 후회를 하였다. 그래서 치료제를 챙겨 파리스에게 서둘러 가지만, 파리스는 이미 숨을 거둔 후였다. 싸늘한 남편의 시신을 본 오이노네는 목을 매 자살했다(다른 설에 의하면, 오이노네는 파리스를 화장하는 장작더미에 몸을 던졌고 같이 묻혔다고 한다).

트로이 목마와 라오콘

트로이아에는 팔라디온이라는 아테나의 유명한 조각상이 있었다. 이 조각상은 하늘에서 떨어졌다고 전해지며, 이 조각상이 트로이아 성 안에 있는 한 트로이아는 함락되지 않는다는 믿음이 퍼져 있었다.

오디세우스와 디오메데스가 변장을 하고서 성안으로 들어가, 팔라디온을 탈취하여 그리스군의 진영으로 가지고 왔다.

그래도 트로이아는 함락되지 않았다. 그래서 그리스군은 무력으로는 트로이아를 정복할 수 없다는 사실을 깨닫고, 오디세우스의 충고대로 책략을 쓰기로 했다.

그리스군은 트로이아성 공격을 포기하는 것처럼 꾸미고, 함선의 일부를 퇴각시켜 인접한 섬 뒤에 숨었다. 그런 다음 거대한 목마를 제작하였다.

그들은 목마를 아테나에게 바치기 위한 선물이라고 선전하였으나, 사실 그 안에는 무장한 군대가 숨어 있었다. 나머지 그리스군들은 함

트로이아 목마를 만드는 그리스 사람들_ 티에폴로의 작품

선으로 돌아가, 마치 철수하는 것처럼 바삐 움직였다.

트로이아군은 그리스군이 철수하고 함대가 떠나는 것을 보고서 적이 공격을 포기한 것으로 여겼다. 굳게 닫혔던 성문들이 모두 열리고, 성안의 백성들은 얼마 전까지만 해도 그리스군이 진치고 있던 곳을 자유롭게 다닐 수 있게 된 것을 기뻐하며 밖으로 몰려나왔다. 그런데 그들은 그리스군이 남겨둔 거대한 목마를 발견했다.

트로이아 사람들은 거대한 목마가 무엇에 쓰는 것일까 호기심이 동했다.

어떤 사람들은 그것을 전리품으로 여겨 성안으로 옮기는 것이 좋겠다고 하였고, 어떤 사람들은 분명 무슨 음모가 있을 거라고 하며 두려움에 떨었다.

그들이 이렇듯 주저하고 있을 때, 포세이돈의 사제인 라오콘이 외쳤다.

"여러분, 이게 도대체 무슨 미친 짓입니까? 그리스군은 간계에 능하므로 늘 경계해야 함을 여러분도 잘 알고 있지 않습니까? 나라면 그들이 어떤 선물을 바친다 해도 경계를 절대 풀지 않을 겁니다."

이렇게 말하면서 그는 거대한 목마의 옆구리에 창을 던졌다. 속이 빈 것 같은 울림이 신음 소리와 섞여 들려왔다. 그러자 트로이아군들은 이 충고를 받아들여, 목마와 그 속에 있는 것을 모두 파괴하려고 했다.

그러나 바로 그 순간에 한 무리의 사람들이 그리스인으로 보이는 한 죄수를 끌고 나타났다. 그는 두려움에 정신을 잃어 허둥대며 대장들 앞으로 끌려왔다.

그는 대장들 앞에서 거의 실신할 정도로 떨었다. 대장들은 묻는 말에 대답만 하면 목숨은 살려 주겠노라고 약속하면서, 그를 진정시켰다.

그는 대답하기를, 자기는 시논이라는 이름의 그리스인인데, 오디세우스가 자기를 맘에 들어 하지 않았기 때문에 그리스군이 퇴각할 때 자기만 남겨졌다고 했다.

목마에 관한 물음에는 그것은 아테나의 비위를 맞추기 위한 헌납품일 뿐이며, 그렇게 크게 만든 이유는 성안으로 운반하지 못하게 하기 위해서라고 대답했다. 왜냐하면 '목마가 트로이아군 수중에 들어가게 되면 트로이아군이 틀림없이 승리한다'고 예언자 칼카스가 말했기 때문이라고 덧붙였다.

이 말을 들은 트로이아군은 심경의 변화를 일으켜, 거대한 목마와 그에 결부된 길조를 확보할 방책을 강구하기 시작했다. 그때 갑자기 괴이한 일이 일어나, 점점 더 의심할 여지가 없게 되었다.

두 마리의 큰 뱀이 바다로 떠올라 육지로 향해 다가왔기 때문에 군

포세이돈의 저주로 뱀에 물리는 라오콘과 그의 두 아들_ 프란체스코 하예즈의 작품

중들은 사방으로 도망쳤다. 뱀은 라오콘이 두 아이를 데리고 서 있는 곳으로 기어 와 먼저 아이들을 공격하여 그 몸을 친친 감고 얼굴에 독기를 내뿜었다.

라오콘이 아이들을 구출하려고 하였으나, 뱀이 그의 몸을 감고 말았다. 그는 뱀을 뿌리치려고 온 힘을 다하였으나, 뱀은 더 세게 그와 그의 아이들의 목을 졸랐다.

사람들에게 이 사건은 라오콘이 목마에 대하여 무례한 말을 하였기 때문에 신들이 노한 징조라고 여겨졌다. 그래서 그들은 더 이상 주저하지 않고 목마를 성스러운 물건으로 생각했으며, 적당한 의식을 갖추어 성안으로 끌고 갈 준비를 했다.

의식은 노래와 승리의 환호 속에서 치러졌고, 온종일 잔치가 계속되었다. 밤이 되자 목마의 배 속에 들어 있던 무사들이 첩자 시논의 도움

트로이아 목마를 성안으로 옮기는 트로이아 사람들_ 티에폴로의 작품

으로 목마에서 빠져나와, 어둠을 타고 귀환한 그리스군에 성문을 열어주었다. 성은 불탔고, 잔치로 인한 피곤함에 지쳐 잠이 든 백성들은 참살되었다. 마침내 트로이아는 완전히 정복되었다.

프리아모스왕은 성이 그리스군에 점령당하던 날 밤에 피살되었다. 피살되기 전에 그는 무장을 하고 무사들과 같이 싸우려고 하였으나, 늙은 왕후 헤카베에게 설복당하여 딸들과 함께 제우스의 제단으로 가서 탄원하였다. 그동안에 그의 막내아들인 폴리테스가 아킬레우스의 아들인 피로스(네오프톨레모스)에게 부상을 입고 그곳으로 쫓겨와 아버지의 발밑에서 절명했다. 격분한 프리아모스는 힘없는 손으로 피로스를 향해 창을 던졌지만, 반격을 받고 피살되었다.

헤카베와 딸 카산드라는 포로가 되어 그리스로 연행되었다. 카산드라는 아름다운 미모로 인해 아폴론의 마음에 들게 되었지만, 올림포스의 미남 신 아폴론은 유독 사랑에는 운이 없었다. 사랑에 서툰 그는 예언의 능력을 미끼로 카산드라의 마음을 얻으려고 했다. 미래를 내다보는 능력은 신의 영역인 까닭이다.

그렇기 때문에 신의 계시를 읽어 전달하는 예언자가 되는 것은 인간의 욕망이기도 하다. 그러나 카산드라는 위대한 신의 사랑을 기만했다. 그녀는 예언의 능력만 받고 아폴론 신의 사랑을 거부하고 말았다. 그러자 아폴론은 그녀에게서 설득력을 빼앗아 버렸다.

카산드라는 트로이 목마를 성안으로 들여놓아서는 절대 안 된다고 절규했지만, 트로이아 사람들은 그녀의 외침에 귀를 기울이지 않았다. 사람들이 목마를 전리품으로 생각하고 성안으로 옮기려고 하자 카산드라는 목마가 가져올 불길한 사태를 예견하고 그들을 만류했지만 역시 아무 소용이 없었다. 제사장 라오콘만이 그녀를 지지했다.

아이아스에게 붙잡히는 카산드라_
요한 하인리히 빌헬름 티슈바인의 작품

트로이아가 함락되고 도시가 화염에 싸여 있을 때, 카산드라는 신전으로 도망을 가서 아테나 여신상에 매달렸다. 아이아스는 신전까지 쫓아와, 아테나 신은 아랑곳하지 않고 카산드라의 머리채를 잡고 끌어냈다.

그리고 아테나의 제단에서 그녀를 겁탈했다.

인간이 신전에서 사랑을 나누면 신성모독죄에 걸린다. 폭력적인 행위가 더해진다면 더욱 말할 것도 없다. 그리스인들이 이런 사실을 알고도 '작은 아이아스'를 벌하지 않자 아테나 여신은 노여움을 드러낸다.

그리스 함대가 고국으로 항해할 때 아테나 여신의 저주가 내렸다. 바다에서 폭풍우를 만난 그리스 함대는 아가멤논의 배를 제외하고 모두 난파당했다. 아테나 여신은 그리스군의 귀향길을 지옥으로 만들어 버렸으며, 이로 인해 오디세우스는 10여 년 동안 인고의 세월을 보내게 되었다.

트로이아 여인들은 자신들이 누구의 전리품이 될지 천막 속에서 초조하게 기다리고 있었다. 그때 카산드라는 횃불을 들고 천막을 뛰쳐나오며, 자신과 아가멤논왕이 어찌 될지 큰 소리로 예언했다. 그녀는 아가멤논왕이 자신과 결혼함으로써 헬레네와 파리스의 결혼보다 더 큰 재앙을 맞게 될 것이라고 외쳤다. 그러고는 울고 있는 어머니 헤카베를 달래며, 아트레우스 가문이 몰락할 것이라고 말했다. 그리고 자신은 이미 저승으로 간 아버지와 자신의 형제들에게 가게 될 것인데, 비록 전쟁에는 패했으나 패배자가 아닌 승리자로 갈 것이라고 위로했다.

그녀의 예언대로 카산드라는 아가멤논의 여인이 되었고, 아가멤논은 불행한 결말을 맞게 되었다.

그리스군이 출항하기 전 아킬레우스의 망령이 바닷가에 나타나, 아가멤논에게 자신의 공적에 대한 전리품으로 폴릭세네를 자신의 무덤에 제물로 바치라고 하였다.

아킬레우스 무덤 앞에서 희생당하는 폴릭세네_
니콜라 프레보스트의 작품

아가멤논은 아킬레우스의 아들 네오프톨레모스에게 무덤의 제단에서 폴릭세네를 제물로 바치라고 했다.

끌려온 폴릭세네는 자신을 죽이려는 네오프톨레모스를 쳐다보며 옷을 찢어 벗은 뒤 젖가슴을 내보이며 가슴을 찌르라고 하였고, 순결한 처녀의 몸으로 죽게 해달라고 요구했다. 네오프톨레모스는 그녀를 살려주고 싶었으나, 제물로 바쳐야 하기에 그녀의 가슴을 찔렀다.

그녀가 죽고 난 뒤 네오프톨레모스는 그녀를 아킬레우스의 무덤에 함께 묻었다.

헬레네와 메넬라오스의 재회

메넬라오스는 트로이아가 함락되자 그의 아내를 되찾게 되었다.

헬레네는 아프로디테의 농간으로 남편을 버리고 다른 남자에게 가긴 했지만, 여전히 자신의 남편을 사랑했다.

파리스가 죽은 뒤 그녀는 은밀히 그리스군을 도왔는데, 특히 오디세우스와 디오메데스가 팔라디온을 탈취하기 위하여 변장을 하고 성내에 들어왔을 때 많은 도움을 주었다.

그녀는 오디세우스를 보고 바로 그 정체를 눈치챘으나 비밀을 지켰을 뿐만 아니라, 팔라디온을 찾는 데 협력했다.

트로이아 성곽 위의 헬레네_ 귀스타브 모로의 작품
헬레네는 트로이아 전쟁이 그리스군의 승리로 끝난 뒤 다시 메넬라오스의 아내가 되어 함께 스파르타로 돌아왔다.

메넬라오스와 헬레네_ 요한 하인리히 빌헬름 티슈바인의 작품 메넬라오스가 자신을 배반하고 파리스를 따라 트로이로 간 헬레네를 만나는 장면으로, 헬레네는 트로이아의 수호신상인 아테나 여신상으로 가 자신의 과오에 대해 용서를 구한다.

그래서 그녀와 남편의 화해는 성립되었고, 두 사람은 선발대에 끼어 트로이아의 해안을 떠나 고국으로 향했다.

그러나 그들은 신들의 기분을 상하게 한 일이 있어, 폭풍우를 만나 지중해 연안을 이리저리 표류하며 키프로스, 페니키아, 이집트 등지를 떠돌아야 했다.

이집트에서는 환대를 받고, 또 많은 선물을 받았는데, 그중 헬레네가 차지한 것은 양모와 실패를 넣는 바퀴 달린 바구니와 금으로 만든 방추였다.

메넬라오스와 헬레네는 마침내 무사히 스파르타에 도착하여, 다시 왕위에 오르고 영화를 누렸다.

아가멤논의 죽음

그리스군의 총지휘관이었던 아가멤논은 메넬라오스의 형이었다.

아가멤논은 동생을 위해 복수전에 참가했으나, 그의 최후는 동생처럼 행복하지 못했다. 아가멤논이 집을 비운 사이에 아내 클리타임네스트라는 다른 남자와 불륜을 저질렀다. 그녀는 남편의 귀환이 가까워 오자 정부 아이기스토스와 공모하여 음모를 꾸미고 남편의 귀환을 축하하는 연회석상에서 남편을 죽였다. 사람들이 그를 독부(毒婦)라고 부르는 것이 마땅할 지경이었다.

하지만 그 배경을 살펴보면 우리의 판단은 사뭇 달라질 수 있다. 클리타임네스트라는 아가멤논의 아내가 되기 전 이미 결혼한 상태였다. 아주 어린 아들도 하나 있었다. 그런데 아가멤논은 파티에서 그녀를 본 순간 첫눈에 사랑에 빠졌다. 그는 즉시 음모를 꾸미며 클리타임네스트라의 남편을 죽였다. 후환을 없애기 위해 갓난아기도 땅바닥에 내동댕이쳐서 살해했다. 클리타임네스트라의 오빠인 카스토르와 폴리

아가멤논을 죽이는 클리타임네스트라_ 피에르 나르시스 게랭의 작품

데우케스가 동생의 복수를 해주려 했지만, 아버지 틴다레오스가 자식들을 말렸다. 더구나 틴다레오스는 클리타임네스트라를 설득하여 아가멤논과 결혼시켰다. 아가멤논이 그 당시 그리스 최고의 부자이자 권력자였기 때문이다.

클리타임네스트라는 아버지의 권유로 어쩔 수 없이 아가멤논과 재혼하여, 자식을 낳고 한동안 행복하게 사는 듯했다. 그들 사이에는 큰딸 이피게네이아, 둘째 딸 이스메네, 늦둥이 아들 오레스테스 등 세 명의 자식이 있었다. 그녀는 과거의 원한을 모두 잊은 듯했다.

이피게네이아의 희생_ 얀 스틴의 작품

그런데 아가멤논이 그리스군의 총사령관이 되어 아울리스항에서 트로이아 전쟁을 준비하던 때였다. 아가멤논이 2년 동안의 준비를 마치고 막 트로이아로 출항하려 하는데, 바람이 불지 않았다. 그 이유를 예언가 칼카스에게 물어보니, 아르테미스 여신의 분노 때문이었다. 그가 예전에 근처에서 사냥한 사슴이 여신의 사슴이라는 것이었다. 아르테미스 여신은 바람을 다시 불게 하는 대가로 아가멤논의 큰딸 이피게네이아를 제물로 바치라고 요구했다.

아가멤논은 고민 끝에 오디세우스의 꾀를 빌려 미케네의 아내에게 전령을 보내, 아킬레우스와 결혼시킨다는 핑계를 대고 이피게네이아를 불렀다. 클리타임네스트라는 이 전갈을 받고 딸의 손을 잡고 어린 오레스테스를 안은 채 기쁜 마음으로 남편을 찾아왔지만, 아울리스항에 도착하자마자 자신이 속았다는 것을 금세 알게 되었다. 그녀는 대성통곡하며 아가멤논에게 이피게네이아를 살려달라고 애원했다. 하지만 아가멤논은 결국 큰딸을 아르테미스 신전에서 제물로 바치고 트로이아로 출항했다.

슬픔에 젖어 집으로 돌아온 클리타임네스트라는 남편 때문에 두 번이나 자식을 잃은 자신의 운명을 한탄했다. 무의식 저편에 억눌려 있던 첫 남편과 아들의 억울한 죽음에 대한 원한도 함께 폭발했다. 하지만 혼자서 복수를 하기에는 힘에 겨웠다. 그는 마침 자신에게 접근하는 아이기스토스와 손을 잡았다. 아이기스토스도 사실 클리타임네스트라와 똑같은 목표를 갖고 있었다. 그는 티에스테스의 아들이었던 것이다.

티에스테스는 아가멤논의 아버지 아트레우스의 동생으로, 형에 대해 깊은 원한이 있었다. 형이 화해를 청하며 불러놓고는 자신의 아들들을 요리해서 몰래 자신에게 먹였기 때문이다. 그는 복수하기 위해 신탁에 따라 딸 펠로페이아를 범해 아이기스토스를 낳게 하여, 은밀하게 살인병기로 길렀다. 아이기스토스는 아가멤논과는 사촌인 셈이다. 아이기스토스는 큰아버지 아트레우스가 이미 사망한 후인지라 당연히 아가멤논을 노리고 계획적으로 클리타임네스트라에게 접근했던 것이다.

공모자들은 아가멤논의 아들 오레스테스도 죽일 작정이었다. 왜냐하면 아직은 어려서 걱정할 것은 없으나, 그가 성장하면 생길 후환이 두려웠기 때문이었다.

그러나 오레스테스의 누이 엘렉트라는 그를 비밀리에 포키스의 왕인 숙부 스트로피오스에게로 보내어 동생의 생명을 구했다.

오레스테스는 스트로피오스의 궁전에서 왕자 필라데스와 함께 성장했는데, 두 사람 사이의 열렬한 우정은 오늘날에도 사람들 입에 오르내릴 만큼 유명하다.

엘렉트라는 종종 사람을 보내어, 동생에게 아버지의 원수를 갚으라고 몇 번이나 상기시켰다.

오레스테스는 성장하여 델포이에서 신탁을 청했다. 그렇게 받은 신탁은 그의 복수 결심을 더욱 공고히 했다. 그는 변장을 하고 아르고스에 가서 스트로피오스의 사자라 사칭하고, 오레스테스의 사망을 알리러 왔으며 고인의 유골을 유골함에 넣어 가지고 왔다고 말했다. 그는 아버지의 묘에 성묘하고 당시의 관습에 따라 제물을 바친 뒤에 누이 엘렉트라에게 자기 정체를 밝혔다. 그리고 곧바로 아이기스토스와 클리타임네스트라를 참살했다.

자식이 자신의 어머니를 죽였다는 이 패륜 행위는 비록 그것이 피살된 자의 죄악과 신들의 명령에 연유한 것이므로 수긍할 점이 전혀 없는 것은 아니라 할지라도, 역시 옛사람의 마음에 혐오감을 불러일으키지 않을 수 없었을 것이다.

복수의 여신 에우메니데스는 오레스테스를 미치게 하여 각처를 유랑하게 했다. 필라데스는 그의 유랑에 동반하여 뒤를 돌보아 주었다. 세월이 흐른 후 다시 신탁을 청하자, 스키티아의 타우리스에 가서 하늘에서 떨어졌다고 전해지는 아르테미스의 조각상을 가지고 오라는

어머니 클리타임네스트라를 죽이는 오레스테스_ 베르나르디노 메이의 작품

이야기를 들었다.

　신탁에 응하여 오레스테스와 필라데스는 타우리스로 갔는데, 그곳
에서는 야만스러운 주민들이 그들 수중에 떨어진 모든 이방인을 아르
테미스에게 희생물로 바치는 관습이 있었다. 두 사람은 붙잡혀 몸을
결박당하고서 희생물로서 신전으로 운반되었다. 그런데 이 신전의 사
제는 다름 아닌 이피게네이아였다.

　그녀는 오레스테스의 누이로서 그리스군의 제물로 희생되려고 할
순간에 아르테미스의 배려로 살아남은 후 타우리스의 신관이 되었
다. 그녀는 붙잡혀 온 그들이 누구인지 알게 되자 자기 신분도 그들

복수의 여신들에게 쫓기는 오레스테스_ 윌리앙 아돌프 부그로의 작품

에게 밝힌 후, 그들과 함께 여신상을 가지고 미케네로 도망쳤다. 그
러나 오레스테스는 복수의 신들 수중에서 벗어나지 못했다. 그는 아
테나에게 구원을 요청했다. 여신은 그를 보호해 주었고, 아레오파고
스 법정에서 그의 운명을 재판했다. 복수의 신들은 그를 고소하였고,
오레스테스는 델포이 신탁의 명령에 의한 것이라고 변명했다. 재결
을 하자 찬반의 수가 같았으므로, 오레스테스는 아테나의 명령에 의
하여 석방되었다.

불타는 트로이아와 아이네이아스

트로이아군의 명장 아이네이아스는 미의 여신 아프로디테의 아들이다. 아프로디테는 이다산에서 양을 돌보고 있던, 다르다니아의 왕자 안키세스의 사랑을 얻기 위해 자신이 프리기아의 왕 오트레우스의 딸인데 헤르메스에게 납치되어 이다산으로 오게 되었다고 거짓말을 하였다.

아프로디테가 그렇게 안키세스와 사랑을 나누어 임신을 하게 되자, 그에게 자신의 정체를 밝히면서 이렇게 말했다.

"네게 아들이 생길 것이다. 그 아들은 트로이아인들을 다스릴 것이며, 대대손손 자손이 끊이지 않을 것이다."

아프로디테는 자신과의 일을 아무에게도 발설하지 말라고 당부하였다.

얼마 뒤 아프로디테는 아들 아이네이아스를 낳았다. 그녀는 아이네이아스를 이다산의 님페들에게 맡겨서 기르게 하다가, 그가 5살이 되

안키세스 앞에 나타난 **아프로디테**_ 벤자민 하이든의 작품

었을 때 아버지 안키세스에게 데려다주었다.

안키세스는 아들을 맏딸 히포다메이아의 남편인 알카토오스에게 맡겨 교육시켰다.

트로이아 전쟁이 터지자 아이네이아스는 다르다니아의 병사들을 이끌고 참전하였다. 그는 트로이아군에서 헥토르 다음가는 용맹한 장수로 전투에서 혁혁한 공을 세우는 것으로 묘사되지만, 또한 여러 번 위험에 처하기도 했다. 그는 그리스군의 용장 디오메데스와 겨루다 부상을 당했는데, 이를 본 아프로디테가 아들을 구하려다 그녀 자신도 상처를 입고 말았다. 그러자 아폴론이 나서서 아이네이아스를 구름으로 감싸 전장 밖으로 피신시켰다. 무적의 아킬레우스와 맞섰을 때는 다시 포세이돈이 구름으로 감싸서 목숨을 구해 주었다.

이처럼 아이네이아스는 신들의 각별한 보호를 받는 인물이었다. 포세이돈은 아이네이아스가 트로이아인들의 왕이 될 것이라고 예언하였다.

트로이아 패망 이후 아이네이아스는 트로이아왕 프리아모스가 네오프톨레모스에게 살해당하는 광경을 목격한 뒤 트로이아의 패망이 돌이킬 수 없음을 깨닫고, 성을 버리고 도망치기로 결심했다. 물론 그 이전에 어머니 아프로디테와 죽은 헥토르의 망령이 남긴 경고도 있었다.

아이네이아스의 트로이아 탈출_ 리오넬로 스파다의 작품

아이네이아스는 늙은 아버지 안키세스를 등에 업고 어린 아들 아스카니오스의 손을 잡은 채 불타는 트로이아성을 탈출하였다. 뒤를 따르던 아내 크레우사의 모습이 보이지 않자 아이네이아스는 다시 성으로 들어가 찾았으나, 아내의 망령이 나타나 더 이상 찾지 말 것을 당부하였다.

아이네이아스는 다른 트로이아 유민들과 함께 이다산에 잠시 머물며 배를 만든 뒤, 새로운 정착지를 찾아 항해를 떠났다. 그리고는 지금의 이탈리아로 건너가서 로마의 모태가 되는 새 나라를 건설하였다.

인류 최초의 대서사시

호메로스의 작품으로 알려진《일리아스》는 현존하는 그리스 최대 최고의 대서사시로서,《오디세이아》와 함께 오늘날까지 회자되어 왔다.

《일리아스》는 '일리오스(트로이아)의 이야기'라는 뜻인데, 10년간에 걸친 트로이아 전쟁 중 그 마지막 해를 다루었으며, 전사들의 무용담이나 영웅들의 이야기, 결투 따위를 내용으로 하고 있다.

또한《일리아스》는《오디세이아》와 마찬가지로 24편으로 되어 있으며, 총 행수가 1만 5,693행이나 되는 장편 대서사시다.

옛날에는 각 편마다 그 내용에 알맞은 이름이 붙어 있었으나, 기원전 3세기경부터는 그리스 문자의 알파벳 순서로 이름이 붙기 시작했다.

《일리아스》와《오디세이아》는 현재 남아있는 서양 최초의 문학 작품이다. 서양 예술과 철학의 원류인《일리아스》가 오늘날 필독서 맨 앞자리에 놓임으로써 후대에 큰 영향을 끼치고 있다. 후대 작품들을 이해하기 위해서는 최초의 작품을 먼저 알고 파악하는 것이 중요한데, 기원전 작품이 현재도 널리 읽히고 있다는 것은 호메로스의 문학 수준이 대단하다는 뜻이기도 하다.

《일리아스》를 분석해 보면, 일단 유명한 장수들은 주로 그리스 측에 포진해 있고, 트로이아 측에서 꾸준히 활약한 장수는 헥토르가 거의 유일하다고 할 수 있다. 또한 신들의 왕인 제우스가 테티스의 탄원에 따라 아킬레우스의 편을 들어주는 등 기본 플롯이나 얼개는 그리스 측 관점을 많이 담고 있다. 그러나 바로 그 제우스의 아들인 사르페돈도 트로이아 측의 장수로 출전해 사망하고, 수도 없이 죽는 무장 각각의 출신지와 삶이 드러나면서 이야기의 흐름은 어느 한편의 관점이 아니라, 그들도 누군가의 아버지이며 돌아갈 가족이 있다는 인간 중심의 시선을 강조한다.

특히 트로이아의 총사령관인 헥토르는 좀 더 비중을 높여 묘사하고 있다. 파리스의 한심함에 분노하고, 결과적으로 패배하게 될 트로이아의 운명에 괴로워하며, 아내와 애틋한 감정을 나누는 등 상당히 높은 비중을 할애해 그의 인간적인 면모를 서술한다.

제우스 역시 아킬레우스의 영광을 위해 헥토르를 죽게 만들긴 했지만, 헥토르를 '인간 중 신들의 사랑을 가장 많이 받은 자'라고 부르며 시체만은 온전히 보존해 아버지에게 돌아갈 수 있도록 한다.

결말부에서 프리아모스와 아킬레우스가 서로를 이해하고 함께 슬퍼하는 것 또한 비슷한 맥락에서 이해할 수 있다.

《일리아스》는 단순한 전쟁 이야기처럼 보일 수도 있지만, 사실 옛사람들이 언젠가는 죽어야 하는 인간의 운명을 뼈아프게 인식하고 그것을 받아들인 과정의 기록이다. 여신의 아들이면서도 죽어야만 하는 존재였던 아킬레우스는 신과의 경계에 있는 자이므로, 이 운명을 더욱 분명하게 인식하고 격렬하게 반응한다. 그가 자신의 운명을 받아들이는 과정은 역시 죽을 운명인 우리로 하여금 자기 연민에서 벗어나게 한다.

명화로 보는
일리아스

초판 1쇄 발행 2018년 2월 10일
개정판 1쇄 발행 2024년 1월 15일

지 은 이 호메로스
편 역 자 강경수
펴 낸 이 박경준
펴 낸 곳 미래타임즈

본문디자인 김보영
표지디자인 공간42
홍　　보 김선영

주　　소 경기도 고양시 일산동구 장진천길 22-71
전　　화 031-975-4353
팩　　스 031-975-4354
이 메 일 thanks@miraetimes.com
출판등록 2001년 7월 2일 (제 2020-000209호)

ISBN 978-89-6578-192-9 (03920)
값 21,800원